# 군무원 일반직
# FINAL 실전동형 봉투모의고사

## 정답 및 해설

제1회 모의고사 정답 및 해설
제2회 모의고사 정답 및 해설
제3회 모의고사 정답 및 해설
제4회 모의고사 정답 및 해설
제5회 모의고사 정답 및 해설

# 제1회 모의고사 정답 및 해설

## 제2과목 행정법

| 01 | 02 | 03 | 04 | 05 | 06 | 07 | 08 | 09 | 10 | 11 | 12 | 13 | 14 | 15 |
|---|---|---|---|---|---|---|---|---|---|---|---|---|---|---|
| ④ | ③ | ② | ② | ② | ② | ② | ② | ③ | ① | ① | ① | ③ | ④ | ① |
| 16 | 17 | 18 | 19 | 20 | 21 | 22 | 23 | 24 | 25 | | | | | |
| ④ | ④ | ① | ② | ① | ③ | ③ | ③ | ① | ④ | | | | | |

**01** ✅정답 ④

④ 제27조(공법상 계약의 체결) ① 행정청은 법령등을 위반하지 아니하는 범위에서 행정목적을 달성하기 위하여 필요한 경우에는 공법상 법률관계에 관한 계약(이하 "공법상 계약"이라 한다)을 체결할 수 있다. <u>이 경우 계약의 목적 및 내용을 명확하게 적은 계약서를 작성하여야 한다.</u>

✅오답풀이
① 제6조 제1항의 규정이다.
② 제23조 제1항의 규정이다.
③ 제20조의 규정이다.

**02** ✅정답 ③

✅오답풀이
① 일반적으로 시행령이 헌법이나 법률에 위반된다는 사정은 그 시행령의 규정을 위헌 또는 위법하여 무효라고 선언한 대법원의 판결이 선고되지 않은 상태에서는 그 시행령 규정의 위헌 내지 위법 여부가 객관적으로 명백하다고 할 수 없어서, 이러한 시행령에 근거한 행정처분의 하자는 당연무효사유에 해당하지 않는다. - 중대성은 있으나 명백성이 없어서 중대·명백설에 의해 취소사유가 된다.
② 의료기관의 명칭표시판에 진료과목을 함께 표시하는 경우 글자 크기를 제한하고 있는 구 의료법 시행규칙 제31조가 그 자체로서 국민의 구체적인 권리의무나 법률관계에 직접적인 변동을 초래하지 아니하므로 항고소송의 대상이 되는 행정처분이라고 할 수 없다(대판 2007.04.12. 선고 2005두15168)
④ 국회가 법률로 행정청에 특정한 사항을 위임했음에도 불구하고 행정청이 정당한 이유 없이 이를 이행하지 않는다면 권력분립의 원칙과 법치국가 또는 법치행정의 원칙에 위배되는 것으로서 위법함과 동시에 위헌적인 것이 되고(대법원 2007. 11. 29. 선고 2006다3561 판결 참조), 이는 행정청이 법률에서 대통령령으로 정하도록 위임받은 사항을 전혀 입법하지 않은 경우는 물론 그 법률이 위임한 사항을 불충분하게 규정함으로써 법률이 위임한 행정입법의무를 제대로 이행하지 않은 경우도 마찬가지이다(대판 2024. 12. 19, 2022다289051)

**03** ✅정답 ②

② 헌법상 기본권을 직접근거로 하여 개인적 공권을 주장할 수 있는지 여부에 대하여 변호인접견권, 알권리 등의 구체성을 가지고 있는 경우, 자유권, 평등권 특히 재산권과 관련된 경우에는 가능할 수 있다고 본다.
① 선박의 경우에는 강학상 특허로서 원고적격이 인정된다.
③ 면허나 인·허가 등의 수익적 행정처분의 근거가 되는 법률이 해당 업자들 사이의 과당경쟁으로 인한 경영의 불합리를 방지하는 것도 그 목적으로 하고 있는 경우 다른 업자에 대한 면허나 인·허가 등의 수익적 행정처분에 대하여 미리 같은 종류의 면허나 인·허가 등의 수익적 행정처분을 받아 영업을 하고 있는 기존의 업자나, 면허나 인·허가 등의 수익적 행정처분을 신청한 수인이 서로 경쟁관계에 있어서 일방에 대한 면허나 인·허가 등의 행정처분이 타방에 대한 불면허·불인가·불허가 등으로 귀결될 수밖에 없는 경우[이른바 경원관계(경원관계)에 있는 경우로서 동일대상지역에 대한 공유수면매립면허나 도로점용허가 혹은 일정지역에 있어서의 영업허가 등에 관하여 거리제한규정이

나 업소개수제한규정 등이 있는 경우를 그 예로 들 수 있다.]에 면허나 인·허가 등의 행정처분을 받지 못한 사람 등은 비록 경업자나 경원자에 대하여 이루어진 면허나 인·허가 등 행정처분의 상대방이 아니라 하더라도 당해 행정처분의 취소를 구할 당사자적격이 있다.(대판 1999. 10. 12. 선고 99두6026)
④ 직접 헌법상의 사회권이나 청구권을 근거로 한 경우에는 인정될 수 없다.

## 04 ✅정답 ②

② 손해배상청구의 선결문제는 처분의 위법이다. 따라서 공정력과 무관하므로 민사법원은 처분이 권한 있는 기관에 의하여 취소되기 전이라도 처분의 위법을 전제로 손해배상에서 인용할 수 있다.
①, ③, ④ 처분이 취소되기 전에는 공정력에 의하여 일단 유효한 것이라서 민사법원이나 형사법원은 처분의 효력을 부정할 수 없다.
① 연령미달의 결격자인 피고인이 소외인의 이름으로 운전면허시험에 응시, 합격하여 교부받은 운전면허는 당연무효가 아니고 도로교통법 제65조 제3호의 사유에 해당함에 불과하여 취소되지 않는 한 유효하므로 피고인의 운전행위는 무면허운전에 해당하지 아니한다(대법원 1982.6.8, 선고 80도2646).
② 위법한 행정대집행이 완료되면 그 처분의 무효확인 또는 취소를 구할 소의 이익은 없다 하더라도, 미리 그 행정처분의 취소판결이 있어야만, 그 행정처분의 위법임을 이유로 한 손해배상 청구를 할 수 있는 것은 아니다(대법원 1972.4.28, 선고 72다337).
③ 생사의 수입승인을 얻는데 필요한 한국섬유직물수출조합 이사장 명의의 외화획득용 원료수입추천서를 위조하는 등의 부정한 방법으로 외국환은행장의 수입승인을 얻어 가지고 세관장에게 수입신고를 할 때 이를 함께 제출하여 수입면허를 받았다고 하더라도, 그 수입면허가 중대하고도 명백한 하자가 있는 행정행위이어서 당연무효라고는 볼 수 없다(대법원 1989. 3.28, 89도149).
④ 과세처분이 당연무효라고 볼 수 없는 한 과세처분에 취소할 수 있는 위법사유가 있다 하더라도 그 과세처분은 행정행위의 공정력 또는 집행력에 의하여 그것이 적법하게 취소되기 전까지는 유효하다 할 것이므로, 민사소송절차에서 그 과세처분의 효력을 부인할 수 없다(대판 1999.8.20, 99다20179).

## 05 ✅정답 ②

② 공익사업을 위한 토지 등의 취득 및 보상에 관한 법률 제72조는 사업인정고시가 된 후 '토지를 사용하는 기간이 3년 이상인 때(제1호)' 등의 경우 당해 토지소유자는 사업시행자에게 그 토지의 매수를 청구하거나 관할 토지수용위원회에 그 토지의 수용을 청구할 수 있도록 정하고 있다. 위 규정의 문언, 연혁 및 취지 등에 비추어 보면, 위 규정이 정한 수용청구권은 토지보상법 제74조 제1항이 정한 잔여지 수용청구권과 같이 손실보상의 일환으로 토지소유자에게 부여되는 권리로서 그 청구에 의하여 수용효과가 생기는 형성권의 성질을 지니므로, 토지소유자의 토지수용청구를 받아들이지 아니한 토지수용위원회의 재결에 대하여 토지소유자가 불복하여 제기하는 소송은 토지보상법 제85조 제2항에 규정되어 있는 '보상금의 증감에 관한 소송'에 해당하고, 그 피고는 토지수용위원회가 아니라 사업시행자로 하여야 한다(대판 2015.4.9. 2014두46669).
① 하나의 재결에서 피보상자별로 여러 가지의 토지, 물건, 권리 또는 영업의 손실에 관하여 <u>심리·판단이 이루어졌을 때</u>, 피보상자 또는 사업시행자가 반드시 재결 전부에 관하여 불복여야 하는 것은 아니며, <u>여러 보상항목들 중 일부에 관해서만 불복하는 경우에는 그 부분에 관해서만 개별적으로 불복의 사유를 주장하여 행정소송을 제기할 수 있다</u>(후략)(대판 2018.5.15. 2017두41221).
③ 수용재결이 있은 후에 사법상 계약의 실질을 가지는 협의취득 절차를 금지해야 할 별다른 필요성을 찾기 어려운 점 등을 종합해 보면, <u>토지수용위원회의 수용재결이 있은 후라고 하더라도 토지소유자 등과 사업시행자가 다시 협의하여 토지 등의 취득이나 사용 및 그에 대한 보상에 관하여 임의로 계약을 체결할 수 있다고 보아야 한다.</u>(대판 2017. 4. 13. 선고 2016두64241)
④ 공익사업법에 의한 보상을 하면서 손실보상금에 관한 당사자 간의 합의가 성립하면 그 합의 내용대로 구속력이 있고, 손실보상금에 관한 합의 내용이 공익사업법에서 정하는 손실보상 기준에 맞지 않는다고 하더라도 합의가 적법하게 취소되는 등의 특별한 사정이 없는 한 추가로 공익사업법상 기준에 따른 손실보상금 청구를 할 수는 없다.(대판

2013.8.22. 2012다3517).

## 06 ☑정답 ②

② 처분당시 심판청구기간을 고지하지 않은 경우에는 처분이 있은 날로부터 180일 이내에 청구한다.

## 07 ☑정답 ②

② 허가갱신의 효과는 기존의 효력이 소멸하지 않고, 동일한 성질의 허가가 계속되어진다. 따라서 기존의 하자는 갱신에 의해 치유되지 않는다.
① 하명의 대상은 사실행위와 법률행위(예, 불법매매금지 등)이다.
③ 당초처분은 소멸한다.
④ 불가쟁력이 생긴 처분은 법령에 특별한 규정이 없거나, 법령의 해석상 변경신청권이 인정될 수 있는 경우를 제외하고는 상대방은 변경신청권이 없다. 따라서 법령에 특별규정이 있거나, 해석상 변경신청권이 인정되면 가능하다.

## 08 ☑정답 ②

② 중기관리법에 도로교통법시행령 제53조와 같은 운전면허의 취소 정지에 대한 통지에 관한 규정이 없다고 하여 중기조종사면허의 취소나 정지는 상대방에 대한 통지를 요하지 아니한다고 할 수 없고, 오히려 반대의 규정이 없다면 행정행위의 일반원칙에 따라 이를 상대방에게 고지하여야 효력이 발생한다고 볼 것이다. (대판 1993. 6. 29. 93다10224)

## 09 ☑정답 ③

③ 「국가를 당사자로 하는 계약에 관한 법률」에 따른 요건과 절차를 이행하여야 한다.

> 구 지방재정법(2005. 8. 4. 법률 제7663호로 전문 개정되기 전의 것) 제63조가 준용하는 국가를 당사자로 하는 계약에 관한 법률 제11조는 지방자치단체가 당사자로서 계약을 체결하고자 할 때에는 계약서를 작성하여야 하고 그 경우 담당공무원과 계약당사자가 계약서에 기명날인 또는 서명함으로써 계약이 확정된다고 규정함으로써(후략)(대판 2006. 6. 29. 선고 2005다41603)

### ✔ 오답풀이

① 공기업·준정부기관이 입찰을 거쳐 계약을 체결한 상대방에 대해 위 규정들에 따라 계약조건 위반을 이유로 입찰참가자격제한처분을 하기 위해서는 입찰공고와 계약서에 미리 계약조건과 그 계약조건을 위반할 경우 입찰참가자격 제한을 받을 수 있다는 사실을 모두 명시해야 한다. 계약상대방이 입찰공고와 계약서에 기재되어 있는 계약조건을 위반한 경우에도 공기업·준정부기관이 입찰공고와 계약서에 미리 계약조건을 위반할 경우 입찰참가자격이 제한될 수 있음을 명시해 두지 않았다면, 위 규정들을 근거로 입찰참가자격제한처분을 할 수 없다(대판 2021. 11. 11. 선고 2021두43491)
② 구 산업집적활성화 및 공장설립에 관한 법률 규정들에서 알 수 있는 산업단지관리공단의 지위 (중략)등을 종합적으로 고려하면, 입주변경계약 취소는 행정청인 관리권자로부터 관리업무를 위탁받은 산업단지관리공단이 우월적 지위에서 입주기업체들에게 일정한 법률상 효과를 발생하게 하는 것으로서 항고소송의 대상이 되는 행정처분에 해당한다(대판 2017. 6. 15. 선고 2014두46843)
④ 국립의료원 부설주차장에 관한 이 사건 위탁관리용역운영계약에 대하여 …(중략) 위 운영계약의 실질은 행정재산인 위 부설주차장에 대한 국유재산법 제24조 제1항에 의한 사용·수익 허가로서 이루어진 것임을 알 수 있으므로, 이는 위 국립의료원이 원고의 신청에 의하여 공권력을 가진 우월적 지위에서 행한 행정처분으로서 특정인에게 행정재산을 사용할 수 있는 권리를 설정하여 주는 강학상 특허에 해당한다 할 것이고 순전히 사경제주체로서 원고와 대등한 위치에서 행한 사법상의 계약으로 보기 어렵다(대판 2006. 3. 9. 선고 2004다31074)

**10**  ☑정답 ①

① 군수가 군사무위임조례의 규정에 따라 무허가 건축물에 대한 철거대집행사무를 하부 행정기관인 읍·면에 위임하였다면, 읍·면장에게는 관할구역 내의 무허가 건축물에 대하여 그 철거대집행을 위한 계고처분을 할 권한이 있다.(대판 1997. 2. 14. 선고 96누15428)

**11**  ☑정답 ①

① 알 권리에서 파생되는 정부의 공개의무는 특별한 사정이 없는 한 국민의 적극적인 정보수집행위, 특히 특정의 정보에 대한 공개청구가 있는 경우에야 비로소 존재하므로, 정보공개청구가 없었던 경우 대한민국과 중화인민공화국이 2000. 7. 31. 체결한 양국간 마늘교역에 관한 합의서 및 그 부속서 중 '2003. 1. 1.부터 한국의 민간기업이 자유롭게 마늘을 수입할 수 있다'는 부분을 사전에 마늘재배농가들에게 공개할 정부의 의무는 인정되지 아니한다(헌재결 2004.12.16, 2002헌마579)

**12**  ☑정답 ①

② 행정조사기본법은 행정조사를 위한 일반적인 근거법이 아니라 행정조사에 관한 일반적인 원칙이나 방법 등을 규정한 법이다. 자발적인 협력을 통한 경우를 제외하고는 개별법에 근거없이 행정조사를 할 수 없다

③ 행정조사기본법 제8조

- 제1항: 행정기관의 장은 행정조사의 목적, 법령준수의 실적, 자율적인 준수를 위한 노력, 규모와 업종 등을 고려하여 명백하고 객관적인 기준에 따라 행정조사의 대상을 선정하여야 한다.
- 제2항: 조사대상자는 조사대상 선정기준에 대한 열람을 행정기관의 장에게 신청할 수 있다.
- 제3항: 행정기관의 장이 제2항에 따라 열람신청을 받은 때에는 다음 각 호의 어느 하나에 해당하는 경우를 제외하고 신청인이 조사대상 선정기준을 열람할 수 있도록 하여야 한다.
  - 1호 행정기관이 당해 행정조사업무를 수행할 수 없을 정도로 조사활동에 지장을 초래하는 경우
  - 2호 내부고발자 등 제3자에 대한 보호가 필요한 경우

④ 행정조사기본법 제15조

제1항: 제7조에 따라 정기조사 또는 수시조사를 실시한 행정기관의 장은 동일한 사안에 대하여 동일한 조사대상자를 재조사 하여서는 아니 된다. 다만, 당해 행정기관이 이미 조사를 받은 조사대상자에 대하여 위법행위가 의심되는 새로운 증거를 확보한 경우에는 그러하지 아니하다.

**13**  ☑정답 ③

(가) 방위사업청과 '한국형헬기 민군겸용 핵심구성품 개발협약'을 체결한 갑 주식회사의 협약 - 공법관계로서 행정소송
(다) 금융위원회의 설치 등에 관한 법률 제60조의 위임에 따라 금융위원회가 고시한 '금융기관 검사 및 제재에 관한 규정
 - 법규명령

**14**  ☑정답 ④

④ 시정명령을 받은 의무자가 시정명령의 취지에 부합하는 의무를 이행하기 위한 정당한 방법으로 행정청에 신청 또는 신고를 하였으나 행정청이 위법하게 이를 거부 또는 반려함으로써 그 처분이 취소된 경우, 시정명령의 불이행을 이유로 이행강제금을 부과할 수 있는지 여부(원칙적 소극)(대판 2018. 1. 25. 선고 2015두35116)

**15**  ☑정답 ①

① <u>2개 이상의 행정처분이 연속적 또는 단계적으로 이루어지는 경우 선행처분과 후행처분이 서로 합하여 1개의 법률효과를 완성하는 때에는 선행처분에 하자가 있으면 그 하자는 후행처분에 승계된다.</u> 이러한 경우에는 선행처분에 불가쟁력이 생겨 그 효력을 다툴 수 없게 되더라도 선행처분의 하자를 이유로 후행처분의 효력을 다툴 수 있다. 그러나

선행처분과 후행처분이 서로 독립하여 별개의 법률효과를 발생시키는 경우에는 선행처분에 불가쟁력이 생겨 그 효력을 다툴 수 없게 되면 선행처분의 하자가 중대하고 명백하여 선행처분이 당연무효인 경우를 제외하고는 특별한 사정이 없는 한 선행처분의 하자를 이유로 후행처분의 효력을 다툴 수 없는 것이 원칙이다. 다만 그 경우에도 <u>선행처분의 불가쟁력이나 구속력이 그로 인하여 불이익을 입게 되는 자에게 수인한도를 넘는 가혹함을 가져오고, 그 결과가 당사자에게 예측가능한 것이 아니라면,</u> 국민의 재판받을 권리를 보장하고 있는 헌법의 이념에 비추어 선행처분의 후행처분에 대한 구속력을 인정할 수 없다.(대판 2019. 1. 31. 선고 2017두40372)

✅ 오답풀이
② 토지등급결정내용의 개별통지가 있다고 볼 수 없어 토지등급결정이 무효인 이상, 토지소유자가 그 결정 이전이나 이후에 토지등급결정내용을 알았다거나 또는 그 결정 이후 매년 정기 등급수정의 결과가 토지소유자 등의 열람에 공하여졌다 하더라도 개별통지의 하자가 치유되는 것은 아니다(대판 1997. 5. 28. 선고 96누5308)
③ 계고처분의 후속절차인 대집행에 위법이 있다고 하더라도, 그와 같은 후속절차에 위법성이 있다는 점을 들어 선행절차인 계고처분이 부적법하다는 사유로 삼을 수는 없다(대판 1997. 2. 14. 96누15428).
④ 행정청이 구 학교보건법(2005. 12. 7. 법률 제7700호로 개정되기 전의 것) 소정의 <u>학교환경위생정화구역 내에서 금지행위 및 시설의 해제 여부에 관한 행정처분을 함에 있어 학교환경위생정화위원회의 심의를 거치도록</u> 한 취지는 (중략) <u>금지행위 및 시설의 해제 여부에 관한 행정처분을 하면서 절차상 위와 같은 심의를 누락한 흠이 있다면</u> 그와 같은 흠을 가리켜 위 행정처분의 효력에 아무런 영향을 주지 않는다거나 경미한 정도에 불과하다고 볼 수는 없으므로, 특별한 사정이 없는 한 이는 <u>행정처분을 위법하게 하는 취소사유</u>가 된다(대판 2007. 3. 15. 선고 2006두15806)

## 16 ☑정답 ④

④ 행정처분의 취소를 구하는 항고소송의 전심절차인 행정심판청구가 기간도과로 인하여 부적법한 경우에는 행정소송 역시 전치의 요건을 충족치 못한 것이 되어 부적법 각하를 면치 못하는 것이고, 이 점은 행정청이 행정심판의 제기기간을 도과한 부적법한 심판에 대하여 그 부적법을 간과한 채 실질적 재결을 하였다 하더라도 달라지는 것이 아니다. (출처 : 대법원 1991. 6. 25. 선고 90누8091 판결 [초임호봉획정처분취소] 〉 종합법률정보 판례)

## 17 ☑정답 ④

④ 헌법재판소의 위헌결정은 행정청이 개인에 대하여 신뢰의 대상이 되는 공적인 견해를 표명한 것이라고 할 수 없으므로 그 결정에 관련한 개인의 행위에 대하여는 신뢰보호의 원칙이 적용되지 아니한다(대법원 2003.6.27, 2002두6965).
① 병무청 담당부서의 담당공무원에게 공적 견해의 표명을 구하는 정식의 서면질의 등을 하지 아니한 채 총무과 민원팀장에 불과한 공무원이 민원봉사차원에서 상담에 응하여 복무기간 6개월의 보충역편입이 가능하다고 안내한 것을 신뢰한 경우, 신뢰보호 원칙이 적용되지 아니한다(대법원 2003.12.26, 2003두1875).
② 행정처분에 하자가 있음을 이유로 처분청이 이를 취소하는 경우에도 그 처분이 국민에게 권리나 이익을 부여하는 수익적 처분인 때에는 그 처분을 취소하여야 할 공익상의 필요와 그 취소로 인하여 당사자가 입게 될 불이익을 비교교량한 후 공익상의 필요가 당사자가 입을 불이익을 정당화할 만큼 강한 경우에 한하여 취소할 수 있는 것이지만, 그 처분의 하자가 당사자의 사실은폐나 기타 사위의 방법에 의한 신청행위에 기인한 것이라면 당사자는 그 처분에 의한 이익이 위법하게 취득되었음을 알아 그 취소가능성도 예상하고 있었다고 할 것이므로, 그 자신이 위 처분에 관한 신뢰이익을 원용할 수 없음은 물론 행정청이 이를 고려하지 아니하였다고 하여도 재량권의 남용이 되지 아니한다 (대법원 1996.10.25, 95누14190).
③ 국회에서 일정한 법률안을 심의하거나 의결한 적이 있다고 하더라도, 법률로 확정되지 아니한 이상 국가가 이해관계자들에게 위 법률안에 관련된 사항을 약속하였다고 볼 수 없으며, 이러한 사정만으로 어떠한 신뢰를 부여하였다고 볼 수도 없다(대법원 2008.5.29., 2004다33469).

## 18 ☑정답 ①

① 헌법소원대상이 되지 않는다.

## 19 ✅정답 ②

② 입찰보증금 국고귀속조치는 사법관계로서 민사소송에 의한다는 것이 판례의 입장이다.

> 예산회계법에 따라 체결되는 계약은 사법상의 계약이라고 할 것이고 동법 제70조의5의 입찰보증금은 낙찰자의 계약체결의무이행의 확보를 목적으로 하여 그 불이행시에 이를 국고에 귀속시켜 국가의 손해를 전보하는 사법상의 손해배상 예정으로서의 성질을 갖는 것이라고 할 것이므로 입찰보증금의 국고귀속조치는 국가가 사법상의 재산권의 주체로서 행위하는 것이지 공권력을 행사하는 것이거나 공권력작용과 일체성을 가진 것이 아니라 할 것이므로 이에 관한 분쟁은 행정소송이 아닌 민사소송의 대상이 될 수 밖에 없다고 할 것이다. (대판 1983. 12. 27. 선고 81누366)

✅ 오답풀이

① 당사자소송이다.
③ 인가를 받기 이전에는 조합원총회결의가 소송대상이며 당사자소송에 의한다.
④ 원칙적으로 토지수용에 대한 보상은 사법관계로 보고 있다.

## 20 ✅정답 ①

① 행정절차법상의 사전통지 등은 당사자에게 의무를 부과하거나 권익을 제한하는 처분이 대상이다. 신청에 대한 거부처분은 당사자에게 의무를 부과하는 행위도 아니고 이미 부여한 권익을 제한하는 처분에 해당하지도 않아 사전통지 등의 대상이 되지 않는다. 따라서 신청에 대한 거부처분에 사전통지 등의 절차가 없었다고 해도 위법한 처분이라 할 수 없다.

> 행정절차법 제21조 제1항은 행정청은 당사자에게 의무를 과하거나 권익을 제한하는 처분을 하는 경우에는 미리 처분의 제목, 당사자의 성명 또는 명칭과 주소, 처분하고자 하는 원인이 되는 사실과 처분의 내용 및 법적 근거, 그에 대하여 의견을 제출할 수 있다는 뜻과 의견을 제출하지 아니하는 경우의 처리방법, 의견제출기관의 명칭과 주소, 의견제출기한 등을 당사자 등에게 통지하도록 하고 있는바, 신청에 따른 처분이 이루어지지 아니한 경우에는 아직 당사자에게 권익이 부과되지 아니하였으므로 특별한 사정이 없는 한 신청에 대한 거부처분이라고 하더라도 직접 당사자의 권익을 제한하는 것은 아니어서 신청에 대한 거부처분을 여기에서 말하는 '당사자의 권익을 제한하는 처분'에 해당한다고 할 수 없는 것이어서 처분의 사전통지대상이 된다고 할 수 없다.(대판 2003. 11. 28. 선고 2003두674)

✅ 오답풀이

② 공무원 인사관계 법령에 의한 처분에 관한 사항이라 하더라도 전부에 대하여 행정절차법의 적용이 배제되는 것이 아니라, 성질상 행정절차를 거치기 곤란하거나 불필요하다고 인정되는 처분이나 행정절차에 준하는 절차를 거치도록 하고 있는 처분의 경우에만 행정절차법의 적용이 배제되는 것으로 보아야 하고, 이러한 법리는 '공무원 인사관계 법령에 의한 처분'에 해당하는 별정직 공무원에 대한 직권면직 처분의 경우에도 마찬가지로 적용된다(대판 2013. 1. 16. 선고 2011두30687)
③ 행정기관의 처분에 의하여 불이익을 입게 되는 국가를 일반 국민과 달리 취급할 이유가 없다. 따라서 국가에 대해 행정처분을 할 때에도 사전 통지, 의견청취, 이유 제시와 관련한 행정절차법이 그대로 적용된다고 보아야 한다(대판 2023. 9. 21. 선고 2023두39724)
④ 대법원 2016. 4. 29. 선고 2014두3631

## 21 ✅정답 ③

③ 행정청이 행한 공사중지명령의 상대방은 그 명령 이후에 그 원인사유가 소멸하였음을 들어 행정청에게 공사중지명령의 철회를 요구할 수 있는 조리상의 신청권이 있다 할 것이고, 상대방으로부터 그 신청을 받은 행정청으로서는 상당한 기간 내에 그 신청을 인용하는 적극적 처분을 하거나 각하 또는 기각하는 등의 소극적 처분을 하여야 할 법률상의 응답의무가 있다고 할 것이며, 행정청이 상대방의 신청에 대하여 아무런 적극적 또는 소극적 처분을 하지 않고 있는 이상 행정청의 부작위는 그 자체로 위법하다고 할 것이고, 구체적으로 그 신청이 인용될 수 있는지 여부는 소극적 처분에 대한 항고소송의 본안에서 판단하여야 할 사항이라고 할 것이다.(대판 2005. 4. 14. 선고 2003두7590)

## 22 ☑정답 ③

③ ㉣ (X) 국유재산 무단점유자에 대하여 변상금부과처분과 달리 민사상 부당이득반환청구의 소를 제기할 수 있다.

> 이처럼 구 국유재산법(2009. 1. 30. 법률 제9401호로 전부 개정되기 전의 것, 이하 같다) 제51조 제1항, 제4항, 제5항에 의한 변상금 부과·징수권은 민사상 부당이득반환청구권과 법적 성질을 달리하므로, 국가는 무단점유자를 상대로 변상금 부과·징수권의 행사와 별도로 국유재산의 소유자로서 민사상 부당이득반환청구의 소를 제기할 수 있다. 그리고 이러한 법리는 구 국유재산법 제32조 제3항, 구 국유재산법 시행령(2009. 7. 27. 대통령령 제21641호로 전부 개정되기 전의 것) 제33조 제2항에 의하여 국유재산 중 잡종재산(현행 국유재산법상의 일반재산에 해당한다)의 관리·처분에 관한 사무를 위탁받은 한국자산관리공사의 경우에도 마찬가지로 적용된다.(대판 2014. 7. 16. 선고 2011다76402)

## 23 ☑정답 ③

③ 재위임에 대하여 개별적인 근거규정이 없더라도 정부조직법 제6조 제1항을 근거로 재위임할 수 있다는 것이 대법원의 입장이다.

## 24 ☑정답 ①

① (X) 공유재산의 관리가 지방의회로부터 사전에 관여될 수 없는 고유한 지방자치단체장의 권한이라고 볼 수 없다는 것이 대법원의 입장이다.

> 지방자치법 제35조 제1항 제6호 및 그 시행령 제15조의3과 지방재정법 제77조 및 그 시행령 제84조는 일정한 중요재산의 취득과 처분에 관하여는 관리계획으로 정하여 지방의회의 의결을 받도록 규정하면서도 공유재산의 대부와 같은 관리행위가 지방의회의 의결사항인지 여부에 관하여는 명시적으로 규정하고 있지 아니하지만, 우선 지방자치법 제35조 제2항에서 그 제1항이 정하고 있는 사항 이외에 지방의회에서 의결되어야 할 사항을 조례로써 정할 수 있도록 규정하고 있을 뿐만 아니라, 일반적으로 공유재산의 관리가 그 행위의 성질 등에 있어 그 취득이나 처분과는 달리 지방자치단체장의 고유권한에 속하는 것으로서 지방의회가 사전에 관여하여서는 아니되는 사항이라고 볼 근거는 없는 것이므로, 지방자치법과 지방재정법 등의 국가 법령에서 위와 같이 중요재산의 취득과 처분에 관하여 지방의회의 의결을 받도록 규정하면서 공유재산의 관리행위에 관하여는 별도의 규정을 두고 있지 아니하더라도 이는 공유재산의 관리행위를 지방의회의 의결사항으로 하는 것을 일률적으로 배제하고자 하는 취지는 아니고 각각의 지방자치단체에서 그에 관하여 조례로써 별도로 정할 것을 용인하고 있는 것이라고 보아야 한다. (대판 2000.11.24, 2000추29)

## 25 ☑정답 ④

(가) 하천의 관리청이 관계 규정에 따라 설정한 계획홍수위를 변경시켜야 할 사정이 생기는 등 특별한 사정이 없는 한, **이미 존재하는 하천의 제방이 계획홍수위를 넘고 있다면 그 하천은 용도에 따라 통상 갖추어야 할 안전성을 갖추고 있다**고 보아야 하고, 그와 같은 하천이 그 후 새로운 하천시설을 설치할 때 기준으로 삼기 위하여 제정한 '하천시설기준'이 정한 여유고를 확보하지 못하고 있다는 사정만으로 바로 안전성이 결여된 하자가 있다고 볼 수는 없다(대판 2003. 10. 23. 선고 2001다48057)

(나) 한국전력공사가 甲 지역에 대한 환경영향평가서 초안을 재작성하고 甲 지역 주민들의 의견을 수렴하는 절차를 거치지 않은 채 사업을 진행함으로써, 甲 지역 주민들이 환경상 이익의 침해를 최소화할 수 있는 의견을 제출할 수 있는 기회를 박탈하여 甲 지역 주민들에게 상당한 정신적 고통을 가하였다고 볼 수 있고 한국전력공사에 甲 지역 주민들이 입은 정신적 손해를 배상할 의무가 있다(대판 2021. 8. 12. 선고 2015다208320)

(다) 공무원이 그 직무를 집행하기 위하여 국가 또는 지방자치단체 소유의 공용차를 운행하는 경우, 그 자동차에 대한 운행지배나 운행이익은 그 공무원이 소속한 국가 또는 지방자치단체에 귀속된다고 할 것이고 그 공무원 자신이 개인적으로 그 자동차에 대한 운행지배나 운행이익을 가지는 것이라고는 볼 수 없으므로, 그 공무원이 자기를 위하여 공용차를 운행하는 자로서 같은 법조 소정의 손해배상책임의 주체가 될 수는 없다.(대판 1994. 12. 27. 선고 94다31860)

(라) 행정처분의 담당공무원이 보통 일반의 공무원을 표준으로 하여 볼 때 객관적 주의의무를 결하여 그 행정처분이 객관적 정당성을 상실하였다고 인정될 정도에 이른 경우에 비로소 국가배상법 제2조 소정의 국가배상책임의 요건을 충족하였다고 봄이 상당할 것이다(대판 2003. 11. 27. 선고 2001다33789)

## 제3과목 행정학

| 01 | 02 | 03 | 04 | 05 | 06 | 07 | 08 | 09 | 10 | 11 | 12 | 13 | 14 | 15 |
|---|---|---|---|---|---|---|---|---|---|---|---|---|---|---|
| ③ | ② | ① | ② | ① | ④ | ④ | ④ | ④ | ④ | ③ | ② | ④ | ② | ③ |
| 16 | 17 | 18 | 19 | 20 | 21 | 22 | 23 | 24 | 25 | | | | | |
| ③ | ④ | ② | ④ | ④ | ④ | ② | ③ | ② | ① | | | | | |

**01** ✅정답 ③

①, ② (×) ①은 요금재, ②는 집합재(공공재)에 대한 설명이다.
④ (×) 공유재(공동소유재)는 비배제성과 경합성을 지닌 재화이다. 비배제성으로 인해 과잉소비와 공급비용의 귀착 문제가 야기된다. 정당한 대가를 지불하지 않아도 배제할 수 없기 때문에 비용회피와 과잉소비로 인해 공유재의 파괴라는 비극이 초래되는 영역이다. 따라서 공공부문에서는 공급비용부담과 무분별한 사용에 대한 규제를 위한 규칙 설정이 필요하다.

| 소비의 배제성 \ 소비의 경합성 | 경합적 | 비경합적 |
|---|---|---|
| 배제 가능 | 가: 민간재(시장재) - 음식점, 호텔, 의료, 택시 | 나: 요금재 - 전기, 통신, 상하수도 |
| 배제 불가능 | 다: 공유재 - 지하수, 해저광물, 강, 호수 | 라: 공공재 - 소방, 치안, 국방 |

**02** ✅정답 ②

① (×) 18세 이상의 주민으로서 다음 각 호의 어느 하나에 해당하는 사람(공직 선거권이 없는 사람은 제외)은 해당 지방자치단체의 의회에 조례를 제정하거나 개정 또는 폐지할 것을 청구할 수 있다.

> 1. 해당 지방자치단체의 관할 구역에 주민등록이 되어 있는 사람
> 2. 「출입국관리법」제10조에 따른 영주(永住)할 수 있는 체류자격 취득일 후 3년이 지난 외국인으로서 같은 법 제34조에 따라 해당 지방자치단체의 외국인등록대장에 올라 있는 사람

③ (×) 청구권자가 주민조례청구를 하려는 경우에는 다음 각 호의 구분에 따른 기준 이내에서 해당 지방자치단체의 조례로 정하는 청구권자 수 이상이 연대 서명하여야 한다.

> 1. 특별시 및 인구 800만 이상의 광역시·도: 청구권자 총수의 200분의 1
> 2. 인구 800만 미만의 광역시·도, 특별자치시, 특별자치도 및 인구 100만 이상의 시: 청구권자 총수의 150분의 1
> 3. 인구 50만 이상 100만 미만의 시·군 및 자치구: 청구권자 총수의 100분의 1
> 4. 인구 10만 이상 50만 미만의 시·군 및 자치구: 청구권자 총수의 70분의 1
> 5. 인구 5만 이상 10만 미만의 시·군 및 자치구: 청구권자 총수의 50분의 1
> 6. 인구 5만 미만의 시·군 및 자치구: 청구권자 총수의 20분의 1

④ (×) 지방의회는 주민청구조례안이 수리된 날부터 1년 이내에 주민청구조례안을 의결하여야 한다. 다만, 필요한 경우에는 본회의 의결로 1년 이내의 범위에서 한 차례만 그 기간을 연장할 수 있다. 한편, 주민청구조례안은 주민청구조례안을 수리한 당시의 지방의회의원의 임기가 끝나더라도 다음 지방의회의원의 임기까지는 의결되지 못한 것 때문에 폐기되지 아니한다.

**03** ✅정답 ①

① (×) 1910년대 미국 태프트 위원회에서 사용한 절약과 능률은 행정관리의 성과를 평가하는 가치 기준이 됐다.

**04** ✅정답 ②

① (×) 딜레마 상황이란 관련 참여자, 선택 기회, 문제 등의 모호성 여부와 상관없이 대안들의 표면화된 가치를 비교할 수 없기 때문에 선택이 어려운 상황을 말한다. 따라서 정책딜레마의 발생은 문제의 복잡성, 정책결정자의 무능과 정보

부족과 같은 정책실패의 일반적인 요인들을 반드시 전제하지는 않는다.
② (○) 대안을 선택하지 않는 비결정(무의사결정)도 딜레마에 대한 하나의 대응형태로 볼 수 있다.

> **참고** 딜레마 상황에 대한 대응 방안
> (1) 소극적 대응
> ① 무의사결정 또는 결정의 지연
> ② 결정책임의 전가 또는 상황의 호도
> (2) 적극적 대응
> ① 딜레마 상황의 변화 유도
> ② 관심의 전환을 위해 새로운 딜레마 상황의 조성
> ③ 정책문제의 재규정 시도
> ④ 상충되는 정책대안들의 동시 선택
> ⑤ 스톱고 정책(stop-go policy, 섞바꾸기 전략, 결정 후 번복 또는 수정)

③ (×) 딜레마는 갈등적인 정책대안들이 구체적이고 명료하지만, 상호 절충이 불가능할 때 발생한다.
④ (×) 딜레마의 구성 요건으로서 분절성(discreteness, 단절성)이란 대안 간 절충이 불가능한 것을 의미한다. 시간의 제약이 존재하므로 어떤 식의 결정이든 해야 함을 의미하는 것은 선택불가피성(unavoidability)을 말한다.

> **참고** 딜레마의 구성요소: 다음에 제시하는 조건이 모두 충족되어야 딜레마가 발생한다.
> ① 분절성(discreteness): 대안 간 절충이 불가능하다.
> ② 상충성(trade-off): 대안의 상충으로 인해 하나의 대안만 선택해야 한다.
> ③ 균등성(equality): 대안이 가져올 결과 가치가 균등해야 한다.
> ④ 선택불가피성(unavoidability): 최소한 하나의 대안을 반드시 선택해야 한다.
> 이와 같은 요건이 모두 충족된 상태에서 제한된 시간 내에 결정해야 하는데, 가치 간의 충돌이 발생하고 현실적인 판단 기준이 존재하지 않기 때문에 딜레마는 발생한다.

## 05 ✅정답 ①

① (×) 계급제는 공무원 개인의 능력과 자격을 기준으로 하는 사람 중심의 공직분류제도로서, 일반행정가 지향적이다. 직위분류제는 모든 직위를 직무의 종류와 곤란성 및 책임도에 따라 직군, 직렬 및 직급별로 분류하는 직무 중심의 공직분류제도로서, 전문행정가 지향적이다.

## 06 ✅정답 ④

④ (×) 규제는 지대(rent)를 창출하고 민간의 지대추구행위를 조장해 비효율을 유발할 수 있다. 지대란 경제적인 이권을 의미하는 것으로 정부가 특정 사업이나 경제 주체를 보호하는 경우 발생하는 혜택을 일컫는다.
따라서 지대를 얻을 수 있다면 당사자들은 자신에게 이익이 되는 규제를 도입하려고 정부나 의회에 적극적인 로비를 한다. 이를 지대추구행위라고 한다. 지대추구행위는 사회적 자원의 비효율적 배분을 초래한다.

## 07 ✅정답 ④

④ (×) 결산의 확인 및 검사는 감사원에서 이루어지고, 결산의 심의와 승인은 의회에서 이루어진다. 결산의 과정에서 위법·부당한 행위 발견시 무효로 하거나 취소할 수 없다.

## 08 ✅정답 ④

④ (×) 갈등이 지나치게 없는 경우 조직은 침체되어 있어서 구성원들이 현실에 안주하고, 변화에 대한 적응이 느리고, 새로운 아이디어 개발이 어려워 조직의 성과가 낮을 수 있다.

## 09 ✅정답 ④

④ (×) ④는 국가종합전자조달시스템을 의미한다. 우리나라는 2002년에 국가종합전자조달시스템(GePS ; Government e-Procurement System, G2B, 나라장터)이 구축되었다. G2B 시스템은 구매요청, 입찰, 계약, 검수, 대금지급 등의 조달 관련 모든 절차를 온라인화하고, 조달정보를 일괄 제공하는 조달단일창구를 구축한 시스템이다.
한편, 온-나라시스템(On-Nara BPS System)은 행정업무의 효율성을 제고하고 비용절감을 위해 정부가 수행하는 모든 업무를 체계적으로 분류하고, 온라인상에서 실시간으로 업무를 처리하는 전산시스템으로이다. 즉, 온-나라시스템은 대민 전자정부가 아니라 정부 내부의 생산성 향상을 제고하고 신속·정확한 행정업무를 구현하기 위한 시스템으로서, G2G(Government to Government)에 해당한다.

## 10 ✅정답 ④

① (×) 기술적 합리성(technical rationality)은 주어진 목표를 가장 잘 달성할 수 있는 수단을 찾는 것을 의미한다.
② (×) 경제적 합리성(economical rationality)은 경쟁 상태에 있는 목표를 어떻게 비교하고 선택할 것인가 하는 것을 의미한다.
③ (×) 사회 내의 여러 세력들의 정책결정 과정을 개선하는 것을 의미하는 것은 정치적 합리성(political rationality)을 의미한다. 사회적 합리성(social rationality)은 사회 구성원 간의 조화된 통합성을 확보하는 것을 의미한다.

## 11 ✅정답 ③

③ (×) 관대화는 실제 점수보다 후한 점수를 주는 경향을 말하고, 엄격화는 관대화와 반대로 낮은 점수를 주는 경향을 말한다. 집중화는 무난하게 중간 등급을 부여하는 경향을 말한다.

## 12 ✅정답 ②

① (○) 신공공관리론과 신공공서비스론을 비교할 경우, 신공공관리론은 정책목표의 달성 기제로 개인이나 기업 및 비영리기구 등을 활용할 것을 권장한다.
② (×) 신공공관리론의 고객 중심 논리는 국민을 관료주도의 행정서비스 제공에 의존하는 수동적 존재로 전락시킬 우려가 있다. 이에 반해 신공공서비스론은 국민을 시민으로 보면서, 시민의 능동적·적극적 역할을 중시한다.
③ (○) 신공공관리론은 규제완화 및 분권화를 중시하는데 비해, 탈신공공관리론은 정부의 정치·행정적 역량 강화, 즉 재규제 및 정치적 통제를 강조한다.
④ (○) 신공공관리론은 행정의 경영화에 의한 정치행정이원론의 성격이 강하지만, 뉴거버넌스는 담론이론 등을 바탕으로 한 행정의 정치성을 중시한다고 볼 수 있다.

## 13 ✅정답 ④

① (×) contracting-out, franchise, grants 등은 정부가 공급에 대한 책임을 지나, 생산은 민간에게 맡기는 방식이다. 그러나 government vending은 공급은 민간이 책임지고 생산은 정부가 담당하는 유형에 해당한다.
② (×) contracting-out과 franchise에 대한 설명이 반대로 되었다. contracting-out은 정부가 비용부담을 하고, franchise는 소비자가 비용부담을 한다.
③ (×) voucher는 소비자가 서비스 공급기관을 선택하게 함으로써 소비자의 선택권을 넓혀주나, 서비스 누출현상이 발생하는 문제점이 있다.

**참고** 서비스의 공급과 생산 - 민영화의 유형(Savas)

| 구 분 | | 공급 책임(arranger, 배열자 또는 중개자) | |
|---|---|---|---|
| | | 정 부 | 민 간 |
| 생산 담당 (producer) | 정 부 | • 정부의 직접공급 방식<br>• 정부 간 계약 방식 | • 정부서비스판매 (government vending) |
| | 민 간 | • 계약(contracting-out)<br>• 허가(franchise)<br>• 보조금 지급(grants)<br>• 이용권 지급(vouchers) - 예외 | • 이용권 지급(vouchers) - 기본<br>• 시장공급(market)<br>• 자원봉사조직(voluntary service)<br>• 자급 방식(self-service) |

## 14 ☑정답 ②

② (×) Simon의 행태주의는 행정의 가치중립성을 강조하면서 행정의 권력성, 정치성과 같은 행정의 특수성을 과소평가하였다. 즉, 공사행정신일원론의 관점을 취했던 이론으로서, 행정의 공공성을 과소평가한 것이다.

④ (○) 행정행태론은 행정을 의사결정으로 본다. 의사결정은 가치판단과 사실판단의 요소로 구성된다. 이는 행정행태론이 행정의 가치판단적 성격을 인정하며, 행정의 정책결정 기능(정치 기능)을 인정한다는 것을 의미한다. 그러나 행정행태론은 행정학이 학문으로서 이론과 법칙을 정립하는 데 목적을 두어야 한다고 보기 때문에 연구 대상에서 주관성이 개입되는 가치판단의 문제를 제외한다.

## 15 ☑정답 ③

③ (○) ①은 단일성, ②는 통일성, ④는 질적 한정성에 에 대한 설명이다. 양적 한정성은 계상된 금액 이상의 초과지출을 금지하는 원칙이다.

## 16 ☑정답 ③

③ (×) 조직구조 측면에서 행정은 안정적이나 정치와 경영은 탄력적이다.

## 17 ☑정답 ④

④ (×) 국방사업은 예비타당성 조사 대상에서 제외된다.

> **참고** 예비타당성조사
> ① 기획재정부장관은 총사업비가 500억원 이상이고 국가의 재정지원 규모가 300억원 이상인 신규 사업으로서 다음 각 호의 어느 하나에 해당하는 대규모사업에 대한 예산을 편성하기 위하여 미리 예비타당성조사를 실시하고, 그 결과를 요약하여 국회 소관 상임위원회와 예산결산특별위원회에 제출하여야 한다. 다만, 제4호의 사업은 제28조에 따라 제출된 중기사업계획서에 의한 재정지출이 500억원 이상 수반되는 신규 사업으로 한다.
>   1. 건설공사가 포함된 사업
>   2. 「국가정보화 기본법」 제15조 제1항에 따른 정보화 사업
>   3. 「과학기술기본법」 제11조에 따른 국가연구개발사업
>   4. 그 밖에 사회복지, 보건, 교육, 노동, 문화 및 관광, 환경 보호, 농림해양수산, 산업·중소기업 분야의 사업
> ② 제1항에도 불구하고 다음 각 호의 어느 하나에 해당하는 사업은 대통령령으로 정하는 절차에 따라 예비타당성조사 대상에서 제외한다.
>   1. 공공청사, 교정시설, 초·중등 교육시설의 신·증축 사업
>   2. 문화재 복원사업
>   3. 국가안보에 관계되거나 보안을 요하는 국방 관련 사업
>   4. 남북교류협력에 관계되거나 국가 간 협약·조약에 따라 추진하는 사업
>   5. 도로 유지보수, 노후 상수도 개량 등 기존 시설의 효용 증진을 위한 단순개량 및 유지보수사업
>   6. 「재난 및 안전관리기본법」 제3조제1호에 따른 재난(이하 "재난"이라 한다)복구 지원, 시설 안전성 확보, 보건·식품 안전 문제 등으로 시급한 추진이 필요한 사업
>   7. 재난예방을 위하여 시급한 추진이 필요한 사업으로서 국회 소관 상임위원회의 동의를 받은 사업
>   8. 법령에 따라 추진하여야 하는 사업
>   9. 출연·보조기관의 인건비 및 경상비 지원, 융자 사업 등과 같이 예비타당성조사의 실익이 없는 사업

10. 지역 균형발전, 긴급한 경제·사회적 상황 대응 등을 위하여 국가 정책적으로 추진이 필요한 사업으로서 다음 각 목의 요건을 모두 갖춘 사업. 이 경우, 예비타당성조사 면제 사업의 내역 및 사유를 지체 없이 국회 소관 상임위원회에 보고하여야 한다.
  가. 사업목적 및 규모, 추진방안 등 구체적인 사업계획이 수립된 사업
  나. 국가 정책적으로 추진이 필요하여 국무회의를 거쳐 확정된 사업

## 18  ☑정답 ②

② (×) ②는 내부접근형에 해당한다. 내부접근형은 주도집단이 정책내용을 일반 대중에게 알리지 않으려고 공중의제화를 억제하기 때문에 일종의 음모형 의제설정과정이라 할 수 있다.

| 구 분 | 외부주도형 | 동원형 | 내부접근형 |
| --- | --- | --- | --- |
| 형성 방향 | 외부 → 내부 | 내부 → 외부 | 내부 → 내부 |
| 정부의제 성립 | 진입 단계 | 주도 단계 | 주도 단계 |
| 공개성 및 참여도 | 높음. | 중간 | 낮음. |
| 사 회 | 평등사회(주로 선진국) | 계층사회(주로 후진국) | 불평등사회(선·후진국) |

## 19  ☑정답 ④

④ (×) 신공공서비스론 입장에 따르면, 정부의 역할은 시민들로 하여금 공유된 가치를 창출하고 충족시킬 수 있도록 봉사하는 데 있다.

**참고** 신공공관리론과 신공공서비스론의 비교

| 관 점 | 전통적 행정이론 | 신공공관리론 | 신공공서비스론 |
| --- | --- | --- | --- |
| 이론과 인식의 토대 | 초기의 사회과학 | 경제이론, 실증주의 | 민주주의, 실증주의·현상학·비판이론·포스트 모더니즘 포괄 |
| 합리성과 행태모형 | 개괄적 합리성, 행정인 | 기술적·경제적 합리성, 경제적 인간관 | 전략적·정치적·경제적·조직적 합리성에 대한 다원적 접근 |
| 공 익 | 법률로 표현된 정치적 결정 | 개인들의 총이익 | 공유가치에 대한 담론의 결과 |
| 관료 반응 대상 | 고객과 유권자 | 고객 | 시민 |
| 정부의 역할 | 노젓기 | 방향잡기(시장의 힘을 활용한 촉매자) | 봉사(시민과 지역공동체 내의 이익을 협상하고 중재하여 공유가치의 창출) |
| 정책목표의 달성기제 | 기존의 정부기구를 통한 프로그램 | 개인 및 비영리기구를 활용해 정책목표를 달성할 기제와 유인체제를 창출 | 동의된 욕구를 충족시키기 위한 공공기관, 비영리기관, 개인들의 연합체 구축 |
| 책임에 대한 접근 양식 | 계층제적 | 시장 지향적 | 다면적 - 법, 지역공동체 가치, 정치 규범, 전문적 기준 및 시민들의 이익에 기여 |
| 행정재량 | 관료에게 제한된 재량만 인정 | 기업적 목적을 달성하기 위해 넓은 재량 허용 | 재량을 부여하지만 책임을 수반 |
| 기대하는 조직구조 | 상명하복의 관료적 조직과 고객에 대한 규제와 통제 | 기본적 통제를 수행하는 분권화된 공조직 | 조직 내외적으로 공유된 리더십을 갖는 협동적 구조 |
| 관료의 동기유발 | 임금과 편익, 공무원 보호 | 기업가 정신, 정부 규모를 축소하려는 이데올로기적 욕구 | 공공서비스, 사회에 기여하려는 욕구 |

## 20  ☑정답 ④

① (×) 경제성(economy)은 비용 절감을 강조하는 행정이념으로서 행정의 본질적 가치가 아니라 수단적 가치에 해당한다.
② (×) 소극적 의미의 합법성은 법의 안정성을 강조한다. 이에 반해 적극적 의미의 합법성(legality)은 상황에 따라 신축성을 부여하는 법의 적합성을 말한다.
③ (×) 가외성은 동일한 기능을 수행하는 둘 이상의 기관이나 절차가 존재하는 현상을 지칭하는 것으로, 체제의 실패 가능성을 최소화하려는 장치를 말한다. 따라서 가외성은 과정의 공정성(fairness) 확보가 아니라 예측하지 못한 잘못·실수 또는 실패를 줄이고, 조직의 안정성(안전성)·신뢰성을 제고하기 위한 수단적 가치이다.

④ (○) 효과성(effectiveness)은 목표의 달성도를 의미한다. 이에 반해 능률성(efficiency)은 투입 대비 산출의 비율을 의미한다. 업무을 수행하는 과정에서 투입 대비 산출의 비율은 낮더라고 목표를 달성할 경우 효과성은 높을 수 있기 때문에 ④는 옳은 표현이다.

## 21 ☑정답 ④

④ (×) ④는 직무정체성에 대한 설명이다. 직무중요성은 사람들의 삶에 대한 영향 정도를 의미한다.

**참고** Hackman과 Oldham의 직무특성이론
(1) 개 관
  ① 직무특성이론은 직무의 특성이 직무수행자의 성장 욕구 수준에 부합될 때, 직무가 그 직무수행자에게 좀 더 큰 의미와 책임감을 주고, 동기유발로 연결된다고 본다.
  ② 성장 욕구를 기준으로 개인차를 고려하고 있으며, 복잡한 인간관에 바탕을 두고 있다.
(2) 변수 간의 관계
  ① 잠재적 동기지수

$$\text{잠재적 동기지수} = \frac{\text{기술다양성} + \text{직무정체성} + \text{직무중요성}}{3} \times \text{자율성} \times \text{환류}$$

  ② 변수의 중요성 📖 암기: 다정 중자환(지나치게 다정하면 중환자될 수 있다)
  위 수식에서 보듯이 잠재적 동기지수에는 기술다양성, 직무정체성, 직무중요성, 자율성, 환류 등 다섯 가지 직무특성이 모두 영향을 미치지만, 그 중에서 자율성과 환류의 중요성을 가장 강조하고 있다.

| 직무특성을 결정하는 변수 | 심리 상태 | 결과 및 성과 |
|---|---|---|
| • 기술다양성(variety): 요구되는 기술(활동)의 다양성<br>• 직무정체성(identity): 제품 완성에 기여하는 정도(전부 기여 또는 부분 기여), 다른 직무와 구분되는 독립적 단위로 형성된 수준<br>• 직무중요성(significance): 사람들의 삶에 대한 영향 | • 의미감(feeling of meaningfulness) | • 내재적 동기의 상승<br>• 작업의 질 상승<br>• 높은 만족도<br>• 이직률과 결근율의 저하 |
| • 자율성(autonomy): 업무 처리 시 독립성의 정도, 개인적으로 느끼는 책임감 정도 | • 책임감 (responsibility) | |
| • 환류(feedback): 직무수행 성과에 대한 정보의 유무 | • 결과에 대한 지식 | |

## 22 ☑정답 ②

② (×) 정부부처형 공기업은 정부기업예산법이 우선 적용되고, 나머지는 국가재정법이나 「국고금 관리법」이 적용된다.

## 23 ☑정답 ③

③ (○) ①은 제2종오류(올바른 대안을 선택하지 않는 오류), ②은 제3종오류(정책문제가 잘못 인지되거나 정의된 경우), ③은 제1종오류(잘못된 대안을 선택하는 오류)에 해당한다. ④는 원자론적(환원론적) 오류이다.

**참고** 오류(error)
(1) 제3종 오류: 정책문제의 인지나 정의가 잘못되면, 후속 과정인 목표 설정이나 대안 탐색, 그리고 대안 선택도 제대로 이루어질 수 없다. 이와 같이 정책문제가 잘못 인지되거나 정의된 경우를 메타오류(meta error) 또는 제3종 오류라고 한다.
(2) 제1종 오류와 제2종 오류: 제1종 오류와 제2종 오류는 대안을 선택하는 과정에서 발생하는 오류이다.

| 제1종 오류($\alpha$ error) | 제2종 오류($\beta$ error) |
|---|---|
| 잘못된 대안(정책)을 선택하는 오류 | 올바른 대안(정책)을 선택하지 않는 오류 |
| 올바른 귀무가설을 기각하는 오류 | 틀린 귀무가설을 채택하는 오류 |
| 틀린 대립가설을 채택하는 오류 | 올바른 대립가설을 기각하는 오류 |

## 24 ☑정답 ②

① (○) 주민감사청구에 필요한 연서 주민 수는 18세 이상 주민 중 시·도에서는 300명, 50만 이상 대도시에서는 200

명, 그 밖의 시·군·자치구에서는 150명을 넘지 않는 범위에서 해당 지방자치단체의 조례로 정한다.
② (×) 지방자치단체와 그 장의 권한에 속하는 사무의 처리가 법령에 위반되거나 공익을 현저히 해친다고 인정되면 시·도의 주민은 주무부장관에게, 시·군 및 자치구의 주민은 시·도지사에게 감사를 청구할 수 있다.
③ (○) 주민감사청구는 사무 처리가 있었던 날이나 끝난 날부터 3년이 지나면 제기할 수 없다(시행 2022.1.13.).
④ (○) 주민감사청구 대상에서 제외되는 사항은 다음과 같다.

> **참고** 주민감사청구 대상에서 제외되는 사항 　암기: 수개다동
> (1) 수사나 재판에 관여하게 되는 사항
> (2) 개인의 사생활을 침해할 우려가 있는 사항
> (3) 다른 기관에서 감사하였거나 감사 중인 사항
> (4) 동일한 사항에 대하여 주민소송이 진행 중이거나 그 판결이 확정된 사항

## 25　✅정답 ①

① (×) 르윈(Lewin), 리피트(Lippitt), 화이트(White) 등이 리더의 행태에 따라 권위주의형, 민주형, 자유방임형의 세 가지 유형으로 구분하였다. 피들러(Fiedler)는 리더(leader, 지도자) 유형을 업무 중심형(과업 지향형)과 직원 중심형(관계 지향형)으로 나누고, 지도자를 가장 덜 좋아하는 직원에 대한 평가 점수를 의미하는 LPC(Least Preferred Co-worker) 점수를 이용하여 분류하였다.
④ (○) 과업이 구조화되어 있지 않을 때 우선 생각할 수 있는 리더십은 지시적 리더십이다. 그러나 업무가 구조화되어 있지 않을 때에는 지시적 리더십 외에 부하에게 도전적인 목표를 설정해 주는 성취 지향적 리더십과, 부하가 의사결정 과정에 참여함으로써 역할 명료성이 높아질 수 있도록 해주는 참여적 리더십이 필요하다는 주장도 있다(이창원·최창현, 「새조직론」).

# 제2회 모의고사 정답 및 해설

## 제2과목 행정법

| 01 | 02 | 03 | 04 | 05 | 06 | 07 | 08 | 09 | 10 | 11 | 12 | 13 | 14 | 15 |
|----|----|----|----|----|----|----|----|----|----|----|----|----|----|----|
| ③ | ② | ③ | ③ | ④ | ④ | ② | ③ | ③ | ④ | ① | ② | ④ | ① | ② |
| 16 | 17 | 18 | 19 | 20 | 21 | 22 | 23 | 24 | 25 | | | | | |
| ① | ② | ③ | ① | ④ | ④ | ③ | ④ | ② | ④ | | | | | |

**01** ✅정답 ③

③ 행정절차법 제3조 제2항 제9호, 행정절차법 시행령 제2조 제2호에서 정한 행정절차법의 적용이 제외되는 '외국인의 출입국에 관한 사항'의 의미 및 '외국인의 출입국에 관한 사항'의 경우 행정절차를 거칠 필요가 당연히 부정되는지 여부(소극) / 외국인의 사증발급 신청에 대한 거부처분이 행정절차법 제24조에서 정한 '처분서 작성·교부'를 할 필요가 없거나 곤란하다고 인정되는 사항이거나 행정절차법 제24조에 정한 절차를 따르지 않고 '행정절차에 준하는 절차'로 대체할 수 있는 것인지 여부(소극) (대판 2019. 7. 11 선고 2017두38874)

**02** ✅정답 ②

② 군인이라 하여 재판청구를 하기 앞서 반드시 군 내부에서의 사전절차를 거쳐야 하는 것은 아니라는 것이 대법원의 입장이다.

> (전략) 나아가 관련 법령의 문언과 체계에 비추어 보면, 건의 제도의 취지는 위법 또는 오류의 의심이 있는 명령을 받은 부하가 명령 이행 전에 상관에게 명령권자의 과오나 오류에 대하여 자신의 의견을 제시할 수 있도록 함으로써 명령의 적법성과 타당성을 확보하고자 하는 것일 뿐 그것이 군인의 재판청구권 행사에 앞서 반드시 거쳐야 하는 군 내 사전절차로서의 의미를 갖는다고 보기 어렵다(대판2018. 3. 22. 2012두26401).

**03** ✅정답 ③

③ 현행 건축법상의 이행강제금부과처분에 대하여 불복하고자 할 때에는 취소소송을 제기하면 된다.

**04** ✅정답 ③

③ 행정심판서의 재결서와 같이 법이 문서의 형식을 요하는 경우 이에 대한 위반은 무효 또는 취소사유이다.

✅오답풀이

② 2개 이상의 행정처분이 연속적 또는 단계적으로 이루어지는 경우 선행처분과 후행처분이 서로 합하여 1개의 법률효과를 완성하는 때에는 선행처분에 하자가 있으면 그 하자는 후행처분에 승계된다. 이러한 경우에는 선행처분에 불가쟁력이 생겨 그 효력을 다툴 수 없게 되더라도 선행처분의 하자를 이유로 후행처분의 효력을 다툴 수 있다(대판 2017. 7. 18. 선고 2016두49938)

**05** ✅정답 ④

④ 확정판결의 저촉되는 행정청의 처분은 무효에 해당한다. 거부처분취소소송의 확정판결에 취지에 따라 행정청은 재처분의 의무가 있고, 이에 따른 처분을 하지 않을 경우, 배상을 통한 간접강제가 이루어진다.

✅오답풀이

① 개발제한구역 중 일부 취락을 개발제한구역에서 해제하는 내용의 도시관리계획변경결정에 대하여, 개발제한구역해제 대상에서 누락된 토지의 소유자는 위 결정의 취소를 구할 법률상 이익이 없다(대법원 2008.07.10. 선고2007두10242).

② 금융기관의 임원에 대한 금융감독원장의 문책경고는 그 상대방에 대한 직업선택의 자유를 직접 제한하는 효과를 발생하게 하는 등 상대방의 권리의무에 직접 영향을 미치는 행위로서 항고소송의 대상이 되는 행정처분에 해당한다. (대판 2005. 2. 17. 선고 2003두14765)

③ 과세표준과 세액을 증액하는 증액경정처분은 당초 납세의무자가 신고하거나 과세관청이 결정한 과세표준과 세액을 그대로 둔 채 탈루된 부분만을 추가로 확정하는 처분이 아니라 당초신고나 결정에서 확정된 과세표준과 세액을 포함하여 전체로서 하나의 과세표준과 세액을 다시 결정하는 것이므로, 당초신고나 결정에 대한 불복기간의 경과 여부 등에 관계없이 오직 증액경정처분만이 항고소송의 심판대상이 되는 점, 증액경정처분의 취소를 구하는 항고소송에서 증액경정처분의 위법 여부는 그 세액이 정당한 세액을 초과하는지 여부에 의하여 판단하여야 하고 당초신고에 관한 과다신고사유나 과세관청의 증액경정사유는 증액경정처분의 위법성을 뒷받침하는 개개의 위법사유에 불과한 점, 경정청구나 부과처분에 대한 항고소송은 모두 정당한 과세표준과 세액의 존부를 정하고자 하는 동일한 목적을 가진 불복수단으로서 납세의무자로 하여금 과다신고사유에 대하여는 경정청구로써, 과세관청의 증액경정사유에 대하여는 항고소송으로써 각각 다투게 하는 것은 납세의무자의 권익보호나 소송경제에도 부합하지 않는 점 등에 비추어 보면, 납세의무자는 증액경정처분의 취소를 구하는 항고소송에서 과세관청의 증액경정사유뿐만 아니라 당초신고에 관한 과다신고사유도 함께 주장하여 다툴 수 있다고 할 것이다.(대판 2013. 4. 18. 2010두11733)

## 06 ✅정답 ④

④ 행정기본법상 나이 계산은 출생일을 산입하여 기산한다.

> 제7조의2(행정에 관한 나이의 계산 및 표시) 행정에 관한 나이는 다른 법령등에 특별한 규정이 있는 경우를 제외하고는 <u>출생일을 산입하고</u>, <u>만(滿) 나이로 계산하고</u>, 연수(年數)로 표시한다. 다만, 1세에 이르지 아니한 경우에는 월수(月數)로 표시할 수 있다.

## 07 ✅정답 ②

② 재결청의 처분취소재결을 이유로 처분청이 원처분을 취소하는 것은 항고소송의 대상이 아님 - 행정심판재결의 내용이 처분청에게 처분의 취소를 명하는 것이 아니라, 재결청이 스스로 처분을 취소하는 것일 때에는 그 재결의 형성력에 의하여 당해 처분은 별도의 행정처분을 기다릴 것 없이 취소되어 소멸되는 것이므로, 당해 처분을 취소한 이 사건 처분은 이 사건 취소재결의 당사자가 아니어서 그 재결이 있었음을 모르고 있는 원고에게 당해 처분이 취소·소멸되었음을 알려주는 의미의 사실 또는 관념의 통지에 불과할 뿐, 당해 처분을 취소·소멸시키는 새로운 형성적 행위가 아니어서 항고소송의 대상이 되는 처분이라고 할 수 없다(대판 1998. 4. 24, 97누 17131).

## 08 ✅정답 ③

무효인 부담이 붙은 행정행위의 상대방이 그 부담의 이행으로 사법상 법률행위를 한 경우에 부관으로부터 구속을 받지 않게 되어 그 사법상 법률행위 자체가 당연무효로 되는 것은 아니다.

### ✅오답풀이

① 허가에 붙은 기한이 부당하게 짧은 경우에는 허가기간의 연장신청이 없는 상태에서 허가기간이 만료하였더라면 종전의 허가의 효력은 실효가 되고, 그 후에 허가기간 연장신청을 하였다면 신규허가에 해당한다.

② 사후부관은 법령에 규정이 있거나, 상대방의 동의가 있는 경우, 처분시에 미리 유보해 둔 경우, 부담의 경우, 사정변경으로 행정목적 달성이 곤란한 경우에 필요한 경우에 가능하다.

④ 행정행위에 부가된 허가기간은 그 자체로서 항고소송의 대상이 될 수 없다. 그러나 그 기간의 연장신청의 거부는 독립된 거부처분에 해당하여 쟁송이 가능하다.

## 09 ✅정답 ③

③ (전략) 법령의 위임관계는 반드시 하위 법령의 개별조항에서 위임의 근거가 되는 상위 법령의 해당 조항을 구체적으로 명시하고 있어야만 하는 것은 아니라고 할 것이므로, 같은 법시행규칙 제5조가 같은 법시행령 제8조 제3항과의 위임관계를 위와 같이 명시하고 있다고 하여 같은 법시행규칙의 다른 규정에서 같은 법시행령 제8조 제3항의 위임에 기하

여 풍속영업의 운영에 관하여 필요한 사항을 따로 정하는 것을 배제하는 취지는 아니라고 할 것이어서, (후략)(대판 1999.12.24, 99두5658)

### 오답풀이

① 법원이 법률 하위의 법규명령, 규칙, 조례, 행정규칙 등이 위헌·위법인지를 심사하기 위한 요건으로서 '재판의 전제성'의 의미 및 법원이 구체적 규범통제를 통해 위헌·위법으로 선언할 심판대상은 해당 규정 중 재판의 전제성이 인정되는 조항에 한정된다.(출처 : 대법원 2019. 6. 13. 선고 2017두33985 판결 [급수공사비등부과처분취소청구의소] 〉 종합법률정보 판례)

② 일반적으로 법률의 위임에 따라 효력을 갖는 법규명령의 경우에 위임의 근거가 없어 무효였더라도 나중에 법 개정으로 위임의 근거가 부여되면 그때부터는 유효한 법규명령으로 볼 수 있다. 그러나 법규명령이 개정된 법률에 규정된 내용을 함부로 유추·확장하는 내용의 해석규정이어서 위임의 한계를 벗어난 것으로 인정될 경우에는 법규명령은 여전히 무효이다.(대판 2017. 4. 20. 선고 2015두45700)

④ '법령'은 일반적인 의미에서의 법령, 즉 법률과 그 밖의 법규명령으로서의 대통령령, 총리령, 부령 등을 의미하고, 이와 달리 상급행정기관이 하급행정기관에 대하여 업무처리나 법령의 해석·적용에 관한 기준을 정하여 발하는 이른바 행정규칙은 일반적으로 행정조직 내부에서만 효력을 가질 뿐 대외적인 구속력을 갖는 것이 아니므로 이에 해당하지 않는다.(대판 2019. 5. 30. 선고 2016다276177)

## 10  정답 ④

④ 행정처분의 무효 확인 또는 취소를 구하는 소가 제소 당시에는 소의 이익이 있어 적법하였는데, 소송계속 중 해당 행정처분이 기간의 경과 등으로 그 효과가 소멸한 때에 처분이 취소되어도 원상회복이 불가능하다고 보이는 경우라도, 무효 확인 또는 취소로써 회복할 수 있는 다른 권리나 이익이 남아 있거나 또는 그 행정처분과 동일한 사유로 위법한 처분이 반복될 위험성이 있어 행정처분의 위법성 확인 내지 불분명한 법률문제에 대한 해명이 필요한 경우에는 행정의 적법성 확보와 그에 대한 사법통제, 국민의 권리구제 확대 등의 측면에서 예외적으로 그 처분의 취소를 구할 소의 이익을 인정할 수 있다. 여기에서 '그 행정처분과 동일한 사유로 위법한 처분이 반복될 위험성이 있는 경우'란 불분명한 법률문제에 대한 해명이 필요한 상황에 대한 대표적인 예시일 뿐이며, 반드시 '해당 사건의 동일한 소송 당사자 사이에서' 반복될 위험이 있는 경우만을 의미하는 것은 아니다. (대판 2020. 12. 24. 선고 2020두30450 )

### 오답풀이

① 학교법인 임원취임승인의 취소처분 후 그 임원의 임기가 만료되고 구 사립학교법 제22조 제2호 소정의 임원결격사유기간마저 경과한 경우 또는 위 취소처분에 대한 취소소송 제기 후 임시이사가 교체되어 새로운 임시이사가 선임된 경우, 위 취임승인취소처분 및 당초의 임시이사선임처분의 취소를 구할 소의 이익이 있는지 여부(적극) (대판 2007. 7. 19. 선고 2006두19297)

② 교육부장관이 사학분쟁조정위원회의 심의를 거쳐 갑 대학교를 설치·운영하는 을 학교법인의 이사 8인과 임시이사 1인을 선임한 데 대하여 갑 대학교 교수협의회와 총학생회 등이 이사선임처분의 취소를 구하는 소송을 제기한 사안에서, 갑 대학교 교수협의회와 총학생회는 이사선임처분을 다툴 법률상 이익을 가지지만, 전국대학노동조합 갑 대학교지부는 법률상 이익이 없다(대판 2015. 7. 23. 선고 2012두19496,19502)

③ 구 임대주택법 제21조에 따른 분양전환승인 중 분양전환가격을 승인하는 부분이 강학상 '인가'에 해당하는지 여부(소극) 및 임차인에게 항고소송을 통하여 분양전환승인의 효력을 다툴 법률상 이익이 있는지 여부(적극)(대판 2020. 7. 23. 선고 2015두48129)

## 11  정답 ①

① 사업양도양수계약이 무효이면 이에 따른 지위승계신고의 수리도 무효이다.

사업양도·양수에 따른 허가관청의 지위승계신고의 수리는 적법한 사업의 양도·양수가 있었음을 전제로 하는 것이므로 그 수리대상인 사업양도·양수가 존재하지 아니하거나 무효인 때에는 수리를 하였다 하더라도 그 수리는 유효한 대상이 없는 것으로서 당연히 무효라 할 것이고, 사업의 양도행위가 무효라고 주장하는 양도자는 민사쟁송으로 양도·양수행위의 무효를 구함이 없이 막바로 허가관청을 상대로 하여 행정소송으로 위 신고수리처분의 무효확인을 구할 법률상 이익이 있다(대판 2005.12.23., 2005두3554).

## 12 ✅정답 ②

(가) 질서위반행위의 성립과 과태료 처분은 행위 시의 법률에 따른다.
(나) 과태료부과에 이의제기를 받은 행정청은 이의제기를 받은 날부터 14일 이내에 이에 대한 의견 및 증빙서류를 첨부하여 관할 법원에 통보하여야 한다.
(다) 당사자와 검사는 과태료 재판에 대하여 즉시항고를 할 수 있다. 이 경우 항고는 집행정지의 효력이 있다.

## 13 ✅정답 ④

④ 건축허가는 기속이 원칙이라서 요건을 갖춘 허가신청에 대하여 중대한 공익상의 필요가 있는 경우를 제외하고는 거부할 수 없다. 따라서 중대한 공익상의 필요가 있는 경우에는 거부가 가능하다.

> 건축허가권자는 건축허가신청이 건축법 등 관계 법규에서 정하는 어떠한 제한에 배치되지 않는 이상 당연히 같은 법조에서 정하는 건축허가를 하여야 하고, 중대한 공익상의 필요가 없는데도 관계 법령에서 정하는 제한사유 이외의 사유를 들어 요건을 갖춘 자에 대한 허가를 거부할 수는 없다(대판 2009. 9. 24. 선고 2009두8946)

## 14 ✅정답 ①

① 행정청은 당사자등이 제출한 의견을 반영하지 아니하고 처분을 한 경우 당사자등이 처분이 있음을 안 날부터 90일 이내에 그 이유의 설명을 요청하면 서면으로 그 이유를 알려야 한다.

## 15 ✅정답 ②

국가재정확보를 목적으로 하여 평등원칙에 위반되지 않는다.

### ✅ 오답풀이

① 국유잡종재산은 사경제적 거래의 대상으로서 사적 자치의 원칙이 지배되고 있으므로 시효제도의 적용에 있어서도 동일하게 보아야 하고, 국유잡종재산에 대한 시효취득을 부인하는 동규정은 합리적 근거없이 국가만을 우대하는 불평등한 규정으로서 헌법상의 평등의 원칙과 사유재산권 보장의 이념 및 과잉금지의 원칙에 반한다.(헌재 89가97)
③ 조세에 관한 소멸시효가 완성되면 국가의 조세부과권과 납세의무자의 납세의무는 당연히 소멸한다 할 것이므로 소멸시효완성후에 부과된 부과처분은 납세의무 없는 자에 대하여 부과처분을 한 것으로서 그와 같은 하자는 중대하고 명백하여 그 처분의 효력은 당연무효이다.(대판 1985.05.14. 선고 83누655)
④ 소멸시효의 중단은 소멸시효의 기초가 되는 권리의 불행사라는 사실상태와 맞지 않는 사실이 생긴 것을 이유로 소멸시효의 진행을 차단케 하는 제도인 만큼, 납입고지에 의한 변상금 징수권자의 권리행사에 의하여 이미 발생한 소멸시효중단의 효력은 그 부과처분이 취소(쟁송취소에 의한 것이든 또는 직권취소에 의한 것이든 불문한다)되었다 하여 사라지지 아니한다.(대판 1996.03.08. 선고 95누12804)

## 16 ✅정답 ①

제50조(재결사항) ① 토지수용위원회의 재결사항은 다음 각호와 같다.
1. 수용 또는 사용할 토지의 구역 및 사용방법
2. 손실의 보상
3. 수용 또는 사용의 개시일과 기간
4. 그 밖에 이 법 및 다른 법률에서 규정한 사항
② 토지수용위원회는 사업시행자·토지소유자 또는 관계인이 신청한 범위안에서 재결하여야 한다. 다만, 제1항제2호의 손실의 보상에 있어서는 증액재결을 할 수 있다.

## 17 ✅정답 ②

② 우리나라와 외국 사이에 국가배상청구권의 발생요건이 현저히 균형을 상실하지 아니하고 외국에서 정한 요건이 우리

나라에서 정한 그것보다 전체로서 과중하지 아니하여 중요한 점에서 실질적으로 거의 차이가 없는 정도라면 국가배상법 제7조가 정하는 상호보증의 요건을 구비하였다고 봄이 타당하다.(대판 2015. 6. 11. 선고 2013다208388)

**오답풀이**

① 경찰공무원인 피해자가 구 공무원연금법에 따라 공무상 요양비를 지급받는 것이 국가배상법 제2조 제1항 단서에서 정한 '다른 법령의 규정'에 따라 보상을 지급받는 것에 해당하는지 여부(소극)(대판 2019. 5. 30. 선고 2017다16174)
③ 공무원의 부작위로 인한 국가배상책임을 인정하기 위해서는 공무원의 작위로 인한 국가배상책임을 인정하는 경우와 마찬가지로 '공무원이 직무를 집행하면서 고의 또는 과실로 법령을 위반하여 타인에게 손해를 입힌 때'라는 국가배상법 제2조 제1항의 요건이 충족되어야 한다.(출처 : 대법원 2020. 5. 28. 선고 2017다211559 판결 [손해배상(기)] 〉 종합법률정보 판례)
④ 국가배상법 제2조 제1항 소정의 '직무를 집행함에 당하여'라 함은 직접 공무원의 직무집행행위이거나 그와 밀접한 관계에 있는 행위를 포함하고, 이를 판단함에 있어서는 행위 자체의 외관을 객관적으로 관찰하여 공무원의 직무행위로 보여질 때에는 비록 그것이 실질적으로 직무행위에 속하지 않는다 하더라도 그 행위는 공무원이 '직무를 집행함에 당하여' 한 것으로 보아야 한다. (대판 2001. 1. 5. 선고 98다39060)

**18 정답 ③**

③ "세법상 가산세는 과세권의 행사 및 조세채권의 실현을 용이하게 하기 위하여 납세자가 정당한 사유 없이 법에 규정된 신고·납세 등 각종 의무를 위반한 경우 법이 정하는 바에 의하여 부과하는 행정상의 제재로서 납세자의 고의·과실은 고려되지 아니하고, 법령의 부지·착오 등은 그 의무의 위반을 탓할 수 없는 정당한 사유에 해당하지 아니한다."(대법원 2011.5.13. 선고 2008두12986)

**오답풀이**

① 관할 행정청이 여객자동차운송사업자의 여러 가지 위반행위를 인지한 경우, 인지한 여러 가지 위반행위 중 일부에 대해서만 우선 과징금 부과처분을 하고 나머지에 대해서는 차후에 별도의 과징금 부과처분을 할 수 있는지 여부(원칙적 소극)(출처 : 대법원 2021. 2. 4. 선고 2020두48390 판결 [부당이득금환수고지처분취소] 〉 종합법률정보 판례)
② 공정거래위원회가 위반행위에 대한 과징금을 부과하면서 여러 개의 위반행위에 대하여 외형상 하나의 과징금 납부명령을 하였으나 여러 개의 위반행위 중 일부 위반행위에 대한 과징금 부과만 위법하고 소송상 그 일부 위반행위를 기초로 한 과징금액을 산정할 수 있는 자료가 있는 경우, 그 일부 위반행위에 대한 과징금액에 해당하는 부분만 취소하여야 한다(대판 2019. 1. 31. 선고 2013두14726)

**19 정답 ①**

① 정보공개제도는 공공기관이 보유·관리하는 정보를 그 상태대로 공개하는 제도라는 점 등에 비추어 보면, 정보공개를 구하는 자가 공개를 구하는 정보를 행정기관이 보유·관리하고 있을 상당한 개연성이 있다는 점을 입증함으로써 족하다 할 것이지만, 공공기관이 그 정보를 보유·관리하고 있지 아니한 경우에는 특별한 사정이 없는 한 정보공개거부처분의 취소를 구할 법률상의 이익이 없다(출처 : 대법원 2014. 6. 12. 선고 2013두4309 판결 [정보공개거부처분취소] 〉 종합법률정보 판례)

**20 정답 ④**

④ 어떠한 처분에 법령상 근거가 있는지, 행정절차법에서 정한 처분절차를 준수하였는지가 소송요건 심사단계에서 고려할 요소인지 여부(소극)(대판 2020. 1. 16. 선고 2019다264700)

**21 정답 ④**

④ (O) 대법원에 의하면, 행정청이 당초의 도시계획 결정을 하였다고 하여 도시계획사업의 시행자 지정을 할 것이라는 공적 견해로 볼 수 없다는 입장이다.

당초 정구장 시설을 설치한다는 도시계획결정을 하였다가 정구장 대신 청소년 수련시설을 설치한다는 도시계획 변경결정 및 지적승인을 한 경우, 당초의 도시계획결정만으로는 도시계획사업의 시행자지정을 받게 된다는 공적인 견해를 표명하였다고 할 수 없다는 이유로 그 후의 도시계획 변경결정 및 지적승인이 도시계획사업의 시행자로 지정받을 것을 예상하고 정구장 설계 비용 등을 지출한 자의 신뢰이익을 침해한 것으로 볼 수 없다(대판 2000.11.10. 2000두727).

### ✅ 오답풀이

① (X) 실권의 법리는 행정청이 위법을 알면서 장기간 방치하여 상대방에게 위법의 존속을 신뢰하게 한 경우, 뒤늦게 취소권 등을 행사할 수 없는 것을 말한다. 따라서 상대방의 위법을 모르고 있다가 비로소 취소 직전에 알게된 경우에는 실권의 법리가 적용될 수 없다.

행정서사업허가를 받은 때로부터 20년이 다 되어 피고 행정청이 그 허가를 취소한 것이기는 하나 피고 행정청이 취소사유를 알고서도 그렇게 장기간 취소권을 행사하지 않은 것이 아니고 행정서사업허가를 한 후 19년 2개월이 지난 후 비로소 취소사유를 알고 그에 관한 법적 처리방안에 관하여 다각도로 연구검토가 행해졌고 그러한 사정은 취소처분의 상대방인 원고도 알고 있었음이 기록상 명백하여 이로써 본다면 상대방인 원고에게 취소권을 행사하지 않을 것이란 신뢰를 심어준 것으로 여겨지지 않으니 피고 행정청의 처분이 실권의 법리에 저촉된 것이라고 볼 수 없다(대판 1998.4.27. 87누915).

② (X) 신뢰를 형성시키는 선행조치는 공적 견해임을 요한다. 그러나 그 견해에는 권력, 비권력작용이 모두 포함되며, 적극적인 작위나 묵시적인 부작위도 포함된다. 행정지도, 구 법령에 대한 질서, 행정처분, 확약, 계약, 행정계획 등이 해당된다.

③ (X) 귀책사유의 유무를 판단하는 대상은 상대방뿐 아니라 위임이나 위탁의 경우에는 수임, 수탁자 등의 관계자 모두가 기준이 된다.

## 22 ☑정답 ③

③ (O) 과세처분의 근거법이 위헌결정을 받게 되면, 헌법재판소 위헌결정의 기속력에 따라 위헌결정의 취지에 반하는 행위는 무효에 해당한다. 따라서 이미 위헌결정이전에 과세처분이 불가쟁력이 발생하였다고 해도, 조세채권을 확보하기 위한 압류는 헌재위헌결정에 반하여 무효에 해당한다.

(전략)조세 부과의 근거가 되었던 법률규정이 위헌으로 선언된 경우, 비록 그에 기한 과세처분이 위헌결정 전에 이루어졌고, 과세처분에 대한 제소기간이 이미 경과하여 조세채권이 확정되었으며, 조세채권의 집행을 위한 체납처분의 근거규정 자체에 대하여는 따로 위헌결정이 내려진 바 없다고 하더라도, 위와 같은 위헌결정 이후에 조세채권의 집행을 위한 새로운 체납처분에 착수하거나 이를 속행하는 것은 더 이상 허용되지 않고, 나아가 이러한 위헌결정의 효력에 위배하여 이루어진 체납처분은 그 사유만으로 하자가 중대하고 객관적으로 명백하여 당연무효라고 보아야 한다. (대판 2012. 2. 16. 선고 2010두10907)

### ✅ 오답풀이

① (X) 소종류의 변경은 행정소송법 제21조 제4항의 규정과 제14조 제4항의 규정에 따라 처음에 소를 제기한 날이 기준이 된다.
② (X) 무효등확인소송이 취소소송의 적법한 제소기간에 제기된 경우에는 취소소송의 병합이 허용된다.
④ (X) 필요적 행정심판전치주의에 해당되는 처분이라도 무효의 경우에는 이를 적용하지 않는다. 따라서 무효등확인심판을 전치하지 않아도 무효등확인소송이 가능하다.

## 23 ☑정답 ④

④ (X) 지자체장은 조례로서 기관위임사무를 재위임할 수 없고 지자체장이 제정한 규칙이 정하는 바에 따라 재위임할 수 있다.

관리처분계획의 인가 등에 관한 사무는 국가사무로서 지방자치단체의 장에게 위임된 이른바 기관위임사무에 해당하므로, 시·도지사가 지방자치단체의 조례에 의하여 이를 구청장 등에게 재위임할 수는 없고, 행정권한의위임및위탁에관한규정 제4조에 의하여 위임기관의 장의 승인을 얻은 후 지방자치단체의 장이 제정한 규칙이 정하는 바에 따라 재위임하는 것만이 가능하다. (대판1995. 8. 22. 선고 94누5694)

**24** ☑정답 ②

② 구 국가를 당사자로 하는 계약에 관한 법률(2012. 12. 18. 법률 제11547호로 개정되기 전의 것, 이하 '국가계약법'이라 한다) 제11조 규정 내용과 국가가 일방당사자가 되어 체결하는 계약의 내용을 명확히 하고 국가가 사인과 계약을 체결할 때 적법한 절차에 따를 것을 담보하려는 규정의 취지 등에 비추어 보면, 국가가 사인과 계약을 체결할 때에는 국가계약법령에 따른 계약서를 따로 작성하는 등 요건과 절차를 이행하여야 할 것이고, 설령 국가와 사인 사이에 계약이 체결되었더라도 이러한 법령상 요건과 절차를 거치지 아니한 계약은 효력이 없다.(대판 2015. 1. 15. 선고 2013다215133)

**25** ☑정답 ④

④ (X) 통고처분은 형사고발을 하기 이전에 하여야 한다. 이미 검찰에 형사고발한 사건을 사후 통고처분권이 사라진 이후의 무권한으로서 무효가 된다.

위와 같은 통고처분과 고발의 법적 성질 및 효과 등을 조세범칙사건의 처리 절차에 관한 조세범 처벌절차법 관련 규정들의 내용과 취지에 비추어 보면, 지방국세청장 또는 세무서장이 조세범 처벌절차법 제17조 제1항에 따라 통고처분을 거치지 아니하고 즉시 고발하였다면 이로써 조세범칙사건에 대한 조사 및 처분 절차는 종료되고 형사사건 절차로 이행되어 지방국세청장 또는 세무서장으로서는 동일한 조세범칙행위에 대하여 더 이상 통고처분을 할 권한이 없다. 따라서 지방국세청장 또는 세무서장이 조세범칙행위에 대하여 고발을 한 후에 동일한 조세범칙행위에 대하여 통고처분을 하였더라도, 이는 법적 권한 소멸 후에 이루어진 것으로서 특별한 사정이 없는 한 효력이 없고, 조세범칙행위자가 이러한 통고처분을 이행하였더라도 조세범 처벌절차법 제15조 제3항에서 정한 일사부재리의 원칙이 적용될 수 없다.(대판 2016. 9. 28. 선고 2014도10748)

## 제3과목 행정학

| 01 | 02 | 03 | 04 | 05 | 06 | 07 | 08 | 09 | 10 | 11 | 12 | 13 | 14 | 15 |
|---|---|---|---|---|---|---|---|---|---|---|---|---|---|---|
| ① | ① | ④ | ④ | ① | ④ | ③ | ① | ① | ① | ④ | ④ | ④ | ③ | ④ |
| 16 | 17 | 18 | 19 | 20 | 21 | 22 | 23 | 24 | 25 | | | | | |
| ② | ③ | ③ | ① | ③ | ② | ③ | ① | ② | ③ | | | | | |

## 01 ✅정답 ①

가. (×) 롤스의 정의론은 자유(제1원칙으로서 평등한 자유)와 평등(제2원칙으로서 기회균등과 차등)의 조화를 추구하는 중도적 입장을 취한다.
나. (○) 롤스의 정의론은 이념적·가설적 상황으로서 원초적 상태를 설정하였고, 원초적 상태에서의 합의가 정의로울 것이라는 전제를 가지고 사회계약론의 입장에서 정의의 원리를 도출한다.
다. (×) 롤스의 정의론에서 정의의 두 가지 기본원리 중 제1원리는 기본적 자유의 평등원리이며, 제2원리는 차등조정의 원리이다. 제2원리 내에서 충돌이 생길 때에는 기회균등의 원리가 차등의 원리에 우선한다.
라. (×) 기회균등의 원리는 기회의 공평을 중시하고, 차등의 원리는 결과의 공평을 중시한다.

## 02 ✅정답 ①

① (×) 가치에 대한 접근 방법은 목적론적 접근과 법칙론적 접근 방법이 있다. 목적론적 윤리설은 상대론적 관점에 속한다. 쾌락주의, 마르크스주의, 공리주의는 모두 목적론적 윤리설에 해당한다.

## 03 ✅정답 ④

① (×) 보수주의는 합리적·경제적 인간관에 바탕을 둔다.
② (×) 보수주의는 소극적 자유를, 진보주의는 적극적 자유를 강조한다.
③ (×) 보수주의자의 이상적인 정의는 교환적 정의이지 배분적 정의가 아니다.

**참고** 보수주의와 진보주의 비교

| 구 분 | 보수주의(우파) | 진보주의(좌파) |
|---|---|---|
| 이 념 | • 자유주의, 자유방임적 자본주의 | • 평등주의, 혼합자본주의<br>• 규제된 자본주의, 개혁주의 |
| 인간관 | • 합리적·경제적 인간관 | • 합리적·경제적 인간관 부정(비판)<br>• 욕구, 협동, 오류 가능성 인정 |
| 가치판단 | • 소극적 자유(정부로부터의 자유) 강조<br>• 기회균등과 경제적 자유 강조<br>• 소득, 부, 경제적 결과의 평등 경시<br>• 교환적 정의 | • 적극적 자유 강조<br>• 결과적 평등을 증진시키기 위한 실질적 정부의 개입 인정<br>• 배분적 정의 |
| 시장과 정부평가 | • 자유시장의 효율성에 대한 신뢰<br>• 정부 불신 | • 효율과 공정(기회균등), 번영과 진보(발전)에 대한 자유시장의 잠재력은 인정<br>• 소득불평등 및 윤리적 결여 등 시장결함 인지 |
| 선호하는 정책 | • 경제적 규제 완화<br>• 시장 지향<br>• 조세감면 | • 소외집단을 위한 정책<br>• 공익 목적의 정부규제<br>• 조세제도를 통한 소득재분배 |

## 04 ☑정답 ④

④ (○) 문제 박스에서 제시하고 있는 내용은 합리모형에 대한 설명이다. 합리모형은 매몰비용을 무시한다는 비판을 받는다.
① (×) 시간의 흐름에 따라 환류되는 정보를 분석하여 잘못한 점이 있으면 수정·보완하는 방식은 합리모형에 대비되는 적응모형과 관련된다. 적응모형의 대표적인 형태인 사이버네틱스모형에서는 환류채널을 통해 들어오는 몇 가지의 정보에 따라 시행착오적인 적응을 한다.
② (×) 문제가 있는 선호(problematic preferences), 불명확한 기술(unclear technology), 일시적 참여자(part-time participants)를 전제조건으로 하는 모형은 쓰레기통모형이다.
③ (×) 갈등을 완전히 해결하지 못하고, 타협을 통한 봉합을 모색하는 모형은 회사모형(연합모형, 타협모형)이다.

## 05 ☑정답 ①

① (×) 공중의제는 어떤 사회문제가 사회적으로 이슈화되어 정부의 정책적 고려의 대상이 되어야 할 단계에 이른 문제를 의미한다. 이에 반해 공식의제는 공식적인 권한을 가진 정부기관이 공식적으로 채택한 의제를 말한다.
② (○) Cobb, Ross & Ross 등에 따르면, 공식의제가 성립되는 단계는 외부주도모형의 경우에는 진입 단계, 동원모형과 내부접근모형의 경우에는 주도 단계이다.
③ (○) 심볼 활용이나 매스 미디어 등을 통해 쟁점(issue)이 확산되는 모형은 외부주도모형이다. 동원모형에서는 정부 지도자들이 대중들의 지지를 확보하기 위하여 공공관계 캠페인을 벌인다.
④ (○) 동원모형의 경우 정부의 힘이 강하고 이익집단의 역할이 취약한 후진국에서 일반적으로 많이 나타난다.

## 06 ☑정답 ④

④ (×) 능률성과 효과성을 비교할 경우, 능률성은 과정지향적 개념이고, 효과성은 목표지향적 개념이다. 따라서 합목적성에 해당하는 개념은 효과성이다.

## 07 ☑정답 ③

**참고** MBO와 PPBS의 비교

| 구 분 | MBO | PPBS |
|---|---|---|
| 기 획 | 보통은 1년, 때로 5년 | 종합적이고 5년 단위 |
| 권위구조 | 분권적, 계선기관 중시 | 집권적, 참모에 치중 |
| 전문기술 | 참여에 의한 관리기술 | 분석적 관리기술 |
| 프로그램 | 내적이고 산출량 중시 | 외적이고 비용편익분석 중시 |
| 예산 범위 | 부분적, 개별적 | 종합적 자원배분 |
| 중 점 | 결과 지향적, 목표달성 및 정책집행 | 장기목표 지향적, 목표의 설정, 정책결정 |
| 기구, 절차 | 공식적 절차를 크게 중시하지 않음. | 조직 간 결정에 관한 정보자료 활용 |
| 책임, 환류 | 일선관리자의 책임 중시 | 환류기능 미흡, 상위층 책임 중시 |

## 08 ☑정답 ①

① (×) O. Williamson은 시장과 기업(계층제) 가운데 어떤 방식이 보다 효율적일 수 있는가를 분석하였다. 그는 시장을 통한 계약관계의 형성 및 집행에서 발생하는 거래비용과 계층제적 조직이 될 경우의 내부관리비용을 비교하여 거래비용이 관리비용보다 많은 경우 수직적 통합(vertical integration), 즉 계층제적 조직이 형성된다고 보았다.
③ (○) 자원의존이론은 조직과 조직 간의 의존성을 인정하지만, 조직의 환경에 대한 의존성을 회피하고 자율성(autonomy)을 얻기 위한 조직 관리자의 재량적 역할에도 초점을 맞춘다. 즉, 자원의존이론은 조직과 조직 간의 거래관계에서 조직의 안정과 생존을 위해서 조직(조직 관리자)의 주도적·능동적 행동을 중시한다.

**09** ☑ 정답 ①

① (×) 부정청탁의 신고 및 처리와 수수 금지 금품 등의 신고 및 처리는 그 방법이 다르다. 공직자 등은 부정청탁을 받았을 때에는 부정청탁을 한 자에게 부정청탁임을 알리고 이를 거절하는 의사를 명확히 표시하여야 한다. 공직자등은 이 조치를 하였음에도 불구하고 동일한 부정청탁을 다시 받은 경우에는 이를 소속기관장에게 서면(전자문서를 포함한다)으로 신고하여야 한다.

> **참고** 부정청탁의 신고 및 처리
> ① 공직자 등은 부정청탁을 받았을 때에는 부정청탁을 한 자에게 부정청탁임을 알리고 이를 거절하는 의사를 명확히 표시하여야 한다.
> ② 공직자등은 제1항에 따른 조치를 하였음에도 불구하고 동일한 부정청탁을 다시 받은 경우에는 이를 소속기관장에게 서면(전자문서를 포함한다)으로 신고하여야 한다.
> ③ 제2항에 따른 신고를 받은 소속기관장은 신고의 경위·취지·내용·증거자료 등을 조사하여 신고 내용이 부정청탁에 해당하는지를 신속하게 확인하여야 한다.

> **참고** 수수 금지 금품 등의 신고 및 처리
> ① 공직자등은 다음 각 호의 어느 하나에 해당하는 경우에는 소속기관장에게 지체 없이 서면으로 신고하여야 한다.
>   1. 공직자등 자신이 수수 금지 금품 등을 받거나 그 제공의 약속 또는 의사표시를 받은 경우
>   2. 공직자등이 자신의 배우자가 수수 금지 금품 등을 받거나 그 제공의 약속 또는 의사표시를 받은 사실을 안 경우
> ② 공직자등은 자신이 수수 금지 금품등을 받거나 그 제공의 약속이나 의사표시를 받은 경우 또는 자신의 배우자가 수수 금지 금품등을 받거나 그 제공의 약속이나 의사표시를 받은 사실을 알게 된 경우에는 이를 제공자에게 지체 없이 반환하거나 반환하도록 하거나 그 거부의 의사를 밝히거나 밝히도록 하여야 한다. 다만, 받은 금품 등이 다음 각 호의 어느 하나에 해당하는 경우에는 소속기관장에게 인도하거나 인도하도록 하여야 한다.
>   1. 멸실·부패·변질 등의 우려가 있는 경우
>   2. 해당 금품 등의 제공자를 알 수 없는 경우
>   3. 그 밖에 제공자에게 반환하기 어려운 사정이 있는 경우

**10** ☑ 정답 ①

① (×) 기관통합형(기관단일형, 의회형)의 경우 여러 의원들이 행정을 분담하여 처리하기 때문에 분파주의가 나타나며, 행정의 종합성과 통일성을 유지하기 어렵다.

**11** ☑ 정답 ④

① (○) 사회적 규제의 경우, 규제를 담당하는 기관(환경부, 보건복지부, 국토교통부 등)은 규제를 도입하는 과정에서 피규제산업과 대립적인 관계에 놓이게 된다. 그리고 정부규제는 일반 국민 또는 정치인의 관심이 높고, 이들의 지원이 계속되는 동안에는 제 기능을 수행할 수 있다. 그러나 시간이 흐름에 따라 피규제산업이 규제기관을 장악하려는 시도가 강화되어 느슨한 정책집행의 가능성이 높아진다. 느슨한 정책집행이 이루어진다는 것은 규제기관이 피규제산업의 요구에 호응한 결과라고 볼 수 있다. 따라서 사회적 규제와 관련하여 규제기관이 피규제산업과 항상 적대적 관계에 있는 것은 아닐 수 있으며, 피규제산업에 포획되면서 규제가 완화될 수도 있다.
② (○) 타르 베이비(tar baby)는 J. Harris의 소설 속에서 토끼를 유혹하기 위해 사용되는 타르 인형(tar doll)에서 유래된 말로서, 타르 베이비 효과(Mckie의 끈끈이 인형 효과, tar baby effect)는 토끼들이 검은 칠을 한 인형을 친구로 착각하여 주변에 자꾸 모여들게 되듯이, 잘못 이루어진 정부규제가 다른 정부규제를 불러오는 현상을 말한다
③ (○) 소비자주권론(consumer sovereignty)적 관점은 소비자의 선택을 중시하는 것이고, 소비자보호론(consumer protection)적 관점은 소비자가 완전한 정보를 갖지 못하거나 다른 이유로 인해 합리적 선택을 하지 못하는 경우에 소비자의 이익을 보호하기 위해 정부개입이 필요하다는 입장이다.
④ (×) 독과점 및 불공정거래 규제는 정부가 시장경쟁을 대치(代置)·억제하는 것이 아니라 정부가 공정한 시장경쟁을 촉진하기 위하여 개입하는 것이다. 그리고 규제완화의 우선적 대상이 되는 것은 독과점 규제가 아니라 진입규제나 가격규제와 같은 경제적 규제이다.

## 12  ☑정답 ④

④ (×) 자산의 전속성 또는 특정성(asset specificity)이 높다는 것은 생산성 가치의 상당한 손실이 없이는 다른 사용자에 의해 재활용될 수 없는 특화된 투자로서, 전문성이 매우 커서 거래의 지속성을 보장할 수 있는 안전판이 필요하다. 따라서 조직이 투자한 자산이 비유동적이어서 자산의 특정성이 높으면, 조직 내의 여러 관계나 외부공급자들과의 관계가 고착되어 대리인 관계가 비효율적이라도 이를 바꾸기 어렵다.

## 13  ☑정답 ④

④ (×) ④는 사이몬(H. A. Simon)의 주장이다. 파킨슨 법칙은 영국의 해군성에 대한 실증 연구에 바탕을 둔 이론으로서, 공무원의 수는 (본질적인) 업무량의 증가와는 관계없이 필연적으로 증가한다(연평균 5.75% 증가)는 이론이다.

## 14  ☑정답 ③

① (×) 시험과 기준의 관계는 기준타당성과 관련된다. 시험의 신뢰성은 시험이 측정도구로서 가지는 일관성(consistency or accuracy)을 말한다. 신뢰성을 검증하는 방법 중 재시험법은 상이한 시점에 시험을 두 차례 실시하는 방법으로서, 시험의 종적 일관성을 조사하는 방법이다.

| 일관성 검증 유형 | 검증 방법 | |
|---|---|---|
| 종적 일관성 검증 | 재시험법 | 동질이형법 |
| 횡적 일관성 검증 | 내적 일관성 검증, 이분법 | |

② (×) ②번 지문은 예측적 타당성 검증에 대한 내용이다. 동시적 타당성 검증은 앞으로 사용하려고 입안한 시험을 재직 중에 있는 사람들에게 실시한 다음, 그들의 업무실적과 시험성적을 비교하여 그 상관관계를 확인하는 방법이다.
④ (×) 현재 근무하고 있는 재직자에게 시험을 실시한 결과 근무실적이 좋은 재직자가 시험성적도 좋았다면, 동시적 타당도 검증이 이루어진 것이고, 그 시험은 기준타당성을 갖추었다고 인정할 수 있다.

## 15  ☑정답 ④

① (×) 사바띠에(Sabatier)가 제시한 정책지지연합모형(advocacy coalition framework)은 정책문제나 쟁점에 적극적으로 관심을 가지는 공공 및 민간조직의 행위자들로 구성되는 정책 하위 체계라는 개념을 활용한다.
② (×) 나카무라와 스몰우드(R. T. Nakamura & F. Smallwood)의 정책집행자 유형 중 정책집행자가 자신의 정책목표 달성에 필요한 수단들을 확보하기 위해 정책결정자와 협상하는 것은 관료적 기업가형에 해당한다.
③ (×) 립스키(M. Lipsky)가 제시한 일선행정관료의 문제성 있는 업무환경은 불충분한 자원(자원의 부족), 권위에 대한 위협과 도전, 모호하고 대립되는 기대 등 세 가지이다.
④ (○) 버먼(P. Berman)의 상황론적 집행모형에 따르면 실질적인 집행이 가능하고 의도한 효과가 발생되도록 프로그램을 어느 정도 구체화하는 것은 거시적 집행구조 중 행정에 해당한다.

## 16  ☑정답 ②

② (×) 합리모형은 현실 사례를 중심으로 해서 정책결정 상황을 귀납적으로 설명하는 것이 아니라 단순한 전제하에서 연역적으로 이론의 전개에만 힘쓰기 때문에 현실에 대한 설명보다는 논리적인 당위성만을 강조하고 있다.

## 17  ☑정답 ③

① (×) 국가재정(중앙재정)은 자원배분 기능, 소득재분배 기능, 경제안정화 기능 등 포괄적인 기능을 수행하는 반면, 지방재정은 주로 자원배분 기능을 중점적으로 수행한다.
② (×) 재원 조달 방식에 있어 지방정부는 중앙정부에 비해 조세 이외의 보다 다양한 세입원에 의존하고 있다.
④ (×) Musgrave는 재정의 3대 기능으로 자원배분 기능, 소득재분배 기능, 경제안정 기능을 들고 있다. 세 가지 기능 중 지방재정의 기능으로 가장 적합한 것은 자원배분 기능이다. 자원배분 기능과 관련된 것은 효율성이며, 소득재분배

기능과 관련된 것은 공평성이다. 따라서 공평성과 효율성이라는 이념에 비추어 본다면, 국가재정은 상대적으로 공평성을 더 강조하는 데 비해, 지방재정은 효율성을 더 강조한다.

## 18 ☑정답 ③

③ (×) 이념적 접근방법은 행정을 외부로부터 주어진 목표를 달성하기 위한 자원을 관리하는 활동뿐만 아니라 이념과 가치판단의 기준 하에서 어떻게 사회문제를 정의내리고 해결할 것인지를 결정하는 현상으로 본다.

## 19 ☑정답 ①

② (×) 언론과 NGO(비정부기구)는 비공식적 참여자이다.
③ (×) 정답은 비공식적 참여자이다.
④ (×) 언론과 이익집단은 비공식적 참여자이다.

**참고** 공식적 참여자와 비공식적 참여자

| 공식적 참여자 | 비공식적 참여자 |
| --- | --- |
| 입법부(의회), 대통령과 행정수반, 행정기관, 사법부(법원, 헌법재판소), 지방자치단체의 장, 지방의회 등 | 이익집단, 정당, 시민, 전문가, 언론기관(대중매체), NGO, 정책공동체 등 |

## 20 ☑정답 ③

① (×) 조직경제학은 자연적 선택 관점에 속하며 결정론적 관점을 취한다.
② (×) 조직경제학은 방법론적으로 개체주의의 입장을 취한다.
④ (×) 조직경제학에 따르면, 시장은 제한된 합리성(bounded rationality) 및 기회주의(opportunism)라는 인간 요인과 환경의 불확실성 및 소수교환관계(소수기업, 불완전경쟁)라는 환경요인 때문에 거래비용이 크게 발생한다. 이와 같이 시장에서 거래비용이 크게 발생할 경우 시장보다 조직(계층제)이 더 효율적이다.

## 21 ☑정답 ②

② (×) 신성과주의 예산은 과거의 성과주의 예산에 비해 그 개혁의 내용과 범위가 좁다.

**참고** 1950년대 성과주의 예산제도와의 비교

| 1950년대 성과주의 예산 | 20세기 말 신성과주의 예산 |
| --- | --- |
| 예산의 형식에 초점 | 예산에 담겨지는 성과정보에 초점 |
| 단위사업 중심 | 프로그램(사업군) 중심 |
| 업무, 활동, 직접적 산출에 초점 | 결과에 초점(뉴질랜드는 산출에 초점) |
| 업무 또는 활동과 비용정보의 연결 | 사업 또는 활동을 결과(성과)에 연결 |
| 예산개혁의 내용과 범위가 광범위 | 좁은 범위(성과정보의 예산 과정에서의 활용) |

## 22 ☑정답 ③

③ (×) 조세와 소비의 분리는 조세를 부담하는 사람들이 소비하지 못하는 현상을 의미하며, 조세저항을 유발하여 정부팽창을 어렵게 한다.

## 23 ☑정답 ①

① (×) 교환형 관리(교환관계), 비정의성(비개인화), 권력구조의 이원화 및 공급자 중심적 접근 방법은 과학적 관리론이나 관료제론과 같은 전통적 관리이론에 해당한다.
④ (○) 뉴거버넌스는 국가, 시장, 시민사회가 각 자기 역할을 하면서 혼자 해결할 수 없는 문제는 함께 해결하는 협력적 네트워크를 통한 통치를 말한다. 따라서 뉴거버넌스는 공공부문이 해야 할 영역과 공공부문이 하지 않아도 될 영역에

대해 전면적으로 재검토하는 국가재창조 개념을 포함한다. 다만, 국가재창조 개념은 정부재창조 개념과 구별할 필요가 있다. 샤흐터(Schachter)는 신공공관리론과 뉴거버넌스를 비교하면서, 신공공관리론이 정부 운영방식을 바꾸기 위한 정부재창조를 중시하는 반면, 뉴거버넌스에서는 시민의식의 재창조가 중요하다고 보았다.

## 24 ■ 정답 ②

② (×) 국가재정법 및 시행령상 통합재정은 내부거래를 제거하고 순계 개념으로 작성된다. 또한 보전거래의 내역을 별도로 표시한다. 따라서 "내부거래와 보전거래를 차감하지 않으므로 순수한 재정 활동 규모를 파악하는 데 한계가 있다." 라는 표현은 잘못이다.

| | | 총수입·총지출 | 통합재정수입·지출 |
|---|---|---|---|
| 도입 시기 | | 2005년 국가재정운용계획수립시<br>※결산에는 2010회계연도부터 도입 | 1979년부터 연간 실적 작성<br>※1994년 분기별, 1999년 월별 작성 |
| 목 적 | | 재정 규모에 대해 국민들이 이해하기 쉬운 개념 | 정부 부문이 민간부문(경제)에 미치는 영향 분석 |
| 활 용 | | 국가재정운용계획 수립,<br>예산 편성 규모 집계 등 | 월별 수지 공표, 결산 첨부 서류,<br>연간 책자 발간, IMF 제출 등 |
| 작성방식 | 공통점 | 총계에서 보전 거래와 내부 거래를 제외하여 산출 | |
| | 차이점 | (융자) 회수 및 지출을 각각 작성 | (융자) 순 융자를 지출로 작성 |
| | | (기업특별회계 영업 수지)<br>- 총계 기준으로 수입과 지출 각각 작성 | (기업특별회계 영업 수지)<br>- 흑자는 통합재정수입, 적자는 통합재정지출 및 순 융자에 반영 |
| | | 총수입 / 총지출 | 통합재정수입 / 통합재정지출 및 순융자 |
| | | 일반 수입<br>+ 융자 회수<br>+ 기특 수입 총계 / 일반 지출<br>+ 융자 지출<br>+ 기특 지출 총계 | 일반 수입<br>+ 기특 영업<br>수지 흑자 / 일반 지출<br>+ 순 융자<br>+ 기특 영업 수지 적자 |

## 25 ■ 정답 ③

① (○) 공공기관의 경우 기관의 특수성과 전문성을 고려하고 평가의 객관성 및 공정성을 확보하기 위하여 공공기관 외부의 기관이 평가하여야 한다.
② (○) 특정평가는 국무총리가 중앙행정기관을 대상으로 국정을 통합적으로 관리하기 위하여 필요한 정책 등을 평가하는 것을 말한다. 국무총리는 2 이상의 중앙행정기관 관련 시책, 주요 현안시책, 혁신관리 및 대통령령으로 정하는 대상 부문에 대하여 특정평가를 실시하고, 그 결과를 공개하여야 한다.
③ (×) 정부업무평가의 실시와 평가기반의 구축을 체계적·효율적으로 추진하기 위하여 국무총리 소속으로 정부업무평가위원회를 둔다. 위원장 2명(국무총리와 민간위원 중에서 대통령이 지명하는 자)을 포함한 15명 이내의 위원으로 구성하되, 임기는 2년이다. 기획재정부장관, 행정안전부장관, 국무조정실장 등은 정부업무평가위원회의 당연직 위원이 된다.
④ (○) 중앙행정기관의 장은 자체평가위원회를 구성·운영할 때, 평가의 공정성과 객관성을 확보하기 위하여 자체평가위원의 3분의 2 이상은 민간위원으로 하여야 한다.

# 제3회 모의고사 정답 및 해설

## 제2과목 행정법

| 01 | 02 | 03 | 04 | 05 | 06 | 07 | 08 | 09 | 10 | 11 | 12 | 13 | 14 | 15 |
|----|----|----|----|----|----|----|----|----|----|----|----|----|----|----|
| ② | ① | ④ | ④ | ④ | ③ | ① | ④ | ③ | ① | ③ | ② | ④ | ② | ④ |
| 16 | 17 | 18 | 19 | 20 | 21 | 22 | 23 | 24 | 25 | | | | | |
| ③ | ① | ③ | ② | ④ | ② | ① | ③ | ① | ② | | | | | |

**01** ✅정답 ②

✅오답풀이
① 공개 청구한 정보가 제9조제1항 각 호의 어느 하나에 해당하는 부분과 공개 가능한 부분이 혼합되어 있는 경우로서 공개 청구의 취지에 어긋나지 아니하는 범위에서 두 부분을 분리할 수 있는 경우에는 제9조제1항 각 호의 어느 하나에 해당하는 부분을 제외하고 공개하여야 한다.
③ 주민등록번호는 본인임을 확인하여 정보공개를 청구하는 경우에만 기재한다.
④ 진정이나 질의 등인 경우에는 「민원 처리에 관한 법률」에 따른 민원으로 처리할 수 있는 경우에는 민원으로 처리할 수 있다.

**02** ✅정답 ①

① 규정들이 교사나 학생의 권리를 새롭게 제한하는 것이라고 볼 수 없으므로, 국민의 기본권이나 주민의 권리 제한에서 요구되는 법률유보원칙에 위배된다고 할 수 없고, 내용이 법령의 규정과 모순·저촉되어 법률우위원칙에 어긋난다고 볼 수 없다(대판 2015. 5. 14. 선고 2013추98)

✅오답풀이
② 법률의 시행령은 모법인 법률에 의하여 위임받은 사항이나 법률이 규정한 범위 내에서 법률을 현실적으로 집행하는 데 필요한 세부적인 사항만을 규정할 수 있을 뿐, 법률에 의한 위임이 없는 한 법률이 규정한 개인의 권리·의무에 관한 내용을 변경·보충하거나 법률에 규정되지 아니한 새로운 내용을 규정할 수는 없다.(대판 2020. 9. 3. 선고 2016두32992 )

**03** ✅정답 ④

④ "경찰공무원임용령 제46조 제1항은 행정청 내부의 사무처리기준을 규정한 재량준칙이 아니라 일반 국민이나 법원을 구속하는 법규명령에 해당하므로, 그에 의한 처분은 재량행위가 아니라 기속행위라고 한 사례" (대판 2008.5.29, 선고 2007두18321)

**04** ✅정답 ④

**05** ✅정답 ④

④ 행정형벌과 행정질서벌의 구별은 입법재량이다.

**06** ✅정답 ③

③ 거부처분 취소의 확정판결을 받은 행정청이 사실심 변론종결 이후 발생한 새로운 사유를 내세워 다시 이전의 신청에 대하여 거부처분을 한 경우, 행정소송법 제30조 제2항 소정의 재처분에 해당한다(대판 1999. 12. 28. 선고 98두1895)

⊘ 오답풀이

① 사립대학교 총장이 소속 대학교 교원의 임용권을 위임받아 전임강사 갑에게 재임용기간 경과를 이유로 당연면직 통지를 하였는데, 이에 대하여 교원소청심사위원회가 재임용 거부처분을 취소한다는 결정처분을 한 사안에서, 대학교 총장이 결정처분의 취소를 구하는 행정소송을 제기할 당사자능력 및 당사자적격이 있다(대판 2011. 6. 24. 선고 2008두9317)
② 행정행위 중 신청에 의한 처분의 경우, 신청에 대하여 일단 거부처분이 행하여진 후 그 거부처분이 적법한 절차에 의하여 취소되지 않은 상태에서 사유를 추가하여 반복하여 행한 거부처분의 효력은 무효이다.(대판 1999. 12. 28. 선고 98두1895)
④ 거부처분에 대한 무효등확인소송에서는 간접강제가 허용되지 않는다. 간접강제는 거부처분 취소소송과 부작위위법확인소송에서만 인정된다.

## 07 ✅정답 ①

(가) 제6조(관할) ② 행정청의 관할이 분명하지 아니한 경우에는 해당 행정청을 공통으로 감독하는 상급 행정청이 그 관할을 결정하며, 공통으로 감독하는 상급 행정청이 없는 경우에는 각 상급 행정청이 협의하여 그 관할을 결정한다.

## 08 ✅정답 ④

④ 국립의료원부설주차장위탁관리용역운영계약의 내용이다.

⊘ 오답풀이
① 소급하여 위법이 되지는 않는다.
② 설권적 처분으로 의제되면 무효가 된다.
③ 의제된 인허가는 독립된 처분으로서 독립하여 소멸이 된다.

## 09 ✅정답 ③

동법 제39조 제2항

⊘ 오답풀이
① 불고지에 대하여 180일이다.
② 제39조 (직권심리) -위원회는 필요하면 당사자가 주장하지 아니한 사실에 대하여도 심리할 수 있다.
④ 행정심판의 재결에 대하여 다시 심판을 청구할 수 없다.

## 10 ✅정답 ①

지방자치단체인 피고가 사인인 원고 등에게 이 사건 시설의 운영을 위탁하고 그 위탁운영비용을 지급하는 것을 내용으로 하는 용역계약으로서, 상호 대등한 입장에서 당사자의 합의에 따라 체결한 사법상 계약에 해당한다.

## 11 ✅정답 ③

고속도로의 관리상 하자가 인정되는 이상 고속도로의 점유관리자는 그 하자가 불가항력에 의한 것이거나 손해의 방지에 필요한 주의를 해태하지 아니하였다는 점을 주장·입증하여야 비로소 그 책임을 면할 수 있다.(대판 2008. 3. 13. 선고 2007다29287)

## 12 ✅정답 ②

② 구 여신전문금융업법 시행령 제7조의3 제2항의 위임에 따라 신용카드업자의 금지행위 세부유형에 관하여 규정한 구 여신전문금융업감독규정 제25조 제1항 제2호가 법규명령으로서의 대외적 구속력을 가지는지 여부(소극)(대판 2019.

5. 30. 선고 2016다276177 )

**오답풀이**
① 법령의 규정이 특정 행정기관에게 법령 내용의 구체적 사항을 정할 수 있는 권한을 부여하면서 권한행사의 절차나 방법을 특정하지 아니한 경우에는 수임 행정기관은 행정규칙이나 규정 형식으로 법령 내용이 될 사항을 구체적으로 정할 수 있다. 이 경우 행정규칙 등은 당해 법령의 위임한계를 벗어나지 않는 한 대외적 구속력이 있는 법규명령으로서 효력을 가지게 된다.(대판 2012. 7. 5. 선고 2010다72076)
③ 시외버스운송사업의 사업계획변경 기준 등에 관한 구 여객자동차 운수사업법 시행규칙 제31조 제2항 제1호, 제2호, 제6호의 법적 성질(=법규명령)(대판 2006. 6. 27. 선고 2003두4355)
④ 농림부고시인 농산물원산지 표시요령 제4조 제2항의 규정 내용이 근거 법령인 구 농수산물품질관리법 시행규칙에 의해 고시로써 정하도록 위임된 사항에 해당한다고 할 수 없어 법규명령으로서 대외적 구속력을 가질 수 없다(대결 2006. 4. 28.자 2003마715)

**13** ☑정답 ④
④ 인·허가의제 효과를 수반하는 건축신고는 일반적인 건축신고와는 달리, 특별한 사정이 없는 한 행정청이 그 실체적 요건에 관한 심사를 한 후 수리하여야 하는 이른바 '수리를 요하는 신고'로 보는 것이 옳다.(대판 2011.01.20. 선고 2010두14954)

**14** ☑정답 ②
② 헌법상 기본권을 직접근거로 하여 개인적 공권을 주장할 수 있는지 여부에 대하여 변호인접견권, 알권리 등의 구체성을 가지고 있는 경우, 자유권, 평등권 특히 재산권과 관련된 경우에는 가능할 수 있다고 본다.

**오답풀이**
① 환경영향평가 대상지역 밖에 거주하는 주민에게 헌법상의 환경권 또는 환경정책기본법에 근거하여 공유수면매립면허처분과 농지개량사업 시행인가처분의 무효확인을 구할 원고적격이 없다.(대판 2006. 3. 16. 선고 2006두330)
③ 면허나 인·허가 등의 수익적 행정처분의 근거가 되는 법률이 해당 업자들 사이의 과당경쟁으로 인한 경영의 불합리를 방지하는 것도 그 목적으로 하고 있는 경우 다른 업자에 대한 면허나 인·허가 등의 수익적 행정처분에 대하여 미리 같은 종류의 면허나 인·허가 등의 수익적 행정처분을 받아 영업을 하고 있는 기존의 업자나, 면허나 인·허가 등의 수익적 행정처분을 신청한 수인이 서로 경쟁관계에 있어서 일방에 대한 면허나 인·허가 등의 행정처분이 타방에 대한 불면허·불인가·불허가 등으로 귀결될 수밖에 없는 경우[이른바 경원관계(경원관계)에 있는 경우로서 동일 대상지역에 대한 공유수면매립면허나 도로점용허가 혹은 일정지역에 있어서의 영업허가 등에 관하여 거리제한규정이나 업소개수제한규정 등이 있는 경우를 그 예로 들 수 있다.]에 면허나 인·허가 등의 행정처분을 받지 못한 사람 등은 비록 경업자나 경원자에 대하여 이루어진 면허나 인·허가 등 행정처분의 상대방이 아니라 하더라도 당해 행정처분의 취소를 구할 당사자적격이 있다.(대판 1999. 10. 12. 선고 99두6026)
④ 직접 헌법상의 사회권이나 청구권을 근거로 한 경우에는 인정될 수 없다.

**15** ☑정답 ④
**오답풀이**
① 사법상 계약이라는 것이 대법원의 입장이다.
② 거부처분취소소송이나 부작위위법확인소송이다.
③ 거부처분과 부작위의 위법여부를 판단하는 과정에서 심사한다.

**16** ☑정답 ③
ㄴ. 내부위임의 경우에는 위임청을 피고로 소송을 청구한다. 따라서 국토교통부장관이 된다.

ㄷ. 중앙노동위원회의 결정에 대한 소송은 중앙노동위원장이 된다.

**17** ☑정답 ①

① 병무청장이 하는 병역의무 기피자의 인적사항 등 공개조치에는 특정인을 병역의무 기피자로 판단하여 그에게 불이익을 가한다는 행정결정이 전제되어 있고, 공개라는 사실행위는 행정결정의 집행행위라고 보아야 한다. 병무청장이 그러한 행정결정을 공개 대상자에게 미리 통보하지 않은 것이 적절한지는 본안에서 해당 처분이 적법한가를 판단하는 단계에서 고려할 요소이며, 병무청장이 그러한 행정결정을 공개 대상자에게 미리 통보하지 않았다거나 처분서를 작성·교부하지 않았다는 점만으로 항고소송의 대상적격을 부정하여서는 아니 된다.(대판 2019. 6. 27. 선고 2018두49130)

✅ 오답풀이

② 사립학교 교원은 학교법인 또는 사립학교 경영자에 의하여 임면되는 것으로서 사립학교 교원과 학교법인의 관계를 공법상의 권력관계라고는 볼 수 없으므로 사립학교 교원에 대한 학교법인의 해임처분을 취소소송의 대상이 되는 행정청의 처분으로 볼 수 없고, 따라서 학교법인을 상대로 한 불복은 행정소송에 의할 수 없고 민사소송절차에 의한다(대법원 1993.2. 12, 92누13707).

③ 보건복지부고시인 약제급여·비급여목록 및 급여상한금액표는 다른 집행행위의 매개 없이 그 자체로서 국민건강보험 가입자, 국민건강보험공단, 요양기관 등의 법률관계를 직접 규율하는 성격을 가지므로 항고소송의 대상이 되는 행정처분에 해당한다(대법원 2006.9.22., 2005두2506).

④ 행정소송법상 항고소송으로 제기하여야 할 사건을 민사소송으로 잘못 제기한 경우에 수소법원이 항고소송에 대한 관할도 동시에 가지고 있다면, 전심절차를 거치지 않았거나 제소기간을 도과하는 등 항고소송으로서의 소송요건을 갖추지 못했음이 명백하여 항고소송으로 제기되었더라도 어차피 부적법하게 되는 경우가 아닌 이상, 원고로 하여금 항고소송으로 소 변경을 하도록 석명권을 행사하여 행정소송법이 정하는 절차에 따라 심리·판단하여야 한다.(대판 2020. 4. 9. 선고 2015다34444)

**18** ☑정답 ③

선처분의 하자를 이유로 후처분에 대한 소송을 청구하는 것이다.

**19** ☑정답 ②

행정주체도 아니고 행정청도 아니다.

**20** ☑정답 ④

확약에 종기가 부가된 경우에 종기의 도래로서 확약은 실효된다.

✅ 오답풀이

① 행정기본법에는 확약에 대한 규정이 없고, 행정절차법에 의하면 문서방식으로 하여야 한다.
② 확약의 전제가 되는 사실관계 등이 변경되는 경우에 확약은 행정청의 별도의 조치없이 실효된다.
③ 확약이 가능하다. 행정절차법에 규정되어 있다.

**21** ☑정답 ②

개인정보보호법상의 자동화된 결정에 대한 정보주체의 거부할 수 있는 권리에 행정기본법 제20조에 따른 자동적 처분은 제외한다.

제37조의2(자동화된 결정에 대한 정보주체의 권리 등) ① 정보주체는 완전히 자동화된 시스템(인공지능 기술을 적용한 시스템을 포함한다)으로 개인정보를 처리하여 이루어지는 결정(「행정기본법」 제20조에 따른 행정청의 자동적 처분은 제외하며, 이하 이 조에서 "자동화된 결정"이라 한다)이 자신의 권리 또는 의무에 중대한 영향을 미치는 경우에는 해당 개인정보처리자에 대하여 해당 결정을 거부할 수 있는 권리를 가진다. 다만, 자동화된 결정이 제15조제1항제1호·제2호 및 제4호에 따라 이루어지는 경우에는 그러하지 아니하다.

#### ✅ 오답풀이

③ 개인정보보호법 제25조의2(이동형 영상정보처리기기의 운영 제한) 제2항: 누구든지 불특정 다수가 이용하는 목욕실, 화장실, 발한실, 탈의실 등 개인의 사생활을 현저히 침해할 우려가 있는 장소의 내부를 볼 수 있는 곳에서 이동형 영상정보처리기기로 사람 또는 그 사람과 관련된 사물의 영상을 촬영하여서는 아니 된다. 다만, 인명의 구조·구급 등을 위하여 필요한 경우로서 대통령령으로 정하는 경우에는 그러하지 아니하다.

④ 제15조 제1항 제7호의 규정이다.

## 22  ✅정답 ①

주한 미군측에서 위 군무원을 고용해제하자 그 통보를 받은 국방부장관이 위 군무원에 대하여 직권면직의 인사발령을 하였다면, 위 군무원은 군무원관계를 소멸시키기 위한 임면권자의 별도 행정처분을 요하지 아니하고 임기만료로 당연퇴직하였고, 위 직권면직의 인사발령은 그 문면상의 표현에도 불구하고 법률상 당연히 발생한 퇴직의 사유 및 시기를 공적으로 확인하여 알려주는 이른바 관념의 통지에 불과할 뿐 군무원의 신분을 상실시키는 새로운 형성적 행위가 아니므로 항고소송의 대상이 되는 행정처분이라고 할 수 없다.(대판 1997. 11. 11. 선고 97누1990 )

## 23  ✅정답 ③

ㄴ. (O) 공유수면을 포함한 공물의 점용, 사용, 수익의 허가는 공물의 특별사용으로서 강학상 설권행위인 특허에 해당한다. 따라서 이를 통한 이익은 권리에 해당한다.

(전략) 위와 같은 공유수면의 점용·사용은 공유수면에 대하여 일반사용과는 별도로 특정부분을 유형적, 고정적으로 사용하는 이른바 특별사용을 뜻하는 것으로(대법원 2010. 11. 25. 선고 2010도12529 판결 참조), 공유수면에 대한 점용·사용허가는 그러한 특별사용권을 설정해 주는 행정행위로서 강학상 특허이며, 재량행위로 볼 수 있다. 점용·사용허가에 의하여 부여되는 특별사용권은 행정주체에 대하여 공공용물의 배타적, 독점적인 사용을 청구할 수 있는 권리로서 공법상의 채권에 해당한다(헌재 2007. 12. 27. 2004헌바98, 판례집 19-2, 725, 731 참조). 따라서 공유수면 점용료·사용료는 위와 같이 공유수면의 배타적, 독점적 사용을 청구할 수 있는 권리에 대한 대가로서, 특별사용에 대한 요금으로서의 반대급부적 성격을 가진다(헌재 2013.9.26. 2012헌바16).

ㄷ. (O) 국유재산 무단점유자에 대하여 행정청은 변상금부과처분(VA)를 할 수 있다. 뿐만 아니라 이와 별도로 민사상 부당이득반환청구소송을 동일한 액수의 범위 내에서 청구할 수 있다고 한다.

국유재산의 무단점유자에 대한 변상금 부과는 공권력을 가진 우월적 지위에서 행하는 행정처분이고, 그 부과처분에 의한 변상금 징수권은 공법상의 권리인 반면, 민사상 부당이득반환청구권은 국유재산의 소유자로서 가지는 사법상의 채권이다. ..(중략).. 그리고 대부 또는 사용·수익허가 없이 국유재산을 점유하거나 사용·수익하였지만 변상금 부과처분은 할 수 없는 때에도 민사상 부당이득반환청구권은 성립하는 경우가 있으므로, 변상금 부과·징수의 요건과 민사상 부당이득반환청구권의 성립 요건이 일치하는 것도 아니다.
이처럼 구 국유재산법(2009. 1. 30. 법률 제9401호로 전부 개정되기 전의 것, 이하 같다) 제51조 제1항, 제4항, 제5항에 의한 변상금 부과·징수권은 민사상 부당이득반환청구권과 법적 성질을 달리하므로, 국가는 무단점유자를 상대로 변상금 부과·징수권의 행사와 별도로 국유재산의 소유자로서 민사상 부당이득반환청구의 소를 제기할 수 있다..(후략)(대판 2014. 7. 16. 선고 2011다76402 )

#### ✅ 오답풀이

ㄱ. (X) 국유재산의 관리처분의 권한은 기획재정부장관이 아닌 중앙관서의 장에게 주어져 있다.

제8조(국유재산 사무의 총괄과 관리) ③ 중앙관서의 장은 「국가재정법」 제4조에 따라 설치된 특별회계 및 같은 법 제5조에 따라 설치된 기금에 속하는 국유재산과 제40조 제2항 각 호에 따른 재산을 관리·처분한다.

ㄹ. (X) 인공적 공공용 재산은 법령에 의하여 지정되거나 / 행정처분으로써 공공용으로 사용하기로 결정한 경우,/또는 행정재산으로 실제로 사용하는 경우/ 어느 하나에 해당하면 행정재산이 된다.

## 24  ✅정답 ①

① (○) 잔여지의 가격 등이 감소되었다고 해도 당해 사업과 관련하여 발생한 경우가 아니라면 보상대상이 될 수 없다.

> (전략) 이러한 잔여지에 대하여 현실적 이용상황 변경 또는 사용가치 및 교환가치의 하락 등이 발생하였더라도, 그 손실이 토지의 일부가 공익사업에 취득되거나 사용됨으로 인하여 발생하는 것이 아니라면 특별한 사정이 없는 한 토지보상법 제73조 제1항 본문에 따른 잔여지 손실보상 대상에 해당한다고 볼 수 없다(대판 2017.7.11. 2017두40860).

**✅ 오답풀이**

② (×) 잔여지를 종래의 목적에 사용하는 것이 현저히 곤란할 때에는 해당 토지소유자는 사업시행자에게 잔여지를 매수하여 줄 것을 청구할 수 있으며, 사업인정 이후에는 관할 토지수용위원회에 수용을 청구할 수 있다.
③ (×) 매수 또는 수용의 청구가 있는 잔여지 및 잔여지에 있는 물건에 관하여 권리를 가진 자는 사업시행자나 관할 토지수용위원회에 그 권리의 존속을 청구할 수 있다.
④ (×) 잔여지 매수 청구는 토지수용위원회의 잔여지 수용재결 전에 할 수 있다.

## 25  ✅정답 ②

② (X) 주민투표에 대한 부의권은 지방자치단체장의 고유한 권한있다. 따라서 지방의회가 조례를 통해 특정사안에 대하여 주민투표를 실시하도록 규정한 경우, 지방자치단체장의 고유권한을 침해하는 것이다.

> 지방자치법은 지방의회와 지방자치단체의 장에게 독자적 권한을 부여하고 상호 견제와 균형을 이루도록 하고 있으므로, 법률에 특별한 규정이 없는 한 조례로써 견제의 범위를 넘어서 고유권한을 침해하는 규정을 둘 수 없다 할 것인바, 위 지방자치법 제13조의2 제1항에 의하면, 주민투표의 대상이 되는 사항이라 하더라도 주민투표의 시행 여부는 지방자치단체의장의 임의적 재량에 맡겨져 있음이 분명하므로, 지방자치단체의 장의 재량으로서 투표실시 여부를 결정할 수 있도록 한 법규정에 반하여 지방의회가 조례로 정한 특정한 사항에 관하여는 일정한 기간 내에 반드시 투표를 실시하도록 규정한 조례안은 지방자치단체의 장의 고유권한을 침해하는 규정이다(대판 2002. 4. 26. 2002추23).

## 제3과목 행정학

| 01 | 02 | 03 | 04 | 05 | 06 | 07 | 08 | 09 | 10 | 11 | 12 | 13 | 14 | 15 |
|----|----|----|----|----|----|----|----|----|----|----|----|----|----|----|
| ④ | ② | ④ | ④ | ③ | ② | ③ | ① | ③ | ④ | ① | ② | ④ | ③ | ② |
| 16 | 17 | 18 | 19 | 20 | 21 | 22 | 23 | 24 | 25 | | | | | |
| ① | ② | ② | ③ | ① | ④ | ② | ④ | ④ | ② | | | | | |

### 01 ✅정답 ④

④ (○) ①은 지시적 위임형, ②는 재량적 실험형, ③은 관료적 기업가형, ④는 협상형에 대한 설명이다. 협상형에서는 정책결정자는 정책목표를 제시하나 결정자와 집행자 사이에 이 목표의 바람직성에 대해 필연적으로 합의하지는 않는다. 이로 인해 정책목표와 수단에 대해 결정자와 집행자가 협상을 통해 결정하게 된다.

**참고** Nakamura & Smallwood의 정책집행자 유형  📖 암기: 고지협재관 / 명구(맹구)

| 유 형 | 정책결정자 | 정책집행자 | 집행의 실패요인 |
|---|---|---|---|
| 고전적 기술자형 | 명백한 목표 설정 | 기술적 권한 행사 | 기술적 실패 |
| 지시적 위임형 | 구체적인 목표 설정 | 행정적 권한 행사, 정책집행자 상호 간 협상 | +협상의 실패 |
| 협상형 | 정책결정자가 목표를 제시하나, 정책집행자가 목표의 바람직성에 대해 무조건 동의하지는 않는다. 목표와 수단에 대해 정책결정자와 정책집행자가 협상한다. | | +흡수 내지 사술(詐術) |
| 재량적 실험형 | 일반적이고 추상적인 목표 지지 | 목표와 수단의 재정의 | +무책임성 |
| 관료적 기업가형 | 정책집행자가 형성한 목표와 수단에 대해 정책결정자는 지지한다. | 정책집행자는 목표를 달성하기 위한 수단을 획득하기 위해 정책결정자와 협상(흥정)한다. | +정책의 선매 (先買, preemption) |

### 02 ✅정답 ②

① (×) ①은 지방자치단체조합의 설립과 관련된 내용이다. 특별지방자치단체는 2개 이상의 지방자치단체가 공동으로 특정한 목적을 위하여 광역적으로 사무를 처리할 필요가 있을 때에 설치할 수 있다.
② (○) 특별지방자치단체와 지방자치단체조합은 모두 법인격을 갖는다.
③ (×) 행정안전부장관은 공익상 필요하다고 인정할 때에는 관계 지방자치단체에 대하여 특별지방자치단체의 설치, 해산 또는 규약 변경을 권고할 수 있다.
④ (×) 특별지방자치단체의 장은 규약으로 정하는 바에 따라 특별지방자치단체의 의회에서 선출한다. 구성 지방자치단체의 장은 특별지방자치단체의 장을 겸할 수 있다.

### 03 ✅정답 ④

④ (×) 제도는 일단 형성되면 방향성과 안정성을 유지하면서 일정한 경로를 유지하는 경로의존성을 갖게 된다고 보는 접근방법은 역사적 제도주의이다.

### 04 ✅정답 ④

④ (×) 세계잉여금의 사용 또는 출연은 다른 법률의 규정에 불구하고 「국가회계법」 제13조 제3항에 따라 국가결산보고서에 대한 대통령의 승인을 얻은 때부터 이를 할 수 있다.

## 05  ✅ 정답 ③

① (×) 수평적 형평성은 기회균등을 강조하며, 1인1표, 법 앞의 평등, 수익자 부담원칙 등을 중시하고, 수직적 형평성은 사회적 약자를 보호하는 것을 강조하며, 소득재분배정책이나 대표관료제를 들 수 있다.
② (×) 1970년대에 신행정론은 약자보호를 위한 사회적 형평성을 중시하였다.
④ (×) 자유주의자들은 실적이론, 사회주의자들은 욕구이론을 지지한다.

## 06  ✅ 정답 ②

② (×) ②는 해당 내용이 아니다. 국가공무원법과 지방공무원법의 정치적 중립과 관련되는 내용은 동일하다. 공무원은 선거에 있어서 특정 정당 또는 특정인의 지지나 반대를 하기 위하여 다음의 행위를 하여서는 안 된다.

(1) 투표를 하거나 하지 아니하도록 권유운동을 하는 것
(2) 서명운동을 기획(또는 기도)·주재하거나 권유하는 것
(3) 문서 또는 도서를 공공시설 등에 게시하거나 게시하게 하는 것
(4) 기부금을 모집 또는 모집하게 하거나 공공자금을 이용 또는 이용하게 하는 것
(5) 타인으로 하여금 정당 기타 정치단체에 가입하게 하거나 또는 가입하지 아니하도록 권유운동을 하는 것

## 07  ✅ 정답 ③

③ (×) G2G를 통해 정부부처 간, 중앙과 지방정부 간에 정보를 공동활용하여 행정업무의 정확성과 효율성을 증대하고 거래비용을 감소시킬 수 있으며, 원격지 연결, 정보 공유, 업무의 공동처리, 업무 유연성 등을 통해 행정의 생산성을 제고할 수 있다.

## 08  ✅ 정답 ①

① (×) Ouchi의 Z이론은 1970년대 후반부터 시작된 미국 경제의 침체기를 배경으로 등장한 이론으로서, 미국에 일본식 경영 방식을 도입할 필요가 있다고 보았다. 다만, 책임만큼은 미국식인 개인적 책임을 중시한다.

| 구 분 | 전형적 일본조직(J이론) | Z유형의 미국조직 | 전형적 미국조직(A이론) |
| --- | --- | --- | --- |
| 고 용 | 종신고용 | 장기고용 | 단기고용 |
| 평 가 | 엄격한 평가 | 엄격한 평가 | 신속한 평가 |
| 승 진 | 느린 승진 | 느린 승진 | 빠른 승진 |
| 경력경로 | 비전문화된 경력경로 | 다기능적 경력경로 | 전문화된 경력경로 |
| 통 제 | 비공식적·암시적 통제 | 비공식적·암시적 통제 | 공식적·가시적 통제 |
| 의사결정 | 집단적 의사결정 | 집단적 의사결정 | 개인적 의사결정 |
| 책 임 | 집단 책임 | 개인 책임 | 개인 책임 |
| 인간에 대한 관심 | 총체적 관심 | 총체적 관심 | 조직 내 역할에 관심 |

## 09  ✅ 정답 ③

③ (×) OR(Operational Research), EDPS(Electronic Data Processing System) 등은 기술적 접근 방법에 해당하나, OD(Organizational Development)는 행태적 접근 방법에 해당한다.

## 10  ✅ 정답 ④

① (×) 서열법은 직무를 전체적·종합적으로 평가하여 상대적 중요도에 의해 서열을 부여하는 자의적 평가법이다. 상위 직위와 하위 직위를 선정한 다음 대상 직위를 이에 비교하여 결정한다. 단순하고 비용이 적게 들며 소규모 조직에 적합하다.
② (×) 점수법은 직무구성요소를 정의하고, 각 요소별로 직무평가기준표에 의하여 평가한 점수를 총합하는 방식이다. 일반적으로 가장 많이 활용되며, 평가의 타당성, 신뢰성, 일관성이 높은 편이다. 그러나 점수법과 같은 계량적 분석법

은 시간과 노력이 많이 소요되는 문제점이 있다.
③ (×) 요소비교법은 직무를 평가요소별로 나누어 계량적으로 평가하되 기준 직위를 선정하여 이와 대비시키는 방법으로, 보수액 산정이 동시에 이루어지는 방식이다. 요소비교법도 점수법과 마찬가지로 계량적 분석기법으로서, 시간과 노력이 많이 소요되는 문제점이 있다.
④ (○) 분류법은 사전에 작성된 등급기준표에 의해 직무의 책임과 곤란도 등을 파악하는 방법으로, 서열법보다 다소 세련된 방법이다.

**참고** 직무평가 방법의 비교  암기: 서요직직 / 분점직기

| 구 분 | | 특 징 | 비 교 |
|---|---|---|---|
| 비계량적인 방법 (직무 전체) | 서열법 | 직무를 전체적·종합적으로 평가하여 상대적 중요도에 의해 서열을 부여하는 자의적 평가법이다. 상위 직위와 하위 직위를 선정한 다음 대상 직위를 이에 비교하여 결정한다. | 직무와 직무 |
| | 분류법 (등급법) | 사전에 작성된 등급기준표에 의해 직무의 책임과 곤란도 등을 파악하는 방법으로, 서열법보다 다소 세련된 방법이다. | 직무와 기준표 (등급기준표) |
| 계량적인 방법 (평가요소) | 점수법 | 분류법이 세련화된 것으로, 직위의 직무구성요소를 정의하고, 각 요소별로 직무평가기준에 의하여 평가한 점수를 종합하는 방식이다. 일반적으로 가장 많이 활용된다. | 직무와 기준표 (직무평가기준표) |
| | 요소 비교법 | 서열법이 세련화된 것으로, 가장 늦게 고안되었으며, 평가요소의 비중 결정과 단계 구분에 따른 점수 부여의 임의성을 극복하고자 개발된 기법이다. 직무를 평가요소별로 나누어 계량적으로 평가하되 기준 직위를 선정하여 이와 대비시키는 방법으로, 보수액 산정이 동시에 이루어진다. | 직무와 직무 |

| 구 분 | 비계량적인 방법(전체) | 계량적인 방법(요소) |
|---|---|---|
| 직무와 직무의 비교(상대평가) | 서열법 | 요소비교법 |
| 직무와 기준표의 비교(절대평가) | 분류법(등급법) - 등급기준표 | 점수법 - 직무평가기준표 |

**11** ☑정답 ①

① (×) 점증주의는 예산의 정책도구적 기능을 약화시킨다. 경직된 예산구조로 인해 경기변동에 대응하는 재정정책적 기능을 수행할 수 없다. 또한 점증주의는 예산의 지속적인 증가를 초래하여 만성적인 예산적자의 원인이 된다.

**12** ☑정답 ②

② (×) 감수성훈련은 소수인원으로 구성된 집단을 대상으로 인위적인 상황 하에서 실시하는 훈련으로서, 외부환경과 차단된 상황에서 10명 내외의 이질적 소집단이 구성원 간 비정형적 접촉을 통하여 대인적인 지각과 수용 능력을 제고함으로써 집단의 기능을 이해하고 대인관계의 원만화를 꾀하는 훈련이다.

**13** ☑정답 ④

④ (×) 총액배분 자율편성 예산제도는 거시예산(macro-budget) 제도로서 국가의 전략적 재원배분 기능 강화한다. 총액배분 자율편성 예산제도는 하향적 예산제도로, 지출 총액을 먼저 결정한 후, 분야별·부처별 지출한도를 설정한 다음, 구체적인 사업별 예산을 정하는 방법이다. 하향적 예산제도는 자금관리의 분권화를 강조하지만, 의사결정의 주된 흐름은 하향적이다.
② (○) 우리나라의 경우 예산을 관리하는 중앙예산기관과 국가의 수입·지출 및 결산을 관리하는 기관을 분리하기도 하였다.

| 구 분 | 기획 기능 | 예산관리 | 수입·지출관리, 결산관리 |
|---|---|---|---|
| 1961년~1994년 | 경제기획원 | | 재무부 |
| 1994년~1997년 | 재정경제원 | | |
| 1998년~1999년 | 기획예산위원회(대통령 소속) | 예산청 | 재정경제부 |
| 1999년~2008년 2월 | 기획예산처(국무총리 소속) | | 재정경제부 |
| 2008년 3월~현재 | 기획재정부 | | |

## 14 ✅정답 ③

③ (×) 매트릭스조직(matrix, 복합조직, 행렬조직)은 기능별 조직과 프로젝트팀을 혼합한 이중구조적 조직(장방형 조직, 입체적 조직)이다. 즉, 매트릭스조직은 기능구조(U형)와 사업구조(M형)의 화학적 결합을 시도하는 조직이다. 매트릭스 조직은 조직 내부의 복잡하고 상호 의존적인 문제를 유연하게 해결하는 데 도움이 되는 조직이다.

## 15 ✅정답 ②

① (×) 현금주의 회계는 정부가 채권을 발행하여 현금이 유입될 때 자산(현금 자산)의 증가는 기록하되 비용이나 부채는 기록하지 않는다. 이에 반해 발생주의 회계는 자산, 자본, 부채, 수익, 비용 항목의 변화 내용을 모두 기록한다.
② (○) 발생주의 회계는 산출물에 대한 원가 산정이 가능하므로 분권화된 조직의 자율과 책임을 구현할 수 있는 중요한 수단이다.
③ (×) 자의적 회계처리가 불가능하여 통제가 용이한 것은 현금주의 회계이다. 발생주의 회계는 발생주의 회계는 현금회계에 비하여 복잡하여 작성비용이 많이 들고, 회계 담당자의 감가상각이나 대손상각과 같은 비용(손실)의 처리 과정에서 주관성이 보다 많이 작용할 가능성이 있다.
④ (×) 발생주의 회계는 거래가 발생한 시점에 인식하는 것으로 자산·부채·수익·비용을 정확하게 측정하기 위한 회계기법이다. 수입과 지출은 현금의 유입과 유출을 의미하며, 발생주의 회계에서도 측정은 하나 발생주의 회계는 수익과 비용을 정확하게 측정하기 위해 도입된 기법이지 수입과 지출을 정확하게 측정하기 위해 도입된 기법은 아니다.

## 16 ✅정답 ①

① (×) 전면적·대폭적·급진적인 행정개혁보다 개혁 과정의 복잡성·불확실성을 고려하고 예상치 못한 파생적 외부효과를 축소하면서 개혁에 대한 지지기반을 확대하는, 소폭적이지만 지속적이고 점진적인 전략이 필요하다고 보는 것이 일반적이다. 물론 점진적 전략이 항상 바람직한 것은 아니기 때문에, 상황에 따라 전략이 달라져야 할 것이다.

> 참고 저항의 극복 방안
> (1) 규범적·협조적 접근: 참여의 확대, 의사소통의 촉진, 집단토론과 훈련
> (2) 기술적·공리적 접근: 개혁의 점진적 추진, 적절한 시기의 선택, 개혁안의 명확화와 공공성의 강조, 개선 방법 및 기술의 수정, 적절한 인사배치, 반대급부 제공
> (3) 강제적 전략: 의식적인 긴장 조성, 압력의 사용, 상급자의 권한 행사, 권력구조의 개편에 의한 저항집단세력 약화

## 17 ✅정답 ②

① (×) 자치경찰사무를 관장하게하기 위하여 시·도지사 소속으로 시·도자치경찰위원회를 둔다. 한편, 경찰의 사무를 지역적으로 분담하여 수행하게 하기 위하여 시·도에 시·도경찰청을 두고, 시·도경찰청장 소속으로 경찰서를 둔다.
② (○) 시·도자치경찰위원회는 합의제 행정기관으로서 그 권한에 속하는 업무를 독립적으로 수행한다.
③ (×) 시·도자치경찰위원회 위원은 다음 각 호의 사람을 시·도지사가 임명한다.

1. 시·도의회가 추천하는 2명
2. 국가경찰위원회가 추천하는 1명
3. 해당 시·도 교육감이 추천하는 1명
4. 시·도자치경찰위원회 위원추천위원회가 추천하는 2명
5. 시·도지사가 지명하는 1명

④ (×) 시·도자치경찰위원회는 위원장 1명을 포함한 7명의 위원으로 구성하되, 위원장과 1명의 위원은 상임으로 하고, 5명의 위원은 비상임으로 한다. 위원장과 위원의 임기는 3년으로 하며, 연임할 수 없다.

## 18 ☑정답 ②

ⓒ (×) 성과주의 예산은 예산관리를 포함한 행정관리작용의 능률화를 지향하는 모형으로서, 예산관리 기능의 집권화를 추구한다. 그러나 계획 기능에 대한 책임은 분산적이다.

ⓒ (×) 성과주의 예산은 외부통제보다 행정 스스로의 내부의 자율적 통제를 강화시킴으로써 효과성 지향의 행정을 촉진시킨다. 행정기관은 의회, 회계검사원 또는 중앙예산기관의 통제나 간섭을 의식하지 않고 스스로 최소의 비용으로 최대의 실적을 올리려고 하는 자세를 갖게 된다는 것이다.

## 19 ☑정답 ③

③ (×) 동형화의 원인으로 모방적 동형화는 조직이 처해있는 불확실성에서 찾고, 강압적 동형화는 의존성에서 찾으며, 규범적 동형화는 의무와 책임에서 찾는다.

| 구 분 | 모방적 동형화 | 강압적 동형화 | 규범적 동형화 |
| --- | --- | --- | --- |
| 조직 유사성의 원인 | 불확실성 | 의존성, 압력 | 의무, 책임 |
| 사 건 | 혁신, 가시성 | 법령, 규칙, 제재 | 전문가 인증, 심의 |
| 사회적 토대 | 문화적 지원 | 법적 | 도덕적 |
| 사 례 | 리엔지니어링, 벤치마킹 | 오염 통제, 학교 규제 | 회계기준, 컨설턴트 훈련 |

## 20 ☑정답 ①

① (×) 견인이론(pull theory)은 기능의 동질성이 아니라 일의 흐름을 중시한다.
② (○) 이음매 없는 조직은 전통적 조직에 비하여 조직 내 역할 구분이 비교적 명확하지 않다.
③ (○) 계서제 없는 조직은 모호하고 유동적인 집단과 조직의 경계를 특성으로 한다.
④ (○) task force는 임시조직으로서 행정의 일관성을 저해할 수 있다는 단점이 있다.

## 21 ☑정답 ④

① (×) ①은 미시적 집행을 의미한다.
② (×) ②는 채택을 의미한다.
③ (×) 동원, 전달자의 집행, 제도화의 세 단계로 구분되는 것은 미시적 집행구조이다.

> **참고** Berman의 유형
> (1) 거시적 집행구조
>   ① 행정(administration): 정책을 구체적인 정부 프로그램으로 전환하는 것을 말한다.
>   ② 채택(adoption): 구체화된 정부 프로그램을 지방정부가 받아들이는 것을 의미한다.
>   ③ 미시적 집행(micro-implementation): 지방정부가 채택한 사업을 실행사업으로 변화시키는 것을 의미한다.
>   ④ 기술적 타당성(technical validity): 기술적 타당성은 인과이론을 의미한다.
> (2) 미시적 집행구조
>   ① 동원: 동원은 집행조직에서 사업을 채택하고 실행계획을 세우는 국면이다.

② 전달자의 집행: 전달자 집행 국면의 핵심은 적응(adaptation)이다.

| 구 분 | 프로그램(사업) | 집행조직의 표준운영절차 | 효과성 |
|---|---|---|---|
| 불집행(non-implementation) | 불변 | 불변 | |
| 흡수(cooptation, 동화) | 변화 | 불변 | |
| 기술적 학습(technical learning) | 불변 | 변화 | 하향적 접근론에서 볼 때 가장 효과적 |
| 상호 적응(mutual adaptation) | 변화 | 변화 | 일반적으로 가장 효과적 |

③ 제도화: 채택된 사업을 정형화·지속화시켜 나가는 것이다.

## 22 ✅정답 ②

① (×) 공무원은 경력직(일반직과 특정직)과 특수경력직(정무직과 별정직)으로 구분된다.
② (○) 지방직 공무원 중 특정직 공무원에는 공립대학 및 전문대학에 근무하는 교육공무원, 교육감 소속의 교육전문직원, 자치경찰공무원 및 지방소방공무원 등이 있다(단, 지방소방공무원은 2020년 4월 1일부터 국가직 공무원으로 전환된다.).
③ (×) 행정부 국가공무원 중에서는 교육, 경찰, 소방 등을 포함하고 있는 특정직공무원의 수가 가장 많다.

| 국가직 행정부 | | | |
|---|---|---|---|
| 일반행정 | 교 육 | 치안(법무, 경찰,소방) | 현업(우정) |
| 96,307(9.7%) | 346,446(34.9%) | 138,162(13.9%) | 31,300(3.2%) |

④ (×) 국가정보원의 원장, 차장, 기획조정실장은 정무직, 일반 직원은 특정직이다.

## 23 ✅정답 ④

④ (×) 다원주의는 정치를 이익집단 간의 경쟁의 장으로 보고, 정부는 중립적 입장에서 게임의 규칙을 설정하고 이를 준수하도록 독려하는 역할을 수행한다고 본다. 따라서 외부집단이나 지배계층보다 관료의 역할을 더욱 중시한다는 표현은 잘못이다.

## 24 ✅정답 ④

① (×) 지방세와 세외수입은 자주재원에 속하나, 지방채는 자주재원에서 제외된다.
② (×) 지방교부세는 의존재원이다. 다만, 지방교부세는 일반재원이기 때문에 지방자치단체의 재정운영의 자율성을 제고해준다는 표현은 옳다.
③ (×) 재정자립도는 지방자치단체의 재정의 규모를 알려주지 못하기 때문에 재정력을 가장 잘 표현해주는 지표라고 볼 수 없다.

## 25 ✅정답 ②

② (×) 형평성은 직접성의 정도가 높을 경우 더 높다고 보는 것이 일반적이다.

**참고** 직접성의 정도(Salamon)

| 직접성 | 행정수단 | 효과성 | 효율성 | 형평성 | 관리 가능성 | 정당성(정치적 지지) |
|---|---|---|---|---|---|---|
| 낮음 | 손해책임법, 보조금, 대출보증, 정부출자기업, 바우처 | 낮음 | 높음 | 낮음 | 낮음 | 높음 |
| 중간 | 조세지출, 계약, 사회적 규제, 벌금 | 낮음/중간 | 중간 | 낮음 | 낮음 | 높음 |
| 높음 | 정부 소비, 직접 대출, 공기업, 경제적 규제, 정보제공, 보험 | 높음 | 중간 | 높음 | 높음 | 낮음 |

〈단, 보험은 직접적 수단과 간접적 수단으로 구분할 때, 간접적 수단으로 분류한다〉

# 제4회 모의고사 정답 및 해설

## 제2과목 행정법

| 01 | 02 | 03 | 04 | 05 | 06 | 07 | 08 | 09 | 10 | 11 | 12 | 13 | 14 | 15 |
|---|---|---|---|---|---|---|---|---|---|---|---|---|---|---|
| ① | ② | ③ | ③ | ③ | ① | ① | ① | ④ | ① | ④ | ① | ③ | ② | ④ |
| 16 | 17 | 18 | 19 | 20 | 21 | 22 | 23 | 24 | 25 | | | | | |
| ① | ① | ① | ④ | ② | ③ | ② | ④ | ③ | ② | | | | | |

**01** ☑정답 ①

(가) 급부행정유보설도 당연 국민의 권익침해는 법률에 근거가 필요하다고 한다. 다만, 그러한 정도로는 부족하고 침해유보설이 종래의 기본권관에 부합된다고 할 수 있지만 오늘날 기본권관에 부합되지 않으며, 행정에 의해 급부를 공평하게 가지는 것도 중요하고 이를 이행하지 않는 것이 권익침해에 해당될 수 있으니 급부영역도 법률에 근거가 필요하다는 입장이다.
(나) 행정계획은 원칙적으로 국민에게 청구권이 없다.

**02** ☑정답 ②

(가) 법령등을 위반한 행위의 성립과 이에 대한 제재처분은 법령등에 특별한 규정이 있는 경우를 제외하고는 법령등을 위반한 행위 당시의 법령등에 따른다.
(다) 제6조 제2항 법령등 또는 처분에서 국민의 권익을 제한하거나 의무를 부과하는 경우 권익이 제한되거나 의무가 지속되는 기간의 계산은 다음 각 호의 기준에 따른다. 다만, 다음 각 호의 기준에 따르는 것이 국민에게 불리한 경우에는 그러하지 아니하다.
1. 기간을 일, 주, 월 또는 연으로 정한 경우에는 기간의 첫날을 산입한다.
2. 기간의 말일이 토요일 또는 공휴일인 경우에도 기간은 그 날로 만료한다.

**03** ☑정답 ③

③ 위법한 행정처분이 수차례에 걸쳐 반복적으로 행하여졌다 하더라도 그러한 처분이 위법한 것인 때에는 행정청에 대하여 자기구속력을 갖게 된다고 할 수 없다(대법원 2009.6.25. 2008두13132).

**04** ☑정답 ③

③ 지방보훈청장이 허혈성심장질환이 있는 갑에게 재심 서면판정 신체검사를 실시한 다음 종전과 동일하게 전(공)상군경 7급 국가유공자로 판정하는 '고엽제후유증전환 재심신체검사 무변동처분' 통보서를 송달하자 갑이 위 처분의 취소를 구한 사안에서, 위 처분이 갑에게 고지되어 처분이 있다는 사실을 현실적으로 알았을 때 행정소송법 제20조 제1항에서 정한 제소기간이 진행한다고 보아야 함에도, 갑이 통보서를 송달받기 전에 자신의 의무기록에 관한 정보공개를 청구하여 위 처분을 하는 내용의 통보서를 비롯한 일체의 서류를 교부받은 날부터 제소기간을 기산하여 위 소는 90일이 지난 후 제기한 것으로서 부적법하다고 본 원심판결에 법리를 오해한 위법이 있다 (대판 2014. 9. 25. 선고 2014두8254)

**05** ☑정답 ③

③ 처분에 붙인 부담인 부관이 무효인 경우에 부담을 이행한 사법상 법률행위는 이에 구속되지 않아 무효라고 할 수 없다.

행정처분에 부담인 부관을 붙인 경우 부관의 무효화에 의하여 본체인 행정처분 자체의 효력에도 영향이 있게 될 수는 있지만, 그 처분을 받은 사람이 부담의 이행으로 사법상 매매 등의 법률행위를 한 경우에는 그 부관은 특별한 사정이 없는 한 법률행위를 하게 된 동기 내지 연유로 작용하였을 뿐이므로 이는 법률행위의 취소사유가 될 수 있음은 별론으로 하고 그 법률행위 자체를 당연히 무효화하는 것은 아니다. (대판 2009. 6. 25. 선고 2006다18174)

**06** ☑정답 ①

① 정보공개 의무기관을 정하는 것은 입법자의 입법형성권에 속하고, 이에 따라 입법자는 구 공공기관의 정보공개에 관한 법률(2004. 1. 29. 법률 제7127호로 전문 개정되기 전의 것) 제2조 제3호에서 정보공개 의무기관을 공공기관으로 정하였는바, 공공기관은 국가기관에 한정되는 것이 아니라 지방자치단체, 정부투자기관, 그 밖에 공동체 전체의 이익에 중요한 역할이나 기능을 수행하는 기관도 포함되는 것으로 해석되고, 여기에 정보공개의 목적, 교육의 공공성 및 공·사립학교의 동질성, 사립대학교에 대한 국가의 재정지원 및 보조 등 여러 사정을 고려해 보면, 사립대학교에 대한 국비 지원이 한정적·일시적·국부적이라는 점을 고려하더라도, 같은 법 시행령(2004. 3. 17. 대통령령 제18312호로 개정되기 전의 것) 제2조 제1호가 정보공개의무를 지는 공공기관의 하나로 사립대학교를 들고 있는 것이 모법인 구 공공기관의 정보공개에 관한 법률의 위임 범위를 벗어났다거나 사립대학교가 국비의 지원을 받는 범위 내에서만 공공기관의 성격을 가진다고 볼 수 없다. (대판 2006. 8. 24. 선고 2004두2783)

**07** ☑정답 ①

(나) 도시미관 등을 해치지 않는다는 이유로 이를 방치하게 되면 공권력이 무력화되어 공익을 해치게 된다.

**08** ☑정답 ①

① 현역병입영대상자가 입영명령에 의해 입영이 이루어진 이후에도 처분을 다툴 법률상 이익은 있다.

현역입영대상자가 입영한 후에 현역병입영통지처분의 취소를 구할 소송상의 이익이 있다.(대판 2003. 12. 26, 2003두1875)

**09** ☑정답 ④

④ 거부처분취소재결에 의해 행정청은 재결의 취지에 따라 처분의 의무가 발생한다. 재결의 취지에 양립될 수 없는 처분은 재결에 기속력에 위반하여 위법하다.
① 취소변경심판의 인용재결에 취소명령재결은 없다.
② 거부처분은 취소심판외에 의무이행심판도 가능하다.
③ 행정심판위원회가 처분에 대하여 취소나 변경에 대한 재결을 하게 되면 그로서 형성력이 발생하여 취소나 변경이 되는 것이지 피청구인인 행정청이 별도로 취소나 변경을 하여야 하는 것은 아니다.

**10** ☑정답 ①

① 행정처분인 하명은 법에 근거가 있어야 가능하나, 행정지도는 법에 근거없이 가능하다.

✅ 오답풀이
② 행정지도는 요식이 아니다.
③ 행정지도의 국가배상이 불가능한 것은 아니나, 별다른 지장이 없는 것도 아니다. 인과관계의 결여로 국가배상이 되지 않을 가능성이 높다.
④ 위반행위는 제재나 강제대상은 되지만 효력은 유효이다.

**11** ☑정답 ④

(가) 비전형적이도 비의도적인 침해는 수용적 침해에 해당한다.

(나) 요건심리단계가 아니라 본안단계에서 심사한다.
(다) 사업으로 인한 가격변동은 배제한다.
(라) 보상금증감청구소송이다.

## 12 ☑정답 ①

① 항고소송에서 처분의 적법성에 대한 증명책임의 소재(=피고) / 행정처분의 무효 확인을 구하는 행정소송에서 행정처분의 무효 사유에 대한 증명책임의 소재(=원고) 및 이는 무효 확인을 구하는 뜻에서 행정처분의 취소를 구하는 소송에 있어서도 마찬가지인지 여부(적극) / 행정처분의 무효 확인을 구하는 소에서 해당 행정처분의 취소를 구할 수 있는 경우, 무효사유가 증명되지 아니한 때에 법원은 취소사유에 해당하는 위법이 있는지도 심리하여야 하는지 여부(적극) / 조세행정소송에서 위법사유로 무엇을 주장하는지 또는 무효사유의 주장에 취소사유를 주장하는 취지가 포함되어 있는지에 따라 증명책임이 분배되는지 여부(적극)
- 과세처분의 위법을 다투는 조세행정소송의 형식이 취소소송인지 아니면 무효확인소송인지에 따라 증명책임이 달리 분배되는 것이라기보다는 위법사유로 취소사유와 무효사유 중 무엇을 주장하는지 또는 무효사유의 주장에 취소사유를 주장하는 취지가 포함되어 있는지 여부에 따라 증명책임이 분배된다.
[2] 과세관청은 소송 중이라도 사실심 변론종결 시까지 처분의 동일성이 유지되는 범위 내에서 처분사유를 교환·변경할 수 있는지 여부(적극) / 구 법인세법 제32조 제5항에 대한 헌법재판소의 위헌결정으로 과세단위가 단일한 종합소득세의 세목 아래에서 같은 금액의 소득이 현실적으로 귀속되었음을 이유로 과세근거 규정을 달리 주장하는 것이 처분의 동일성이 유지되는 범위 내의 처분사유의 교환·변경에 해당하는지 여부(적극) / 무효확인소송에서 원고가 당초의 처분사유에 대하여 무효사유를 증명한 경우, 과세관청이 교환·변경된 처분사유를 근거로 하는 처분의 적법성에 대한 증명책임을 부담하는지 여부(적극)(대판 2023. 6. 29. 선고 2020두46073)

## 13 ☑정답 ③

③ 취소의 취소문제로서 부담적·침익적 처분에 대한 취소의 취소는 허용하지 않는다.

### ✅ 오답풀이

중대한 공익상 필요를 이유로 건축신고 수리를 거부할 수 있는지 여부(적극)./피고 행정청이 건축신고수리 거부처분의 근거로 삼은 당초 처분사유(해당 토지가 건축법상 도로에 해당하여 건축을 허용할 수 없음)와 소송에서 추가한 거부사유(해당 토지가 사실상 도로에 해당하여 건축이 공익에 부합하지 않아 허용할 수 없음) 사이에 기본적 사실관계의 동일성이 인정되는지 여부(적극)(대판 2019. 10. 31. 선고 2018두45954 /2017두74320)

## 14 ☑정답 ②

### ✅ 오답풀이

① 질서위반행위규제법과 다른 내용의 법률이 있을 경우에는 질서위반행위규제법에 의한다.
③ 고의나 과실없이 과태료를 부과할 수 없다.
④ 5년의 시효가 적용된다.

## 15 ☑정답 ④

ⓒ 다른 법령등에서 공청회를 개최하도록 규정하고 있는 경우에 행정청이 널리 의견을 수렴하기 위하여 온라인공청회를 단독으로 개최할 필요가 있다고 인정하는 때에는 온라인공청회를 단독으로 개최할 수 없다.
ⓔ 제20조(처분기준의 설정·공표)
① 행정청은 필요한 처분기준을 해당 처분의 성질에 비추어 되도록 구체적으로 정하여 공표하여야 한다. 처분기준을 변경하는 경우에도 또한 같다.
② 제1항에 따른 처분기준을 공표하는 것이 해당 처분의 성질상 현저히 곤란하거나 공공의 안전 또는 복리를 현저히 해치는 것으로 인정될 만한 상당한 이유가 있는 경우에는 처분기준을 공표하지 아니할 수 있다.

**16** ☑ 정답 ①

① 행정소송은 구체적 사건에 대한 법률상 분쟁을 법에 의하여 해결함으로써 법적 안정을 기하자는 것이므로 부작위위법확인소송의 대상이 될 수 있는 것은 구체적 권리의무에 관한 분쟁이어야 하고 추상적인 법령에 관하여 제정의 여부 등은 그 자체로서 국민의 구체적인 권리의무에 직접적 변동을 초래하는것이 아니어서 그 소송의 대상이 될 수 없다(대판 1992.5.8. 91누11261).

✅ 오답풀이

② 헌법소원은 헌법재판소법 제68조 제1항에 규정한 바와 같이 공권력의 불행사에 대하여서도 청구할 수 있지만, 입법부작위에 대한 헌법소원은 원칙적으로 인정될 수 없고, 다만 헌법에서 기본권 보장을 위해 명시적인 입법위임을 하였음에도 입법자가 이를 이행하지 않거나, 헌법해석상 특정인에게 구체적인 기본권이 생겨 이를 보장하기 위한 국가의 행위의무 내지 보호의무가 발생하였음이 명백함에도 입법자가 아무런 입법조치를 취하지 않고 있는 경우에만 예외적으로 인정될 수 있다(헌재 1989. 3. 17. 88헌마1).

③ 헌법이나 법률에 반하는 시행령 규정이 대법원에 의해 위헌 또는 위법하여 무효라고 선언하는 판결이 나오기 전이라면 하자가 중대하기는 하나 객관적으로 명백한 것이라고 할 수는 없으므로, 당연무효사유는 아니라고 봄이 상당하다.

④ 고시 또는 공고의 성질은 일률적으로 판단될 것이 아니라 고시에 담겨진 내용에 따라 구체적인 경우마다 달리 결정됨, 즉 고시가 일반적, 추상적 성격을 가질 때는 법규명령 또는 행정규칙에 해당하지만, 고시가 구체적인 규율의 성질을 갖는다면 행정처분에 해당한다(헌재 97헌마141).

**17** ☑ 정답 ①

① 취소소송은 처분 등이 있음을 안 날부터 90일 이내에 제기하여야 하고, 처분 등이 있은 날부터 1년을 경과하면 제기하지 못하며(행정소송법 제20조 제1항, 제2항), 청구취지를 변경하여 구 소가 취하되고 새로운 소가 제기된 것으로 변경되었을 때에 새로운 소에 대한 제소기간의 준수 등은 원칙적으로 소의 변경이 있은 때를 기준으로 하여야 한다.(대판 2004. 11. 25. 선고 2004두7023)

✅ 오답풀이

② 이의신청 등에 대한 결정의 한 유형으로 실무상 행해지고 있는 재조사결정은 처분청으로 하여금 하나의 과세단위의 전부 또는 일부에 관하여 당해 결정에서 지적된 사항을 재조사하여 그 결과에 따라 과세표준과 세액을 경정하거나 당초 처분을 유지하는 등의 후속 처분을 하도록 하는 형식을 취하고 있다. 이에 따라 재조사결정을 통지받은 이의신청인 등은 그에 따른 후속 처분의 통지를 받은 후에야 비로소 다음 단계의 쟁송절차에서 불복할 대상과 범위를 구체적으로 특정할 수 있게 된다. 이와 같은 재조사결정의 형식과 취지, 그리고 행정심판제도의 자율적 행정통제기능 및 복잡하고 전문적·기술적 성격을 갖는 조세법률관계의 특수성 등을 감안하면, 재조사결정은 당해 결정에서 지적된 사항에 관해서는 처분청의 재조사결과를 기다려 그에 따른 후속 처분의 내용을 이의신청 등에 대한 결정의 일부분으로 삼겠다는 의사가 내포된 변형결정에 해당한다고 볼 수밖에 없다. 그렇다면 재조사결정은 처분청의 후속 처분에 의하여 그 내용이 보완됨으로써 이의신청 등에 대한 결정으로서의 효력이 발생한다고 할 것이므로, 재조사결정에 따른 심사청구기간이나 심판청구기간 또는 행정소송의 제소기간은 이의신청인 등이 후속 처분의 통지를 받은 날부터 기산된다고 봄이 타당하다.(대판 2010. 6. 25. 선고 2007두12514)

③ 행정소송법 제20조 제1항의 취지 및 이미 제소기간이 지나 불가쟁력이 발생한 후에 행정청이 행정심판청구를 할 수 있다고 잘못 알린 경우, 그 안내에 따라 청구된 행정심판 재결서 정본을 송달받은 날부터 다시 취소소송의 제소기간이 기산되는지 여부(소극)(대판 2012. 9. 27. 선고 2011두27247)

④ 행정청이 산업재해보상보험법에 의한 보험급여 수급자에 대하여 부당이득 징수결정을 한 후 그 하자를 이유로 징수금 액수를 감액하는 경우, 징수의무자에게 감액처분의 취소를 구할 소의 이익이 있는지 여부(소극) 및 감액처분으로도 아직 취소되지 않고 남은 부분을 다투고자 하는 경우 항고소송의 대상과 제소기간 준수 여부의 판단 기준이 되는 처분(=당초 처분)(대판 2012. 9. 27. 선고 2011두27247)

## 18 ☑정답 ①

① (전략)조합설립결의에 하자가 있다면 그 하자를 이유로 직접 항고소송의 방법으로 조합설립인가처분의 취소 또는 무효확인을 구하여야 하고, 이와는 별도로 조합설립결의 부분만을 따로 떼어내어 그 효력 유무를 다투는 확인의 소를 제기하는 것은 원고의 권리 또는 법률상의 지위에 현존하는 불안·위험을 제거하는 데 가장 유효·적절 한 수단이라 할 수 없어 특별한 사정이 없는 한 확인의 이익은 인정되지 아니한다. (대판 2009. 9. 24. 2008다60568)

✅ 오답풀이

② 현행법이 시행되기 이전에 위반행위가 종료되었더라도 그 시행 당시 구법 제49조 제4항의 처분시효가 경과하지 않은 사건에 대하여, 위 부칙조항에 따라 구법에 비하여 처분시효를 연장한 현행법 제49조 제4항을 적용하는 것은 현재 진행 중인 사실관계나 법률관계를 대상으로 하는 것으로서 부진정소급에 해당하고, 헌법상 법률불소급의 원칙에 반하지 않는다. 나아가 현행법 제49조 제4항의 개정 취지에 비추어 이를 적용할 공익상의 요구가 중대함에 비하여 구법에 따른 처분시효가 경과하지 않은 상태에서 아직 공정거래위원회의 조사가 개시되지 않았다는 사정만으로는 구법의 존속에 대한 신뢰를 보호할 가치가 크지 않으므로, 위와 같은 사건의 경우 신뢰보호원칙에 따라 예외적으로 현행법 제49조 제4항의 적용이 제한되어야 한다고도 볼 수 없다.(대판 2020. 12. 24. 선고 2018두58295)

③ 조세법령이 폐지 또는 개정되더라도 그 전에 이미 완성된 과세요건사실에 대하여는 별도의 규정이 없는 한 종전의 법령이 계속 적용되고, 새로 제정되거나 개정된 법령은 조세법령 불소급의 원칙 또는 소급과세금지의 원칙에 따라 그 효력 발생 이후에 완성되는 과세요건사실에 대하여만 적용된다(대판 2021. 10. 28. 2019두39635)

④ 과징금을 부과키로 한다면 그 금액은 얼마로 할 것인지에 관하여 재량권이 부여되었다 할 것이므로, 과징금부과처분이 법이 정한 한도액을 초과하여 위법할 경우 법원으로서는 그 전부를 취소할 수밖에 없고, 그 한도액을 초과한 부분이나 법원이 적정하다고 인정되는 부분을 초과한 부분만을 취소할 수 없다.(대판 1998.4.10, 98두2270)

## 19 ☑정답 ④

④ 농지법상의 이행강제금은 비송사건절차법에 의한 불복이다.

## 20 ☑정답 ②

② 인공의 영조물은 설치와 관리의 하자가 대상이지만 자연영조물의 경우는 설치의 하자는 논의 대상에서 제외되기에 동일한 기준이 될 수는 없다고 본다.

## 21 ☑정답 ③

③ 개인정보는 공적 생활에서 형성되어 이미 공개된 정보라도 개인정보자기결정권의 보호대상인 개인정보에 해당한다.

헌법 제10조의 인간의 존엄과 가치, 행복추구권과 헌법 제17조의 사생활의 비밀과 자유에서 도출되는 **개인정보자기결정권은** 자신에 관한 정보가 언제 누구에게 어느 범위까지 알려지고 또 이용되도록 할 것인지를 정보주체가 스스로 결정할 수 있는 권리이다. 개인정보자기결정권의 보호대상이 되는 개인정보는 개인의 신체, 신념, 사회적 지위, 신분 등과 같이 인격주체성을 특징짓는 사항으로서 개인의 동일성을 식별할 수 있게 하는 일체의 정보를 의미하며, 반드시 **개인의 내밀한 영역에 속하는 정보에 국한되지 않고 공적 생활에서 형성되었거나 이미 공개된 개인정보까지도 포함**한다(후략)(대판 2016. 3. 10. 선고 2012다105482)

## 22 ☑정답 ②

② 행정심판의 재결에는 기판력이 없다.

✅ 오답풀이

① 직위해제처분은 행정절차를 준수하지 않아도 된다.
③ 대법원에 의하면 별정직 공무원도 공무원의 행정절차법 적용배제논리가 동일하게 적용된다.
④ 불가쟁력이 발생한 처분에 오고지에 따라 심판청구가 있었다고 해도 소송을 청구할 수 없다.

## 23 ☑정답 ④

④ (×) 권한의 위임에 의해 수임청이 처분을 하게 되는 경우, 수임청은 자신의 명의로 자신의 책임하에 처분을 하게된다. 이 경우 피고는 수임청이 된다.

## 24 ☑정답 ③

㉠ 의결기관 - 행정주체의 의사를 결정하는 권한을 가지는 기관으로서 결정된 내용을 외부에 표시할 권한은 없는 기관을 말한다. 공무원법상의 징계위원회, 교육위원회, 지방의회 등이 해당된다.
㉡ 집행기관 - 행정청의 의사를 집행하여 행정의사를 구체적으로 실현하는 기관을 말한다. 경찰공무원, 세무공무원, 소방공무원 등이 해당한다.
㉢ 행정청 - 행정주체의 의사를 결정하여 이를 외부에 표시할 수 있는 권한을 가진 기관을 말한다. 행정청은 1인이 담당하는 경우에는 독임제 행정청(예, 장관, 처장, 청장, 경찰서장, 지자체장 등)이라 하고, 다수인으로 구성된 경우에는 합의제 행정청(예, 공정거래위원회, 감사원, 행정심판위원회 등)이라 한다.
㉣ 보조기관 - 행정청에 소속되어 행정청의 권한행사를 보조하거나, 행정청의 명을 받아 사무에 종사하는 것을 임무로 하는 기관을 말한다. 각부의 차관, 실장·국장 및 지방자치단체의 부지사, 부시장, 국장 등이 해당된다.

## 25 ☑정답 ②

㉡ 근거법이 위헌결정을 받게 되면 그 처분은 취소에 해당하나 해당 처분을 집행하거나 유지하기 위한 작용은 무효이다. 따라서 부과처분을 집행하기 위한 압류는 무효이다. 또한 근거법의 위헌결정은 필요적 압류해제사유에 해당한다.
㉣ 처분의 근거법 위헌결정 → 행정처분 자체의 효력이 쟁송기간 경과 후에도 존속 중인 경우,
- 그 목적달성을 위해 필요한 후행 행정처분이 아직 이루어지지 않은 경우
- 그 하자가 중대하여 그 구제가 필요한 경우
- 쟁송기간 경과 후에 무효확인 구할 수 있다. (명백성 보충요건설)

## 제3과목 행정학

| 01 | 02 | 03 | 04 | 05 | 06 | 07 | 08 | 09 | 10 | 11 | 12 | 13 | 14 | 15 |
|----|----|----|----|----|----|----|----|----|----|----|----|----|----|----|
| ① | ④ | ③ | ① | ③ | ② | ④ | ② | ① | ③ | ④ | ④ | ② | ③ | ① |
| 16 | 17 | 18 | 19 | 20 | 21 | 22 | 23 | 24 | 25 | | | | | |
| ④ | ③ | ② | ② | ④ | ① | ③ | ③ | ③ | ① | | | | | |

### 01 ✅정답 ①

① (×) 시간의 흐름에 따라 자연스럽게 나타나는 실험 전과 실험 후의 상태의 차이를 정책효과로 잘못 평가하는 경우에 발생하는 것은 성숙효과에 해당한다. 역사적 요소는 평가실험을 수행하는 기간 동안에 실험자의 의도와 관계없이 발생하는 사건으로서, 실험 기간이 길수록 역사적 사건이 나타나게 될 확률은 높아지게 된다.

### 02 ✅정답 ④

① (×) 헌법에 의하여 그 임명에 국회의 동의를 요하는 대법원장·헌법재판소장·국무총리·감사원장 및 대법관과 국회에서 선출하는 헌법재판소 재판관·중앙선거관리위원회 위원은 인사청문특별위원회의 인사청문 대상이다. 그러나 대통령이 각각 임명하는 헌법재판소 재판관·중앙선거관리위원회 위원과 대법원장이 각각 지명하는 헌법재판소 재판관 또는 중앙선거관리위원회 위원의 후보자는 소관 상임위원회의 인사청문 대상이다.
② (×) 국민권익위원회 위원장은 인사청문 대상이 아니다.
③ (×) 국회인사청문회의 심사경과보고서 또는 인사청문경과보고서의 내용은 법적 구속력이 없다. 국회의 동의나 선출을 요하는 사람에 대한 인사청문회의 경과보고서는 국회 본회의의 동의나 선출 결정에 구속력을 갖지 아니하며, 국회의 동의나 선출 절차를 필요로 하지 않는 사람에 대해 대통령은 인사청문회의 경과보고서 내용에 구속받지 않고 임명할 수 있다.

| 참고 국회의 인사청문 | |
|---|---|
| 인사청문<br>특별위원회 | • 헌법에 의하여 그 임명에 국회의 동의를 요하는 대법원장·헌법재판소장·국무총리·감사원장 및 대법관<br>• 국회에서 선출하는 헌법재판소 재판관 및 중앙선거관리위원회 위원<br>• 대통령당선인이 인사청문의 실시를 요청한 국무총리후보자 |
| 소관<br>상임위원회 | • 대통령이 각각 임명하는 헌법재판소 재판관·중앙선거관리위원회 위원·국무위원·방송통신위원회 위원장·국가정보원장·공정거래위원회 위원장·금융위원회 위원장·국가인권위원회위원장·고위공직자범죄수사처장·국세청장·검찰총장·경찰청장·합동참모의장·한국은행 총재·특별감찰관 또는 한국방송공사 사장의 후보자 ☞ 국민권익위원회 위원장(×)<br>• 대법원장이 각각 지명하는 헌법재판소 재판관 또는 중앙선거관리위원회 위원의 후보자 |

☞ 대법원장·헌법재판소장 및 국무총리 등은 인사청문특별위원회의 인사청문 대상자이고, 감사원장 및 대법관 등은 소관 상임위원회의 인사청문 대상자이다. (×)
☞ 국무위원에 대한 인사청문회는 인사청문특별위원회에서 실시한다. (×)

### 03 ✅정답 ③

①, ②, ④(○). ①, ②, ④는 2022년 1월 13일부터 시행된 지방자치법(전부개정)에 새로 도입된 제도이다.
③ (×) 주민의 의무(주민은 법령으로 정하는 바에 따라 소속 지방자치단체의 비용을 분담하여야 하는 의무를 진다.)와 주민소환[주민은 그 지방자치단체의 장 및 지방의회의원(비례대표 지방의회의원은 제외한다)을 소환할 권리를 가진다.]은 2022년 1월 13일 이전에 적용되었던 지방자치법에도 존재했던 규정이다.

### 04 ✅정답 ①

① (×) 르윈(Lewin), 리피트(Lippitt), 화이트(White) 등이 리더십 유형을 권위주의형, 민주형, 자유방임형의 세 가지

유형으로 구분하였다. 피들러(Fiedler)는 리더(leader, 지도자) 유형을 업무 중심형(과업 지향형)과 직원 중심형(관계 지향형)으로 나누고, 지도자를 가장 덜 좋아하는 직원에 대한 평가 점수를 의미하는 LPC(Least Preferred Co-worker) 점수를 이용하여 분류하였다.

한편 ④와 관련하여, 과업이 구조화되어 있지 않을 때 우선 생각할 수 있는 리더십은 지시적 리더십이다. 그러나 업무가 구조화되어 있지 않을 때에는 지시적 리더십 외에 부하에게 도전적인 목표를 설정해 주는 성취 지향적 리더십과, 부하가 의사결정 과정에 참여함으로써 역할 명료성이 높아질 수 있도록 해주는 참여적 리더십이 필요하다는 주장도 있다(이창원·최창현, 「새조직론」).

## 05 ✅ 정답 ③

③ (×) 국가재정법 및 시행령상 통합재정의 포괄 범위는 비금융공공부문으로서, 금융성기금 및 외국환평형기금과 「공공기관의 운영에 관한 법률」 적용 대상 기관(공기업, 준정부기관, 기타공공기관)은 제외된다.

## 06 ✅ 정답 ②

② (×) 준거인물(B)의 업무 방식을 참고하여 배울 점을 찾는 것은 공정성 이론과 관계없다.

> 공정성(형평성) 이론에 따르면, 불형평성을 해소하기 위한 행동에는 (1) 투입 또는 산출을 변화시켜 조정하는 것, (2) 투입과 산출에 대한 본인의 지각을 바꾸는 것, (3) 준거인물을 바꾸는 것, (4) 직장을 이동하는 것 등이 있다.

문제 지문의 내용을 위 내용에 비추어 해설하면 다음과 같다.
① (○) '일을 열심히 하지 않는다.'는 투입을 변화시키는 것에 해당한다.
③ (○) '준거인물(B)이 자신(A)보다 훨씬 더 많은 시간을 일했을 것이라고 생각을 바꾼다.'는 투입에 대한 본인의 지각을 바꾸는 것에 해당한다.
④ (○) '다른 비교대상을 찾는다.'는 준거인물을 바꾸는 것에 해당한다.

## 07 ✅ 정답 ④

④ (×) 불확실성에 대한 대처 방안 중 소극적 방법에는 최악의 가정, 가외성의 확보, 민감도 분석, 악조건 가중 분석 등이 있다.
③ (○) 보험에 가입하여 위험에 대비하는 방법을 적극적 방법으로 볼 수 있는가에 대해서는 논란이 있다고 본다. 적극적 방법은 불확실성 자체를 줄이거나 통제하는 방법이기 때문이다. 그러나 최악의 상황을 극복할 능력이 없을 때 보험을 이용해 불확실성에 대비하는 방법을 적극적 방법으로 보는 시각도 있기 때문에 상대적으로 판단하는 것이 좋다고 본다(한국국정관리학회, 새내기를 위한 행정학).

## 08 ✅ 정답 ②

② (×) 적립방식(기금제)은 인플레이션이 심할 때 기금의 가치가 하락하고 급여의 실질 수준이 저하되는 문제점이 있다.

> **참고** 기금제의 장·단점
> (1) 장 점
>   ① 노동력의 감가상각(depreciation)이라는 관념에 부합하는 제도로서, 장기적인 연금 지급에 대비하여 미리 기금을 조성해 가는 것이므로 비용과 지출을 평준화시킬 수 있다.
>   ② 비교적 한결같은 연금급여를 보장할 수 있다.
> (2) 단 점
>   ① 개시비용(start-up costs)이 많이 든다.
>   ② 인플레이션이 심할 때 기금의 가치가 하락하고 급여의 실질 수준이 저하된다.
>   ③ 연금기금을 투자하고 관리하는 것이 복잡하고 관리비용이 많이 든다.

## 09 ✅정답 ①

① (×) 부성화(部省化)의 원리는 분업에 관한 원리에 해당한다.

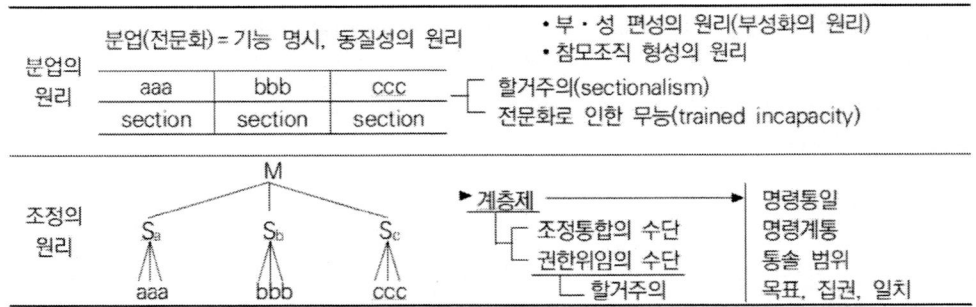

## 10 ✅정답 ③

③ (×) 정책이 달성하려는 장기 목표와 중단기 목표들을 잘 달성했는지에 초점을 맞춘 모형은 목표모형이다.

> **참고** 논리모형
> (1) 개 념
>   논리모형(logic model)은 정책(정책 프로그램)의 요소들과 정책이 해결하려고 하는 문제들 사이의 논리적 인과관계를 투입 → 활동 → 산출 → 결과로 정리해주는 하나의 다이어그램이다.
> (2) 특징(장점)
>   ⊙ 정책이 특정 성과를 산출하기 위해 어떤 논리적 인과구조를 가지고 있는지를 명시적으로 보여주어 정책집행 과정 및 성과를 명확히 평가할 수 있도록 해준다.
>   ⓒ 정책이 핵심적으로 해결하려는 문제 및 정책의 결과물이 무엇인지를 명확히 해주기 때문에 정책형성 과정의 인과관계에 대한 가정의 오류와 정책집행 실패를 구분할 수 있도록 해서 평가의 타당성을 제고한다.

## 11 ✅정답 ④

④ (×) 고충심사위원회가 청구서를 접수한 때에는 원칙적으로 30일 이내에 고충심사에 대한 결정을 하여야 한다(부득이 하다고 인정되는 경우에는 고충심사위원회의 의결로 30일을 연장 가능).
한편, 고충심사위원회의 결정은 보통고충심사위원회와 중앙고충심사위원회의 결정이 다르다. 보통고충심사위원회의 결정은 위원 5명 이상의 출석과 출석위원 과반수의 합의에 따른다. 중앙고충심사위원회의 결정은 위원 3분의 2 이상의 출석과 출석 위원 과반수의 합의에 따른다. 따라서 ④번 지문에서 '고충심사위원회의 결정은 위원 과반수의 출석과 과반수의 합의에 의한다.'라는 표현은 잘못이다.

## 12 ✅정답 ④

④ (×) 행정지도는 직접적인 법령의 근거를 언제나 필요로 하는 것은 아니다. 또한 지도 형식에 일률적인 제한을 받지 않으면서, 국민에게 영향을 미치려는 의사표시적 행위이다.

## 13 ✅정답 ②

① (○) 규제 샌드박스(sandbox)는 기존 시장에 없는 창의적·혁신적인 새 제품이나 서비스를 출시하려 할 때, 일정한 조건 아래 기존 규제를 적용하지 않거나 유예해 시장에서 테스트하거나 출시할 수 있도록 허용해 주는 제도를 말한다. 우리나라에서는 문재인 정부에서 2019년 정보통신융합법과 산업 융합촉진법이 개정됨에 따라 시행되고 있다. 신속 처리, 실증 특례, 임시 허가 등 규제혁신 3종 세트를 바탕으로 하고 있다.
② (×) 규제등록제란 중앙행정기관의 장이 소관 규제의 명칭 내용 근거처리기간 등을 대통령 소속의 규제개혁위원회에 등록하여야 하는 제도이다.

## 14  ☑정답 ③

① (×) 신공공관리론은 정부의 역할을 방향잡기(steering)로 보며, 그 중심은 정부라고 본다.
② (×) 신공공관리론은 소비자 주권보다는 소비자 만족에 초점을 두는데, 이러한 고객 중심의 논리는 국민을 수동적 존재로 전락시킬 우려가 있다.
④ (×) 신공공관리론은 시장을 신뢰하면서 정부의 기능을 시장으로 보내거나 시장의 작동 기제인 가격과 경쟁 시스템을 정부 내에 도입하고자 한다. 이로 인해 신공공관리론은 수익자 부담원칙 강화, 경쟁원리 강화, 민영화 확대, 정부규제 완화 등을 제시한다.

## 15  ☑정답 ①

② (×) 환경이 동태적이고 복잡하여 신속한 업무수행이 필요할 때에는 분권화가 필요하다.

**참고** 집권화와 분권화의 요인

| 집권화의 요인 | 분권화의 요인 |
|---|---|
| ㉠ 소규모 신설조직<br>㉡ 위기 상황(전시나 비상사태)<br>㉢ 교통통신 및 정보통신기술의 발달(정보화)로 의사결정에 필요한 정보가 집중될 때<br>㉣ 조직예산의 규모가 커질 때(결정사항의 중요성이 높을 때)<br>㉤ 특정 기능에 대한 조직 내외의 관심이 증대할 때<br>㉥ 지나친 분업으로 인해 행정조정이 곤란할 때<br>㉦ 특정 활동의 전문화가 필요할 때<br>㉧ 경쟁의 격화<br>㉨ 통일성·일관성·합리성·효과성 강조 | ㉠ 대규모 오래된 조직(단, 규모 확대 시 결정 기능은 집권)<br>㉡ 환경이 불확실(복잡·동태)하여 신속한 업무수행이 필요할 때<br>㉢ 기술 수준의 고도화와 인적 전문화 및 능력 향상<br>㉣ 최고 관리자가 세부적이고 일상적인 업무에서 벗어나 장기계획이나 정책문제에 관심을 둘 때<br>㉤ 조직이 급격한 기술발전을 수용하고 대량생산체제를 갖추기 위해<br>㉥ 조직 내 관리자의 육성 및 동기 유발(내재적 동기 유발 및 힘 실어주기)<br>㉦ 민주성·평등성·자율규제·창의성·고객 지향성 강조 |

## 16  ☑정답 ④

① (×) 거래비용이론에 따르면, 시장의 자발적인 교환행위에서 발생하는 거래비용이 관료제의 조정비용보다 클 경우 거래를 내부화하는 것이 효율적이다.
② (×) 자원의존이론은 조직이 생존과 발전에 필요한 자원을 환경에 의존하기 때문에 조직을 환경과의 관계에서 능동적 존재로 본다.
③ (×) Hannan과 Freeman이 제시한 조직군(개체군) 생태학이론은 조직은 내외부적 요인들로 말미암아 기존의 조직구조를 그대로 유지하려는 구조적 타성에 빠져 있기 때문에 환경의 변화에 부적합한 조직은 '도태'된다고 본다. 조직군 생태론은 장기적 시각이 필요한데, 이차 자료의 활용을 통해서 종단적 연구를 할 수밖에 없기 때문에 자료상의 제한이라는 난점을 가지게 된다.
④ (○) 공동체 생태론은 관리자들의 능동적 상호작용을 중시하는 임의론에 해당한다.

**참고** Van de Ven의 조직이론 분류

| 구 분 | | 환경 인식 | |
|---|---|---|---|
| | | 결정론(수동적) | 임의론(능동적) |
| 분석 수준 | 조직군 | 자연적 선택 관점<br>• 조직군 생태학이론<br>• 조직경제학<br>• 제도화이론 | 집단적 행동 관점<br>• 공동체 생태학이론 |
| | 개별 조직 | 체제구조적 관점<br>• 구조적 상황이론 | 전략적 선택 관점<br>• 전략적 선택이론<br>• 자원의존이론 |

**17** ■정답 ③

① (O) 경제적 규제는 정부의 직접수단에 해당한다. 정부의 직접성이 높은 수단으로 정부 소비, 직접 대출, 공기업, 경제적 규제, 정보제공, 보험 등을 들 수 있다.
② (O) 조세지출은 정부가 민간의 특정 활동에 대해 조세감면이나 면제 등을 해주는 것을 의미한다. 따라서 조세지출은 정부가 민간의 활동에 대해 재정적 인센티브를 부여하는 수단에 해당한다.
③ (×) 증서교부(vouchers)는 정부가 직접 물품이나 서비스를 제공하는 것이 아니라, 저소득층과 같은 특정 계층의 소비자들의 선택의 폭을 넓혀 주기 위하여 쿠폰을 교부하는 방식을 말한다. 증서교부는 그 역사가 길지 않으며, 보편적으로 사용하는 방식은 아니며, 일부 국가에서 교육, 탁아 및 아동복지서비스 등의 분야에서 사용하고 있다.
④ (O) 전통적 삼분법에 근거하여 정책수단을 규제, 인센티브, 설득으로 분류할 수 있다.

**18** ■정답 ②

① (O) 2023년 1월 1일부터 공공기관의 운영에 관한 법률 시행령이 개정·시행되면서 공공기관 중 공기업과 준정부기관의 지정 기준이 바뀌었다. 공기업 및 준정부기관은 정원 300명 이상, 수입 200억 원 이상, 자산 30억 원 이상인 공공기관 중에서 지정한다.
② (×) ①번 지문 내용처럼 공기업과 준정부기관의 지정 기준이 바뀜에 따라 부산항만공사, 인천항만공사, 여수광양항만공사, 울산항만공사는 공기업에서 기타공공기관으로 유형이 변경되었다. 그리고 사립학교교직원연금공단과 한국언론진흥재단은 기금관리형 준정부기관에서 기타공공기관으로 유형이 변경되었다.

| 구 분 | (주무기관) 기관명 |
|---|---|
| 시장형 공기업 (13) | (산업부) 한국가스공사, 한국남동발전㈜, 한국남부발전㈜, 한국동서발전㈜, 한국서부발전㈜, 한국석유공사, 한국수력원자력㈜, 한국전력공사, 한국중부발전㈜, 한국지역난방공사, ㈜강원랜드<br>(국토부) 인천국제공항공사, 한국공항공사 |
| 준시장형 공기업 (19) | (기재부) 한국조폐공사<br>(문체부) 그랜드코리아레저㈜<br>(농식품부) 한국마사회<br>(산업부) ㈜한국가스기술공사, 대한석탄공사, 한국광해광업공단, 한국전력기술㈜, 한전KDN㈜, 한전KPS㈜<br>(환경부) 한국수자원공사<br>(국토부) 제주국제자유도시개발센터, 주택도시보증공사, 한국도로공사, 한국부동산원, 한국철도공사, 한국토지주택공사, 주식회사 에스알<br>(해수부) 해양환경공단<br>(방통위) 한국방송광고진흥공사 |
| 기금관리형 준정부기관 (11) | (문체부) 국민체육진흥공단<br>(산업부) 한국무역보험공사<br>(복지부) 국민연금공단<br>(고용부) 근로복지공단<br>(중기부) 기술보증기금, 중소벤처기업진흥공단<br>(금융위) 신용보증기금, 예금보험공사, 한국자산관리공사, 한국주택금융공사<br>(인사처) 공무원연금공단 |

| 구 분 | (주무기관) 기관명 |
|---|---|
| 위탁집행형 준정부기관 (44) | (교육부) 한국장학재단<br>(과기부) (재)우체국금융개발원, 우체국물류지원단, 한국방송통신전파진흥원, 한국연구재단, 한국인터넷진흥원, 한국지능정보사회진흥원<br>(외교부) 한국국제협력단<br>(행안부) 한국승강기안전공단<br>(문체부) 한국관광공사<br>(농식품부) 축산물품질평가원, 한국농수산식품유통공사, 한국농어촌공사<br>(산업부) 대한무역투자진흥공사, 한국가스안전공사, 한국산업기술진흥원, 한국산업기술평가관리원, 한국산업단지공단, 한국석유관리원, 한국에너지공단, 한국원자력환경공단, 한국전기안전공사, 한국전력거래소<br>(복지부) 건강보험심사평가원, 국민건강보험공단, 한국사회보장정보원<br>(환경부) 국립공원공단, 국립생태원, 한국환경공단, 한국환경산업기술원<br>(고용부) 한국고용정보원, 한국산업안전보건공단, 한국산업인력공단, 한국장애인고용공단<br>(국토부) 국가철도공단, 국토안전관리원, 한국교통안전공단, 한국국토정보공사<br>(해수부) 한국해양교통안전공단<br>(중기부) 소상공인시장진흥공단<br>(공정위) 한국소비자원<br>(보훈처) 한국보훈복지의료공단<br>(경찰청) 도로교통공단<br>(산림청) 한국산림복지진흥원 |

## 19  ■ 정답 ②

① (×) 1949년 지방자치법이 제정되면서 서울특별시·도, 시·읍·면이 지방자치단체로 규정되었다.

| 구 분 | 제1공화국 | | | 제2공화국 |
|---|---|---|---|---|
| | 지방자치법 제정(1949) | 2차 개정(1956) | 4차 개정(1958) | 5차 개정(1960) |
| 특별시장·도지사 | 임명제(대통령 임명) | 임명제 | 임명제 | 직선제 |
| 시·읍·면장 | 간선제(지방의회선출) | 직선제 | 임명제 | 직선제 |
| 지방의원 | 직선제(명예직) | 직선제 | 직선제 | 직선제 |
| 선 거 | 1952년 1차 선거 | 1956년 2차 선거<br>(서울시의회 최초 구성) | | 1960년 3차 선거<br>(서울시장 최초 직선) |

② (○) 지방자치단체 장을 간선제나 임명제로 할 경우에는 장에 대한 불신임의결권과 의회해산권이 있으나, 직선제로 할 경우에는 장에 대한 불신임의결권과 의회해산권 없음. 따라서 특별시·도의 경우 제1공화국에서는 항상 인정되었으나 제2공화국에서는 인정되지 않음. 시·읍·면의 경우 제1공화국에서는 1949년 인정, 1956년 불인정, 1958년 인정, 제2공화국에서는 불인정.

③ (×) 제2공화국은 의원내각제 정부 형태였다. 그러나 지방자치단체의 기관구성 형태는 기관대립형을 취하였다.

④ (×) 지방자치에 관한 임시조치법(1961.9.1. 제정, 10.1. 시행)은 1961년 5.16 군사정변 이후 시행되었다. 이후 제5공화국(전두환 정부)까지 지방자치제는 중단되었다가 제6공화국(노태우 정부)에서 1991년 지방의회의원 선거가 실시되면서 부활되었다.

## 20  ■ 정답 ④

① (○) 저층구조는 분권화를 촉진시켜 부하들의 창의성을 유발할 수 있다.

② (○) 저층구조는 계층의 수가 적기 때문에 정보전달이 신속하고, 한편으로는 상향적 의사전달의 과정에서 발생하는 왜곡을 줄임으로써 정확성을 확보할 수 있다는 장점이 있다. 그러나 저층구조에서는 상향적 의사전달의 과정에서 계층의 수가 적어, 중간 검토의 과정이 많이 생략되기 때문에 상향적 정보전달의 과오가 간과될 가능성이 높아지기도 한다.

③ (○) 저층구조는 계층 간의 역할 차이가 뚜렷해지기 때문에 역할의 모호성을 줄일 수 있다.

④ (×) 통솔 범위를 넓히는 저층구조 하에서는 한 사람의 관리자가 관리하는 부하의 수가 많아진다. 따라서 직근 상관과 부하 사이의 긴밀한 접촉이 어려워진다.

**21** ☑정답 ①

② (×) 감사원은 헌법기관으로서 직무상 독립성을 가지나, 정부(대통령) 소속이기 때문에 독립기관은 아니다.
③ (×) 감사원은 감사원장을 포함한 7명의 감사위원으로 구성된 합의제기관이다.
④ (×) 감사원장은 국회의 동의를 얻어 대통령이 임명하며, 감사위원은 감사원장의 제청으로 역시 대통령이 임명한다.

**22** ☑정답 ③

① (×) 목표관리제(MBO)의 구체적인 목표는 대부분 사업 자체로 나타난다. 그러나 목표관리제(MBO)에서는 목표 달성 이후에 얻어지는 기대효과를 평가하기는 곤란하다. 즉, 목표 달성 이후에 얻어지는 간접적인 결과나 영향까지 파악하기는 곤란하다.
② (×) MBO는 목표설정을 강조하고, 특히 단기적(수개월~1년 이내)인 목표를 중시한다. 즉, 추상적·질적·가치적·장기적인 목표(goal)가 아닌, 현실적·계량 가능한 양적·단기적·결과 지향적·가시적인 목표(objective)를 중시한다. 따라서 목표를 계량적으로 측정하기 용이한 조직에 적합하다. 업무환경이 가변적이고 불확실성이 클 때는 적용이 곤란하기 때문에 그 효용이 작아진다.
③ (○) 목표관리제(MBO)는 상하 조직 구성원의 참여 과정을 통해서 조직의 공동 목표를 명확히 하고 체계적으로 조직 구성원들의 개개 목표 내지 책임을 합의 하에 부과하여, 수행 결과를 사후에 평가하고 환류시켜 궁극적으로 조직의 효과성 향상에 기여하고자 하는 동태적·민주적 관리체제이다. 목표관리제는 협동과 참여, 그리고 자기 통제를 강조한다(분권적 관리 기법). 목표관리제에서는 자발적 참여가 이루어지기 때문에 OD와 마찬가지로 Y이론적 인간관에 입각한 이론으로서, 통합형의 관리 전략에 해당한다.
④ (×) 목표관리제는 조직 내 구성원들의 참여와 합의를 통해 목표를 설정하기 때문에 내향적이다. 이에 반해 TQM의 관심은 외향적이어서 고객의 필요에 따라 목표를 설정하는 것을 강조한다.

**23** ☑정답 ③

① (×) 지방의회는 매년 1회 그 지방자치단체의 사무에 대하여 시·도에서는 14일의 범위에서, 시·군 및 자치구에서는 9일의 범위에서 감사를 실시한다.
② (×) 행정사무조사를 발의할 때에는 조사를 발의할 때에는 이유를 밝힌 서면으로 하여야 하며, 재적의원 3분의 1 이상의 찬성이 있어야 한다.
③ (○) 지방의회의원의 윤리강령과 윤리실천규범 준수 여부 및 징계에 관한 사항을 심사하기 위하여 윤리특별위원회를 둔다.
④ (×) 지방의회의원의 의정활동을 지원하기 위하여 지방의회의원 정수의 2분의 1 범위에서 해당 지방자치단체의 조례로 정하는 바에 따라 지방의회에 정책지원 전문인력을 둘 수 있으며, 정책지원 전문인력은 일반직 지방공무원으로 보한다.

**24** ☑정답 ③

③ (×) 일반적으로 성과계약 등 평가는 절대평가이나, 고위공무원의 성과계약 등 평가는 상대평가로 이루어진다.

**참고** 고위공무원의 근무성적평정
(1) 고위공무원의 근무성적평정은 「공무원 성과평가 등에 관한 규정」의 성과계약 등 평가에 따른다. 성과계약 등 평가는 개인의 성과목표 달성도 등 객관적 지표에 따라 매우우수·우수·보통·미흡 또는 매우미흡 중 하나의 등급으로 한다(「고위공무원단 인사규정」).
(2) 고위공무원단에 속하는 공무원에 대한 성과계약 등 평가의 평가등급별 인원 분포 비율은 소속 장관이 정한다. 이 경우 최상위 등급의 인원은 평가 대상 공무원 수의 상위 20% 이하의 비율로, 하위 2개 등급(미흡 및 매우미흡의 등급)의 인원은 평가 대상 공무원 수의 하위 10% 이상의 비율로 분포하도록 하여야 한다(「공무원 성과평가 등에 관한 규정」). 즉, 고위공무원의 성과계약 등 평가는 상대평가로 이루어진다.

## 25 ✅ 정답 ①

**참고** 예측의 기법

| 접근 방법 | | 기 법 |
|---|---|---|
| 양적 방법 | 연장적 예측<br>(projection, 투사) | ① 시계열분석, ② 선형경향추정, ③ 최소자승경향추측, ④ 지수가중치법, ⑤ 자료전환법, ⑥ 격변방법(대변동법) |
| | 이론적 예측<br>(prediction, 예견) | ① 선형계획, ② 투입산출분석, ③ 구간(간격)추정, ④ 이론지도, ⑤ 회귀분석, ⑥ 상관분석, ⑦ 경로분석, ⑧ 관련 수, ⑨ 계량적 시나리오(각본) 작성,<br>⑩ PERT, CPM |
| 질적 방법 | 직관적 예측<br>(conjectures, 추측) | ① 전통적 델파이, ② 정책델파이, ③ 교차(상호)영향분석, ④ 실현가능성분석, ⑤ 패널토의, ⑥ 자유토론, ⑦ 비계량적 시나리오 작성 ⑧ 브레인 스토밍 |

➤ 쟁점: '상호영향분석'을 이론적 예측 기법으로 설명한 교재도 있다(이종수·윤영진 외, 「새행정학」). 그리고 「새행정학」은 PERT, CPM, 계량적 각본 작성, 관련 수 등을 이론적 예측 방법으로 설명한다.

# 제5회 모의고사 정답 및 해설

## 제2과목 행정법

| 01 | 02 | 03 | 04 | 05 | 06 | 07 | 08 | 09 | 10 | 11 | 12 | 13 | 14 | 15 |
|----|----|----|----|----|----|----|----|----|----|----|----|----|----|----|
| ① | ④ | ③ | ① | ③ | ③ | ④ | ② | ③ | ④ | ② | ① | ① | ② | ③ |
| 16 | 17 | 18 | 19 | 20 | 21 | 22 | 23 | 24 | 25 | | | | | |
| ② | ③ | ④ | ④ | ② | ③ | ① | ③ | ④ | ③ | | | | | |

## 01 ✅정답 ①

① 개별법령에 청문규정을 두지 않았다면, 침해적 처분이라도 청문없이 처분이 가능하다. 다만 침해적 처분에 있어서 청문이나 공청회절차를 거치지 않으면 의견제출의 기회는 부여하여야 한다.

## 02 ✅정답 ④

④ 국가등이 공무원의 선임감독에 해태없음을 입증하여도, 국가등은 면책되지 않는다

❌오답풀이

① 국가배상법 제2조 제1항
국가나 지방자치단체는 공무원 또는 공무를 위탁받은 사인(이하 "공무원"이라 한다)이 직무를 집행하면서 고의 또는 과실로 법령을 위반하여 타인에게 손해를 입히거나, 「자동차손해배상 보장법」에 따라 손해배상의 책임이 있을 때에는 이 법에 따라 그 손해를 배상하여야 한다. 다만, 군인·군무원·경찰공무원 또는 예비군대원이 전투·훈련 등 직무집행과 관련하여 전사(戰死)·순직(殉職)하거나 공상(公傷)을 입은 경우에 본인이나 그 유족이 다른 법령에 따라 재해보상금·유족연금·상이연금 등의 보상을 지급받을 수 있을 때에는 이 법 및 「민법」에 따른 손해배상을 청구할 수 없다. 제3항: 제1항 단서에도 불구하고 전사하거나 순직한 군인·군무원·경찰공무원 또는 예비군대원의 유족은 자신의 정신적 고통에 대한 위자료를 청구할 수 있다.

② 경찰공무원인 피해자가 구 공무원연금법에 따라 공무상 요양비를 지급받는 것이 국가배상법 제2조 제1항 단서에서 정한 '다른 법령의 규정'에 따라 보상을 지급받는 것에 해당하는지 여부(소극)(대판 2019. 5. 30. 선고 2017다16174)

③ 구 「부동산소유권 이전등기 등에 관한 특별조치법」상 보증인이 공무를 위탁받아 실질적으로 공무를 수행한다고 볼 수 있는지 여부(소극)
구 부동산소유권 이전등기 등에 관한 특별조치법(1992. 11. 30. 법률 제4502호, 실효, 이하 '구 특별조치법'이라 한다) 제7조 제1항, 제2항, 제10조 제2항, 제3항, 제11조, 구 부동산소유권 이전등기 등에 관한 특별조치법 시행령 (1994. 8. 25. 대통령령 제14369호로 개정되기 전의 것) 제5조 내지 제9조, 제11조, 제12조 내지 제15조의 규정들을 종합하면, 구 특별조치법상 보증인은 공무를 위탁받아 실질적으로 공무를 수행한다고 보기는 어렵다. 보증인을 위촉하는 관청은 소정 요건을 갖춘 주민을 보증인으로 위촉하는 데 그치고 대장소관청은 보증서의 진위를 확인하기 위한 일련의 절차를 거쳐 확인서를 발급할 뿐 행정관청이 보증인의 직무수행을 지휘·감독할 수 있는 법령상 근거가 없으며, 보증인은 보증서를 작성할 의무를 일방적으로 부과받으면서도 어떠한 경제적 이익도 제공받지 못하는 반면 재량을 가지고 발급신청의 진위를 확인하며 그 내용에 관하여 행정관청으로부터 아무런 간섭을 받지 않기 때문이다. (대판 2019. 1. 31. 선고 2013다14217)

## 03 ✅정답 ③

③ 사회적 사실관계의 기본적 동일성이 인정되는 경우라고 하더라도 그에 대한 규범적 평가와 처분의 근거 법령의 변경으로, 예를 들어 기속행위가 재량행위로 변경되는 경우와 같이, 당초 처분의 내용을 변경할 필요성이 제기되는 경우에는 해당 처분을 취소한 후 처분청으로 하여금 다시 처분절차를 거쳐 새로운 처분을 하도록 하여야 할 것이지 당초 처분의 내용을 그대로 유지한 채 근거 법령만 추가·변경하는 것은 허용될 수 없다.(대판 2024. 11. 28. 선고 2023두61349)

✅ 오답풀이
① 처분상대방이 추가·변경된 처분사유의 실체적 당부에 관하여 해당 소송 과정에서 심리·판단하는 것에 명시적으로 동의하는 경우에는, 법원으로서는 그 처분사유가 기존의 처분사유와 기본적 사실관계가 동일한지와 무관하게 예외적으로 이를 허용할 수 있다(대판 2024. 11. 28. 선고 2023두61349)
② 추가·변경된 거부처분사유도 실체적으로 위법하여 처분을 취소하는 판결이 선고·확정되는 경우 추가·변경된 거부처분사유에 관한 법원의 판단에 대해서까지 취소판결의 기속력이 미친다고 보아야 한다(대판 2024. 11. 28. 선고 2023두61349)
④ 처분의 사실관계의 동일성여부를 판단하는 기준은 사회적 관점에서 동일한지 여부를 판단하여야 한다.

**04** ✅ 정답 ①
① 대집행요건사실의 입증책임은 행정청에게 있다.

**05** ✅ 정답 ③
③ 토지소유자가 토지형질변경행위허가에 붙은 기부채납의 부관에 따라 토지를 국가나 지방자치단체에 기부채납(증여)한 경우, 기부채납의 부관이 당연무효이거나 취소되지 아니한 이상 토지소유자는 위 부관으로 인하여 증여계약의 중요부분에 착오가 있음을 이유로 증여계약을 취소할 수 없다(대판 1999. 5. 25., 선고, 98다53134)

✅ 오답풀이
① 보조금관리에 관한 법률의 제18조 규정에 의하면 보조금의 교부목적에 필요한 조건을 붙을 수 있다.

> 보조금 관리에 관한 법률
> 제18조(보조금의 교부 조건)
> ① 중앙관서의 장은 보조금의 교부를 결정할 때 법령과 예산에서 정하는 보조금의 교부 목적을 달성하는 데에 필요한 조건을 붙일 수 있다.
> ② 중앙관서의 장은 보조금의 교부를 결정할 때 보조사업이 완료된 때에 그 보조사업자에게 상당한 수익이 발생하는 경우에는 그 보조금의 교부 목적에 위배되지 아니하는 범위에서 이미 교부한 보조금의 전부 또는 일부에 해당하는 금액을 국가에 반환하게 하는 조건을 붙일 수 있다.

② 수익적 행정처분에 있어서는 법령에 특별한 근거규정이 없다고 하더라도 그 부관으로서 부담을 붙일 수 있고, 그와 같은 부담은 행정청이 행정처분을 하면서 일방적으로 부가할 수도 있지만 부담을 부가하기 이전에 상대방과 협의하여 부담의 내용을 협약의 형식으로 미리 정한 다음 행정처분을 하면서 이를 부가할 수도 있다(대판 2009. 2. 12., 선고, 2005다65500)
④ 행정청이 수익적 행정처분을 하면서 부가한 부담의 위법 여부는 처분 당시 법령을 기준으로 판단하여야 하고, 부담이 처분 당시 법령을 기준으로 적법하다면 처분 후 부담의 전제가 된 주된 행정처분의 근거 법령이 개정됨으로써 행정청이 더 이상 부관을 붙일 수 없게 되었다 하더라도 곧바로 위법하게 되거나 그 효력이 소멸하게 되는 것은 아니다(대판 2009. 2. 12., 선고, 2005다65500)

**06** ✅ 정답 ③
③ 구 '공익사업을 위한 토지 등의 취득 및 보상에 관한 법률'(2007. 10. 17. 법률 제8665호로 개정되기 전의 것) 제74조 제1항에 규정되어 있는 잔여지 수용청구권은 손실보상의 일환으로 토지소유자에게 부여되는 권리로서 그 요건을 구비한 때에는 잔여지를 수용하는 토지수용위원회의 재결이 없더라도 그 청구에 의하여 수용의 효과가 발생하는 형성권적 성질을 가지므로, 잔여지 수용청구를 받아들이지 않은 토지수용위원회의 재결에 대하여 토지소유자가 불복하여 제기하는 소송은 위 법 제85조 제2항에 규정되어 있는 '보상금의 증감에 관한 소송'에 해당하여 사업시행자를 피고로 하여야 한다(대판 2010. 8. 19. 선고 2008두822)

**07** ✅ 정답 ④
④ 명의신탁등기 과징금과 장기미등기 과징금은 위반행위의 태양, 부과 요건, 근거 조항을 달리하므로, 각 과징금 부과처

분의 사유는 상호 간에 기본적 사실관계의 동일성이 있다고 할 수 없다. 그러므로 그중 어느 하나의 처분사유에 의한 과징금 부과처분에 대하여 당해 처분사유가 아닌 다른 처분사유가 존재한다는 이유로 적법하다고 판단하는 것은 특별한 사정이 없는 한 행정소송법상 직권심사주의의 한계를 넘는 것으로서 허용될 수 없다(대판 2017. 5. 17., 선고, 2016두53050)

## 08 ☑정답 ②

② 행정소송법 제11조(선결문제) 제1항 : 처분등의 효력 유무 또는 존재 여부가 민사소송의 선결문제로 되어 당해 민사소송의 수소법원이 이를 심리·판단하는 경우에는 제17조(행정청 소송참가) 제25조(행정심판기록 제출명령) 직권심리 및 소송비용의 재판의 효력의 규정을 준용한다.

## 09 ☑정답 ③

③ 이와 같이 원고가 이 사건 토지를 매도한 이후에 그 양도소득세 산정의 기초가 되는 1993년도 개별공시지가 결정에 대하여 한 재조사청구에 따른 조정결정을 통지받고서도 더 이상 다투지 아니한 경우까지 선행처분인 개별공시지가 결정의 불가쟁력이나 구속력이 수인한도를 넘는 가혹한 것이거나 예측불가능하다고 볼 수 없어, 위 개별공시지가 결정의 위법을 이 사건 과세처분의 위법사유로 주장할 수 없다고 판단하고 있다. 기록과 위에서 본 법리에 비추어 살펴보면, 원심의 위와 같은 판단은 정당하고, 거기에 상고이유로 지적하는 바와 같은 법리오해 등의 위법이 있다고 할 수 없다.(대판 1998.03.13. 선고 96누6059)

## 10 ☑정답 ④

④ 제7조(조사의 주기) 행정조사는 법령등 또는 행정조사운영계획으로 정하는 바에 따라 정기적으로 실시함을 원칙으로 한다. 다만, 다음 각 호 중 어느 하나에 해당하는 경우에는 수시조사를 할 수 있다.
1. 법률에서 수시조사를 규정하고 있는 경우
2. 법령등의 위반에 대하여 혐의가 있는 경우
3. 다른 행정기관으로부터 법령등의 위반에 관한 혐의를 통보 또는 이첩받은 경우
4. 법령등의 위반에 대한 신고를 받거나 민원이 접수된 경우
5. 그 밖에 행정조사의 필요성이 인정되는 사항으로서 대통령령으로 정하는 경우

## 11 ☑정답 ②

② 국제표준무도를 교습하는 학원을 설립·운영하려는 사람이 체육시설의 설치·이용에 관한 법률상 무도학원업으로 신고하거나 또는 학원의 설립·운영 및 과외교습에 관한 법률상 평생직업교육학원으로 등록하려고 할 때, 관할 행정청이 소관 법령에 따른 신고 또는 등록의 요건을 갖춘 학원의 신고 또는 등록의 수리를 거부할 수 있는지 여부(소극) (대판 2018. 6. 21. 선고 2015두48655)

## 12 ☑정답 ①

① 행정소송법 제9조 제2항의 규정인 재판관할은 최근 법개정에 의해 "제1항에도 불구하고 다음 각 호의 어느 하나에 해당하는 피고에 대하여 취소소송을 제기하는 경우에는 대법원소재지를 관할하는 행정법원에 제기할 수 있다.
1. 중앙행정기관, 중앙행정기관의 부속기관과 합의제행정기관 또는 그 장
2. 국가의 사무를 위임 또는 위탁받은 공공단체 또는 그 장"으로 변경되어 임의관할이다.

## 13 ☑정답 ①

① 행정처분이 취소되면 그 소급효에 의하여 처음부터 그 처분이 없었던 것과 같은 효과를 발생하게 되는바, 행정청이 의료법인의 이사에 대한 이사취임승인취소처분(제1처분)을 직권으로 취소(제2처분)한 경우에는 그로 인하여 이사가

소급하여 이사로서의 지위를 회복하게 되고, 그 결과 위 제1처분과 제2처분 사이에 법원에 의하여 선임결정된 임시이사들의 지위는 법원의 해임결정이 없더라도 당연히 소멸된다(대판 1997. 1. 21. 선고 96누3401)

## 14  정답 ②

② 법령보충적 행정규칙이라도 그 자체로서 직접적인 대외적 구속력을 갖는 것은 아니다. 즉, 상위법령과 결합하여 일체가 되는 한도 내에서 상위법령의 일부가 됨으로서 대외적 구속력을 발생되는 것일 뿐 그 행정규칙 자체는 대외적 구속력을 갖는 것은 아니라 할 것이다(헌재 2004.10.28. 99헌바91).

## 15  정답 ③

③ 행정기본법상 법령등을 공포한 날부터 일정 기간이 경과한 날부터 시행하는 경우 법령등을 공포한 날을 첫날에 산입하지 아니한다.

## 16  정답 ②

ㄱ. (O) 행정기본법 제27조(공법상 계약의 체결) ① 행정청은 법령등을 위반하지 아니하는 범위에서 행정목적을 달성하기 위하여 필요한 경우에는 공법상 법률관계에 관한 계약(이하 "공법상 계약"이라 한다)을 체결할 수 있다. 이 경우 계약의 목적 및 내용을 명확하게 적은 계약서를 작성하여야 한다.

ㄴ. (X) 말로서 공법상 계약을 체결할 수 없다. 위 ㄱ의 행정기본법 참고

ㄷ. (X) 중소기업기술정보진흥원장이 갑 주식회사와 중소기업 정보화지원사업 지원대상인 사업의 지원에 관한 협약을 체결하였는데, 협약이 갑 회사에 책임이 있는 사업실패로 해지되었다는 이유로 협약에서 정한 대로 지급받은 정부지원금을 반환할 것을 통보한 사안에서, 협약의 해지 및 그에 따른 환수통보는 행정청이 우월한 지위에서 행하는 공권력의 행사로서 행정처분에 해당한다고 볼 수 없다(대판 2015. 8. 27. 선고 2015두41449)

ㄹ. (O) 국가를 당사자로 하는 계약에 관한 법률에 따라 국가가 당사자가 되는 이른바 공공계약은 사경제 주체로서 상대방과 대등한 위치에서 체결하는 사법상 계약으로서 본질적인 내용은 사인 간의 계약과 다를 바가 없으므로, 그에 관한 법령에 특별한 정함이 있는 경우를 제외하고는 사적 자치와 계약자유의 원칙 등 사법의 원리가 그대로 적용된다(대판 2020. 5. 14. 선고 2018다298409)

## 17  정답 ③

③ 공정거래위원회가 부당한 공동행위를 행한 사업자로서 구 독점규제 및 공정거래에 관한 법률(2013. 7. 16. 법률 제11937호로 개정되기 전의 것) 제22조의2에서 정한 자진신고자나 조사협조자에 대하여 과징금 부과처분(이하 '선행처분'이라 한다)을 한 뒤, 독점규제 및 공정거래에 관한 법률 시행령 제35조 제3항에 따라 다시 자진신고자 등에 대한 사건을 분리하여 자진신고 등을 이유로 한 과징금 감면처분(이하 '후행처분'이라 한다)을 하였다면, 후행처분은 자진신고 감면까지 포함하여 처분 상대방이 실제로 납부하여야 할 최종적인 과징금액을 결정하는 종국적 처분이고, 선행처분은 이러한 종국적 처분을 예정하고 있는 일종의 잠정적 처분으로서 후행처분이 있을 경우 선행처분은 후행처분에 흡수되어 소멸한다. 따라서 위와 같은 경우에 선행처분의 취소를 구하는 소는 이미 효력을 잃은 처분의 취소를 구하는 것으로 부적법하다(대판 2015. 2. 12. 선고 2013두987)

## 18  정답 ③

③ 알 권리에서 파생되는 정부의 공개의무는 특별한 사정이 없는 한 국민의 적극적인 정보수집행위, 특히 특정의 정보에 대한 공개청구가 있는 경우에야 비로소 존재하므로, 정보공개청구가 없었던 경우 대한민국과 중화인민공화국이 2000. 7. 31. 체결한 양국간 마늘교역에 관한 합의서 및 그 부속서 중 '2003. 1. 1.부터 한국의 민간기업이 자유롭게 마늘을 수입할 수 있다'부분을 사전에 마늘재배농가들에게 공개할 정부의 의무는 인정되지 아니한다(헌재 헌법재판소 2004. 12. 16. 선고 2002헌마579)

**19** ☑정답 ④

✅ 오답풀이
① 확인은 판단의 표시다, 의료유사업자 자격증 발급은 공증이다.
② 허가는 당해법상의 금지만 해제됨에 그친다.
③ 인가는 수정인가가 안된다.

**20** ☑정답 ②

② 판결자체로서 취소의 효력이 발생한다. 별도로 행정청이 취소를 할 필요가 없다.

✅ 오답풀이
① 직권변경은 안 된다.
③ 재결취소소송의 경우에는 원처분의 당부를 판단하지 않는다.
④ 재량도 취소소송대상이 된다.

**21** ☑정답 ③

③ 사업시행인가 신청시의 토지 등 소유자의 동의요건을 사업시행자의 정관에 위임한 도시 및 주거환경정비법 제28조 제4항 본문이 포괄위임입법금지 원칙에 위배되는지 여부(소극) 및 그 동의요건이 토지 등 소유자의 재산상 권리·의무에 영향을 미치는 것으로서 법률유보 내지 의회유보의 원칙에 위배되는지 여부(소극) (대판 2007. 10. 12. 선고 2006두14476)

**22** ☑정답 ①

① 공물이 본래의 공적 용도에 제공되고 있지 않다고 해도 별도의 공용폐지 없는 한 일반재산이 될 수 없다.

행정재산이 기능을 상실하여 본래의 용도에 제공되지 않는 상태에 있다 하더라도 관계 법령에 의하여 용도폐지가 되지 아니한 이상 당연히 취득시효의 대상이 되는 잡종재산이 되는 것은 아니고, 공용폐지의 의사표시는 묵시적인 방법으로도 가능하나 행정재산이 본래의 용도에 제공되지 않는 상태에 있다는 사정만으로는 묵시적인 공용폐지의 의사표시가 있다고 볼 수 없다(대판 2009. 12. 10. 선고 2006다11708)

✅ 오답풀이
② (O) 구 군사시설보호법( 2007. 12. 21. 법률 제8733호 군사기지 및 군사시설 보호법 부칙 제2조로 폐지)과 군사기지 및 군사시설 보호법의 입법 취지와 규정 내용, 통제보호구역의 지정 목적과 그 범위 및 통제보호구역 내에서의 행위의 제한 등에 관한 규정 등을 종합하여 보면, 특정 토지가 통제보호구역으로 지정됨으로써 토지소유자의 출입 및 토지의 용도에 따른 사용·수익이 제한될 수 있다는 사정만으로는 국가가 계속적으로 그 토지를 점유·사용하는 것이 허용된다고 할 수 없고, 또한 국가가 그 토지를 점유·사용하면서 실질적인 이익을 얻고 있다고 보기 어려울 것이다. 한편 국가가 그 토지 위에 군사시설 등을 설치하여 그 부지 등으로 계속적, 배타적으로 점유·사용하는 경우에는, 국가가 그 토지를 점유·사용할 수 있는 정당한 권원이 있음을 주장·증명하지 아니하는 이상, 그 토지에 관하여 차임 상당의 이익을 얻고 이로 인하여 원고에게 동액 상당의 손해를 주고 있다고 봄이 타당하므로, 국가는 토지소유자에게 차임 상당의 이득을 부당이득금으로 반환할 의무가 있다. (대판 2012. 12. 26. 선고 2011다73144)
③ (O) 인공적인 공공용물은 법령에 의한 지정/처분에 의한 사용결정 / 행정재산으로 실제사용 중 어느하나에 해당하면 행정재산이 된다고 한다.

국유재산법상의 행정재산이란 국가가 소유하는 재산으로서 직접 공용, 공공용, 또는 기업용으로 사용하거나 사용하기로 결정한 재산을 말한다. 그 중 도로, 공원과 같은 인공적 공공용 재산은 법령에 의하여 지정되거나 행정처분으로써 공공용으로 사용하기로 결정한 경우, 또는 행정재산으로 실제로 사용하는 경우의 어느 하나에 해당하면 행정재산이 되는 것인데, 1980. 1. 4. 법률 제3256호로 제정된 도시공원법이 시행되기 이전에 구 도시계획법(2002. 2. 4. 법률 제6655호 국토의 계획 및 이용에 관한 법률 부칙 제2조로 폐지, 이하 같다)상 공원으로 결정·고시된 국유토지라는 사정만으로는 행정처분으로써 공공용으로 사용하기로 결정한 것으로 보기는 부족하나, 서울특별시장이 구 공원법(1980. 1. 4. 법률 제3243호로 폐지되기 전의 것), 구 도시계획법에 따라 사업실시계획의 인가내용을 고시함으로써 공원시설의 종류,

위치 및 범위 등이 구체적으로 확정되거나 도시계획사업의 시행으로 도시공원이 실제로 설치된 토지라면 공공용물로서 행정재산에 해당한다.(대판 2014. 11. 27. 선고 2014두10769 )

④ (O) 도로법 제4조의 규정이다.

제4조(사권의 제한) 도로를 구성하는 부지, 옹벽, 그 밖의 시설물에 대해서는 사권(私權)을 행사할 수 없다. 다만, 소유권을 이전하거나 저당권을 설정하는 경우에는 사권을 행사할 수 있다.

## 23  ✅ 정답 ③

③ 조례가 처분조례인 경우에는 항고소송의 대상이 된다. 이때 피고는 지방자치단체장이 되며, 조례가 교육이나 학예와 관련된 경우에는 시도교육감이 된다.

조례가 집행행위의 개입 없이도 그 자체로서 직접 국민의 구체적인 권리의무나 법적 이익에 영향을 미치는 등의 법률상 효과를 발생하는 경우 그 조례는 항고소송의 대상이 되는 행정처분에 해당하고, 이러한 조례에 대한 무효확인소송을 제기함에 있어서 행정소송법 제38조 제1항, 제13조에 의하여 피고적격이 있는 처분 등을 행한 행정청은, 행정주체인 지방자치단체 또는 지방자치단체의 내부적 의결기관으로서 지방자치단체의 의사를 외부에 표시한 권한이 없는 지방의회가 아니라, 구 지방자치법(1994. 3. 16. 법률 제4741호로 개정되기 전의 것) 제19조 제2항, 제92조에 의하여 지방자치단체의 집행기관으로서 조례로서의 효력을 발생시키는 공포권이 있는 지방자치단체의 장이다. (대판 1996. 9. 20. 선고 95누8003)

## 24  ✅ 정답 ④

④ 지방공무원법 제62조의 직권면직 규정이다.

제62조(직권면직)
① 임용권자는 공무원이 다음 각 호의 어느 하나에 해당할 때에는 직권으로 면직시킬 수 있다.
  1. 다음 각 목의 어느 하나에 해당하는 경우로서 직위가 없어지거나 과원이 된 때
    가. 지방자치단체를 폐지하거나 설치하거나 나누거나 합친 경우
    나. 직제와 정원이 개정되거나 폐지된 경우
    다. 예산이 감소된 경우
  2. 휴직기간이 끝나거나 휴직사유가 소멸된 후에도 직무에 복귀하지 아니하거나 직무를 감당할 수 없을 때
  3. 전직시험에서 3회 이상 불합격한 사람으로서 직무수행 능력이 부족하다고 인정될 때
  4. 병역판정검사·입영 또는 소집 명령을 받고 정당한 이유 없이 이를 기피하거나 군복무를 위하여 휴직 중인 사람이 군복무 중 군무(軍務)를 이탈하였을 때
  5. 제65조의3제3항에 따라 대기명령을 받은 사람이 그 기간 중 능력 또는 근무성적의 향상을 기대하기 어렵다고 인정될 때
  6. 해당 직급·직위에서 직무를 수행하는 데 필요한 자격증의 효력이 없어지거나 면허가 취소되어 담당 직무를 수행할 수 없게 되었을 때
② 임용권자는 제1항에 따라 면직시킬 경우에는 미리 인사위원회의 의견을 들어야 한다. 다만, 제1항제5호에 따라 면직시킬 경우에는 해당 인사위원회의 동의를 받아야 하며, 시·군·구의 5급 이상 공무원은 시·도인사위원회의 동의를 받아야 한다.
③ 임용권자는 제1항제1호에 따라 소속 공무원을 면직시킬 때에는 임용형태, 업무실적, 직무수행능력, 징계처분 사실 등을 고려하여 면직 기준을 정하여야 한다.
④ 제3항의 면직 기준을 정하거나 제1항제1호에 따라 면직 대상자를 결정할 때에는 미리 해당 인사위원회의 의결을 거쳐야 한다.
⑤ 제1항제2호에 따른 직권면직일은 휴직기간이 끝난 날 또는 휴직사유가 소멸한 날로 한다.

### ✅ 오답풀이

① (X) 직위해제처분에 대해서는 행정절차법상의 사전통지 및 의견청취 등의 규정이 적용되지 않는다는 것이 대법원의 입장이다.

국가공무원법상 직위해제처분은 구 행정절차법 제3조 제2항 제9호, 구 행정절차법 시행령 제2조 제3호에 의하여 당해 행정작용의 성질상 행정절차를 거치기 곤란하거나 불필요하다고 인정되는 사항 또는 행정절차에 준하는 절차를 거친 사항에 해당하므로, 처분의 사전통지 및 의견청취 등에 관한 행정절차법의 규정이 별도로 적용되지 않는다(대판 2014.5.16. 2012두26180).

② (X) 공무원의 임용결격사유여부에 대한 판단은 임용당시를 기준으로 판단한다.

> 국가공무원법에 규정되어 있는 공무원임용결격사유는 공무원으로 임용되기 위한 절대적인 소극적 요건으로서 공무원관계는 국가공무원법 제38조, 공무원임용령 제11조의 규정에 의한 채용후보자 명부에 등록한 때가 아니라 국가의 임용이 있는 때에 설정되는 것이므로 공무원임용결격사유가 있는지의 여부는 채용후보자 명부에 등록한 때가 아닌 임용당시에 시행되던 법률을 기준으로 하여 판단하여야 한다(대판 1987. 4. 14. 선고 86누459).

③ (X) 당해 공무원의 동의 없이 이루어진 전출명령은 위법으로 취소사유에 해당한다는 것이 대법원의 입장이다.

> 지방공무원법 제29조의3은 지방자치단체의 장은 다른 지방자치단체의 장의 동의를 얻어 그 소속공무원을 전입할 수 있다고 규정하고 있는 바, 위 규정에 의하여 동의를 한 지방자치단체의 장이 소속 공무원을 전출하는 것은 임명권자를 달리하는 지방자치단체로의 이동인 점에 비추어 반드시 당해 공무원 본인의 동의를 전제로 하는 것이고, 위 법규정도 본인의 동의를 배제하는 취지의 규정은 아니어서 위헌·무효의 규정은 아니다.
> - 당해 공무원의 동의 없는 지방공무원법 제29조의3의 규정에 의한 전출명령은 위법하여 취소되어야 하므로, 그 전출명령이 적법함을 전제로 내린 징계처분은 그 전출명령이 공정력에 의하여 취소되기 전까지는 유효하다고 하더라도 징계양정에 있어 재량권을 일탈하여 위법하다(대판 2001. 12. 11. 선고 99두1823)

**25** ☑정답 ③

③ 구 수도권대기환경특별법 제14조 제1항에서 정한 대기오염물질 총량관리사업장 설치의 허가 또는 변경허가는 특정인에게 인구가 밀집되고 대기오염이 심각하다고 인정되는 수도권 대기관리권역에서 총량관리대상 오염물질을 일정량을 초과하여 배출할 수 있는 특정한 권리를 설정하여 주는 행위로서 그 처분의 여부 및 내용의 결정은 행정청의 재량에 속한다.(대판 2013. 5. 9. 선고 2012두22799)

# 제3과목 행정학

| 01 | 02 | 03 | 04 | 05 | 06 | 07 | 08 | 09 | 10 | 11 | 12 | 13 | 14 | 15 |
|----|----|----|----|----|----|----|----|----|----|----|----|----|----|----|
| ① | ④ | ② | ① | ③ | ③ | ④ | ② | ④ | ② | ③ | ① | ④ | ② | ④ |
| 16 | 17 | 18 | 19 | 20 | 21 | 22 | 23 | 24 | 25 | | | | | |
| ④ | ③ | ② | ② | ③ | ④ | ④ | ③ | ② | ③ | | | | | |

## 01 ✅정답 ①

② (×) J. M. Gaus는 1947년 「행정에 대한 성찰(Reflections of the Administration)」에서 행정의 특성을 결정짓는 환경적 요인으로, 주민, 인물, 장소, 사상, 재난, 기술(과학적 기술과 사회적 기술) 등을 제시하였다.
③ (×) 생태론은 과학성을 중시하였다.
④ (×) 생태론은 구조기능주의 시각에서 실제 기능을 중심으로 연구하였다.

## 02 ✅정답 ④

① (×) 규제개혁은 국무총리 소관 사무이다. 한편 규제정책을 심의·조정하고 규제의 심사·정비 등에 관한 사항을 종합적으로 추진하기 위하여 대통령 소속으로 규제개혁위원회(1998년 김대중 정부에서 설치)를 둔다. 규제개혁위원회는 위원장 2명을 포함한 20명 이상 25명 이하의 위원으로 구성한다.
② (×) 규제예산법이나 규제의 총량규제는 행정규제기본법에 명시되어 있지는 않다.
③ (×) 규제개혁위원회는 중요규제라고 결정한 규제에 대하여는 중앙행정기관장의 심사 요청을 받은 날부터 45일 이내에 심사를 끝내야 한다(15일을 넘지 아니하는 범위에서 한 차례만 연장 가능).
④ (○) 일본의 Scrap and Build 제도는 노후 시설을 폐기하고 능률적인 시설을 적극적으로 갖추는 것을 말한다. 정부규제와 관련하여 볼 때, Scrap and Build 제도는 규제일몰법이 아니라 규제의 총량규제와 관련된다. 규제의 총량규제 제도 하에서는 규제의 총량이 정해져 있기 때문에 새로운 규제를 도입하기 위해서는 기존의 규제를 폐지해야 한다.

## 03 ✅정답 ②

② (×) Hall의 정책패러다임변동모형(paradigm shift model)은 규범적 신념의 변화로 인한 정책의 근본적인 변동은 쉽지 않다고 본 사바티어(Sabatier)의 정책지지연합모형과는 달리, 패러다임이 변화하면서 근본적인 정책변동이 가능하다고 본다. 홀(Hall)은 정책형성을 정책목표, 정책수단, 그리고 정책환경의 세 가지 변수를 포함하는 과정으로 간주하면서, 정책목표와 정책수단에 있어서 급격한 변화를 가져오는 정책변동을 패러다임변동으로 보았다.

## 04 ✅정답 ①

① (×) 기업가적 정부는 예산지출 위주의 정부 운영 방식에서 탈피하여 수입 확보의 개념을 활성화시키는 것이 필요하다고 본다.
② (○) 기업가적 정부는 법규나 규정에 의한 관리보다는 목표와 임무를 중심으로 조직을 운영하고, 결과를 중시해야 한다고 본다.
③ (○) 기업가적 정부는 문제 발생 시 사후적으로 대책을 수립하기보다는 사전에 문제 예방에 주력하는 것이 더 효과적이다라고 본다.
④ (○) 기업가적 정부는 주민들에게 권한을 부여하고, 지역공동체를 서비스 공급 주체의 일원으로 참여시켜야 한다고 본다.

| 구 분 | | 전통적 관료제 | 신공공관리론(기업가적 정부) | |
|---|---|---|---|---|
| 정부 역할 | | 노젓기 역할 | 방향키(steering) 역할 | : 촉진적 정부 |
| 행정가치 | | 형평성, 민주성 | 경제성, 효율성, 효과성 | : 효율적 정부 |
| 정부 활동 | | 직접 해줌. | 할 수 있도록 해줌. | : 지역사회에 힘을 부여하는 정부 |
| 서비스 공급 방식 | 서비스의 독점공급 | 경쟁 도입 | : 경쟁적 정부 |
| | 행정 메커니즘 | 시장 메커니즘 | : 시장 지향적 정부 |
| 관리기제 | | 규칙 중심 관리 | 임무 중심 관리 | : 사명 지향적 정부 |
| 관리 방식 | 투입 중심 예산 | 성과 지향적 예산 | : 성과 지향적 정부 |
| | 지출 지향 | 수익 창출 | : 기업가형 정부 |
| | 집권적 계층제 | 참여와 팀워크 | : 분권형 정부 |
| | 사후 치료 | 예측과 예방 | : 미래 지향적 정부 |
| 주체 및 책임성 | 관료 중심 | 고객 중심 | : 고객 지향적 정부 |
| | 계층제적 책임 | 참여적 대응성 | |

## 05  ✅정답 ③

① (×) 엽관주의(Spoils System) 또는 정실주의(Patronage Systems)란 공무원의 인사관리나 공직 임용에 있어 그 기준을 당파성이나 인사권자에 대한 개인적 충성·혈연·금력·학벌 등에 두는 제도를 말한다. 그러나 엽관주의와 정실주의를 구분하는 시각에서 보면 엽관주의는 정치적 요인과 관련되고, 혈연이나 지연은 정실주의와 관련된다. 이 문제는 엽관주의와 정실주의를 구분하는 시각에서 출제된 문제이다.

**참고** 엽관주의와 정실주의의 차이

| 구 분 | 정실주의(영국) | 엽관주의(미국) |
|---|---|---|
| 시 기 | 17C 말 | 19C 초 |
| 임용 기준 | 개인적인 신임·충성도 | 정당에 대한 충성도 |
| 이념적 배경 | 관직을 하나의 소유물로 인식 | 정당정치·민주정치 |
| 신분보장 | 강함(종신적 성격) | 약함(정권교체 시 대량 경질). |

② (×) 미국에서 발달한 엽관주의는 초기에 민주주의 및 정당정치의 발달에 따라 발달하였다. 엽관주의는 관직을 만인에게 개방함으로써 특정 계층의 공직독점을 타파하고 민주주의의 평등이념에 부합한다.
④ (×) 국민에 대한 관료의 대응성을 높일 수 있는 제도는 엽관주의이다. 실적주의는 정당정치의 실현이 곤란하고 관료의 폐쇄집단화·특권집단화를 초래하여 민주적 통제가 곤란해진다.

## 06  ✅정답 ③

① (○) Cyert & March가 주장한 회사모형은 느슨하게 연결된 조직의 결정을 다루는 연합모형으로, 갈등의 준해결, 불확실성의 회피, 문제 중심의 탐색, 조직의 학습을 특징으로 한다.
② (○) 사이버네틱스(cybernetics) 모형은 한정된 범위와 변수에만 관심을 집중함으로써 불확실성을 통제하려는 모형으로서, 설정된 목표 달성을 위해 정보제어와 환류 과정을 통해 자신의 행동을 스스로 조정해 나간다고 가정하는 것이다.
③ (×) 정책딜레마(policy dilemma)는 상호 갈등적인 정책대안들이 구체적이고 명료하지만, 상호 절충이 불가능할 때 (분절성) 나타난다.
④ (○) 하이예스(M. Hayes)의 모형에 따를 경우, 목표와 수단에 대한 합의가 이루어진 경우 비교적 기술적이고 행정적인 문제가 포함되어 큰 변화가 일어날 수 있다. 반대로 목표와 수단에 대한 합의가 이루어지지 않은 경우에는 당파적 상호 조정 과정을 통한 다수파 형성(majority building)이 불가피하며, 그 결과는 전형적으로 점증적인 결정으로 나타나며, 점증적이지 않은 대안은 입법 과정에서 제외될 수밖에 없다.

## 07  ✅정답 ④

① (×) 계약공급(contracting-out)의 경우 정부가 소요경비를 부담하는 데 비해, 면허(허가, franchise)의 경우에는 소

비자가 소요경비를 부담한다.
② (×) 교육부의 '방과 후 수업': 학생들에게 자유수강권을 지급하여 학생들이 강좌를 선택할 수 있도록 하는 제도로서 바우처 방식에 해당한다. 그러나 보건복지부의 기초노령연금은 65세 이상인 자로서 소득 인정액이 대통령령으로 정하는 금액 이하인 자에게 연금(현금)을 지급하는 것을 의미한다. 바우처 방식에 해당하지 않는다.
③ (×) 행정규제는 정기노선버스회사나 대중교통수단을 장려하는 데 주로 사용되고, 조세유인제도는 특정 조합이 자신들의 쓰레기 수거나 도로 청소 등을 하는 것을 장려하는 데 활용된다. 따라서 규제 및 조세유인 방식은 간접적인 지원 방식이기 때문에 직접비용이 많이 소요되는 방식은 아니다.
④ (○) 보조금 방식은 공공서비스에 대한 요건을 구체적으로 명시하기 곤란하거나 서비스가 기술적으로 복잡한 경우에 적합하다.

## 08  ☑정답 ②

② (×) 재정준칙(fiscal rules)은 재정수지, 재정지출, 국가채무 등 총량적인 재정지표에 대해 구체적으로 수치화한 목표 설정 및 달성 방안을 법제화한 것을 말한다. 따라서 재정준칙은 재정규율을 확립하여 재정건전화를 도모할 수 있다는 표현은 옳다. 그러나 행정부의 재량권을 확대한다는 표현은 잘못이다.

> **참고** 재정준칙과 페이고의 원칙(2021 알파행정학 p.671)
> (1) 재정준칙(fiscal rules): 재정수지, 재정지출, 국가채무 등 총량적인 재정지표에 대해 구체적으로 수치화한 목표 설정 및 달성 방안을 법제화한 것을 말한다.
> (2) 재정준칙의 유형
>   ① 지출한도 준칙: 매년이 아니라 다년간에 대해 주로 적용
>   ② 예산적자 준칙: 예산적자의 규모를 제한하는 준칙
>   ③ 채무 준칙: 국가 채무의 최고 한도를 규정하는 준칙
> (3) 페이고의 원칙(pay-as-you-go): 지출을 수입과 연계시키는 제도 도입 - 추가적으로 지출이 발생하는 경우 반드시 추가적 재원마련이 수반되어야 한다.

## 09  ☑정답 ④

④ (×) 경제성질별 분류는 최고관리층의 정책결정에 유용한 정보를 제공한다. 그러나 구체적인 사업을 실제로 집행하는 실무자들에게는 별로 도움을 주지 못하는 분류 방식이다.

## 10  ☑정답 ②

① (○) 베버주의(Weberism)는 국가나 정부 관료제의 독자성(절대적 자율성)과 지도적·개입적 역할을 강조한다.
② (×) 조합주의 체제 하에서 이익집단은 기능적으로 분화된 범주를 가지고 단일하게 강제적·비경쟁적·위계적으로 조직화되어 있다. 이익집단들 간의 관계는 경쟁적이라기보다는 협력적이다.
③ (○) 마르크스주의(Marxism)에 따르면, 경제를 지배하고 있는 자본가계급이 자신들의 이익을 위해서 국가를 장악한다. 즉, 국가는 자본가계급이 노동자계급을 착취하기 위한 도구로 인식된다. 이들은 국가의 자율성을 인정하지 않는다 (국가는 자본가계급의 허수아비).
④ (○) 엘리트주의에 따르면, 한 사회는 사회를 지배하는 지배계급(엘리트)과 피지배계급(대중)으로 구분되며, 엘리트들은 동질적이고 폐쇄적이다. 엘리트들은 자율적이며 다른 계층에 대해 책임을 지지 않는다. 따라서 중요한 정치적 문제는 대중들의 이익이나 사회 전체의 이익과는 상관없이 자신들의 이해관계를 고려하여 해결하게 된다.

> **참고** 각 이론의 국가의 자율성 인식에 대한 차이

| 베버주의 | 마르크스주의 |
| --- | --- |
| 국익 중시, 국가의 절대적 자율성 인정 | 자본가 이익 중시, 국가의 자율성 불인정(자본가계급의 허수아비) |
| 신베버주의 | 신마르크스주의 |
| 절대적 자율성에 가까운 국가의 상대적 자율성 | 국가의 상대적 자율성 인정 |

## 11  ☑정답 ③

① (×) 주민참여예산제도는 예산편성 과정에 주민이 참여할 수 있는 절차를 마련하여 시행하는 제도로서, 공공부문에서 예산 운영의 효율성이나 지출가치의 극대화보다는 예산주권의 극대화나 시민 욕구의 반영을 중요시하는 제도이다.
② (×) 예산의 배정과 재배정은 예산집행과정에서 통제를 강화하는 제도이다.
④ (×) 특별회계제도는 특별회계 운영 주체에게 재정운영의 자율성을 확대시켜주는 제도이다.

## 12  ☑정답 ①

① (○) 로위(Lowi)의 정책유형론은 규제정책은 다원론, 재분배정책은 엘리트론이 적용된다고 봄으로써, 엘리트론이 옳은가 아니면 다원론이 옳은가라는 이분법적인 논쟁에서 어느 정도 벗어났다.
② (×) 알몬드와 파우얼(Almond & Powell)은 정책유형을 상징, 추출, 분배, 규제정책으로 나누었으며, 재분배정책은 유형으로 제시하지 않았다. 알몬드와 파우얼(Almond & Powell)에 따르면, 조세 및 부담금은 추출정책에 해당한다.
③ (×) 로위(Lowi)의 정책유형 중 선거구의 조정, 정부기구의 개편, 공무원 보수와 연금 등에 관한 정책 등은 구성정책에 포함된다.
④ (×) 로위(Lowi)의 정책유형론은 연역적으로 도출된 것이 아니므로, 정부 정책을 총망라하지 못하고 있고(징병제도와 같은 추출정책이 제외됨) 분류된 정책들이 상호 배타적이지 못하며, 기본 개념의 모호성으로 인해 조작화가 어려워 검증이 불가능하다는 비판을 받는다.

## 13  ☑정답 ④

④ (×) 규제정책은 분배정책보다 정책집행의 성공 가능성이 낮은 편이다.

**Ripley & Franklin의 정책 유형 비교**  암기: 분경보재

| 정책의 유형 \ 비교 기준 | 주요 관련자들의 동일성과 그들 간의 관계의 안정성 | 안정적인 루틴의 확립을 통한 원만한 집행의 가능성 | 집행에 대한 논쟁과 갈등의 정도 | 관료의 집행결정에 대한 반발의 정도 | 집행을 둘러싼 논쟁에 있어서의 이데올로기의 정도 | 정부활동의 감소를 위한 압력의 정도 | 성공적인 집행의 상대적 어려움 |
|---|---|---|---|---|---|---|---|
| 분배정책 | 높다. | 높다. | 낮다. | 낮다. | 낮다. | 낮다. | 낮다. |
| 경쟁적 규제정책 | 낮다. | 보통이다. | 보통이다. | 보통이다. | 어느 정도 높다. | 어느 정도 높다. | 보통이다. |
| 보호적 규제정책 | 낮다. | 낮다. | 높다. | 높다. | 높다. | 높다. | 보통이다. |
| 재분배정책 | 높다. | 낮다. | 높다. | 높다. | 매우 높다. | 높다. | 높다. |

## 14  ☑정답 ②

① (×) 주민자치는 자치행정에의 주민의 참여, 즉 지방자치단체와 주민의 관계에 중점을 두는 반면, 단체자치는 지방단체의 중앙정부로부터의 독립성, 즉 지방자치단체의 국가와의 관계에 중점을 두고 있다.
③ (×) 주민자치는 영국을 중심으로 한 영미형의 지방자치이며, 단체자치는 독일과 프랑스를 중심으로 하는 대륙형 지방자치이다.
④ (×) 주민자치에서 지방자치단체의 기능은 법률에 의하여 부여되었다는 점에서 지방자치단체사무의 처리에 대한 국가의 통제는 입법적·사법적 통제를 중심으로 하고 있다. 단체자치에서는 권한배분이 개괄적 수권 방식에 의하기 때문에 지방자치단체에 대한 국가의 통제는 행정적 통제의 방법에 의존하고 있다.

**참고** 주민자치와 단체자치

| 구 분 | 주민자치 | 단체자치 |
|---|---|---|
| 의미 및 이념 | 정치적 의미, 민주주의의 원리 | 법률적 의미, 지방분권의 원리 |
| 핵심 요소 | 내용적·본질적 요소 중시 | 형식적·법제적 요소 중시 |
| 범 위 | 광범위함. | 협소함. |
| 국 가 | 영국, 미국 | 독일, 프랑스, 일본, 우리나라 |
| 자치권의 인식 | 자연적·천부적 권리(고유권설) | 국가에서 전래된 권리 |
| 자치의 중점 | 지방정부와 주민의 관계<br>(주민에 의한 행정) | 중앙과 지방의 관계<br>(자치단체에 의한 행정) |
| 중앙과 지방의 관계 | 수평적·경쟁적·협력적 관계 | 수직적·권력적 감독관계 |
| 자치단체의 성격 | 단일적 성격(자치단체) | 이중적 성격(자치단체+일선기관) |
| 사무의 구분 | 고유사무(위임사무 없음)<br>(고유사무와 위임사무의 구분 없음) | 고유사무와 위임사무 병존<br>(고유사무와 위임사무의 구분) |
| 권한 부여 방식 | 개별적 수권(지정)주의 | 포괄적 수권(예시)주의 |
| 중앙통제 | 약함(입법적·사법적 통제). | 엄함(행정적 통제). |
| 위법행위 통제 | 사법재판소 | 행정재판소 |
| 조세제도 | 독립세(자치단체가 과세 주체) | 부가세(국가가 과세 주체) |
| 민주주의와의 관계 | 상관관계 인정 | 부정 |
| 지방정부 형태 | 기관통합형(의원내각제식) | 기관대립형(대통령제식) |
| 우리나라 특성 | ① 고유사무와 위임사무의 구분 모호<br>③ 독립세주의 | ② 예시적 포괄주의 방식<br>④ 집행기관 우위의 기관대립형 |

☞ 일반적으로 주민자치는 의결기관과 집행기관이 동일성을 갖는 기관단일형의 내각책임제적 유형이나, 단체자치는 의결기관과 집행기관이 분리되는 기관대립형의 수장제(首長制)이다. (○)

## 15 ✅정답 ④

① (×) 모더니티 행정이론은 인간의 이성과 합리성을 근거로 과학적 연구를 통해 이론(진리)을 정립하여 사회현상을 이해하고 설명하며 예측하려고 하였다. 인간은 진리를 발견할 수 있고 진리는 인간의 삶의 질을 높일 것이라는 입장이다. 이에 비해 포스트모더니티 행정이론은 사물을 이해하는 데 있어 차가운 이성보다 감성을 선호한다. 또한 인간 중심적 사고에 대해서도 비판한다.
② (×) 포스트모더니티 행정이론은 전체적으로 미시이론의 범주에 속한다.
③ (×) 포스트모더니티 행정이론은 진리의 기준을 맥락 의존적인 것으로 보므로 객관적이라기보다는 주관적이고 상대주의적이다. 그리고 감성을 통해 숨어 있는 내면의 세계를 파헤침으로써 현상의 실체를 보다 정확하게 파악할 수 있다고 본다.

## 16 ✅정답 ④

① (○) 1992년 청주시의 행정정보공개 조례 제정(법률의 구체적 위임이 없었지만, 위법하지 않다는 판결을 받았다)이 이루어진 후 1996년 국가의 「공공기관의 정보공개에 관한 법률」이 제정되었다.
③ (○) 「정보공개법」에 따르면, 모든 국민은 정보의 공개를 청구할 권리를 가진다. 외국인의 정보공개 청구에 관하여는 대통령령으로 정한다. 정보공개법 시행령(대통령령)에서 정하고 있는 외국인은 국내에 일정한 주소를 두고 거주하거나 학술·연구를 위하여 일시적으로 체류하는 사람과 국내에 사무소를 두고 있는 법인 또는 단체를 말한다.
④ (×) 정보공개기관의 범위는 국가기관(국회, 법원, 헌법재판소, 중앙선거관리위원회, 중앙행정기관 및 소속 기관 등), 지방자치단체, 「공공기관의 운영에 관한 법률」에 따른 공공기관 및 대통령령으로 정하는 기관(각급 학교, 지방공사와 지방공단, 특수법인, 사회복지법인 등) 등이다.

**17** ☑정답 ③

① (○) 체제론은 전체적으로 항상성(homeostasis) 개념을 중시한다. 따라서 정태성(균형)을 강조하며 현상유지적 성격이 강하다. 그리고 목적성을 띤 변화나 정치·사회의 변화 또는 발전을 잘 설명하지 못한다.
② (○) 비교행정론은 실제 기능을 중심으로 각국의 행정체제를 비교함으로써 행정이론 정립(행정학의 과학화)에 기여하였다. 그리고 비교행정 연구가 대부분 조직, 인사, 재무 등 행정조직 내부관리 측면에 초점을 두었기 때문에 후진국의 절실한 과제였던 인구, 환경, 식량증산 등과 같은 사회기술 관련 연구를 등한시하였다. 이로 인해 행정의 독자성을 무시하고 행정의 종속성을 강조한다는 비판을 받는다.
③ (×) 공공선택론(Public Choice Theory)은 비시장(non-market) 분야에 대해 경제학적 분석 기법을 적용하여 현상을 설명·분석하고 처방을 모색하는 이론체계이다. 공공선택론은 공공서비스를 독점 공급하는 전통적인 정부 관료제가 시민의 요구에 민감하게 대응할 수 없는 장치라고 비판하면서 공공부문의 시장경제화를 처방한다. 이로 인해 공공선택론은 정부의 역할을 간과하고 있으며, 이러한 경쟁시장의 논리는 현상유지와 균형이론에 집착하는 것이기 때문에 개인의 기득권을 계속 유지하려는 보수적인 접근이라는 비판을 받는다.
④ (○) 행위이론을 주장한 하몬(M. Harmon)은 해석사회학, 현상학, 상징적 상호주의 및 반실증주의의 입장에서 행정을 다루었다.

**18** ☑정답 ②

② (×) 계급제는 순환근무를 통해 신축적인 인사정책이 가능하며, 일반행정가의 양성에 유리하다. 공무원의 시야와 이해력이 넓어 다른 부서의 공무원과의 협조가 원활하게 이루어질 수 있다.

**19** ☑정답 ②

② (○) 제도적 책임성(외재적 책임성, 객관적 책임성)은 행정인이 대외적으로 입법부, 사법부 또는 국민에 대하여 지는 책임을 말한다. H. Finer는 외재적 책임(삼권분립적 책임, 객관적 책임, 법적 책임)을 강조하였다. 자율적 책임성은 Friedrich의 내재적 책임성(전문직업적 윤리, 주관적 책임성, 기능적 책임성), 국민의 요구에 즉각 응하여 이를 충족시켜 주기 위해 노력하는 대응성의 개념에 기초한 행정책임론이라고 할 수 있다.

참고 제도적(객관적) 책임성과 자율적(주관적) 책임성

| 제도적 책임성 | 자율적 책임성 |
|---|---|
| 외부로부터 부과되는 기준에 따라야 할 의무 | 구성원 스스로 설정한 도덕적 기준에 따라야 할 의무 |
| 타율적·수동적·객관적 책임성 | 자율적·능동적·주관적 책임성 |
| 문책자의 외재성 | 문책자의 내재화 또는 부재 |
| 절차의 중시 | 절차의 준수와 책임완수는 별개의 것 |
| 공식적·제도적 통제 | 공식적 제도에 의해 달성할 수 없음. |
| 판단 기준과 절차의 객관화 | 객관적으로 확정할 수 있는 기준 없음. |
| 제재의 존재 | 제재의 부재 |
| Finer의 입장, 입법국가 | Friedrich의 입장, 행정국가 |

**20** ☑정답 ③

① (×) 불확실성 회피 차원은 모호하고 불확실한 상황에서 얼마나 불안을 느끼고 그것을 피하려고 노력하는가의 정도를 말한다. 불확실성 회피의 정도가 강한 사회에서는 공식적인 규정을 많이 만들어 불확실한 요소를 최대한 통제하려 하는 반면, 불확실성 회피의 정도가 약한 사회에서는 다양성을 높이 평가하고 호기심을 가진다.
② (×) 권력거리는 사회적 약자가 강자에 대하여 수용적인 태도를 취하는지, 도전적인 태도를 취하는지의 정도를 말한다. 권력거리가 큰 경우 제도나 조직 내에 내재되어 있는 상당한 권력의 차이를 자연스럽게 인정한다.
③ (○) 남성성이 강한 문화는 야심차고 자기 과시적이며 섬세함이 부족한 반면, 여성성이 강한 문화는 불행한 사람에 대한 동정심 등 인간적인 삶에 더 관심을 가진다. 남성성이 강한 문화는 여성성이 강한 문화보다 상대적으로 남성과

여성의 역할에 대한 분명한 차이를 인정하려고 한다.
④ (×) 장기성향이 강한 사회는 과거의 전통을 중시하고 미래를 생각하는 긴 안목을 가진 경우이며, 단기성향이 강한 사회는 전통보다는 현재 직면한 문제를 더 중요하게 생각하기 때문에 현실적응적이며 변화지향적인 성향이 강한 편이다.

## 21 ✅ 정답 ④

① (×) 특허청은 산업통상자원부 소속이다.
② (×) 소방방재청이 아니라 소방청이 행정안전부 소속이다.
③ (×) 중소기업청은 중소벤처기업부로 승격되었다.

| 행정각부 | 소속 청 |
|---|---|
| 기획재정부 | 국세청(내국세), 관세청, 조달청(군수품 제외), 통계청 |
| 법 무 부 | 검찰청 |
| 국 방 부 | 병무청, 방위사업청 |
| 행정안전부 | 경찰청, 소방청 |
| 문화체육관광부 | 문화재청 |
| 농림축산식품부 | 농촌진흥청, 산림청 |
| 산업통상자원부 | 특허청 |
| 보건복지부 | 질병관리청 |
| 환 경 부 | 기상청 |
| 국토교통부 | 행정중심복합도시건설청, 새만금개발청 |
| 해양수산부 | 해양경찰청 |

## 22 ✅ 정답 ④

④ (×) 피터스(B. Guy Peters)의 탈규제적 정부모형(deregulated government)은 탈내부규제적 정부모형으로서, 조직 내의 지나친 내부규제(통제)가 많은 문제점을 야기한다고 보면서, 조직 내 중하위 관리자에게 관리적 재량을 확대할 필요가 있다고 본다. 따라서 정부가 시장의 활동에 대한 개입을 줄여야 한다는 정부규제완화와는 구별해야 한다.

**참고** Guy Peters의 모형 및 특징

| 구 분 | 전통적 정부 | 시장적 정부 | 참여적 정부 | 신축적 정부 | 탈규제적 정부 |
|---|---|---|---|---|---|
| 문제의 진단 기준 | 전근대적 권위 | 독점 | 계층제 | 영속성 | 내부적 규제 |
| 구조의 개혁 방안 | 계층제 | 분권화 | 평면조직 | 가상조직 | - |
| 관리의 개혁 방안 | 직업공무원제, 절차적 통제 | 성과급, 민간 기법 | 총체적 품질관리, 팀제 | 임시적 관리 | 관리적 재량 확대 |
| 정책결정의 개혁 방안 | 정치-행정의 구분 | 내부시장, 시장적 유인 | 협의, 협상 | 실험 | 기업가적 정부 |
| 공익의 기준 | 안정성, 평등 | 저비용 | 참여, 협의 | 저비용, 조정 | 창의성, 활동주의 |

## 23 ✅ 정답 ③

③ (×) 환경의 불확실성이 심하다는 것은 고려해야 할 환경요소들의 이질성이 심하고 또 이들이 계속해서 변할 때이다. 이러한 경우, 조직은 분권화를 통해 환경 변화에 신속하게 대응할 수 있어야 한다.

## 24 ✅ 정답 ②

① (×) 비용은 기회비용의 관점에서 평가하며, 미래에 발생할 비용만 계상한다.
② (○) 비용편익분석은 효율성 측면만을 분석하기 때문에 공평성을 고려하지 못한다. 이로 인해 소득재분배를 악화시킬

가능성이 높다. 즉, 비용편익분석은 부익부 빈익빈을 초래할 가능성이 크다.
③ (×) 매몰비용을 중시한다는 것은 기존 사업을 계속한다는 것을 의미하기 때문에 점증주의를 초래한다.
④ (×) ④번 지문은 잠재가격에 대한 내용이다. 잠재가격은 완전경쟁시장 하에서의 가격을 의미한다.

## 25 ✅정답 ③

③ (○) 이자수입은 경상적 세외수입에 해당한다. 나머지 ①, ②, ④는 임시적 세외수입에 해당한다.

| 세외수입 | 일반회계 | 경상적 수입 | 사용료수입, 수수료수입, 재산임대수입, 사업수입(주차요금, 통행료 수입, 청산금 수입, 분담금 수입, 기타), 이자수입, 징수교부금 |
| --- | --- | --- | --- |
| | | 임시적 수입 | 재산매각대금, 부담금, 과징금 및 과태료, 기타수입, 지난연도수입 |
| | 특별회계 | 공기업 | 상수도사업, 하수도사업, 공영개발사업 |
| | | 기타 | 재산임대수입, 사용료, 수수료, 지난연도수입, 기타 |

# 군무원 일반직
# FINAL
# 실전동형 봉투모의고사
# [국어]

비매품

정답 및 해설

# 군무원 일반직
# FINAL 실전동형 봉투모의고사

## 정답 및 해설

제1회 모의고사 정답 및 해설
제2회 모의고사 정답 및 해설
제3회 모의고사 정답 및 해설
제4회 모의고사 정답 및 해설
제5회 모의고사 정답 및 해설

# 제1회 모의고사 정답 및 해설

## 제1과목 국어

| 01 | 02 | 03 | 04 | 05 | 06 | 07 | 08 | 09 | 10 |
|---|---|---|---|---|---|---|---|---|---|
| ③ | ② | ④ | ③ | ④ | ③ | ③ | ③ | ③ | ④ |
| 11 | 12 | 13 | 14 | 15 | 16 | 17 | 18 | 19 | 20 |
| ③ | ① | ④ | ④ | ② | ① | ① | ① | ① | ② |
| 21 | 22 | 23 | 24 | 25 | | | | | |
| ② | ① | ② | ③ | ② | | | | | |

### 01  ✅ 정답 ③

**➕해설 문법-단어의 구조**

'날고기'에서 '날'은 '말리거나 익히거나 가공하지 않은'의 뜻을 더하는 접두사이므로 '날고기'는 형식 형태소와 실질 형태소가 결합한 단어로 ㉠에 해당한다.

**✅ 오답풀이**

① '들-'은 '무리하게 힘을 들여' 또는 '마구', '몹시'의 뜻을 더하는 접두사이다.
② '-하다'는 일부 명사 뒤에 붙어 동사를 만드는 접미사이므로 적절하다.
④ '풋-'은 '덜 익은'이나 '미숙한'의 뜻을 더하는 접두사이고, '-내기'는 '그런 특성을 지닌 사람'의 뜻을 더하는 접미사이다.

### 02  ✅ 정답 ②

**➕해설 문법-중세 국어에 대한 이해**

중세 국어 '곱다'는 현대 국어로 와서 'ㅂ불규칙 활용'을 하지만 '엷다'는 '엷은, 엷어'처럼 규칙적인 활용을 한다.

**✅ 오답풀이**

① 중세 국어에서 '곱다', '엷다'는 모음으로 시작하는 어미가 오면 어간이 변하는 활용을 한다.
③ 'ㅂㅅ다', '그스다'는 뒤에 모음 어미가 오면 어간만 변하는 활용을 한다.
④ 중세 국어의 '다ㄹ다'와 '모ㄹ다'는 각각 '달아'와 '몰라'로 활용되어 활용 방식이 다르지만, 현대 국어의 '다르다'와 '모르다'는 각각 '달라', '몰라'로 활용되므로 활용 방식이 같다.

### 03  ✅ 정답 ④

**➕해설 문법-어문 규정-로마자 표기법**

다만, 체언에서 'ㄱ, ㄷ, ㅂ' 뒤에 'ㅎ'이 따를 때에는 'ㅎ'을 밝혀 적는다. 묵호(Mukho), 집현전(Jiphyeonjeon)

### 04  ✅ 정답 ③

**➕해설 법-어문규정-띄어쓰기**

비싼지. -ㄴ지: 뒤에 오는 말의 내용에 대한 막연한 이유나 판단을 나타내는 연결 어미.

**✅ 오답풀이**

① 번: 의존 명사. 일의 횟수를 세는 단위. 만: 의존 명사. 횟수를 나타내는 말 뒤에 쓴다.
② 한번: 명사. ((주로 '한번은' 꼴로 쓰여)) 지난 어느 때나 기회.
④ 지: 의존 명사. 어떤 일이 일어났던 때부터 지금까지의 동안을 나타내는 말. 만: 의존 명사. 시간이나 거리를 나타내는 말 뒤에 쓴다.

### 05  ✅ 정답 ④

**➕해설 문학-고전시-시조**

(라)는 유교적 이념을 바탕으로 굳은 절개를 노래한 절의가(節義歌)로, 의(義)가 아니면 따르지 않겠다는 선비의 지조와 충절을 노래하고 있다.

### 06  ✅ 정답 ③

**➕해설 문학-현대시**

[A]는 '당신'을 묻고 돌아온 '이 날'의 정서가 드러나 있는 반면에, [B]는 '당신'이 부재한 '이 밤'에 앞으로 살아갈 삶의 태도를 설정해 나가는 모습이 드러나고 있다. 이를 바탕으로 볼 때, [A]는 '당신'을 사별한 '나'의 현재 모습을 '돌아오네'를 통해 반복적으로 드러냄으로써 상실감을 표현하고 있는 것으로 볼 수 있으나, '알게 하네'라는 표현이 이러한 상실감이 좌절감 등으로 심화된 표현이라고 보기는 어렵다. 오히려 '알게 하네'는 재회에의 소망을 이끌어 내는 화자의 내적 성찰의 다짐으로 보는 것이 적절하다.

## 오답풀이

② 시적 화자는 불교적 윤회사상을 기반으로 시상을 전개하고 있는 것으로 볼 수 있다. 시적 화자는 앞으로의 자신의 삶을 '당신'과 '다시 만나지는 길' 혹은 '당신 만나는 길'로 삼고자 함을 드러내고 있다. 이는 '당신'과 재회하고자 하는 화자의 소망이 직접적으로 드러난 것으로 볼 수 있다.

④ [A]는 '칠석날'이라는 헤어진 연인의 재회를 의미하는 시간적 배경 속에서 오히려 자신은 사랑하는 이와 사별한 아이러니한 상황을 제시하고 있다. 이는 [B]에서 시적 화자의 삶의 태도와 방향성을 결정하는 데 있어 '은하 건너 구름 건너 한 해 한 번 만나게 하는 이 밤'이라는 표현과 직접적으로 관련되며, 이후 시적 화자의 삶의 태도를 드러내는 시발점이 되고 있다.

## 07 ✅정답 ③

### ➕해설 문학-현대 소설- 서술상의 특징

지문은 작품 안에 위치한 서술자인 '나'가 등장인물인 '몽달 씨'와 '김 반장'의 행위를 관찰하고 있다. 따라서 정답은 ③번이다.

## 08 ✅정답 ③

### ➕해설 문학-고전 소설

이 글에서 허생은 북벌(北伐)을 추진하는 위정자들이 실제 북벌을 위한 일은 하나도 하지 않으면서 명분만을 내세우고 있는 현실을 비판하고, 그 허구성을 지적하고 있다. 그러므로 당시 조정에서 치밀하게 북벌 정책을 추진하였다는 추측은 적절하지 않다.

## 09 ✅정답 ③

### ➕해설 문법-문장에 대한 이해

③의 문장에서 '도둑을 잡은'이 안긴문장이다. '도둑을 잡은'은 '(경찰이) 도둑을 잡다.'라는 문장에 관형사형 어미 '-은'이 결합되어 관형절이 되었는데, 이 관형절에서 주어인 '경찰이'가 생략되어 있다. '경찰이'가 생략된 이유는 이것이 문장 전체의 목적어인 '경찰을'과 중복되기 때문이다.

## 오답풀이

① 이 문장의 경우 문장 전체의 서술어는 '밝혀졌다'이고, '밝혀졌다'의 주어는 '그녀가 회원임이'이다. 그런데 '그녀가 회원임이'는 '그녀가 회원이다.'라는 문장에 명사형 어미 '-ㅁ'이 붙은 명사절에 주격 조사 '이'가 결합한 것이다. 따라서 '그녀가'는 명사절의 주어, 즉 '회원이다'의 주어이지 문장 전체의 주어는 아니다.

② '소리도 없이'는 '소리도 없다.'는 문장에 부사 파생 접미사 '-이'가 결합된 부사절로 문장 전체에서는 주어가 아니라 부사어로 쓰였다.

④ 되다/아니다 앞에 나오는 주어를 제외한 나머지 필수 성분은 서술절의 주어가 아니라 보어이다. 따라서 이 문장은 '주어(내가), 보어(수험생이), 서술어(되었다)'로 이루어진 홑문장이다.

## 10 ✅정답 ④

### ➕해설 문법-어문 규정-한글 맞춤법

한글 맞춤법 조항 제39항에 따르면 '그렇지 않은'에서 어미 '-지' 뒤에 '않-'이 어울려 '-잖-'으로 줄어 '그렇잖은'이 되고, '남부럽지 않다'에서 어미 '-지' 뒤에 '않-'이 어울려 '-잖-'으로 줄어 '남부럽잖다'가 된다.

## 오답풀이

① '보이다'의 준말은 '뵈다'이고, '누이고'의 준말은 '뉘고'이다. 이는 한글 맞춤법 조항 제37항에 따른 것으로 'ㅗ/ㅜ'로 끝난 어간에 '-이-'가 와서 'ㅚ/ㅟ'로 줄어든 경우이다.

② '트이어'의 준말로 '틔어'이고, '쓰이어'의 준말은 '씌어'이다. 이는 한글 맞춤법 조항 제38항에 따른 것으로, 'ㅡ' 뒤에 '-이어'가 와서 'ㅢ어'로 줄어든 경우이다.

③ '가지고'의 준말은 '갖고'이고, '어제저녁'의 준말은 '엊저녁'이다. 이는 한글 맞춤법 조항 제32항에 따른 것으로 '가지-'의 끝모음인 'ㅣ'가 줄고 'ㅈ'이 남아 '가'에 붙은 것이며, '어제'의 끝모음인 'ㅔ'가 줄고 'ㅈ'이 남아 '어'에 붙은 것이다.

## 11 ✅정답 ③

### ➕해설 문법-음운의 변동

ⓒ의 '놓는'과 '쌓네'와 같이 받침 'ㅎ' 뒤에 'ㄴ'이 결합하면 'ㅎ'이 'ㄴ'으로 교체되어 발음된다. 즉, '놓는 〉 [녿는] 〉 [논는]'에서 보듯이 음절의 끝소리 규칙에 의해 받침 'ㅎ'이 [ㄷ]으로, 다시 비음화에 의해 [ㄷ]이 [ㄴ]으로 발음된다.

### 오답풀이
① ㉠: 'ㅎ' 뒤에 있는 예사소리 'ㄱ'과 'ㅈ'은 'ㅎ'과 결합하여 각각 'ㅋ'과 'ㅊ'으로 축약된다.
② ㉡: 'ㅎ' 뒤에 '-은'과 '-아'라는 어미가 결합되어 있으며 모두 'ㅎ'이 탈락된다.
④ ㉣: 'ㅎ' 뒤에 'ㅅ'이 결합되는 경우 'ㅎ'이 탈락되고 'ㅅ'이 'ㅆ'으로 교체된다.

## 12  정답 ①

**해설** 비문학-세부 내용 파악

첫 문단: 과학 기술의 발달은 인류의 삶을 편리하고 풍요롭게 하였지만 환경 오염 문제를 야기하였다. 둘째 문단: (1) 지금까지 과학 기술이 물질 문명의 발달만을 추구하였기 때문에 환경 파괴의 위기를 초래하였다. (2) 그러나 환경 오염의 실상을 밝힌 것도 과학 기술자들이었으므로 환경 문제의 해결 방안도 책임이 있는 과학 기술자들이 찾아야 한다.

## 13  정답 ④

**해설** 비문학-예술-글의 전체적인 내용 이해

이 글은 미래주의 회화의 정의와 등장 배경, 활용 기법, 미의식 등을 설명하고 있다. 그러나 이 글에서는 ④처럼 미래주의 회화가 어떤 과정으로 발전해 왔는지에 관한 언급은 찾아볼 수 없다.

### 오답풀이
① 1문단에서 발라, 보치오니, 상텔리아, 루솔로 등이 미래주의에 참여했음을 제시하고 있다.
② 1문단에서 미래주의는 산업화에 뒤처진 이탈리아의 현실에서 산업화에 대한 열망과 민족적 자존감을 고양시키기 위해 등장했다고 언급하고 있다.
③ 2, 3 문단에서 미래주의 화가들은 분할주의 기법을 활용했다고 언급하고 있다.

박홍순, 「미래주의 회화 운동」 20세기 초 이탈리아에서 시작된 미래주의 운동을 소개한 글이다. 이 글은 미래주의 회화가 운동과 속도를 특성으로 하는 산업화에 대한 낙관적 전망을 토대로 민족적 자존감을 고양시킬 수 있는 새로운 예술 운동으로 등장하였음을 소개하고 있다. 특히 미래주의 회화에서는 연속 사진의 촬영 기법에 영향을 받은 분할주의 기법을 통해 대상의 역동성을 지향하고자 했다. 즉, 이미지의 겹침, 역선, 상호 침투의 방법을 활용해 움직이는 대상의 속도와 운동을 효과적으로 나타내었다. 이미지의 겹침은 화면에 하나의 대상을 여러 개의 이미지로 중첩시켜서 표현하는 방식이고, 역선은 힘의 선을 나타내며 대상의 움직임의 궤적을 나타낸다. 상호 침투는 대상과 대상이 겹쳐 보이게 하는 방법으로, 대상의 사실적인 형태보다는 왜곡된 형태로 표현된다는 특징이 있다. 이러한 미래주의 회화는 비례, 통일, 조화 등의 아름다움을 추구한 전통적인 서양 회화와 달리 대상의 속도와 운동이라는 미적 가치에 주목해서 새로운 미의식을 제시했다.

## 04  정답 ④

**해설** 비문학-문법-선어말 어미에 대한 이해

'그런 것은 삼척동자도 알겠다.'의 '알겠다'에는 미래 시제를 나타내는 선어말 어미가 아니라, '가능성이나 능력' 같은 의미를 나타내는 선어말 어미 '-겠-'이 쓰였다.

## 15  정답 ②

**해설** 문법-어문 규정-외래어 표기법

ㄴ. navigation 내비게이션 / ㄷ. doughnut 도넛 /
ㄹ. recreation 레크리에이션

## 16  정답 ①

**해설** 문법-단어의 의미

㉠은 '소금과 같은 맛이 있다'이므로 미각과 관련된 중심적 의미이고, ㉡은 '인색하다'의 의미이므로 추상화되어 주변적 의미를 지니게 된 경우이다.

### 오답풀이
② ㉠: 소리가 듣기에 맑고 부드럽다. → 주변적 의미,
㉡: 색깔이 밝고 산뜻하여 보기 좋은 상태에 있다. → 중심적 의미
③ ㉠: 달갑지 않고 싫거나 괴롭다. → 주변적 의미,
㉡: 혀로 느끼는 맛이 한약이나 소태 씀바귀의 맛과 같다. → 중심적 의미
④ ㉠: 마음이 여리거나 힘이 약하다. → 주변적 의미,
㉡: 물기가 많아서 단단하지 않다. → 중심적 의미

## 17  정답 ①

**해설** 비문학-세부 내용 추론

평장은 암장 후 봉토를 하지 않고 평지인 것처럼 위장하는 경우를 말하며, 공장은 암장한 후 봉토를 한 곳에 허수아비 등을 묻어 두는 경우이다.

✅ 오답풀이
② 암장은 금장 구역에 묘를 쓰는 경우를 말하며, 공장은 암장을 전제로 이루어지는 것이므로 암장과 공장 모두 금장 구역에 시신을 매장하는 행위라고 할 수 있다.
③ 투장은 흰 옹기에 '아무개가 아무 날 이곳을 점하였다.'라는 글을 적어 땅속에 묻었다가 파내어 타인의 묘지를 교활하게 침탈하는 것이며, 늑장은 권세를 이용하여 땅을 강제로 빼앗는 것이므로 투장은 늑장과 달리 증거물을 조작하여 묘지를 빼앗는 행위라고 할 수 있다.
④ 평장은 암장 후 봉토를 하지 않고 평지인 것처럼 위장하는 행위이므로 토지의 주인이 묘지를 빼앗겼다는 사실을 인식하기 어려울 것이라고 할 수 있다.

## 18 ✅ 정답 ①

### 해설 한자-한자어
批判(비평할 비, 판단할 판): 잘못된 점을 지적하여 부정적으로 말함. / 批評(비평할 비, 평할 평) 어떤 대상에 대하여, 미추(美醜), 선악, 장단, 시비, 우열 등을 평가하여 논함.

✅ 오답풀이
碑版(비석 비, 版 판목 판): 비석에 새긴 글. / 批准(비평할 비, 준할 준): [법률] 전권을 위임받은 이가 서명한 국가 간의 조약 따위에 대해 대통령 또는 헌법상의 조약 체결권자가 최종적으로 확인하는 절차. 우리나라에서는 대통령이 국회의 동의를 얻어 행한다.

## 19 ✅ 정답 ①

### 해설 문법-어문 규정-표준어 규정
'해님'은 명사 '해'에 접미사 '-님'이 결합하여 만들어진 말이다. 지역이나 사람에 따라서 '해님[핸님]'으로 발음되는 일이 있으나 이 단어의 표준 발음은 [해님]이므로 '해님'이 맞다.

✅ 오답풀이
② '이쁘다'는 본래 '예쁘다'의 비표준어였으나 2015년 12월 국립국어원에서 표준어로 인정하였다.
③ 콧망울: '콧방울'의 비표준어
④ '잎새'는 '잎사귀'의 방언이었으나 2015년 12월 국립국어원에서 의미가 다른 것으로 보고 별도 표준어로 인정하였다.

## 20 ✅ 정답 ②

### 해설 한자성어
㉮는 도적들이 해인사의 재물을 훔쳐 가는 상황에서, 중들이 결박되어 아무 것도 할 수 없는 상황을 나타낸다. 따라서 ㉮는 '손을 묶인 것처럼 어찌할 도리가 없어 꼼짝 못함.'의 의미인 '속수무책(束手無策)'이 가장 적절하다.

✅ 오답풀이
① 적수공권(赤手空拳): 맨손과 맨주먹이라는 뜻으로, 가진 것이 아무 것도 없음을 이르는 말.
③ 수주대토(守株待兔): 한 가지 일에만 얽매여 발전을 모르는 어리석은 사람을 비유적으로 이르는 말.
④ 와신상담(臥薪嘗膽): 불편한 섶에 몸을 눕히고 쓸개를 맛본다는 뜻으로, 원수를 갚거나 마음먹은 일을 이루기 위하여 온갖 어려움과 괴로움을 참고 견딤을 비유적으로 이르는 말.

## 21 ✅ 정답 ②

### 해설 비문학-세부 정보의 비교 이해
예송 논쟁이 문제가 된 이유는 왕가에서 따르는 국조오례의에 이와 유사한 사례가 없었기 때문이었다. 이 때문에 1차 예송에서 서인은 장자가 죽었을 때는 삼년상이고 둘째 이하의 아들일 경우에는 기년상을 하는 주자가례에 따라 장자가 아닌 아들일 경우 기년상을 해야 한다고 주장하였다. 따라서 남인은 서인과 달리 주자가례에 근거하여 주장을 전개하였다고 이해하는 것은 적절하지 않다.

✅ 오답풀이
①, ③ 3문단에서 1차 예송에서는 서인의 주장에 따라 기년복으로 일단락되었다고 하였고, 4문단에서 2차 예송 논쟁에서는 남인의 주장에 따라 복제는 기년상으로 정해졌다고 하였다.
④ 1차 예송과 2차 예송 모두 자의 대비의 복상 기간에 대한 의견 차이로 발생한 논쟁이다.

## 22 ✅ 정답 ①

### 해설 비문학-작문-조건에 맞는 글쓰기
조건에 맞게 글을 쓰는 문제에서는 일단 조건이 무엇인지 정확히 파악해야 한다. 이 문제에서는 '비유', '대구법', '불편함에 대한 내용'이라는 세 가지 조건을 만족시켜야 한다. '이용자 수 많고, 좌석 수 부족하고'에서는 대구법이 활용되었고 도서관 이용에 대한 불편 사항이 들어 있다. 또 '도서관은 몸살 중'이라는 표현은 도서관을 사람에 비유하여 드러내고 있다.

### 오답풀이

② 개방 시간과 대출 시간을 연장해 달라는 의미를 포함하고 있으므로 '불편 사항'이 언급되어 있지만 대구법과 비유가 드러나지 않았다.
③ 불편 사항이 드러나 있고 대구법도 드러나지만 비유는 드러나지 않았다.
④ 기다리고 있다는 표현을 통해 '동화책, 사전' 등을 사람에 비유하고 있다. 그러나 대구법과 '불편 사항'은 드러나지 않았다.

## 23    정답 ②

**해설** 비문학-글의 순서

(마) 광고는 광고주인 판매자의 이윤 추구 수단으로 기획되지만, 그러한 광고가 광고주의 의도와 상관없이 시장에 영향을 끼치기도 한다. → (가) 우선 광고가 독점적 경쟁 시장의 판매자 간 경쟁을 촉진할 수 있다. 이러한 효과는 광고를 통해 상품 정보에 노출된 구매자가 상품의 품질이나 가격에 예민해질 때 발생한다. → (다) 특히 구매자가 가격에 민감하게 수요량을 바꾼다면, 판매자는 경쟁 상품의 가격을 더욱 고려하게 되어 가격 경쟁에 돌입하게 된다. → (나) 또한 경쟁은 신규 판매자가 광고를 통해 신상품을 쉽게 홍보하고 시장에 진입할 수 있게 됨으로써 촉진된다. (라) 더 많은 판매자가 시장에서 경쟁하게 되면 각 판매자의 독점적 지위는 약화되고, 구매자는 더 다양한 상품을 높지 않은 가격에 구매할 수 있게 된다.

## 24    정답 ③

**해설** 비문학-화법

이 대담에서 사회자는 계속해서 평론가의 의견에 의문을 제기하고 있다. 즉 영화는 오락이 아니냐, 대중들은 오락 영화를 즐기려고 한다 등의 평론가와 상반되는 의문을 제기함으로써 평론가가 자연스럽게 자신의 생각을 말할 수 있도록 유도하고 있다.

## 25    정답 ②

**해설** 문법-문장의 짜임-이어진 문장

ㄴ의 '-으나'는 앞 절과 뒤 절을 대조의 의미로 이어 주는 연결 어미라는 점에서 ㄴ은 대등하게 이어진 문장이라고 할 수 있다. ㄷ의 '-지만'도 앞 절과 뒤 절을 대조의 의미로 이어 주는 연결 어미라는 점에서 ㄷ은 대등하게 이어진 문장이라고 할 수 있다. 따라서 ②는 적절하지 않다.

### 오답풀이

① ㄱ은 앞 절과 뒤 절이 '좋아한다.'와 '싫어한다.'의 대조의 의미 관계로 대등하게 이어진문장이다.
③ 반복되는 문장 성분인 ㄴ의 '영희는', ㅁ의 '나는'이 앞 절과 뒤 절이 이어질 때 생략되었다.
④ ㄹ에서 앞 절과 뒤 절의 순서를 바꾸게 되면, '세상이 하얗다.'와 '눈이 내린다.'의 연결이 어색해 의미도 불분명해지거나 달라지게 된다.

# 제2회 모의고사 정답 및 해설

## 제1과목 국어

| 01 | 02 | 03 | 04 | 05 | 06 | 07 | 08 | 09 | 10 |
|----|----|----|----|----|----|----|----|----|----|
| ③ | ② | ③ | ② | ② | ③ | ④ | ④ | ④ | ④ |
| 11 | 12 | 13 | 14 | 15 | 16 | 17 | 18 | 19 | 20 |
| ① | ② | ① | ③ | ③ | ③ | ① | ② | ② | ① |
| 21 | 22 | 23 | 24 | 25 | | | | | |
| ② | ③ | ① | ② | ④ | | | | | |

## 01  정답 ③

**해설 문법-로마자 표기법**

'울산'을 'ulsan'에서 'Ulsan'으로 수정한 것은 국어의 로마자 표기법 제3항 '고유 명사는 첫 글자를 대문자로 적는다.'라는 규정에 따른 것이므로 ⓒ은 적절한 근거가 될 수 없다.

**오답풀이**

① '같이'는 구개음화가 일어나 '가치' 곧 'gachi'로 발음되므로 변화의 결과에 따라 적는다는 근거가 적절하다.
② '해운대'를 'Haeundae'로 쓰지 않고 'Hae-undae'로 쓴 것을 통해 볼 때, 발음상 혼동의 우려가 있어 음절 사이에 붙임표(-)를 썼음을 짐작할 수 있다.'
④ '경희궁'은 '경히궁'으로 소리 나지만 'Gyeonghigung'으로 쓰지 않고 'Gyeonghuigung'으로 쓴 데서 'ㅢ'는 'ㅣ'로 소리 나더라도 'ui'로 적는다는 근거를 추론할 수 있다.

## 02  정답 ②

**해설 문법-외래어 표기법**

ㄴ. 비젼(vision)→비전, ㄷ. 스윗치(switch)→스위치

## 03  정답 ③

**해설 문법-어문규정-표준 발음법**

공권력[공꿘녁]. 표준발음법 제20항 다만, 대체로 '의견-란, 생산-량' 등과 같이 'ㄴ'으로 끝나는 2음절 한자어 뒤에 'ㄹ'로 시작하는 한자가 결합할 때에는 'ㄹ'이 'ㄴ'으로 바뀌는 경향이 강하다. 반면 '난로, 신라' 등과 같이 단어의 자격을 가지지 않는 한자들이 결합하여 한 단어를 이루는 경우에는 'ㄴ'이 'ㄹ'로 바뀌는 경향이 매우 강하다.

## 04  정답 ②

**해설 문법-표준어**

수퇘지. 〈한글 맞춤법〉 제4장 제4절 제31항에서는 옛말에서 'ㅎ'곡용어였던 '머리(頭), 살(肌), 수(雄), 암(雌), 안(內)' 등에 다른 단어가 결합하여 이루어진 합성어 중에서, [ㅎ]음이 첨가되어 발음되는 단어는 소리 나는 대로 '머리카락, 살코기, 안팎'으로 적도록 하였다. 아울러 접두사 '암, 수'와 결합하여 이와 같은 단어를 이루는 '암캉아지, 암캐, 암컷, 암키와, 암탉, 암탕나귀, 암톨쩌귀, 암퇘지, 암평아리'와 '수캉아지, 수캐, 수컷, 수키와, 수탉, 수탕나귀, 수톨쩌귀, 수퇘지, 수평아리'의 다음 18개의 단어도 이에 포함하였다.

**오답풀이**

① 까탈스럽다: (사람이나 그 성격이) 이런저런 트집을 잡아 따지는 것이 많고 별스러운 데가 꽤 있다. '까탈스럽다'는 본래 '까다롭다'의 비표준어였으나 2017년 1월 국립국어원에서 '까다롭다'와 뜻에 차이가 있는 것으로 판단하여 표준어로 인정하였다.
③ 잎새: 나무의 잎사귀. 주로 문학적 표현에 쓰인다. '잎새'는 '잎사귀'의 방언이었으나 2015년 12월 국립국어원에서 의미가 다른 것으로 보고 별도 표준어로 인정하였다.
④ '푸르르다'는 '푸르다'의 비표준어였으나 2015년 12월 국립국어원에서 의미가 다른 것으로 보고 별도 표준어로 인정하였다.

## 05  정답 ②

**해설 문법-한글 맞춤법-띄어쓰기**

목석같다: (사람이나 그 감정이) 웬만한 일에 꿈쩍하지 않을 만큼 무디고 무뚝뚝하다.

**오답풀이**

① 이야말로: 조사. 자음으로 끝나는 체언의 뒤에 붙어, '그것이 과연' 또는 '그것이 참말로'의 뜻으로 확인하여 강조하는 뜻을 나타내는 보조사.
③ 라고: 모음으로 끝나는 말 뒤에 붙어, 다른 사람의 말을 그대로 가져와 직접 인용함을 나타내는 부사격 조사. '말하다', '묻다', '생각하다' 따위의 인용 동사와 함께 쓰인다.
④ 이야말로[+이+야말로]: 부사. 바로 앞에서 이야기한 사실을 강조하면서 다시 언급하여 앞뒤 어구나 문장을 이어 주는 말.

## 06 정답 ③

**해설 문법-한글 맞춤법**

'갑자기'는 두 모음 사이에서 된소리가 나는 것이 아니라 'ㅂ' 받침 뒤에서 된소리가 나는 것이다. 그러므로 '갑자기'로 적는 것이 옳다.

## 07 정답 ④

**해설 문법-고전 문법**

중세 국어의 성조는 소리의 높낮이를 나타내는 것이었는데, 이것이 소리의 길이로 바뀌면서 평성과 거성은 짧은 소리로, 상성은 긴소리로 바뀌었다. 즉 단어의 의미를 변별하는 역할을 했던 소리의 높이가 소리의 길이로 바뀌어 현대 국어까지 이어져 온 것이다.

## 08 정답 ④

**해설 문법-단어의 의미 관계**

높다: (꿈이나 이상, 지조가) 크고 원대하다. 낮다: (무엇이) 아래에서 위까지의 길이가 짧다.

## 09 정답 ④

**해설 문법-피동·사동 표현**

④에서 '-리-'와 '-게 하다' 중 한 가지만 사용하면, 청자로 하여금 친구들에게 정보를 전달하라는 명령의 의미를 갖는다. 그런데 이를 함께 사용했을 경우에는 청자가 아니라 또 다른 누군가로 하여금 정보를 전달하도록 시키라는 의미를 갖게 된다.

**오답풀이**

① '세우다, 재우다, 채우다'에서 나타나는 중첩 사동은 불가피한 경우로, 이 중에 하나를 누락하면 단어가 성립되지 않는다.
② '잊혀지다'는 '잊-+-히-+-어지-+-다'로 분석할 수 있는데 파생적 피동과 통사적 피동이 이중으로 쓰여 현재 학교 문법에서는 지양해야 할 표현으로 논하고 있다. 그러나 언중(言衆)이 자연스럽게 두루 쓰고 있는 말이기 때문에 이 또한 규정에 맞는다고 인정해 주어야 한다는 의견이 있어, 논란이 되고 있는 부분이다.
③ '밝히다'는 '드러나지 않거나 알려지지 않은 사실, 내용, 생각 따위를 드러내 알리다'라는 의미를 지닌 하나의 동사 어간이며, 여기에 통사적 피동 표현 '-어지다'가 결합한 형태이다.

## 10 정답 ④

**해설 문법-문장의 짜임**

〈보기〉는 홑문장과 겹문장의 개념과 겹문장의 종류인 안은문장과 이어진문장을 설명하고 있다. ④는 '어머니의 손등이 부르트다'라는 절을 안고 있는 관형절을 안은문장이다. 나머지는 모두 이어진문장에 해당한다.

**오답풀이**

① 대등하게 이어진 문장, ② 종속적으로 이어진 문장, ③ 대등하게 이어진 문장이다.

## 11 정답 ①

**해설 문법-어법에 맞는 문장**

② 선생님께서 보고 싶어 하시는 학생이 많다. 선생님을 보고 싶어 하는 학생이 많다.
③ 그는 철수가 영희를 좋아하는 것보다 더 영희를 좋아한다. 그는 철수와 영희 중에서 영희를 더 좋아한다.
④ 아름다운, 그녀의 목소리를 듣고 싶다. 아름다운 그녀의, 목소리를 듣고 싶다.

## 12 정답 ②

**해설 문법-언어의 특성-역사성**

언어의 역사성: 언어가 시간이 흐름에 따라 음운이나 어휘 등의 측면에서 생성, 성장, 소멸하며 변화하는 특성.

## 13 정답 ①

**해설 문법-합성어**

'쌀밥'은 '쌀로 지은 밥'이라는 뜻으로 앞 단어가 뒤의 단어를 수식하는 기능을 하므로 종속 합성어이다.

## 14 정답 ③

**해설 문학-고전소설**

'활빈당'의 상석에 앉은 인물은 홍길동에게 글을 보여 주며 이 글에 적힌 내용을 행하면 홍길동에게 지략과 술법을 배우고 이후에 '상장군 자리'에 모시겠다고 하였다. 따라서 '상장군 자리'는 길동이 활빈당에서 '글'에 제시된 세 가지 과제를 통과하면 차지하게 될 지위라고 할 수 있다.

### 오답풀이

① ⓐ는 길동이 용력을 발휘할 수 있는 계기를 제공하여 활빈당의 우두머리가 되도록 해 주고 있다. 따라서 ⓐ가 길동이 활빈당 무리와 한편이 될 수 없음을 보여 준다는 설명은 적절하지 않다.
② ⓑ에 활빈당이 세워진 이유와 같은 내용은 적혀 있지 않다.
④ ⓐ는 길동이 활빈당에서 무리들과 화합하게 되는 계기가 된다. 따라서 ⓐ가 활빈당에서 길동이 무리들과 갈등하게 되는 계기가 된다는 설명은 적절하지 않다.

## 15 　　　　　　　　　　　　　　　　정답 ③

### 해설 문학-고전시가

(가)의 화자는 자신의 결백함을 주장하면서, 임께서 다시금 자신을 불러 사랑해 주실 것을 간곡하게 하소연하고 있다. (나)의 화자는 임과 이별한 상황에서 '천 리에 외로운 꿈'만 오락가락 한다고 하였는데, '외로운 꿈'이란 임에 대한 그리움을 의미한다. 따라서, (나)의 화자 역시 임과의 재회를 간절히 바라고 있는 것이다. (다)의 화자는 임을 그리워한 나머지 꿈 속에서 임을 만날 정도이므로 (다)의 화자 역시 임과의 재회를 소망한다고 볼 수 있다.

### 오답풀이

① (가),(나) 모두 대조적 이미지와 무관하다. (나)의 '이화우', '추풍 낙엽'은 하강의 이미지를 지닌 시어들이다.
④ (나)에는 '이화우'와 '추풍 낙엽'을 통해 늦봄과 가을이라는 계절감이 드러나고 있지만, (다)에는 계절감이 드러나 있지 않다.

## 16 　　　　　　　　　　　　　　　　정답 ③

### 해설 문학-현대소설

ⓒ는 전통적 속성을, ⓐ, ⓑ, ⓓ는 문명의 속성을 나타낸다. '왕소나무'는 사백여 년에 걸친 풍상에도 어느 솔보다 푸르게 십장생의 으뜸다운 풍모로 마을을 지켜온 전통과 역사를 의미한다. 나머지는 산업화로 인해 전통적인 삶의 양식이 사라진 모습을 보여준다.

## 17 　　　　　　　　　　　　　　　　정답 ①

### 해설 문학-현대시

다양한 감각적 이미지를 구사하고, 청각적 이미지를 통해서 쓸쓸한 분위기를 묘사하고는 있지만 공감각적 이미지는 나타나 있지 않다.

## 18 　　　　　　　　　　　　　　　　정답 ②

### 해설 비문학-사실적 이해

지시 표현은 화자와의 거리뿐만 아니라 청자와의 거리도 중요한 변수로 작용한다.

## 19 　　　　　　　　　　　　　　　　정답 ②

### 해설 비문학-사실적 이해

언어와 사고가 밀접한 관련을 맺는다는 관점을 설명하고 있다. 이와 관련이 가장 적은 것은 말을 배운 적 없는 영아가 울음으로 의사를 표현한다는 사례이다. 울음을 통한 영아의 의사 표현은 언어와 무관하게 기본적인 사고 기능이 작동한다는 증거가 된다.

## 20 　　　　　　　　　　　　　　　　정답 ①

### 해설 비문학-글의 주제 파악

이 글은 독서의 과정에서 나타나는 사고의 모습을 말하고 있다.

## 21 　　　　　　　　　　　　　　　　정답 ②

### 해설 비문학-글의 내용 파악

(가)와 (나)는 모두 우리나라와 서양의 문화적 특징이 언어에 반영된 예를 보여 주고 있다. (가)는 우리나라가 농경 사회였기 때문에 농사 관련 어휘가 발달되어 있음을 보여 주는 예이고, (나)는 우리나라 사람들이 '우리'라는 표현을 잘 쓰는 것은 개인보다는 전체를 중시하는 우리 민족의 사고가 언어에 반영된 예이다.

## 22 　　　　　　　　　　　　　　　　정답 ③

### 해설 비문학-글의 순서

(다) 1993년 노벨 화학상은 중합 효소 연쇄 반응(PCR)을 개발한 멀리스에게 수여된다. 염기 서열을 아는 DNA가 한 분자라도 있으면 이를 다량으로 증폭할 수 있는 길을 열었기 때문이다. → (가) PCR는 주형 DNA, 프라이머, DNA 중합 효소, 4종의 뉴클레오타이드가 필요하다. → (라) 주형 DNA란 시료로부터 추출하여 PCR에서 DNA 증폭의 바탕이 되는 이중 가닥 DNA를 말하며, 주형 DNA에서 증폭하고자 하는 부위를 표적 DNA라 한다. → (나) 프라이머는 표적 DNA의 일부분과 동일한 염기 서열로 이루어진 짧은 단일 가닥 DNA로, 2종의 프라이머가 표적 DNA의 시작과 끝에 각각 결합한다. → (마) DNA 중합 효소는 DNA를 복제하는데, 단일 가닥 DNA

의 각 염기 서열에 대응하는 뉴클레오타이드를 순서대로 결합시켜 이중 가닥 DNA를 생성한다.

## 23 ✅ 정답 ①

### ➕ 해설 어휘-한자성어

橘化爲枳(귤 귤, 될 화, 할 위, 탱자 지): 강남(江南)의 귤을 강북(江北)에 심으면 탱자가 된다는 뜻으로, 사람도 환경(環境)에 따라 기질(氣質)이 변한다는 말.

### ✔ 오답풀이

② 牽强附會(이끌 견, 강할 강, 붙을 부, 모일 회): 이치(理致)에 맞지 않는 말을 억지로 끌어 붙여 자기(自己) 주장(主張)의 조건(條件)에 맞도록 함.
③ 巧言令色(공교할 교, 말씀 언, 하여금 영, 빛 색): 남의 환심(歡心)을 사기 위(爲)해 교묘(巧妙)히 꾸며서 하는 말과 아첨(阿諂)하는 얼굴빛.
④ 靑出於藍(푸를 청, 날 출, 어조사 어, 쪽 람): 푸른 색이 쪽에서 나왔으나 쪽보다 더 푸르다는 뜻으로, 제자(弟子)가 스승보다 나은 것을 비유(比喩·譬喩)하는 말.

## 24 ✅ 정답 ②

### ➕ 해설 비문학-화법-토론

교차 조사 단계에서 질문자에게 발언의 우선권이 있는 것은 사실이다. 그러나 위 글의 반대 측 토론자는 찬성 측의 응답을 듣지 않고 질문만을 계속하고 있어 오히려 역효과를 불러일으키고 있다. 토론 역시 다른 의사소통과 마찬가지로 다른 사람의 말을 잘 듣는 것으로부터 시작한다.

### ✔ 오답풀이

① 입증의 부담은 찬성 측에서 가진다.
③ 토론의 전략을 악용하여 오히려 역효과를 불러 일으킨다.
④ 무조건적으로 말을 끊고 있으므로 논리성이 결여되어 있다.

---

### 📝 교차 조사란?

1) 교차조사는 상대방이 주장한 것 중에서 허점이 보이거나 잘못하는 것을 질문을 통해 드러내는 것이다.
2) 교차조사를 할 때는 질문하는 사람이 주어진 시간 안에서 대화를 이끌어갈 수 있다. 상대에게 '예, 아니오'로 답하게 한다든지, 상대가 말하는 바를 중간에 중단시켜 버릴 수도 있다.
3) 교차조사할 때 주의할 점
   ① 질문하는 사람은 스스로도 모르는 것을 질문하면 오히려 상대에게 당하는 수가 있다. 그러니까 미리 상대방의 대답을 예상하는 경우에만 질문하는 것이 좋다. 즉 '이렇게 물으면 이런 식으로 답할 것이다. 그러면 나는 이렇게 대응할 것이다.'라는 작전이 서야 한다.
   ② 상대방이 꼼짝 못할 결정타를 날렸다고 해도 상대방에게 이를 가르쳐줄 필요는 없다. 계속하여 침착하게 질문을 더하거나 마지막에 청중이나 심사위원에게 상대의 잘못을 종합하여 알려주는 것이 좋다.
4) 교차조사에서 던지는 모든 질문은 다음 차례에서 말할 때 자신에게 유리한 정보를 얻기 위한 것이다.

## 25 ✅ 정답 ④

### ➕ 해설 어휘-한자어

缺乏(이지러질 결, 모자랄 핍): 있어야 할 것이 없어지거나 모자람. ↔ 豊富(풍년 풍, 부유할 부): 넉넉하고 많음.
缺如(이지러질 결, 같을 여): 갖추어져야 할 것이 빠져서 없거나 모자람.

### ✔ 오답풀이

① 加入(더할 가, 들 입): 조직이나 단체 따위에 들어감. ↔ 脫退(벗을 탈, 물러날 퇴): 관계하고 있던 조직이나 단체 따위에서 관계를 끊고 물러남.
② 拒絶(막을 거, 끊을 절): 상대편의 요구나 제안 따위를 받아들이지 않고 물리침. ↔ 承諾(이을 승, 허락할 낙): 청하는 바를 들어줌.
③ 儉約(검소할 검, 맺을 약): 돈이나, 물건, 자원 따위를 낭비하지 않고 아껴 씀. ↔ 浪費(물결 낭, 쓸 비): 시간이나 재물 따위를 헛되이 헤프게 씀.

# 제3회 모의고사 정답 및 해설

## 제1과목 국어

| 01 | 02 | 03 | 04 | 05 | 06 | 07 | 08 | 09 | 10 |
|---|---|---|---|---|---|---|---|---|---|
| ① | ④ | ② | ④ | ② | ③ | ④ | ③ | ④ | ④ |
| 11 | 12 | 13 | 14 | 15 | 16 | 17 | 18 | 19 | 20 |
| ③ | ③ | ③ | ② | ② | ② | ④ | ② | ④ | ③ |
| 21 | 22 | 23 | 24 | 25 | | | | | |
| ① | ③ | ③ | ④ | ③ | | | | | |

### 01 ✅정답 ①
**해설 문법-음운 변동**
② 핥아[할타]: 변동 없음.
③ 훗일[훈닐]: 교체, 첨가
④ 닫혀[다쳐]: 축약

### 02 ✅정답 ④
**해설 문법-품사**
둘째: 명사. 형제자매 가운데에서 두 번째로 태어난 사람.

### 03 ✅정답 ②
**해설 문법-단어**
공무원 / 이 / 깨끗해야 / 나라 / 가 / 깨끗하다 → 모두 6개이다.

**오답풀이**
단어는 자립성을 가진 가장 작은 단위이다. 어절+조사= 단어의 개수

### 04 ✅정답 ④
**해설 비문학-내용 파악**
경찰이 안전을 강조하며 법규 위반자를 단속하는 것은 올바른 것으로서 허위 의식과는 거리가 멀다.

**오답풀이**
①, ②, ③은 모두 겉으로는 그럴듯한 명분을 내세우지만 실제는 더럽고 잘못된 허위 의식에 해당한다.

### 05 ✅정답 ②
**해설 비문학-화법**
이 뉴스에서 기자는 외모 중시와 관련해 설문 조사 결과 인용과 인터뷰를 통해 겉모습만 중시하는 우리 사회의 풍조를 비판적 시각에서 보도하고 있다. 그러므로 이 뉴스는 외모 중시 풍조의 문제점을 환기하고 그것을 시정해야 함을 일깨우고자 하는 의도가 있음을 알 수 있다.

### 06 ✅정답 ③
**해설 문학-현대시**
과거와 현재의 대비도 없으며, 문제 의식 또한 없다. 이 시는 성인이 된 화자가 유년기의 기억을 떠올리고 자신의 어머니에게 고백하듯이 이야기하며 시상을 전개하는 작품이다. 1연에서는 화자가 어렸을 때 춥고 힘들었던 가정 형편에 대해서 떠올린다. 하지만 그 시절에는 아들의 시린 발을 위해 기꺼이 자신의 가랑이를 내어주시던 아버지의 사랑이 있었다. 2연에서는 그런 아버지를 떠올리며 그리워하는 화자의 마음이 잘 드러난다. 3연에서 성인이 된 화자는 한강 다리를 건너면서 꽁꽁 얼어붙은 강물을 본다. 화자는 이 강물을 보며 아버지를 떠올리는데, 물이 잘 흐를 수 있도록 단단하게 얼어붙어 표면을 이루고 있는 얼음이 마치 아버지와 같다는 인상을 받은 것이다. 자식들이 잘 성장할 수 있도록 자식들에게 닥친 어려움을 모두 자신이 덮어주고 품었던 아버지의 모습과 얼음의 공통점을 찾은 것이다.

### 07 ✅정답 ④
**해설 비문학-작문**
'마른잎'으로 비유된 건조함, '이슬비'로 비유된 촉촉함이 대조적인 이미지를 형성한다.

### 08 ✅정답 ③
**해설 문법-용언의 활용**
생선을 굽다, 굽고, 구워: 'ㅂ' 불규칙. / 허리가 굽다, 굽고, 굽어: 규칙

### 09 ✅정답 ④
**해설 문법-외래어 표기법**
coffeeshop: 커피숍, supermarket: 슈퍼마켓, jazz: 재즈

## 10  정답 ④

**해설 문법-띄어쓰기**

한글 맞춤법 제43항 단위를 나타내는 명사는 띄어쓴다. 다만, 순서를 나타내는 경우나 숫자와 어울리어 쓰이는 경우에는 붙여 쓸 수 있다.

**오답풀이**
① 그때: 명사. 과거나 미래의 특정한 시기나 순간.
② 한∨손: 의존 명사. 물건을 한 차례, 한 손으로 집을 수 있는 분량. 조기, 통배추 따위는 크고 작은 것을 끼어 두 개씩을, 미역, 미나리, 파 따위는 한줌씩을 한 손이라고 한다.
③ 문학가∨겸∨수필가: 의존 명사. 둘 이상의 명사 사이에 쓰여, 두 명사가 나타내는 의미를 동시에 가지고 있음을 나타내는 말.

## 11  정답 ③

**해설 문학-고전시가-연시조**

'漁어翁옹을 욷디 마라, 그림마다 그렷더라' → 화자는 어옹이 그려진 그림들을 언급하며 자신의 생활에 대한 자부심을 표현하고 있다.

**오답풀이**
① 우는 거시 벅구기가 프른 거시 버들숩가
② 漁어村촌 두어 집이 닛 속의 나락들락 ~ 말가흔 기픈 소희 온갇 고기 뛰노ᄂ다
④ 仙션界계ㄴ가 佛블界계ㄴ가 人인間간이 아니로다

## 12  정답 ③

**해설 비문학-세부 내용 파악**

셋째 문단 '물론, 해당 어휘가 있는 것이 없는 것보다 인식하기에 빠르고 또 오래 기억할 수 있는 것이지만 해당 어휘가 없다고 해서 인식이 불가능한 것은 아니다.'

**오답풀이**
① 그것은 우리가 실세계를 있는 그대로 보고 경험하는 것이 아니라 언어를 통해서 비로소 인식한다는 뜻이다.
② 음악가는 언어라는 매개를 통하지 않고 작곡을 하여 어떤 생각이나 사상을 표현하며, 조각가는 언어 없이 조형을 한다.
④ 분명히 다른 색인데도 한 가지 말을 쓰기 때문에 그 구별이 잘 안 된다는 것은, 말이 우리의 사고를 지배한다는 뜻이 된다.

## 13  정답 ③

**해설 비문학-내용 파악**

마지막 문단에서 글쓴이는 고전 예술과 현대 예술의 차이를 밝히면서, 현대 예술은 의미 정보를 단순화하고 미적 정보를 강화하는 추세라고 말하고 있다.

## 14  정답 ②

**해설 어휘-호칭어와 지칭어**

• 올케: 여자가 자신의 오빠나 남동생의 아내를 가리키거나 부르는 말.
• 고모: 아버지의 여자 형제를 가리키거나 부르는 말.

## 15  정답 ②

**해설 문법-높임법**

'어려운 일을 아버지께서 직접 처리하셨습니다.'에는 '께서'와 '-시-'를 통해 서술의 주체를 높이는 표현이 드러난다.

## 16  정답 ②

**해설 어휘-한자**

公布(공평할 공, 베 포): 이미 확정된 법률, 조약, 명령 따위를 일반 국민에게 널리 알림. 보통 관보(官報) 따위의 정부의 정기 간행물에 게재된다. 恐怖(두려울 공, 두려워할 포): 두렵고 무서움. 죽음의 공포(恐怖)가 엄습하다.

**오답풀이**
① 過去(지날 과, 갈 거): 지나간 일이나 때.
③ 管理(피리 관, 다스릴 리): 사람을 통솔하고 지휘 감독함. 課程(매길 과, 단위 정): 일정 기간 중에 교육하거나 학습해야 할 과목의 내용과 분량.

## 17  정답 ④

**해설 비문학-글의 순서 배열**

(라) 신화란 ~ 의미한다. 다시 말해 모든 신화는 상상력에 ~ (다) 그런데, 신화는 단순한 상상력으로 이루어지는 것이 아니라 창조적 상상력으로 이루어지는 것이며 ~ (나) 그래서 인류 역사에서 풍부한 신화적 유산을 계승(繼承)한 민족이 찬란한 문화를 이룬 ~ (가) 또한 신화는 ~ 그 구체적인 내용은 각 민족마다 다르게 나타난다.

## 18  ✅ 정답 ②

**해설** 비문학-세부 내용 파악

둘째 문단 → 곧 변화가 심하고 위급한 상황에서는 통찰에 의한 의사 소통이 발달되기 어려웠다.

**오답풀이**
① 둘째 문단 → 농경은 파란이 없는 규칙적인 작업을 요구하기에 사람끼리 서로 말이 없어도 영위할 수가 있었다.
③ 둘째 문단 → 그런데 유럽은 정착보다는 이동이, 안정보다는 전쟁이 많았던 생활 환경 때문에 정확한 의사의 교환이 필요했다.
④ 셋째 문단 → 따라서 우리는 통찰이라는 의사 소통의 문화를 살려 나가되, 때에 따라서는 정확한 의사 전달을 해야 할 필요가 있다.

## 19  ✅ 정답 ④

**해설** 어휘-한자성어와 속담

堂狗風月(집 당, 개 구, 바람 풍, 달 월): 그 분야에 대하여 경험과 지식이 전혀 없는 사람이라도 오래 있으면 얼마간의 경험과 지식을 가짐을 이르는 말. 騎虎之勢(말 탈 기, 범 호, 갈 지, 형세 세): 호랑이를 타고 달리는 형세라는 뜻으로, 이미 시작한 일을 중도에서 그만둘 수 없는 형세를 비유적으로 이르는 말.

**오답풀이**
① 渴而穿井(목마를 갈, 말 이을 이, 뚫을 천, 우물 정): 제일 급하고 일이 필요한 사람이 그 일을 서둘러 하게 되어 있다.
② 見蚊拔劍(볼 견, 모기 문, 뽑을 발, 칼 검): 시시한 일로 소란을 피움.
③ 鯨戰蝦死(고래 경, 싸움 전, 새우 하, 죽을 사): 강한 자들끼리 싸우는 통에 약한 자가 중간에 끼어 피해를 본다.

## 20  ✅ 정답 ③

**해설** 한글 맞춤법

'추스리고'가 아니라, '추스르고'라고 해야 맞다.

## 21  ✅ 정답 ①

**해설** 비문학-구체적 상황에 적용하기

㉠은 어떤 대상이 가지고 있는 문제에 대처하기 위해 그 대상의 실체를 정확히 인식하는 방법을 취하고 있다. 해충이 야기하는 문제를 막기 위해 해충의 습성을 파악한다는 ①도 이와 같은 문제 해결 방법을 보여준다.

**오답풀이**
② 문제가 발생하기 쉬운 환경을 제거함으로써 문제를 원천적으로 막는 방법이다.
③ 상대의 악의에 직접 부딪치기보다는 상대를 포용함으로써 태도를 변화시키는 방법이다.
④ 욕구를 억누름으로써 그 욕구가 일으키는 문제의 발생을 억제하는 방법이다.

## 22  ✅ 정답 ③

**해설** 비문학-내용 이해

이 글에서 동물의 의사 표현 방법으로 제시한 것은 색깔이나 모습, 행동을 통한 시각적 방법이나 소리를 이용하는 방법, 냄새를 이용하는 방법이다. 그 중에서도 소리를 이용하는 방법은 경보음에 대해서만 언급하고 있다. 그러나 보호색과 관련한 내용은 제시되어 있지 않다.

## 23  ✅ 정답 ③

**해설** 문학-현대소설

다른 사람들이 모두 각자의 목적지로 떠난 후, 구보는 자신은 어디로 가야할지 모르고 외로움과 애달픔을 맛보고 있다. 이와 가장 유사한 정서를 담고 있는 것은 ③이다. ③은 김광균의 '와사등'의 일부로서, 도시 한 복판에서 방향성을 상실하고 외로움과 쓸쓸함을 느끼고 있는 화자의 모습이 형상화된 것이다.

**오답풀이**
① 는 김남조의 '설일'이다. 이 작품은 인생에 대한 성찰을 통해 삶에 대해 긍정적으로 인식하게 되는 변화를 그린 작품이다.
② 는 김종길의 '성탄제'이다. 이 작품은 성탄일 무렵의 각박한 도시에서 옛날과 다름없이 내리는 눈을 바라보며, 어린 시절 '붉은 산수유 열매'에서 느꼈던 아버지의 사랑에 대한 그리움을 노래하고 있다.
④ 는 박용철의 '떠나가는 배'의 일부이다. 이 시는 젊은이가 암울한 일제 식민지 현실을 눈물로만 보낼 수 없다는 강변(强辯)을 담은 것으로 고향과 정든 사람들을 두고 떠나는 서글픈 심정을 표현한 작품이다.

## 24  ✅정답 ④

**해설 비문학-작문-개요 작성하기**

①번은 해결 방안에, ②번은 문제점에, ③번은 해결 방안에, 정답은 ④번이다.

## 25  ✅정답 ③

**해설 비문학-내용 이해**

이 글의 처음 두 문단에서 한글의 형태주의 표기와 모아쓰기 표기법이 문자의 독립성을 반영한 표기법임을 밝힌 뒤 마지막 문단에서는 문자가 독자성을 지니고 있으므로 그에 합당한 표기법을 택하는 것이 이상적인 문자 표기법이라는 점을 밝히고 있다. 따라서 이 글은 한글을 예로 들어서 문자의 이상적인 표기 방향이 무엇인가를 고찰한 글이라고 볼 수 있다.

# 제4회 모의고사 정답 및 해설

## 제1과목 국어

| 01 | 02 | 03 | 04 | 05 | 06 | 07 | 08 | 09 | 10 |
|---|---|---|---|---|---|---|---|---|---|
| ③ | ① | ④ | ④ | ③ | ④ | ② | ① | ③ | ③ |
| 11 | 12 | 13 | 14 | 15 | 16 | 17 | 18 | 19 | 20 |
| ① | ① | ④ | ② | ① | ③ | ② | ① | ③ | ④ |
| 21 | 22 | 23 | 24 | 25 | | | | | |
| ④ | ① | ③ | ③ | ① | | | | | |

### 01 ✓정답 ③

➕해설 문법-어문 규정-한글 맞춤법

① 담가(담그다)
② 꼬리말: 책의 끝에 그 책의 내용을 간추리거나 관계되는 사항을 적어 놓은 글
④ 똬리

### 02 ✓정답 ①

➕해설 어휘-속담

추하고 보잘것없는 가겟집 기둥에 '입춘대길(立春大吉)'이라 써 붙인다는 뜻으로, 제격에 맞지 않음을 비유적으로 이르는 말.

✓오답풀이

② 주(主)가 되는 것과 그에 따르는 것이 뒤바뀌어 사리에 어긋남을 비유적으로 이르는 말.
③ 바로 제 눈앞에 가까이 있는 것은 오히려 더 못 본다는 말.
④ 가난한 양반은 내세울 것이 없기 때문에 자기 조상 자랑만 늘어놓는다는 뜻으로, 실속은 없으면서 허세만 부림을 비꼬아 이르는 말.

### 03 ✓정답 ④

➕해설 문법-어문규정-띄어쓰기

조사는 붙여 쓰고, 의존명사는 띄어쓴다.
으로부터: 부사격 조사, 년: 의존명사, 전: 의존명사

✓오답풀이

① 우천∨시: 어떤 조건에 이르는 경우나 때를 나타내는 말로 '시'는 의존명사이다.
② 마음마저: '마저'는 보조사이므로 붙여 쓴다.
③ 쉴∨대로: '대로' 앞에 용언의 관형사형이 왔기 때문에 '대로'는 의존명사이다.

### 04 ✓정답 ④

➕해설 비문학-중심 내용 파악

(라)는 적정기술의 특성과 한계에 대한 것이지 전망이라고 보기 힘들다.

### 05 ✓정답 ③

➕해설 비문학-구체적 사례에 적용하기

항아리 냉장고는 가난한 지역 사람들의 삶을 개선하기 위해 나온 것으로, 그들이 이용할 수 있도록 간단한 원리를 적용해 쉽게 만들었다는 특징이 있다. ③에 나오는 물통은 차량이 없는 사람들을 위해 나온 것으로, 굴리는 것이 들고 다니는 것보다 편하며, 드럼통에 줄만 매달면 쉽게 만들 수 있다는 점에서 항아리 냉장고와 가장 유사하다.

✓오답풀이

①, ②, ④는 모두 가난한 사람들의 삶을 개선하기 위해 만든 것이 아니고, 원리나 방법도 가난한 사람들이 사용하기에는 복잡하다.

### 06 ✓정답 ④

➕해설 문학-현대 소설-표현상 특징

이 작품은 1인칭 시점으로 작품 속 서술자인 '나'가 등장인물들의 대화와 행동에서 느낀 감정들을 서술하고 있다. 이 작품은 작가 지망생인 '나'와 아내의 가정에서의 일상적인 모습이 주요한 배경을 이루고 있다. 현실은 주식 투자, 투기 등으로 이익을 추구하는 세상이지만 '나'는 그러한 현실에서도 정신적 가치를 추구한다. 가난한 부부의 일상적인 삶을 보여주면서 가난이라는 현실과 갈등하는 지식인의 내면적인 심리를 사실적으로 표현하고 있다. 가난한 부부의 행복과 부유한 부부의 불행을 대조시키면서 당시의 궁핍상과 식민지 사회의 모습을 반영한 작품이다.

### 07 ✓정답 ②

➕해설 문학-현대 소설-소재의 기능

이 작품에서 '동서'가 자신의 아내인 '처형'을 사랑하여 신발을 사주었다는 정보는 확인할 수 없다. 또한 '처형'은 자신의 남편인 '동서'의 흉을 보고 있고, 그저 물질적 행복에만 만족하고 있을 뿐이다.

## 08 ✅ 정답 ①

**해설 문학-현대시-주제 파악**

시적화자는 오지 않는 너를 간절한 마음으로 기다리고 있다. 기다림 없는 사랑은 있을 수 없는 것이다. 이 시는 누군가를 기다리는 심정을 표현한 작품이다. 이 시의 화자가 기다리는 것은 '오지 않는 너'이지만, 화자는 오히려 '너'에 대한 기다림을 설레는 기대감과 행복하고 충만한 심정으로 표현하고 있다. 이 작품은 이렇게 만남의 시간이 될 미래와, 기다림의 시간인 현재에 대하여 다 같이 축복을 내리고 있다.

## 09 ✅ 정답 ③

**해설 현대시-표현상 특징**

이 작품은 시의 화자가 혼자서 사랑하는 '너'를 기다리면서 자신의 내면 정서를 노래하고 있으므로 시적 대상과 대화하는 방식이라 할 수 없다.

**오답풀이**
① '가슴 애리는 일 있을까'는 설의적 표현으로 기다림의 정서를 독자에게 효과적으로 드러내고 있다.
④ '다가오는 모든 발자국은 내 가슴에 쿵쿵거린다'에서 '쿵쿵'은 의성어로써 시의 화자의 간절한 기다림의 정서를 효과적으로 드러내고 있다.

## 10 ✅ 정답 ③

**해설 문법-어문 규정-표준 발음법**

'ㄴ'은 'ㄹ'의 앞이나 뒤에서 [ㄹ]로 발음하지만 'ㄴ'과 'ㄹ'이 결합하면서도 [ㄹㄹ]로 발음되지 않고 [ㄴㄴ]으로 발음되는 경우가 있다. 상견례는 [상견녜]로 발음된다.

## 11 ✅ 정답 ①

**해설 어휘-한자어**

- 受容(받을 수, 얼굴 용): 남의 요청이나 제안 따위를 받아들여서 자기 것으로 삼음.
- 收容(거둘 수, 얼굴 용): 특정한 부류의 사람이나 물품을 일정한 장소에 모아 넣음.

**오답풀이**
- 收用(거둘 수, 쓸 용): 물건을 거두어들여 씀. 예 부족한 재원은 이 일대의 논밭의 수용으로 해결할 수 있을 것으로 본다.

## 12 ✅ 정답 ①

**해설 어휘-한자성어**

- 언중유골(言中有骨): 말 속에 뼈가 있다는 뜻으로, 예사로운 말 속에 깊은 속뜻이 숨어 있음을 비유적으로 이르는 말.
- 유구무언(有口無言): 입은 있으나 할말이 없다는 뜻으로, 변명할 말이 없음을 이르는 말.

**오답풀이**
② 부화뇌동(附和雷同): 아무런 주관이 없이 남의 의견을 맹목적으로 좇아 함께 어울림.
③ 상전벽해(桑田碧海): 뽕나무밭이 변하여 푸른 바다가 된다는 뜻으로, 세상일의 변천이 심함을 비유적으로 이르는 말.
④ 후생가외(後生可畏): 뒤에 난 사람은 두려워할 만하다는 뜻으로, 부지런히 갈고닦은 후배는 선배를 능가할 수 있음을 이르는 말.

## 13 ✅ 정답 ④

**해설 문법-높임 표현**

주격 조사 '께서'를 사용하여 문장의 주체인 '아버지'를 높이고 있다.

## 14 ✅ 정답 ②

**해설 문법-외래어 표기법**

① 바비큐, ③ 주스, ④ 파이팅

## 15 ✅ 정답 ①

**해설 비문학-세부 내용 파악**

대외적자가 이어지면 국제유동성이 계속 줄어들고, 마이너스로 떨어질 수도 있는데, 이를 해결하려고 자국화폐를 평가절하해 외자유입을 촉진시키는 방법을 쓸 수도 있다.

**오답풀이**
② 금은 세계적으로 통용되는 유동자산이지만 경제 규모에 비해 세계적으로 생산량이나 재고 자체가 많지 않아 ~
③ 준비금이 수입액이나 대외채무 결제액 등에 필요한 것보다 많다면 국제유동성이 원활하기에, 대외교역 촉진이나 경기부양 등 필요에 따라 경기를 활성화할 여유가 있다.
④ 미국은 과거 국제수지적자가 심각해지자 1971년에 달러의 금태환을 정지하고 달러를 평가절하한 바 있다.

## 16 ✅ 정답 ③

**해설 문법-음운 체계**

이중 모음이 단모음으로 바뀌어가는 추세라는 근거가 없기 때문에 적절하지 않다.

**오답풀이**
① 모음은 자음과 달리 소리마디(음절)을 이루는 데 반드시 필요한 요소이다. 만약 모음이 없다면 음절은 성립하지 않는다.
② 단모음은 10개, 이중 모음은 11개이다.
④ 모든 모음은 울림소리이다.

## 17 ✅ 정답 ②

**해설 문법-음운 체계**

전설 모음이 후설 모음보다 소리가 가볍다는 근거가 없고, 반대로 후설 모음이 전설 모음보다 가볍다는 근거도 없다.

**오답풀이**
① 단모음은 혀의 앞뒤 위치, 입술 모양, 혀의 높낮이 세 가지 기준으로 분류한다.
③ 'ㅣ'가 입을 가장 작게 벌리고, 'ㅔ'는 중간, 'ㅐ'는 입을 가장 많이 벌린다.
④ 원순 모음은 'ㅟ, ㅚ, ㅜ, ㅗ' 4가지이다.

## 18 ✅ 정답 ①

**해설 문학-고전시-시조**

(가) 이 작품은 유교적 이념을 바탕으로 굳은 절개를 노래한 절의가(節義歌)로, 의(義)가 아니면 따르지 않겠다는 선비의 지조와 충절을 노래하고 있다. (나) 이 작품은 자연을 삶의 일부로 여기고 자연과 조화를 이루며 살고자 한 모습을 담고 있다. 자연은 생활 공간이자 삶의 여유를 주는 곳, 합일을 이루며 살고 싶은 곳이다. (다) 이 작품은 임을 기다리고 그리워하는 진솔한 마음을 노래한 사설시조이다. 임에 대한 마음은 간절하나 그 마음을 표현하는 방식은 해학적이고 과장이 많아 웃음을 유발한다.

## 19 ✅ 정답 ③

**해설 문학-고전 소설**

토끼는 자신이 금수의 으뜸일 뿐 아니라 선천적으로 특수하므로 간을 출입하는 곳이 따로 있다는 논리를 내세워 대왕이 자신의 말을 믿기를 바라고 있다.

## 20 ✅ 정답 ④

**해설 문법-시간 표현**

① ㉠은 현재 시제, ② ㉡은 과거 시제, ③ ㉢은 미래 시제이다.

## 21 ✅ 정답 ④

**해설 비문학-내용 파악**

경찰이 안전을 강조하며 법규 위반자를 단속하는 것은 올바른 것으로서 허위 의식과는 거리가 멀다.

**오답풀이**
①, ②, ③은 모두 겉으로는 그럴듯한 명분을 내세우지만 실제는 더럽고 잘못된 허위 의식에 해당한다.

## 22 ✅ 정답 ①

**해설 비문학-작문**

글의 첫머리를 속담이나 격언으로 시작하는 것은 글에 대한 흥미를 불러일으키는 매우 유용한 방법이다. 그러나 이럴 경우 주의할 점은 그 속담이나 격언이 글의 내용과 잘 부합해야 한다는 것이다. 그런데 ①의 '닭 쫓던 개 지붕 쳐다본다.'라는 속담은 뒤에서 말하고 있는 세대 갈등의 경우와 어울리는 속담으로 보기 어렵다. 닭을 쫓던 개가 닭이 지붕으로 올라가자 쫓아 올라가지 못하고 지붕만 쳐다본다는 말로 애쓰던 일이 실패로 돌아가거나 남보다 뒤떨어져 어찌할 도리가 없다는 뜻이다.

## 23 ✅ 정답 ③

**해설 비문학-화법**

이 대담에서 사회자는 계속해서 평론가의 의견에 의문을 제기하고 있다. 즉 영화는 오락이 아니냐, 대중들은 오락 영화를 즐기려고 한다 등의 평론가와 상반되는 의문을 제기함으로써 평론가가 자연스럽게 자신의 생각을 말할 수 있도록 유도하고 있다.

## 24 ✅ 정답 ③

**해설 문법-어법에 맞는 문장**

'환기(換氣)'가 '탁한 공기를 바꾼다'는 뜻이므로, '공기를'과 의미가 중복된다는 점에서 어법에 어긋나는 문장이다. 또한 '환기시키다'도 불필요한 사동 표현이 쓰였기 때문에 '환기시켜야'를 '환기하여야'로 바꾸어야 한다.

❖ 오답풀이
① '문학을 즐길 예술적 본능을 지닌다'의 주어가 나타나 있지 않다. '예술적 장르로서'와 '문학을 즐길' 사이에 '인간은'을 넣어야 맞는 문장이 된다.
② '순응하면서'의 대상은 '환경'이다. 그런데 다른 문장 성분인 '환경을'을 공유하고 있으므로 어법에 어긋난다. '때로는'과 '순응하면서' 사이에 '환경에'를 넣어야 한다.
④ 문장 전체의 주어인 '이 글을 읽는 여러분에게 먼저 당부하고 싶은 것'과 서술어 '버리시길 바랍니다'가 호응하지 않는다. '버리시길 바랍니다'를 '버려야 한다는 것입니다.'로 바꾸어야 한다.

## 25 ✅ 정답 ①

🔲 해설 **비문학-글의 순서**
(가) 화제 제시 - (라) 대중 매체의 긍정적 영향 - (마) 부정적 영향 - (다) 부정적 영향에 대한 우려 - (나) 대중 매체 수용의 올바른 태도

# 제5회 모의고사 정답 및 해설

## 제1과목 국어

| 01 | 02 | 03 | 04 | 05 | 06 | 07 | 08 | 09 | 10 |
|---|---|---|---|---|---|---|---|---|---|
| ② | ② | ④ | ② | ② | ④ | ④ | ④ | ③ | ① |
| 11 | 12 | 13 | 14 | 15 | 16 | 17 | 18 | 19 | 20 |
| ③ | ③ | ③ | ④ | ① | ③ | ① | ④ | ③ | ① |
| 21 | 22 | 23 | 24 | 25 | | | | | |
| ④ | ② | ④ | ① | ② | | | | | |

### 01 ▣ 정답 ②

**해설 문법-외래어 표기법**

**오답풀이**
①은 '파이팅', ③은 '탤런트', ④는 '피자'로 적는다.

### 02 ▣ 정답 ②

**해설 어휘-한자성어**

숭어가 뛰니까 망둥이도 뛴다: 남이 한다고 하니까 무작정 따라나섬을 비유적으로 이르는 말. 부화뇌동(附和雷同): 아무런 주관이 없이 남의 의견을 맹목적으로 좇아 함께 어울림.

**오답풀이**
① 양두구육(羊頭狗肉): 겉으로는 훌륭한 듯이 내세우지만 속은 보잘것없음을 이르는 말. 양의 머리를 걸어 놓고 실제로는 개고기를 판다는 뜻.
③ 명약관화(明若觀火): 불을 보는 것처럼 분명하고 뻔함.
④ 목불인견(目不忍見): 눈으로 차마 볼 수 없음.

### 03 ▣ 정답 ④

**해설 문법-어문규정-로마자 표기법**

ㄴ에서 된소리되기는 표기에 반영하지 않는다고 했으므로, ④ '합정'은 [합쩡]으로 발음되더라도 'Hapjeong'로 표기해야 올바르다.

### 04 ▣ 정답 ②

**해설 문법-어문 규정-표준 발음법**

'ㅀ'은 'ㄴ' 앞에서 'ㄹ'로 발음되므로 '끓나'는 [끌라]라고 발음해야 한다.

### 05 ▣ 정답 ②

**해설 문법-표준어 규정**

으레 → 으레: 두말할 것 없이 마땅히.

**오답풀이**
① 케케묵다: (일이나 생각, 이야기 따위가) 시대에 뒤떨어져 새로울 것이 없거나 쓸모가 없다.
④ 부조(扶助): 잔칫집이나 상가(喪家) 등 남의 큰일에 돈이나 물건을 보내 도와줌. 또는 그 돈이나 물건.

### 06 ▣ 정답 ④

**해설 문법-한글 맞춤법**

'솔직하다'의 어근으로 이루어졌으므로 '-히'로 적는다.

**오답풀이**
① 첩어 명사 뒤, ② 부사 뒤, ③ 'ㅅ' 받침 뒤

### 07 ▣ 정답 ④

**해설 비문학-세부 내용 파악**

㉠은 범죄를 가로막는 방벽으로서의 형벌을 의미한다. 그런데 형벌의 목적은 범죄로 얻을 이득, 곧 공익이 입게 되는 그만큼의 손실보다 형벌이 가하는 손해가 조금이라도 크기만 하면 달성된다고 하였다. 지키려는 공익보다 형벌이 가하는 손해가 조금이라도 크기만 하면 형벌의 범죄에 대한 방어 효과가 달성되므로, 형벌이 높게 설정될수록 방어 효과가 증가하는 것은 아니다.

**오답풀이**
① 2문단을 통해, 범죄와 형벌 사이의 손익 관계를 누구나 알 수 있도록 처벌 체계는 명확히 성문법으로 규정되어야 하고, 그 집행의 확실성도 갖추어져야 한다는 것을 확인할 수 있다.
② 범죄를 가로막는 방벽으로서 형벌이 설정한 울타리의 높이는 살인인지 절도인지 등에 따라 달리해야 한다는 것, 즉 공익을 훼손한 정도에 비례해야 한다는 것을 확인할 수 있다.
③ 1문단을 통해, 베카리아는 이성적인 인간을 상정하는 당시 계몽주의 사조에 호응하여 이익을 저울질할 줄 아는 존재로서 인간을 전제하였다는 점을 확인할 수 있다. 또한 2문단을 통해 형벌의 목적은 범죄와 형벌 사이의 손익 관계에 따라 그 달성이 좌우된다는 것을 확인할 수 있다. 따라서 형벌의 목적 달성에 손익을 저울질하는 인간의 이성이 활용된다는 것을 알 수 있다.

## 08  정답 ④

**해설** 비문학-글의 순서

(나) 자연 현상과 인간사를 인과 관계로 설명하는 동아시아의 대표적 논의는 재이론(災異論)이다. → (가) 한대(漢代)의 동중서는 하늘이 덕을 잃은 군주에게 재이를 내려 견책한다는 천견설과, 인간과 하늘에 공통된 음양의 기(氣)를 통해 하늘과 인간이 서로 감응한다는 천인감응론을 결합하여 재이론을 체계화하였다. → (다) 그에 따르면, 군주가 실정(失政)을 저지르면 그로 말미암아 변화된 음양의 기를 통해 감응한 하늘이 가뭄과 홍수, 일식과 월식 등 재이를 통해 경고를 내린다. → (라) 이때 재이는 군주권이 하늘로부터 비롯된 것임을 입증하는 것이자 군주의 실정에 대한 경고였다.

## 09  정답 ③

**해설** 비문학-논지 전개 방식

자연 현상에 대해 인류는 의인화 신격화하며 그 능력을 숭배한다. 그러나 때로는 자연의 이상 현상을 인류의 힘으로 극복하고자 하는 의지를 드러내기도 한다. 그렇지만 그것이 시대에 따라 모습을 달리한다고 하지는 않았다.

**오답풀이**

① 원시 인류는 자연과 인간을 동일시하여 인간을 자연의 일부로 보며 자연의 질서를 따르는 삶을 살고자 하였다. 그리고 자연이 인간으로 변하는 그 반대의 경우도 자연과 인간의 동일시 관점에서 그리 이상한 것은 아니었다.

④ 동아시아뿐만 아니라 그리스 신화에도 사일 신화가 등장하는 것을 보면(그에 따라 해석상 의미 차이는 있지만) 인류 보편의 인식으로 보아도 무방하다.

## 10  정답 ①

**해설** 비문학-설명 방식

이 글에서는 한국의 선과 형태를 특징적으로 드러내고 있는 '초가집 지붕', '조선 백자', 생활 문화 등을 예시하고 있다. 또 '조선 백자'의 선과 형태를 언급하면서 우리 나라 백자의 선과 형태가 중국, 일본 자기의 선과 형태와 어떻게 다른지 대조적으로 서술하고 있다. 또 예시된 각각의 대상을 세부적으로 진술한 부분에서는 '초가집의 지붕이 주변의 야산을 옮겨 놓은 모양', '보름달을 닮은 달 항아리' 등의 묘사적 진술 방법이 나타나고 있다.

## 11  정답 ③

**해설** 문법-어문 규정-한글 맞춤법-띄어쓰기

돌아가신∨지도: 의존명사 '지'는 용언의 관형사형 어미 '-은' 뒤에 쓰여, 어떤 동작이 있었던 때로부터 지금까지의 동안을 나타내는 말.

**오답풀이**

② 커녕: 모음으로 끝나는 체언이나 부사어의 뒤에 붙어, '그것은 말할 것도 없거니와 도리어'의 뜻을 나타내는 보조사.

## 12  정답 ③

**해설** 문법-중세 국어

이어쓰기(연서법)는 순경음을 만드는 방법이다.

## 13  정답 ③

**해설** 문학-고전 소설

집주인은 처음에는 광문을 도적이라 생각하였으나 광문의 말이 순박하여 그가 도적이 아닌 것을 알고 새벽녘에 풀어주었다. 또한 광문의 요구에 의구심을 가졌으나 그의 요구를 들어주었다. [주제] ① 정직하고 신의 있는 삶에 대한 예찬 ② 권모술수가 판을 치는 사회에 대한 풍자 [줄거리] 종루 저잣거리 걸인들의 우두머리인 광문은, 어느 날 돌보던 병든 거지 아이를 죽였다는 누명을 쓰고 동료들에게 내쫓긴다. 광문은 어느 집으로 피신하게 되는데, 도둑으로 오인받아 주인에게 붙잡힌다. 주인이 그가 도둑이 아님을 알고 풀어 주자, 광문은 거적을 얻어 버려진 죽은 아이의 시신을 잘 묻어 준다. 이를 목격한 집주인은 그를 의롭게 여겨 약국을 운영하는 부자에게 천거하고, 광문은 약국 점원이 된다. 어느 날 부자의 돈이 없어져 광문이 의심을 받는데, 며칠 후 주인의 처조카에 의해 오해가 풀린다. 부자는 광문에게 사죄하고 그의 인품을 칭찬하여 광문의 이름이 널리 알려진다. 광문은 40세가 넘도록 장가도 가지 않고 분수를 지키면서 물욕 없는 생활을 한다. 이러한 광문이기에, 세도가 앞에서도 도도한 기생 운심마저 광문의 장단에 맞춰 춤을 추면서 함께 어울린다.

## 14  정답 ④

**해설** 문법-단어의 의미-유의 관계

ㄹ의 '철회(撤回)하다'는 '이미 제출하였던 것이나 주장하였던 것을 다시 회수하거나 번복함'을 의미하는 단어로 '거두다', '취소하다'와 유사한 의미를 지닌다.

## 15 ✅ 정답 ①

**해설** 비문학-중심 내용 파악

이 글은 칸트가 생각하는 자유의 의미에 대해 설명하고 있는 글이다. 글쓴이는 칸트의 자유 개념을 설명하기 위해 생활 속의 다양한 사례와 가상적 상황을 제시하여 독자의 이해를 돕고 있다.

**오답풀이**
② 이 글은 진정한 자유의 의미를 소재로 한 것이 아니라, 칸트가 생각하는 자유의 개념을 설명한 글이다.
③ 이 글은 칸트의 도덕 철학 전반을 설명하는 글로 볼 수 없다. 칸트의 도덕철학을 이해하기 위한 전제로 칸트의 자유 개념에 대해 설명하고 있다.
④ 동물과 인간의 자유 개념을 구분하는 내용이 매우 짧게 언급되어 있으나, 글의 핵심 소재나 내용으로 볼 수 없다.

## 16 ✅ 정답 ③

**해설** 문학-고전시

(다)에서 자연에서 사는 즐거움을 표현하지만 자연의 속성을 예찬하고 있지는 않다.

**오답풀이**
① (가)는 '백이'와 '숙제'의 고사를 인용하여 자신이 백이와 숙제보다 더 큰 지조를 지녔음을 강조하고 있다.
② (나)에서 '이화우'와 '추풍낙엽'은 하강의 이미지를 지닌 시어로 볼 수 있는데, 이와 같은 시어를 활용하여 이별의 상황과 정서를 효과적으로 드러내고 있다.
④ (라)는 화자가 느끼는 비애와 고통을 어둡게 그리지 않고 해학적으로 표현함으로써 웃음을 유발하고 있다.

## 17 ✅ 정답 ①

**해설** 문학-현대소설

조상훈은 신문물을 받아들인 기독교인이면서 사회 문제에도 관심이 많은 인물이다. 하지만 3·1 운동이 실패로 돌아가면서 허무주의에 물들어 축첩과 노름, 술로 얼룩진 퇴폐적인 생활에 빠지게 된다. 이처럼 조상훈은 당시 목적의식을 잃고 타락해 버린 당시 지식인의 일면을 보여주고 있다.

## 18 ✅ 정답 ④

**해설** 문법-문법 요소

주어인 '저(혜수)'가 '할머니'가 옷을 입도록 만드는 것이므로 사동문이다. ㉣은 '입- + -히- + -어'로 이루어져 있다.

**오답풀이**
① 동작이 일어난 시점이 말하는 시점보다 앞선 과거 시제의 문장이다.
② 객체인 '할머니'와 청자인 '선생님'을 모두 높이고 있다.
③ '할머니'를 높이고 있으므로 주체 높임법이 나타난다.

## 19 ✅ 정답 ③

**해설** 문학-현대시

<보기>에서 이 시가 광복 이전에 쓰였다는 것을 알 수 있으므로, ㉢이 남북한 사이의 이념 갈등으로 인한 분단을 의미한다는 것은 잘못된 해석이다. ㉢은 광복 이전 일제의 탄압으로 인해 우리 민족이 뿔뿔이 흩어진 상황을 의미한다.

## 20 ✅ 정답 ①

**해설** 문법-문장의 짜임

'비 오듯이'가 부사어 역할을 하는 부사절이다.

**오답풀이**
나머지는 모두 명사절이다.

## 21 ✅ 정답 ④

**해설** 문법-어법에 맞는 문장

④ '그 계획은 가능한 한 빨리 실행되어야 한다.' 1) '가능한' 뒤에 의존명사 '한'이 붙어 조사 결합의 제약에도 걸리지 않는다. 2) 부사어 '빨리'와 서술어 '실행되어야 한다.'의 문장 성분 간 호응이 맞으므로 옳은 선택지가 된다.

**오답풀이**
① 내가 너에게 하고 싶은 이야기는 힘든 일이 있더라도 잘 극복하길 바란다. → 주어와 서술어의 호응이 어색한 경우에 해당한다. '주어'자리에 ~것/점/사실은(는)라는 말이 오게되는 경우 서술어자리에도 '~는 것/점/사실이다.' 등이 와야 한다. 따라서 '내가 너에게 하고 싶은 이야기는 힘든 일이 있더라도 잘 극복하길 바란다는 것이다.' 등으로 고쳐 볼 수 있다.

② 민수는 영재와 싸운 뒤로 일체 대화를 하지 않는다. → '일체' 다음에는 긍정이 와야 옳다. 선택지에는 부정의 말이 오고 있으므로 '일절'이 와야 한다. '一切'은 부인하거나 금지하는 말과 어울려, '아주', '도무지', '전혀', '절대로'의 뜻으로 쓰일 때는 '일절', '모든 것' 또는 '모든 것을 다'의 의미로 쓰일 때는 '일체'로 읽힌다. 따라서 '어떤 일을 절대로 금지한다'는 의미로 쓰이는 말은 '일절 금지'가 맞고 '일체 금지'는 틀리며 반대로 '안줏감 전체'를 의미하는 말은 '안주 일체'가 맞고 '안주 일절'은 틀리다.
③ 나래는 근거 없는 낭설에 휘말려 곤혹스러웠다. → '근거 없는'과 '낭설늑(헛소문: 근거 없이 떠도는 소문)'의 의미가 중복되었다.

## 22    ☑정답 ②

**해설 문법-언어의 특성-사회성**

추상성이란 대상들 사이의 공통된 성질을 뽑아서 음성과 의미를 연결하는 언어의 특성이다. 언어는 같은 부류의 사물들에서 공통적 속성을 뽑아내는 추상화의 과정을 통해 개념을 만든다.

## 23    ☑정답 ④

**해설 비문학-내용 이해**

모더니즘은 객관적인 합리성을 추구한다고 하였으므로 인간 관계와 같은 주관적인 요소들을 중요시하는 것은 모더니즘적 사고라고 보기 어렵다.

**오답풀이**

모더니즘적 사고는 역사 발전과 과학의 발전을 신뢰한다. 그러므로 ①과 ②는 이런 사고와 관련이 있으며, 개별적 효율성보다 집단의 효율성을 중요시하는 점으로 미루어 ③도 이런 사고와 관련이 있다.

## 24    ☑정답 ①

**해설 문법-음운의 변동**

ㄱ은 자음군 단순화로 탈락에 해당한다. 그러나 ①은 음절의 끝소리 규칙으로 교체에 해당한다.

## 25    ☑정답 ②

**해설 문법-품사-품사 통용**

가급적(可及的): 부사. 할 수 있는 대로. 또는 형편이 닿는 대로.

**오답풀이**

① 잘못: 부사, 명사
③ 그: 대명사, 관형사
④ 뿐: 의존 명사, 조사

# 군무원 공개경쟁채용 필기시험 답안지

| 응 시 번 호 | | | | | | | |
|---|---|---|---|---|---|---|---|
| | | | | | | | |
| ⓪ | ⓪ | ⓪ | ⓪ | ⓪ | ⓪ | ⓪ | ⓪ |
| ① | ① | ① | ① | ① | ① | ① | ① |
| ② | ② | ② | ② | ② | ② | ② | ② |
| ③ | ③ | ③ | ③ | ③ | ③ | ③ | ③ |
| ④ | ④ | ④ | ④ | ④ | ④ | ④ | ④ |
| ⑤ | ⑤ | ⑤ | ⑤ | ⑤ | ⑤ | ⑤ | ⑤ |
| ⑥ | ⑥ | ⑥ | ⑥ | ⑥ | ⑥ | ⑥ | ⑥ |
| ⑦ | ⑦ | ⑦ | ⑦ | ⑦ | ⑦ | ⑦ | ⑦ |
| ⑧ | ⑧ | ⑧ | ⑧ | ⑧ | ⑧ | ⑧ | ⑧ |
| ⑨ | ⑨ | ⑨ | ⑨ | ⑨ | ⑨ | ⑨ | ⑨ |

| 생 년 월 일 | | | | | | | |
|---|---|---|---|---|---|---|---|
| | | | | | | | |
| 년 | | | | 월 | | 일 | |
| ⓪ | ⓪ | ⓪ | ⓪ | ⓪ | ⓪ | ⓪ | ⓪ |
| ① | ① | ① | ① | ① | ① | ① | ① |
| ② | ② | ② | ② | ② | ② | ② | ② |
| ③ | ③ | ③ | ③ | ③ | ③ | ③ | ③ |
| ④ | ④ | ④ | ④ | ④ | ④ | ④ | ④ |
| ⑤ | ⑤ | ⑤ | ⑤ | ⑤ | ⑤ | ⑤ | ⑤ |
| ⑥ | ⑥ | ⑥ | ⑥ | ⑥ | ⑥ | ⑥ | ⑥ |
| ⑦ | ⑦ | ⑦ | ⑦ | ⑦ | ⑦ | ⑦ | ⑦ |
| ⑧ | ⑧ | ⑧ | ⑧ | ⑧ | ⑧ | ⑧ | ⑧ |
| ⑨ | ⑨ | ⑨ | ⑨ | ⑨ | ⑨ | ⑨ | ⑨ |

| | |
|---|---|
| 성 명 | |
| 자필성명 | 본인 성명 기재 |
| ※ 시험감독관 서명<br>(성명을 정자로 기재할 것) | |

| 성 별 | |
|---|---|
| 남 | ⓪ |
| 여 | ⓪ |

## 응시생 유의사항

1. 반드시 컴퓨터용 검정 수성사인펜을 사용합니다.
2. 바른표기 "●" 틀린표기 "◐" "◑" "X" "V"
3. 수험번호에는 아라이바 숫자로 기재하고 마킹란에는 ● 표기합니다.
4. 수험번호 및 답안 작성란 이외의 여백에 낙서를 하지 마시기 바랍니다.
5. 마킹오류로 채점 불가능한 답안은 0점 처리되오니 유의하시기 바랍니다.
6. 납안지를 긁거나 구기지 마십시오.

| 문번 | 제1과목 | 문번 | 제2과목 | 문번 | 제3과목 | 문번 | 제4과목 |
|---|---|---|---|---|---|---|---|
| 1 | ① ② ③ ④ | 1 | ① ② ③ ④ | 1 | ① ② ③ ④ | 1 | ① ② ③ ④ |
| 2 | ① ② ③ ④ | 2 | ① ② ③ ④ | 2 | ① ② ③ ④ | 2 | ① ② ③ ④ |
| 3 | ① ② ③ ④ | 3 | ① ② ③ ④ | 3 | ① ② ③ ④ | 3 | ① ② ③ ④ |
| 4 | ① ② ③ ④ | 4 | ① ② ③ ④ | 4 | ① ② ③ ④ | 4 | ① ② ③ ④ |
| 5 | ① ② ③ ④ | 5 | ① ② ③ ④ | 5 | ① ② ③ ④ | 5 | ① ② ③ ④ |
| 6 | ① ② ③ ④ | 6 | ① ② ③ ④ | 6 | ① ② ③ ④ | 6 | ① ② ③ ④ |
| 7 | ① ② ③ ④ | 7 | ① ② ③ ④ | 7 | ① ② ③ ④ | 7 | ① ② ③ ④ |
| 8 | ① ② ③ ④ | 8 | ① ② ③ ④ | 8 | ① ② ③ ④ | 8 | ① ② ③ ④ |
| 9 | ① ② ③ ④ | 9 | ① ② ③ ④ | 9 | ① ② ③ ④ | 9 | ① ② ③ ④ |
| 10 | ① ② ③ ④ | 10 | ① ② ③ ④ | 10 | ① ② ③ ④ | 10 | ① ② ③ ④ |
| 11 | ① ② ③ ④ | 11 | ① ② ③ ④ | 11 | ① ② ③ ④ | 11 | ① ② ③ ④ |
| 12 | ① ② ③ ④ | 12 | ① ② ③ ④ | 12 | ① ② ③ ④ | 12 | ① ② ③ ④ |
| 13 | ① ② ③ ④ | 13 | ① ② ③ ④ | 13 | ① ② ③ ④ | 13 | ① ② ③ ④ |
| 14 | ① ② ③ ④ | 14 | ① ② ③ ④ | 14 | ① ② ③ ④ | 14 | ① ② ③ ④ |
| 15 | ① ② ③ ④ | 15 | ① ② ③ ④ | 15 | ① ② ③ ④ | 15 | ① ② ③ ④ |
| 16 | ① ② ③ ④ | 16 | ① ② ③ ④ | 16 | ① ② ③ ④ | 16 | ① ② ③ ④ |
| 17 | ① ② ③ ④ | 17 | ① ② ③ ④ | 17 | ① ② ③ ④ | 17 | ① ② ③ ④ |
| 18 | ① ② ③ ④ | 18 | ① ② ③ ④ | 18 | ① ② ③ ④ | 18 | ① ② ③ ④ |
| 19 | ① ② ③ ④ | 19 | ① ② ③ ④ | 19 | ① ② ③ ④ | 19 | ① ② ③ ④ |
| 20 | ① ② ③ ④ | 20 | ① ② ③ ④ | 20 | ① ② ③ ④ | 20 | ① ② ③ ④ |
| 21 | ① ② ③ ④ | 21 | ① ② ③ ④ | 21 | ① ② ③ ④ | 21 | ① ② ③ ④ |
| 22 | ① ② ③ ④ | 22 | ① ② ③ ④ | 22 | ① ② ③ ④ | 22 | ① ② ③ ④ |
| 23 | ① ② ③ ④ | 23 | ① ② ③ ④ | 23 | ① ② ③ ④ | 23 | ① ② ③ ④ |
| 24 | ① ② ③ ④ | 24 | ① ② ③ ④ | 24 | ① ② ③ ④ | 24 | ① ② ③ ④ |
| 25 | ① ② ③ ④ | 25 | ① ② ③ ④ | 25 | ① ② ③ ④ | 25 | ① ② ③ ④ |

* 연습용 답안지

# 공무원 공개경쟁채용 필기시험 답안지

# 공무원 공개경쟁채용 필기시험 답안지

# 군무원 공개경쟁채용 필기시험 답안지

## 응시생 유의사항

1. 반드시 컴퓨터용 검정 수성사인펜을 사용합니다.
2. 바른표기 "●"  틀린표기 "○" "⊙" "Ⓧ" "Ⓥ"
3. 수험번호에는 아라이바 숫자로 기재하고 마킹란에는 ● 표기합니다.
4. 수험번호 및 답안 작성란 이외의 여백에 낙서를 하지 마시기 바랍니다.
5. 마킹오류로 채점 불가능한 답안은 0점 처리되오니 유의하시기 바랍니다.
6. 답안지를 접거나 구기지 마십시오.

* 연습용 답안지

# 공무원 공개경쟁채용 필기시험 답안지

* 연습용 답안지

# 군무원 일반직 FINAL 실전동형 봉투모의고사
# 제1회 모의고사

## 일반직

| 제1과목 |  | 제2과목 | 행정법 |
|---|---|---|---|
| 제3과목 | 행정학 | 제4과목 |  |

| 응시번호 |  | 성 명 |  |
|---|---|---|---|

### 〈 안내 사항 〉

1. 답안지의 모든 기재 및 표기사항은 반드시 『컴퓨터용 흑색사인펜』으로만 작성하여야 합니다.
   (사인펜에 "컴퓨터용"으로 표시되어 있음) (사인펜 본인 지참)
   * 매년 지정된 펜을 사용하지 않아 답안지가 무효처리 되는 상황이 빈발하고 있으므로, 답안지는 반드시 『컴퓨터용 흑색사인펜』으로만 표기하시기 바랍니다.

2. 답안은 매 문항마다 반드시 하나의 답만 골라 그 숫자에 "●"로 표기해야 하며, 표기한 내용은 수정테이프를 이용하여 정정할 수 있습니다. 단, 시험시행본부에서 수정테이프를 제공하지 않습니다.
   (표기한 부분을 긁는 경우 오답처리 될 수 있으며, 수정스티커 또는 수정액은 사용 불가)
   * 답안지는 훼손·오염되거나 구겨지지 않도록 주의해야 하며, 특히 답안지 상단의 타이밍마크
   ( ❚❚❚❚❚ )를 절대로 훼손해서는 안 됩니다.

3. 필기시험 문제 관련 의견제시 기간: 시험 당일을 포함한 5일간
   * 국방부 군무원채용관리홈페이지(http://recruit.mnd.go.kr) - 시험안내 - 시험묻고답하기

## 제2과목 행정법

**01** 행정기본법의 내용으로 옳지 않은 것은(다툼이 있으면 판례에 의함)

① 행정에 관한 기간의 계산에 관하여는 행정기본법 또는 다른 법령등에 특별한 규정이 있는 경우를 제외하고는 「민법」을 준용한다.
② 행정청은 법령등의 위반행위가 종료된 날부터 5년이 지나면 해당 위반행위에 대하여 제재처분(인허가의 정지·취소·철회, 등록 말소, 영업소 폐쇄와 정지를 갈음하는 과징금 부과를 말한다. 이하 이 조에서 같다)을 할 수 없다.
③ 행정청은 법률로 정하는 바에 따라 완전히 자동화된 시스템(인공지능 기술을 적용한 시스템을 포함한다)으로 처분을 할 수 있다. 다만, 처분에 재량이 있는 경우는 그러하지 아니하다.
④ 행정청은 법령등을 위반하지 아니하는 범위에서 행정목적을 달성하기 위하여 필요한 경우에는 공법상 법률관계에 관한 계약을 말이나 서면의 방식으로 체결할 수 있다.

**02** 행정입법에 대한 판례의 입장으로 옳은 것은?(다툼이 있으면 판례에 의함)

① 일반적으로 시행령이 헌법이나 법률에 위반된다는 사정은 그 시행령의 규정을 위헌 또는 위법하여 무효라고 선언한 대법원의 판결이 선고되지 않은 상태에서도 그 시행령 규정의 위헌 내지 위법 여부가 객관적으로 명백하다고 할 수 있으므로, 이러한 시행령에 근거한 행정처분의 하자는 무효사유에 해당한다.
② 의료기관의 명칭표시판에 진료과목을 함께 표시하는 경우 진료과목의 글자 크기를 제한하고 있는 구 「의료법 시행규칙」 제31조는 그 자체로서 국민의 구체적인 권리의무나 법률관계에 직접적인 변동을 초래하므로 항고소송의 대상이 되는 행정처분이라 할 수 있다.
③ 법령의 위임이 없음에도 법령에 규정된 처분요건에 해당하는 사항을 부령에서 변경하여 규정한 경우에는 그 부령의 규정은 행정청내부의 사무처리 기준 등을 정한 것으로서 행정조직 내에서 적용되는 행정명령의 성격을 지닐 뿐 국민에 대한 대외적 구속력은 없다고 보아야 한다.
④ 행정청이 법률에서 대통령령으로 정하도록 위임받은 사항을 전혀 입법하지 않은 경우에는 위헌이나 위법이 될 수 있으나 그 법률이 위임한 사항을 불충분하게 규정함으로써 법률이 위임한 행정입법의무를 제대로 이행하지 않은 경우에는 위헌이나 위법이라 할 수 없다.

**03** 법률상 이익에 대한 판례의 입장으로 옳은 것은?

① 구 「해상운송사업법」에 근거한 신규선박운항사업 면허허가 처분에 대한 당해 항로에 취항하고 있는 기존업자의 취소청구소송은 인정될 수 없다.
② 헌법상의 자유권적 기본권은 법률의 규정이 없다고 하더라도 직접 공권이 성립될 수도 있다.
③ 인·허가 등 수익적 처분을 신청한 여러 사람이 상호 경쟁관계에 있다면, 그 처분이 타방에 대한 불허가 등으로 될 수 밖에 없는 때에도 수익적 처분을 받지 못한 사람은 처분의 직접 상대방이 아니므로 원칙적으로 당해 수익적 처분의 취소를 구할 수 없다.
④ 「환경정책기본법」 제6조의 규정 내용 등에 비추어 국민에게 구체적인 권리를 부여한 것으로 볼 수 없더라도 환경영향평가 대상지역 밖에 거주하는 주민에게 헌법상의 환경권 또는 「환경정책기본법」에 근거하여 공유수면매립면허처분과 농지개량사업 시행인가처분의 무효확인을 구할 원고적격이 있다.

**04** 행정행위의 공정력과 선결문제에 관한 판례의 태도로 옳지 않은 것은?

① 연령미달의 결격자인 피고인이 형의 이름으로 운전면허시험에 응시, 합격하여 교부받은 운전면허는 비록 위법하나 취소되지 않는 한 유효하므로 피고인의 운전행위는 무면허운전에 해당하지 아니한다.
② 위법한 행정대집행이 완료되면 그 처분의 무효확인 또는 취소를 구할 소익은 없다 하더라도 미리 그 행정처분의 취소판결이 있어야만 그 행정처분의 위법임을 이유로 한 손해배상청구를 할 수 있다.
③ 부정한 방법으로 받은 수입증인서를 함께 제출하여 수입면허를 받았다고 하더라도, 그 수입면허가 당연무효인 것으로 인정되지 않는 한 관세법 소정의 무면허수입죄가 성립될 수 없는 것이다.
④ 과세처분이 당연무효라고 볼 수 없는 한 과세처분에 취소할 수 있는 위법사유가 있다 하더라도 그 과세처분은 행정행위의 공정력 또는 집행력에 의하여 그것이 적법하게 취소되기 전까지는 유효하다 할 것이므로 민사소송절차에서 그 과세처분의 효력을 부인 할 수 없다.

**05** 행정상의 손실보상에 대한 설명으로 옳은 것은?(단, 다툼이 있는 경우 판례에 의함)

① 하나의 수용재결에서 여러가지의 토지, 물건, 권리 또는 영업의 손실의 보상에 관하여 심리·판단이 이루어졌을 때, 피보상자는 재결 전부에 관하여 불복하여야 하고 여러 보상항목들 중 일부에 관해서만 개별적으로 불복할 수는 없다.
② 사업인정고시가 된 후 사업시행자가 토지를 사용하는 기간이 3년 이상인 경우 토지소유자는 토지수용위원회에 토지의 수용을 청구할 수 있고, 토지수용위원회가 이를 받아들이지 않는 재결을 한 경우에는 사업시행자를 피고로 하여 토지보상법상 보상금의 증감에 관한 소송을 제기할 수 있다.
③ 토지수용위원회의 수용재결이 있은 후라고 하더라도 토지소유자와 사업시행자가 다시 협의하여 토지 등의 취득·사용 및 그에 대한 보상에 관하여 임의로 계약을 체결할 수 없다.
④ 손실보상금에 관한 당사자 간의 합의가 성립하여도 그 합의내용이 토지보상법에서 정하는 손실보상 기준에 맞지 않는다고 하면 합의가 적법하게 취소되는 등의 특별한 사정이 없어도 추가로 토지보상법상 기준에 따른 손실보상금 청구를 할 수 있다.

**06** 행정심판에 대한 설명으로 옳지 않은 것은?(다툼이 있는 경우 판례에 의함)

① 시·도의 관할구역에 있는 둘 이상의 시·군·자치구 등이 공동으로 설립한 행정청의 처분에 대하여는 시·도지사 소속 행정심판위원회에서 심리·재결한다.
② 행정청이 행정심판 청구기간 등을 고지하지 아니하였다고 하여도 처분의 상대방이 처분이 있었다는 사실을 알았을 경우에는 처분이 있은 날로부터 90일 이내에 심판청구를 하여야 한다.
③ 행정심판 청구 후 피청구인인 행정청이 새로운 처분을 하거나 대상인 처분을 변경한 때에는 청구인은 새로운 처분이나 변경된 처분에 맞추어 청구의 취지 또는 이유를 변경할 수 있다.
④ 행정심판에 있어서 행정처분의 위법·부당 여부는 원칙적으로 처분시를 기준으로 판단하여야 할 것이나, 재결 당시까지 제출된 모든 자료를 종합하여 처분 당시 존재하였던 객관적 사실을 확정하고 그 사실에 기초하여 처분의 위법·부당 여부를 판단할 수 있다.

**07** 행정행위에 대한 설명으로 옳은 것은? (다툼이 있는 경우 판례에 의함)

① 구 「수도권 대기환경개선에 관한 특별법」상 대기오염물질 총량관리사업장 설치의 허가는 강학상 허가에 해당한다.
② 허가의 갱신은 허가취득자에게 종전의 지위를 계속 유지시키는 효과를 갖게 하는 것으로 갱신 후라도 갱신 전 법 위반 사실을 근거로 허가를 취소할 수 있다.
③ 「도시 및 주거환경정비법」상 당초 관리처분계획의 경미한 사항을 변경하는 경우와 달리 관리처분계획의 주요 부분을 실질적으로 변경하는 내용으로 새로운 관리처분계획을 수립하여 관할 행정청의 인가를 받은 경우에도, 당초 관리처분계획은 원칙적으로 그 효력을 상실하지 않는다.
④ 제소기간이 이미 도과하여 불가쟁력이 생긴 행정처분에 대하여는, 관계 법령의 해석상 그 변경을 요구할 신청권이 인정될 수 있는 경우라 하더라도 국민에게 그 행정처분의 변경을 구할 신청권이 없다.

**08** 행정행위의 효력에 대한 설명으로 옳지 않은 것은? (다툼이 있는 경우 판례에 의함)

① 행정처분에 그 효력기간이 부관으로 정하여져 있는 경우, 그 처분의 효력 또는 집행이 정지된 바 없다면 위 기간의 경과로 그 행정처분의 효력은 상실되므로 그 기간 경과 후에는 그 처분이 외형상 잔존함으로 인하여 어떠한 법률상 이익이 침해되고 있다고 볼 만한 별다른 사정이 없는 한 그 처분의 취소를 구할 법률상의 이익이 없다.
② 구 중기관리법 에 도로교통법 시행령 제86조 제3항 제4호와 같은 운전면허의 취소 정지에 대한 통지에 관한 규정이 없다면 중기조종사면허의 취소나 정지는 상대방에 대한 통지를 요하지 아니한다고 할 수 있고 행정행위의 일반원칙에 따라 이를 상대방에게 고지하여야 효력이 발생한다고 볼 수 없다.
③ 종전의 산업재해요양보상급여취소처분이 불복기간의 경과로 인하여 확정되었더라도 요양급여청구권이 없다는 내용의 법률관계까지 확정된 것은 아니며 소멸시효에 걸리지 아니한 이상 다시 요양급여를 청구할 수 있고 그것이 거부된 경우 이는 새로운 거부처분으로서 위법여부를 소구할 수 있다
④ 환경영향평가를 거쳐야 함에도 불구하고 환경영향평가를 거치지 않고 개발사업승인을 한 처분에 대해서는 처분이 있은 후 1년이 도과한 경우라도 불가쟁력이 발생하지 않는다.

**09** 다음 중 국가나 지방자치단체에 의해서 체결되는 계약에 대한 설명으로 가장 옳은 것은?(다툼이 있는 경우에 판례에 의함)

① 국공기업·준정부기관이 입찰을 거쳐 계약을 체결한 상대방에 대해 「공공기관의 운영에 관한 법률」 등에 따라 계약조건 위반을 이유로 입찰참가자격제한처분을 하기 위해서는 입찰공고와 계약서에 미리 계약조건과 그 계약조건을 위반할 경우 입찰참가자격 제한을 받을 수 있다는 사실을 모두 명시해야 하는 것은 아니다.
② 구 「산업집적활성화 및 공장설립에 관한 법률」에 따른 산업단지입주계약의 해지통보는 대등한 당사자의 지위에서 형성된 공법상 계약을 계약당사자의 지위에서 종료시키는 의사표시이므로 당사자소송의 대상이 된다.
③ 국가가 사인과 계약을 체결할 때에는 「국가를 당사자로 하는 계약에 관한 법률」에 따른 계약서를 따로 작성하는 등 그 요건과 절차를 이행하여야 한다.
④ 국립의료원 부설 주차장에 관한 위탁관리용역운영계약은 공법상 계약에 해당한다.

**10** 행정대집행에 관한 설명으로 옳지 않은 것은?(다툼이 있으면 판례에 의함)

① 군수가 군사무위임조례의 규정에 따라 무허가 건축물에 대한 철거대집행사무를 하부 행정기관인 읍·면에 위임한 경우라도, 읍·면장에게는 관할구역 내의 무허가 건축물에 대하여 그 철거대집행을 위한 계고처분을 할 권한이 없다.
② 건축법에 위반한 건축물의 철거를 명하였으나 불응하자 이행강제금을 부과·징수한 후, 이후에도 철거를 하지 아니하자 다시 행정대집행계고처분을 한 경우 그 계고처분은 유효하다.
③ 공유재산대부계약이 적법하게 해지되었음에도 불구하고 공유재산의 점유자가 그 지상물을 점유하고 있는 경우, 지방자치단체의 장은 원상회복을 위해 행정대집행의 방법으로 그 지상물을 철거시킬 수는 있다.
④ 적법한 행정대집행을 건물의 점유자들이 위력을 행사하여 방해하는 경우에 행정청은 「경찰관 직무집행법」에 근거한 위험발생 방지조치 또는 「형법」상 공무집행방해죄의 범행방지 내지 현행범 체포의 차원에서 경찰의 도움을 받을 수도 있다.

**11** 공공기관의 정보공개제도에 관한 판례의 내용으로 옳지 않은 것은?

① 국민의 알 권리에서 파생되는 정부의 정보공개의무는 특별한 사정이 없는 한 적극적인정보수집 행위, 특히 특정 정보에 대하여 공개청구를 하지 아니하였지만 그 정보와 이해관계를 가지는자에 대해서도 존재한다.
② 「공공기관의 정보공개에 관한 법률」 제9조 제1항 제1호에서 법률이 위임한 명령에 의하여 비밀 또는 비공개 사항으로 규정된 정보는 공개하지 아니할 수 있다고 할 때의 법률이 위임한 명령이란 정보의 공개에 관하여 법률의 구체적인 위임아래 제정된 법규명령을 의미한다.
③ 「공공기관의 정보공개에 관한 법률」 제5조 제1항은 "모든 국민은 정보의 공개를 청구 할 권리를 가진다"고 규정하고 있는데, 여기서 말하는 국민에는 자연인은 물론 법인, 권리능력 없는 사단·재단도 포함되고, 법인, 권리능력 없는 사단·재단 등의 경우에는 설립 목적을 불문한다.
④ 보안관찰 관련 통계자료는 「공공기관의 정보공개에 관한 법률」 제9조 제1항 제2호 소정의 공개 될 경우 국가안전보장·국방·통일·외교관계 등 국가의 중대한 이익을 해할 우려가 있는 정보, 또는 제3호 소정의 공개될 경우 국민의 생명·신체 및 재산의 보호 기타 공공의 안전과 이익을 현저히 해할 우려가 있다고 인정되는 정보에 해당한다.

**12** 행정조사기본법 상 행정조사에 대한 설명으로 옳은 것은?

① 행정조사를 행하는 행정기관에는 법령 및 조례·규칙에 따라 행정권한이 있는 기관뿐만 아니라 그 권한을 위임 또는 위탁 받은 법인·단체 또는 그 기관이나 개인이 포함된다.
② 행정조사기본법은 행정조사 실시를 위한 일반적인 근거규범으로서 행정기관은 다른 법령 등에서 따로 행정조사를 규정 하고 있지 않더라도 행정조사기본법을 근거로 행정조사를 실시할 수 있다.
③ 조사대상자가 조사대상 선정기준에 대한 열람을 신청한 경우에 행정기관은 그 열람이 당해 행정조사업무를 수행할 수 없을 정도로 조사활동에 지장을 초래한다는 이유로 열람을 거부할 수 없다.
④ 정기조사 또는 수시조사를 실시한 행정기관의 장은 조사대상자의 자발적인 협조를 얻어 실시하는 경우가 아닌 한, 동일한 사안에 대하여 동일한 조사대상자를 재조사하여서는 아니 된다.

**13** 다음의 내용 중 바르게 짝지어지지 않은 것은?(다툼이 있으면 판례에 의함)

> (가) 방위사업청과 '한국형헬기 민군겸용 핵심구성품 개발협약'을 체결한 갑 주식회사의 협약 – 사법(私法)관계로서 민사소송
> (나) 구 유통산업발전법에 따른 대규모점포의 개설등록 및 구 재래시장 및 상점가 육성을 위한 특별법에 따른 시장관리자 지정 – '수리를 요하는 신고'로서 행정처분
> (다) 금융위원회의 설치 등에 관한 법률 제60조의 위임에 따라 금융위원회가 고시한 '금융기관 검사 및 제재에 관한 규정 – 행정규칙
> (라) 도시관리계획결정·고시와 그 도면에 특정 토지가 도시관리계획에 포함되지 않았음이 명백한데도 도시관리계획을 집행하기 위한 후속 계획이나 처분에서 그 토지가 도시관리계획에 포함된 것처럼 표시되어 있는 경우 – 표시된 부분의 효력무효

① (가), (나)
② (나), (라)
③ (가), (다)
④ (다), (라)

**14** 이행강제금에 대한 설명으로 옳지 않은 것은? (다툼이 있는 경우 판례에 의함)

① 농지법 제62조 제1항에 따른 이행강제금 부과처분에 불복하는 경우에는 비송사건절차법에 따른 재판절차가 적용되어야 하고, 행정소송법상 항고소송의 대상은 될 수 없다.
② 「건축법」상 허가권자는 이행강제금을 부과하기 전에 이행강제금을 부과·징수한다는 뜻을 미리 문서로써 계고하여야 한다.
③ 건축주 등이 장기간 시정명령을 이행하지 아니하였으나 그 기간 중에 시정명령의 이행 기회가 제공되지 아니하였다가 뒤늦게 이행 기회가 제공된 경우, 이행 기회가 제공되지 아니한 과거의 기간에 대한 이행강제금까지 한꺼번에 부과할 수 없으며 이를 위반하여 이루어진 이행강제금 부과처분의 하자가 중대·명백하여 무효이다.
④ 시정명령을 받은 의무자가 시정명령의 취지에 부합하는 의무를 이행하기 위한 정당한 방법으로 행정청에 신청 또는 신고를 하였으나 행정청이 위법하게 이를 거부 또는 반려함으로써 그 처분이 취소된 경우에 시정명령의 불이행을 이유로 이행강제금을 부과할 수 있다.

**15** 행정행위의 하자에 대한 설명으로 옳지 않은 것은?(다툼이 있는 경우에 판례에 의함)

① 선행처분과 후행처분이 서로 독립하여 별개의 법률효과를 발생시키는 경우에는 선행처분에 불가쟁력이 생겨 그 효력을 다툴 수 없게 되면 수인한도를 넘는 가혹함을 가져오며 그 결과가 당사자에게 예측가능하지 않더라도 하자의 승계가 인정되지 않는다.
② 토지등급결정내용의 개별통지가 있었다고 볼 수 없어 토지등급 결정이 무효라면, 토지소유자가 그 결정 이전이나 이후에 토지등급 결정내용을 알았다 하더라도 개별동지의 하자가 치유되는 것은 아니다.
③ 계고처분의 후속절차인 대집행에 위법이 있다고 하더라도 그와 같은 후속절차에 위법성이 있다는 점을 들어 선행절차인 계고처분이 부적법하다는 사유로 삼을 수는 없다.
④ 구「학교보건법」상 학교환경위생정화구역에서의 금지행위 및 시설의 해제 여부에 관한 행정처분을 함에 있어 학교환경위생정화 위원회 심의절차를 누락하였다면, 특별한 사정이 없는 한 이는 행정처분을 위법하게 하는 취소사유가 된다.

**16** 「행정소송법」과 관련 된 설명으로 옳지 않은 것은?(다툼이 있으면 판례에 의함)

① 교원소청심사위원회가 한 결정의 취소를 구하는 소송에서 그 결정의 적부는 결정이 이루어진 시점을 기준으로 판단하여야 하지만, 그렇다고 하여 소청심사 단계에서 이미 주장된 사유만을 행정소송의 판단대상으로 삼을 것은 아니다. 따라서 소청심사 결정 후에 생긴 사유가 아닌 이상 소청심사 단계에서 주장하지 아니한 사유도 행정소송에서 주장할 수 있고, 법원도 이에 대하여 심리·판단할 수 있다.
② 행정사건의 심리절차는 행정소송의 특수성을 감안하여 행정소송법이 정하고 있는 특칙이 적용될 수 있는 점을 제외하면 심리절차 면에서 민사소송 절차와 큰 차이가 없으므로, 특별한 사정이 없는 한 민사사건을 행정소송 절차로 진행한 것 자체가 위법하다고 볼 수 없다.
③ 행정청이 법정 심판청구기간보다 긴 기간으로 잘못 알린 경우에 그 잘못 알린 기간 내에 심판청구가 있으면 그 심판청구는 법정 심판청구기간 내에 제기된 것으로 본다는 취지의 행정심판법 제18조 제5항의 규정은 행정심판 제기에 관하여 적용되는 규정이지, 행정소송 제기에도 당연히 적용되는 규정이라고 할 수는 없다.
④ 제기기간을 도과한 행정심판청구의 부적법을 간과한 채 행정청이 실질적 재결을 한 경우의 행정소송의 전치요건 충족한 것으로 볼 수 있다.

**17** 다음의 신뢰보호원칙에 관한 판례 중 옳지 않은 것은?

① 민원팀장에 불과한 공무원이 민원봉사 차원에서 상담에 응하여 안내한 것을 신뢰한 경우 신뢰 보호의 원칙이 적용되지 않는다.
② 처분의 하자가 당사자의 사실은폐나 기타 사위의 방법에 의한 신청행위에 기인한 것이라면 당사자는 그 처분에 의한 이익이 위법하게 취득되었음을 알아 그 취소가능성도 예상하고 있었다고 할 것이므로, 그 자신이 위 처분에 관한 신뢰이익을 원용할 수 없다.
③ 국회에서 일정한 법률안을 심의하거나 의결한 적이 있다고 하더라도, 법률로 확정되지 아니한 이상 국가가 이해관계자들에게 위 법률안에 관련된 사항을 약속하였다고 볼 수 없으며, 이러한 사정만으로 어떠한 신뢰를 부여하였다고 볼 수도 없다.
④ 헌법재판소의 위헌결정은 행정청이 개인에 대하여 신뢰의 대상이 되는 공적인 표명을 한 것이라고 할 수 있어 그 결정에 관련한 개인의 행위에 대하여는 신뢰보호의 원칙이 적용된다.

**18** 행정계획에 대한 판례의 내용으로 옳지 않은 것은?

① 대학교육역량강화사업기본계획은 구속력을 가지고 대학에 구체적인 권리 등에 영향을 미치는 것으로 헌법소원대상이 된다.
② 선행계획과 양립될 수 없는 후행계획을 선행계획에 대한 권한없는 기관이 형성한 경우에는 후행계획은 중대명백한 하자로서 무효에 해당한다.
③ 개발제한구역지정처분은 계획재량처분이다.
④ 행정주체가 구체적인 행정계획을 입안·결정할 때 가지는 형성의 자유의 한계에 관한 법리는 주민의 입안 제안 또는 변경신청을 받아들여 도시관리계획결정을 하거나 도시계획시설을 변경할 것인지를 결정할 때에도 동일하게 적용된다.

**19** 행정소송의 대상에 대한 판례의 입장으로 옳지 않은 것은?

① 수도법에 의하여 지방자치단체인 수도사업자가 그 수돗물의 공급을 받는 자에게 하는 수도료 부과·징수와 이에 따른 수도료 납부관계는 공법상의 권리의무 관계이므로, 이에 관한 분쟁은 행정소송의 대상이다.
② 구 예산회계법상 입찰보증금의 국고귀속조치는 국가가공권력을 행사하는 것이라는 점에서, 이를 다투는 소송은 행정소송에 해당한다.
③ 도시 및 주거환경정비법 상 주택재건축정비사업조합을 상대로 관리처분계획안에 대한 조합 총회결의의 효력 등을 다투는 소송은 행정소송법상 당사자소송에 해당한다.
④ 공익사업을 위한 토지 등의 취득 및 보상에 관한 법령에 의한 협의취득은 사법상의 법률행위이므로, 이에 관한 분쟁은 민사소송의 대상이다.

**20** 행정절차에 관한 내용 중 옳지 않은 것은?(다툼이 있는 경우에 판례에 의함)

① 행정청이 수익적 행정행위의 신청에 대해서 이를 거부하면서 사전통지 및 의견제출 절차를 거치지 않았다면 이는 실질적으로 침익적 결과를 초래하였으므로 취소사유에 해당한다.
② 공무원 인사관계 법령에 의한 처분에 관한 사항 전부에 대하여 「행정절차법」의 적용이 배제되는 것이 아니라 성질상 행정절차를 거치기 곤란하거나 불필요하다고 인정되는 처분이나 행정절차에 준하는 절차를 거치도록 하고 있는 처분의 경우에만 「행정절차법」의 적용이 배제된다.
③ 국가에 대한 행정처분을 할 때에도 사전통지, 의견청취, 이유제시와 관련한 행정절차법이 그대로 적용된다고 보아야 한다.
④ 처분청이 「행정절차법」상 고지절차에 관한 규정에 따른 고지의무를 이행하지 아니하였다고 하더라도 경우에 따라 행정심판의 제기기간이 연장될 수 있음에 그칠 뿐, 그 때문에 심판의 대상이 되는 행정처분이 위법하다고 할 수는 없다.

**21** 행정행위의 직권취소 및 철회에 대한 설명으로 옳지 않은 것은?(다툼이 있는 경우 판례에 의함)

① 수익적 행정행위의 철회는 법령에 명시적인 규정이 있거나 행정행위의 부관으로 그 철회권이 유보되어 있는 등의 경우가 아니라면, 원래의 행정행위를 존속시킬 필요가 없게 된 사정변경이 생겼거나 또는 중대한 공익상의 필요가 발생한 경우 등의 예외적인 경우에만 허용된다.
② 직권취소는 처분의 성격을 가지므로, 이유제시절차 등의 행정절차법 상 처분절차에 따라야 하며, 특히 수익적 행위의 직권취소는 상대방에게 침해적 효과를 발생시키므로 행정절차법 에 따른 사전통지, 의견청취의 절차를 거쳐야 한다.
③ 행정청이 행한 공사중지명령의 상대방은 그 명령 이후에 그 원인사유가 소멸하였음을 들어 행정청에게 공사중지명령의 철회를 요구할 수 있는 조리상의 신청권이 없다.
④ 외형상 하나의 행정처분이라 하더라도 가분성이 있거나 그 처분대상의 일부가 특정될 수 있다면 그 일부만의 취소도 가능하고 그 일부의 취소는 당해 취소부분에 관하여 효력이 생긴다.

**22** 「국유재산법」상 국유재산에 대한 설명으로 옳은 것만을 모두 고르면? (다툼이 있는 경우 판례에 의함)

ㄱ. 국유 일반재산의 대부료 징수에 관하여 국세 체납처분의 예에 따른 간이하고 경제적인 특별한 구제절차가 마련되어 있으므로, 특별한 사정이 없는 한 민사소송으로 일반재산의 대부료 지급을 구하는 것은 허용되지 않는다.
ㄴ. 주유소 영업을 위해 차도와 인도 사이의 경계턱을 없애고 건물 앞 인도 부분에 차량 진출입통로를 개설한 경우, 인도 부분이 일반공중의 통행에 공용되고 있다고 하여도 도로의 특별사용에 해당한다.
ㄷ. 관할 행정청이 관련 법령에 따라 사업실시계획을 인가·고시함으로써 공원시설의 종류·위치 및 범위 등이 구체적으로 확정되거나 도시계획사업 시행으로 도시공원이 실제로 설치된 국유 토지는 행정재산에 해당한다.
ㄹ. 국유재산의 무단점유와 관련하여 국유재산법에 의한 변상금 부과·징수가 가능한 경우에는 변상금 부과·징수의 방법에 의해서만 국유재산의 무단점유·사용으로 인한 이익을 환수할 수 있으며, 그와 별도로 민사소송의 방법으로 부당이득반환청구를 하는 것은 허용되지 않는다.

① ㄱ, ㄷ
② ㄴ, ㄹ
③ ㄱ, ㄴ, ㄷ
④ ㄱ, ㄷ, ㄹ

**23** 행정권한의 위임에 대한 설명으로 옳지 않은 것은? (다툼이 있는 경우 판례에 의함)

① 권한의 위임은 권한의 일부를 위임하는 것을 의미하고, 권한의 전부를 위임하는 것은 허용되지 않는다.
② 권한의 위임은 법률이 위임을 허용하고 있는 경우에 한하여 인정된다.
③ 개별 법률의 명시적 근거 없이 정부조직법 제6조 제1항을 근거로 권한을 재위임하는 것은 허용될 수 없다.
④ 위임기관은 수임기관의 수임사무처리에 대하여 지휘·감독하고, 그 처리가 위법 또는 부당하다고 인정되는 때에는 이를 취소하거나 정지시킬 수 있다.

**24** 지방의회와 지방자치단체의 장의 권한 및 그 상호 통제에 대한 설명으로 옳지 않은 것은? (다툼이 있는 경우 판례에 의함)

① 지방자치법 및 지방재정법에 따르면, 공유재산의 관리는 그 행위의 성질 등에 있어 그 취득이나 처분과는 달리 지방자치단체장의 고유권한에 속하는 것으로서 지방의회가 사전에 관여하여서는 아니 되는 사항이다.
② 집행기관의 고유권한에 속하는 인사권의 행사에 있어서 지방의회는 견제의 범위 내에서 소극적·사후적으로 개입할 수 있을뿐 사전에 적극적으로 개입하는 것은 허용되지 아니한다.
③ 당해 지방자치단체의 주민을 상대로 한 모든 행정기관의 행정처분에 대한 행정심판청구를 지원하는 것을 내용으로 하는 조례안은 지방자치단체의 사무에 관한 조례제정권의 한계를 벗어난 것이다.
④ 지방의회가 조례로 정한 특정한 사항에 대하여 일정한 기간 내에 반드시 주민투표를 실시하도록 규정한 조례안은 지방자치법에 위반하여 지방자치단체의 장의 고유권한을 침해하는 규정이다.

**25** 국가배상과 관련된 내용이다. 옳게 된 것을 모두 고르면?(다툼이 있으면 판례에 의함)

(가) 이미 존재하는 하천의 제방이 계획홍수위를 넘고 있다면 그 하천은 용도에 따라 통상 갖추어야 할 안전성을 갖고 있다고 보아야 하고, 그와 같은 하천이 그 후 새로운 하천시설을 설치할 때 기준으로 삼기 위하여 제정한 '하천시설기준'이 정한 여유고를 확보하지 못하고 있다는 사정만으로 바로 안전성이 결여된 하자가 있다고 볼 수는 없다.
(나) 공법인이 국가나 지방자치단체의 행정작용을 대신하여 공익사업을 시행하면서 행정절차를 진행하는 과정상 주민들의 절차적 권리를 보장하지 않은 위법이 있는 경우, 절차상 위법의 시정으로도 주민들에게 정신적 고통이 남아있다고 볼 특별한 사정이 있다면 정신적 손해의 배상을 구하는 것은 가능하다.
(다) 공무원이 자기를 위하여 자동차를 운행하지 않고 직무를 집행하기 위하여 국가소유의 관용차를 운행하다가 다른 사람을 사망하게 하거나 부상하게 한 때에는 해당 공무원은 「자동차손해배상보장법」상 손해배상책임의 주체가 될 수 없다.
(라) 「국가배상법」상 공무원 과실의 판단기준은 보통 일반의 공무원을 표준으로 하여 볼 때 위법한 행정처분의 담당 공무원이 객관적 주의의무를 소홀히 하고 그로 인해 행정처분이 객관적 정당성을 잃었다고 볼 수 있는 경우에 「국가배상법」 제2조가 정한 국가배상책임이 성립할 수 있다.

① (가), (다), (라)
② (가), (나), (다)
③ (나), (다) (라)
④ (가), (나), (다), (라)

## 제3과목 행정학

**01** 사바스(Savas)가 구분한 네 가지 공공서비스 유형과 내용의 연결이 옳은 것은?

① 집합재(collective goods) - 상당 부분을 정부가 공급하는 이유는 자연독점으로 인한 시장실패에 대응하기 위해서이다.
② 요금재(toll goods) - '무임승차(free-riding)'의 문제가 심각하게 발생할 수 있는 서비스이다.
③ 시장재(private goods) - 기본적인 수요조차도 충족하기 어려운 저소득층이나 영세민들을 배려하는 부분적인 정부 개입이 필요한 서비스이다.
④ 공유재(common pool goods) - 비경합성으로 인해 과잉소비와 공급비용의 귀착 문제가 야기될 수 있다.

**02** 주민조례발안에 관한 법률 내용으로 옳은 것은?

① 18세 이상의 주민으로서 해당 지방자치단체의 관할 구역에 주민등록이 되어 있는 사람은 해당 지방자치단체의 장에게 조례를 제정하거나 개정 또는 폐지할 것을 청구할 수 있다.
② 지방세·사용료·수수료·부담금을 부과·징수 또는 감면하는 사항, 행정기구를 설치하거나 변경하는 사항, 그리고 공공시설의 설치를 반대하는 사항은 주민조례청구 대상에서 제외한다.
③ 특별시 및 인구 800만 이상의 광역시·도의 경우, 청구권자 총수의 100분의 1 이내에서 해당 지방자치단체의 조례로 정하는 청구권자 수 이상이 연대 서명하여 청구하여야 한다.
④ 지방의회는 주민청구조례안이 수리된 날부터 1년 이내에 주민청구조례안을 의결하여야 하며, 의결되지 않을 경우 조례청구조례안을 수리한 당시의 지방의회 의원의 임기가 끝날 경우 폐기된다.

**03** 미국의 관리과학으로서 주류 행정학에 대한 설명으로 가장 옳지 않은 것은?

① 1910년대 미국 태프트 위원회에서 중시했던 가치는 민주성과 책임성이었다.
② 1930년대 브라운 위원회에서 제시된 능률적인 관리활동은 POSDCoRB로 집약된다.
③ 관리과학으로서의 정통행정학은 대공황과 뉴딜(New Deal) 정책 이전까지 미국행정학에서 지배적인 자기 정체성을 유지했다.
④ Simon은 주류 행정학에서 제시한 행정원리들이 과학적인 실험을 거치지 않은 격언에 불과하다고 비판하였다.

**04** 딜레마이론에 대한 설명으로 옳은 것은?

① 부정확한 정보와 의사결정자의 결정 능력 한계로 인해 발생하는 딜레마 상황에 주목한다.
② 대안을 선택하지 않는 비결정도 딜레마에 대한 하나의 대응형태로 볼 수 있다.
③ 두 대안이 추구하는 가치 간 충돌이 있는 경우 결국 절충안을 선택하게 된다.
④ 딜레마의 구성 요건으로서 단절성(discreteness)이란 시간의 제약이 존재하므로 어떤 식의 결정이든 해야 함을 의미한다.

**05** 직위분류제에 관한 설명 중 옳지 않은 것은?

① 공무원 개개인의 자격과 능력을 기준으로 분류하는 제도이다.
② 담당 직책이 요구하는 능력을 소유한 자를 임용할 수 있으므로 채용, 승진 등의 인사배치 적합한 기준을 제공한다.
③ 훈련수요를 쉽게 파악할 수 있고 직무급 수립이 용이하다.
④ 행정의 전문화와 정원 관리를 용이하게 한다.

**06** 규제의 재분배 효과에 대한 설명 중 틀린 것은?

① 규제로 인해 경쟁이 감소하면 생산자와 노동자가 적정 수준보다 더 많은 수익을 얻게 된다.
② 진입규제는 생산 기업의 수를 줄여 이들이 강력한 시장지배력을 획득하게 되고 이들은 생산기술 혁신이나 신상품 개발 등을 등한시하게 한다.
③ 교차보조는 각각 다른 시장이어서 요금의 차이가 당연히 발생해야 함에도 불구하고 공공요금이란 이름으로 특정 재화에 대한 가격을 자율적으로 정할 수 없도록 묶어놓는 경우에 발생한다.
④ 규제는 지대(rent)를 창출하고, 민간의 지대추구행위를 조장해 생산 효율성을 높이는데 기여한다.

**07** 예산 과정에 대한 설명으로 틀린 것은?

① 예산 과정은 예산편성, 예산심의, 예산집행, 결산의 과정으로 이루어지며, 보통 3년이 걸린다.
② 예산편성은 예산안을 작성하는 과정으로서, 현대 예산편성은 주로 행정부에 의해 이루어진다.
③ 예산심의는 입법부에서 이루어지며, 재정민주주의 관점에서 행정부를 통제하는 수단으로 볼 수 있다.
④ 결산심의는 감사원에서 이루어지며, 위법·부당한 행위 발견 시 무효나 취소할 수 없다.

**08** 갈등관리에 대한 설명으로 틀린 것은?

① 개방형 직위를 통해 국·과장급 직위를 외부인에게 개방하는 것은 갈등을 조장하는 효과가 있다.
② 분배적 협상(distributive negotiation)은 재원이 제한되어 있어 제로 섬(zero sum) 방식으로 나눌 수밖에 없다는 것을 기본적으로 전제한다.
③ 수평적 갈등은 목표의 분업구조, 과업의 상호 의존성, 자원의 제한 등이 중요한 원인으로 작용한다.
④ 갈등이 심한 경우 조직은 침체되어 있어서 구성원들이 현실에 안주하고, 변화에 대한 적응이 느리고, 새로운 아이디어 개발이 어려워 조직의 성과가 낮을 수 있다.

**09** 정보통신기술을 활용한 행정개선 사례로 옳지 않은 것은?

① 정부서울청사 등에 스마트워크센터를 설치하여 운영하고 있다.
② 민원서비스를 통합적으로 제공하는 '민원24'를 도입하였다.
③ 정부에 대한 불편사항 제기, 국민제안, 부패 및 공익 신고 등을 위해 '국민신문고'를 도입하였다.
④ 공공기관의 공사, 용역, 물품 등의 발주정보를 공개하고 조달절차를 인터넷으로 처리하도록 '온나라시스템'을 도입하였다.

**10** Diesing이 말하는 합리성의 유형에 대한 설명 중 옳은 것은?

① 기술적 합리성(technical rationality)은 경쟁 상태에 있는 목표를 어떻게 비교하고 선택할 것인가 하는 것을 의미한다.
② 경제적 합리성(economical rationality)은 주어진 목표를 가장 잘 달성할 수 있는 수단을 찾는 것을 의미한다.
③ 사회적 합리성(social rationality)은 사회 내의 여러 세력들의 정책결정 과정을 개선하는 것을 의미한다.
④ 법적 합리성(legal rationality)은 보편성과 공식적 질서를 통하여 예측 가능성을 높이는 것을 의미한다.

**11** 다음 중 근무평정 과정에서 나타날 수 있는 오류의 유형에 대한 설명으로 가장 옳지 않은 것은?

① 연쇄효과: 평정권자가 피평정자인 특정 직원이 평소 용모가 단정하고 성실하다는 이유로 창의적이고 청렴하다고 평정
② 규칙적 오류: 근무성적 평정 시 어떤 평가자가 다른 평가자들보다 언제나 좋은 점수 또는 나쁜 점수로 평가
③ 집중화 경향: 평가 결과의 분포가 우수한 쪽에 집중되도록 평가
④ 시간적 오류: 쉽게 기억될 수 있는 근무평가 대상기간 초기 또는 최근의 실적을 중심으로 평가

**12** 행정학 제반 이론에 대한 설명으로 틀린 것은?

① 신공공관리론은 정책목표의 달성 기제로 개인이나 기업 및 비영리기구 등을 활용할 것을 권장한다.
② 신공공서비스론의 고객 중심 논리는 국민을 관료주도의 행정서비스 제공에 의존하는 수동적 존재로 전락시킬 우려가 있다.
③ 탈신공공관리론은 정부의 정치·행정적 역량 강화, 즉 재규제 및 정치적 통제를 강조한다.
④ 뉴거버넌스는 담론이론 등을 바탕으로 한 행정의 정치성을 중시한다고 볼 수 있다.

**13** 민영화 방식에 대한 설명으로 가장 옳은 것은?

① contracting-out, franchise, government vending 등은 정부가 공급에 대한 책임을 지나, 생산은 민간에게 맡기는 방식이다.
② franchise는 정부가 재화나 서비스의 생산에 소요되는 비용을 부담하는 반면, contracting-out은 소비자가 재화나 서비스의 생산에 소요되는 비용을 부담한다.
③ contracting-out는 소비자가 서비스 공급기관을 선택하게 함으로써 소비자의 선택권을 넓혀주나, 서비스 누출현상이 발생하는 문제점이 있다.
④ grants는 공공서비스가 기술적으로 복잡하여 서비스 목표의 달성 방법을 정확하게 알 수 없을 경우 적합한 민영화의 방식이다.

**14** H. A. Simon의 행태주의이론에 대한 설명 중 옳지 않은 것은?

① 조직 및 조직 구성원의 행태를 주요 연구 대상으로 하였다.
② 행정의 가치중립성과 공공성을 강조하였다.
③ 실증적 연구 방법을 강조함에 따라 공공부문과 사기업 간의 공통점을 강조한다.
④ 가치와 사실을 구분하고 가치문제를 행정학의 연구 대상에서 제외시켰다.

**15** 전통적 예산원칙에 대한 설명 중 옳은 것은?

① 예산 통일성의 원칙은 회계장부는 하나여야 한다는 것이다.
② 예산 단일성의 원칙은 국가의 모든 세입으로 모든 세출에 충당해야 한다는 원칙이다.
③ 예산 명확성의 원칙은 수입의 유래와 지출의 용도가 분명하게 나타나 있어야 한다.
④ 양적 한정성의 원칙은 예산의 각 항이 정한 목적 외에 경비를 사용할 수 없다는 원칙이다.

**16** 행정, 정치, 경영의 비교 내용으로 가장 옳지 않은 것은?

① 행정과 정치의 기본가치는 공익추구이나 경영의 기본가치는 이윤추구이다.
② 행정과 경영은 합리적 성과 달성을 중시하나, 정치는 권력 장악을 중시한다.
③ 조직구조 측면에서 행정과 경영은 안정적이나 정치는 탄력적이다.
④ 조직환경 측면에서 행정은 독점적이나 정치와 경영은 경쟁적이다.

**17** 예비타당성조사 제도에 대한 설명으로 틀린 것은?

① 총사업비가 500억 이상이고, 국가의 재정지원 규모가 300억 이상인 신규사업에 대해 실시한다.
② 기획재정부장관은 예비타당성조사를 실시하고, 그 결과를 요약하여 국회 소관 상임위원회와 예산결산특별위원회에 제출하여야 한다.
③ 정책적 타당성 분석에서는 상위계획과의 연관성, 사업추진의지 등을 분석하고, 경제적 타당성 분석에서는 비용편익분석, 비용효과분석, 민감도 분석 등이 실시된다.
④ 국방사업, 건설공사가 포함된 사업, 정보화사업, 국가연구개발사업 등에 대해 적용한다.

**18** 정책의제설정에 대한 설명으로 틀린 것은?

① 제도의제에서 신항목에 비해 구항목은 과다한 문제와 시간적 제약에 시달리고 있는 정책결정자들로부터 우선적 관심을 받는다.
② 동원형은 정책담당자들에 의해 정책의제가 형성되는 경우를 말하며, 국민이 사전에 알면 곤란한 문제를 다룰 때나 시간이 급박할 때 나타날 수 있다.
③ 콥과 그 동료들(Cobb, Ross & Ross)에 따르면, 공식의제가 성립되는 단계는 외부주도 모형의 경우에는 진입단계, 동원모형과 내부접근모형의 경우에는 주도단계이다.
④ 내부접근형은 일반적으로는 사회적 지위나 부가 편중된 불평등한 사회에서 많이 나타나는 유형이다.

**19** 다음 중 신공공관리론과 신공공서비스론의 특성에 대한 설명으로 옳지 않은 것은?

① 신공공관리론은 경제적 합리성에 기반하는 반면에 신공공서비스론은 전략적 합리성에 기반한다.
② 신공공관리론은 기업가 정신을 강조하는 반면에 신공공서비스론은 사회적 기여와 봉사를 강조한다.
③ 신공공관리론의 대상이 고객이라면 신공공서비스론의 대상은 시민이다.
④ 신공공서비스론 입장에 따르면, 정부의 역할은 시민들로 하여금 공유된 가치를 창출하고 충족시킬 수 있도록 방향 잡기하는 데 있다.

**20** 행정의 가치에 대한 설명 중 가장 옳은 것은?

① 합목적성을 의미하는 경제성(economy)은 그 자체로 목표가 되는 본질적 가치다.
② 적극적 의미의 합법성(legality)은 상황에 따라 신축성을 부여하는 법의 적합성보다 예외 없이 적용하는 법의 안정성을 강조한다.
③ 가외성(redundancy)은 과정의 공정성(fairness) 확보를 위한 수단적 가치다.
④ 능률성(efficiency)은 떨어지더라도 효과성(effectiveness)은 높을 수 있다.

**21** Hackman과 Oldham의 직무특성이론에 대한 설명으로 틀린 것은?

① 직무특성을 결정하는 변수로서, 직무다양성, 직무정체성, 직무중요성, 자율성, 환류를 들고 있다.
② 직무특성변수 중 자율성은 직무수행자의 심리상태 중 책임감에 영향을 미친다.
③ 성장 욕구 수준이 낮은 경우에는 직무수행자에게 정형화할 수 있고 단순한 직무를 제공하는 것이 직무수행자의 동기를 유발할 수 있다고 본다.
④ 직무특성변수 중 직무중요성은 제품 완성에 기여하는 정도(전부 기여 또는 부분 기여), 즉 다른 직무와 구분되는 독립적 단위로 형성된 수준을 의미한다.

**22** 우리나라 공기업에 대한 설명으로 부적절한 것은?

① 일반적으로 공사형 공기업은 특별법에 의해 설립되고, 주식회사형 공기업은 상법에 의해 설립된다.
② 정부부처형 공기업은 일반행정기관에 적용되는 국가재정법이나 국고금관리법의 적용을 받지 않는다.
③ 공사형 공기업이나 주식회사형 공기업도 정부의 출자 비율이 50%이상일 경우 감사원의 필요적 검사대상이 된다.
④ 공사형 공기업이나 주식회사형 공기업은 일반적으로 「공공기관의 운영에 관한 법률」의 적용을 받는다.

**23** 통계적 결론의 타당성 확보에 있어서 발생할 수 있는 오류 중 1종 오류에 대한 설명은?

① 정책이나 프로그램의 효과가 실제로 발생하였음에도 불구하고 통계적으로 효과가 나타나지 않은 것으로 결론을 내리는 경우
② 정책의 대상이 되는 문제 자체에 대한 정의를 잘못 내리는 경우
③ 정책이나 프로그램의 효과가 실제로 발생하지 않았음에도 불구하고 통계적으로 효과가 나타난 것으로 결론을 내리는 경우
④ 개인을 대상으로 연구하여 나온 결론을 전체(집단)에 무조건 적용하는 경우

**24** 지방자치법에서 정하고 있는 우리나라 주민감사청구제도에 대한 다음 설명 중 옳지 않은 것은?

① 시·도의 경우 주민감사청구에 필요한 연서 주민 수는 18세 이상 주민 중 300명을 넘지 아니하는 범위에서 해당 지방자치단체의 조례로 정한다.
② 지방자치단체와 그 장의 권한에 속하는 사무의 처리가 법령에 위반되거나 공익을 현저히 해친다고 인정되면 시·도의 주민은 감사원에, 시·군 및 자치구의 주민은 시·도지사에게 감사를 청구할 수 있다.
③ 주민감사청구는 사무 처리가 있었던 날이나 끝난 날부터 3년이 지나면 제기할 수 없다.
④ 수사나 재판에 관여하게 되는 사항은 주민감사청구 대상에서 제외된다.

**25** 리더십이론에 대한 설명으로 옳지 않은 것은?

① 피들러(Fiedler)는 리더의 행태에 따라 권위주의형, 민주형, 자유방임형의 세 가지 유형으로 구분하였다.
② 행태이론은 리더의 자질보다 리더의 행태적 특성이 조직성과에 영향을 미친다고 본다.
③ 허시(Hersey)와 블랜차드(Blanchard)는 부하의 성숙도에 따라 리더의 역할이 달라져야 한다고 주장한다.
④ 하우스(House)의 경로 - 목표이론에 의하면 참여적 리더십은 부하들이 구조화되지 않은 과업을 수행할 때 필요하다.

# 군무원 일반직 FINAL 실전동형 봉투모의고사
# 제2회 모의고사

## 일반직

| 제1과목 | | 제2과목 | 행정법 |
|---|---|---|---|
| 제3과목 | 행정학 | 제4과목 | |

| 응시번호 | | 성 명 | |
|---|---|---|---|

### 〈 안내 사항 〉

1. 답안지의 모든 기재 및 표기사항은 반드시 『컴퓨터용 흑색사인펜』으로만 작성하여야 합니다.
   (사인펜에 "컴퓨터용"으로 표시되어 있음) (사인펜 본인 지참)
   * 매년 지정된 펜을 사용하지 않아 답안지가 무효처리 되는 상황이 빈발하고 있으므로, 답안지는 반드시 『컴퓨터용 흑색사인펜』으로만 표기하시기 바랍니다.

2. 답안은 매 문항마다 반드시 하나의 답만 골라 그 숫자에 "●"로 표기해야 하며, 표기한 내용은 수정테이프를 이용하여 정정할 수 있습니다. 단, 시험시행본부에서 수정테이프를 제공하지 않습니다. (표기한 부분을 긁는 경우 오답처리 될 수 있으며, 수정스티커 또는 수정액은 사용 불가)
   * 답안지는 훼손·오염되거나 구겨지지 않도록 주의해야 하며, 특히 답안지 상단의 타이밍마크 (▮▮▮▮▮)를 절대로 훼손해서는 안 됩니다.

3. 필기시험 문제 관련 의견제시 기간: 시험 당일을 포함한 5일간
   * 국방부 군무원채용관리홈페이지(http://recruit.mnd.go.kr) - 시험안내 - 시험묻고답하기

# 제2회 모의고사

## 제2과목 행정법

**01** 다음의 내용 중 바르고(O) 그름(X)이 순서대로 옳게 된 것은?(다툼이 있는 경우에는 판례에 의함)

> (가) 병무청장의 요청에 의해 법무부장관이 甲의 입국을 금지하는 결정을 하고, 그 정보를 내부전산망인 '출입국관리정보시스템'에 입력하였으나, 상대방에게는 통보하지 않았다면 입국금지 결정은 항고소송의 대상이 되는 '처분'에 해당하지 않는다.
> (나) 처분이 행정규칙에 적합한지 여부에 따라 처분의 적법 여부를 판단할 수 없으며 이는 상급행정기관이 소속 공무원이나 하급행정기관에 하는 개별·구체적인 지시에 관하여도 마찬가지 법리가 적용된다.
> (다) 외국인의 사증발급 신청에 대한 거부처분은 행정절차법에서 정한 '처분서 작성·교부'등의 처분방식을 따를 필요도 없다.
> (라) 처분의 근거 법령이 행정청에 처분의 요건과 효과 판단에 일정한 재량을 부여하였는데도, 행정청이 처분으로 달성하려는 공익과 처분상대방이 입게 되는 불이익을 전혀 비교형량 하지 않은 채 처분을 한 경우, 재량권 일탈·남용으로 해당 처분을 취소해야 할 위법사유가 된다.

① X - O - O - O
② O - X - O - O
③ O - O - X - O
④ O - O - O - X

**02** 법치행정의 원칙에 대한 설명으로 가장 옳지 않은 것은?(다툼이 있는 경우에 판례에 의함)

① 국회가 형식적 법률로 직접 규율하여야 하는 필요성은 규율대상이 기본권 및 기본적 의무와 관련된 중요성을 가질수록, 그에 관한 공개적 토론의 필요성 또는 상충하는 이익 사이의 조정 필요성이 클수록 더 증대된다.
② 복종의무가 있는 군인은 상관의 지시와 명령에 대하여 재판청구권을 행사하기 이전에 군인복무규율에 규정된 내부적 절차를 거쳐야 한다.
③ 수신료 징수업무를 한국방송공사가 직접 수행할지 제3자에게 위탁할지 여부는 국민의 기본권 제한에 관한 본질적인 사항이 아니다.
④ 토지등소유자가 도시환경정비사업을 시행하는 경우 사업시행인가 신청에 필요한 토지등소유자의 동의정족수를 토지등소유자가 자치적으로 정하여 운영하는 규약에 정하도록 한 것은 법률유보원칙에 위반된다.

**03** 행정상 강제집행에 관한 설명으로 옳지 않은 것은?

① 행정상 강제집행은 행정법상 개별·구체적인 의무의 불이행을 전제로 그 불이행한 의무를 장래에 향해 실현시키는 것을 목적으로 한다는 점에서 과거의 의무위반에 대한 제재로써 가하는 행정벌과 구별된다.
② 행정대집행은 대체적 작위의무를 대상으로 하기 때문에 부작위의무는 그 의무를 위반함으로써 발생한 결과를 시정하기 위한 작위의무로 전환시킨 후에 비로소 대집행의 대상이 될 수 있다.
③ 현행「건축법」에 따른 이행강제금에 대하여 불복하고자 하는 때에는「비송사건절차법」에 의한 재판을 통하여야 한다.
④ 관할청이 농지법상의 이행강제금 부과처분을 하면서 재결청에 행정심판을 청구하거나 관할 행정법원에 행정소송을 할 수 있다고 잘못 안내하였다고 하더라도, 그러한 잘못된 안내로 행정법원의 항고소송 재판관할이 생긴다고 볼 수도 없다.

**04** 행정행위의 흠에 관한 설명으로 옳지 않은 것은?(다툼이 있으면 판례에 의함)

① 판례는 권한 없는 행정기관이 한 당연무효의 행정처분을 취소할 수 있는 권한은 당해 행정처분을 한 처분청에게 속한다고 하였다.
② 2개 이상의 행정처분이 연속적 또는 단계적으로 이루어지는 경우 선행처분과 후행처분이 서로 합하여 1개의 법률효과를 완성하는 때에는 선행처분에 하자가 있으면 그 하자는 후행처분에 승계된다. 이러한 경우에는 선행처분에 불가쟁력이 생겨 그 효력을 다툴 수 없게 되더라도 선행처분의 하자를 이유로 후행처분의 효력을 다툴 수 있다
③ 행정심판에서의 재결서와 같이 법이 문서의 형식을 요하는 경우 이에 대한 위반은 철회사유이다.
④ 하자가 중대하고도 객관적으로 명백함으로 인하여 그 행정처분이 당연무효로 되는 것인가 또는 취소할 수 있음에 불과한 것인가를 구별함에 있어서는 그 법규의 목적, 의미, 기능 등을 목적론적으로 고찰함과 동시에 구체적 사안 자체의 특수성에 관하여도 합리적으로 고찰함을 요할 것이다.

**05** 행정소송에 대한 판례의 입장으로 옳은 것은?

① 개발제한구역 중 일부 취락을 개발제한구역에서 해제하는 내용의 도시관리계획변경결정에 대하여 개발제한구역 해제 대상에서 누락된 토지의 소유자는 그 결정의 취소를 구할 법률상 이익이 있다.
② 금융기관 임원에 대한 금융감독원장의 문책경고는 상대방의 권리의무에 직접 영향을 미치지 않으므로 행정소송의 대상이 되는 처분에 해당하지 않는다.
③ 부가가치세 증액경정처분의 취소를 구하는 항고소송에서 납세의무자는 과세관청의 증액경정사유만 다툴 수 있을 뿐이지 당초 신고에 관한 과다신고사유는 함께 주장하여 다툴 수 없다.
④ 주택건설사업 승인신청 거부처분에 대한 취소의 확정판결이 있은 후 행정청이 재처분을 하였다 하더라도 그 재처분이 종전 거부처분에 대한 취소의 확정판결의 기속력에 반하는 경우, 행정소송법 상 간접강제신청에 필요한 요건을 갖춘 것으로 보아야 한다.

**06** 행정기본법의 내용으로 옳지 않은 것은?

① 누구든지 법령등의 내용에 의문이 있으면 법령을 소관하는 중앙행정기관의 장과 자치법규를 소관하는 지방자치단체의 장에게 법령해석을 요청할 수 있다.
② 처분은 권한이 있는 기관이 취소 또는 철회하거나 기간의 경과 등으로 소멸되기 전까지는 유효한 것으로 통용된다. 다만, 무효인 처분은 처음부터 그 효력이 발생하지 아니한다.
③ 법령등을 위반한 행위의 성립과 이에 대한 제재처분은 법령등에 특별한 규정이 있는 경우를 제외하고는 법령등을 위반한 행위 당시의 법령등에 따른다.
④ 행정에 관한 나이는 다른 법령등에 특별한 규정이 있는 경우를 제외하고는 출생일을 산입하지 않고 만(滿) 나이로 계산하여, 연수(年數)로 표시한다. 다만, 1세에 이르지 아니한 경우에는 월수(月數)로 표시할 수 있다.

**07** 행정심판의 재결에 관한 다음 설명 중 옳지 않은 것은?(다툼이 있는 경우 판례에 의함)

① 행정처분무효확인 등의 행정심판청구를 각하한 재결에 대한 항고소송은 원처분의 존재 여부나 그 유·무효를 이유로 주장할 수 없고, 그 재결 자체에 주체, 절차, 형식 또는 내용상의 위법이 있는 경우에 한한다.
② 원처분에 대한 형성적 취소재결이 확정된 후에 행한 처분청의 원처분 취소처분은 항고소송의 대상이 된다.
③ 행정심판법 제37조에서 정하고 있는 행정심판청구에 대한 재결이 행정청과 그 밖의 관계 행정청을 기속하는 효력은 당해 처분에 관하여 재결주문 및 그 전제가 된 요건사실의 인정과 판단에만 미치고 이와 직접 관계가 없는 다른 처분에 대하여는 미치지 아니한다.
④ 행정심판위원회가 피청구인이 아닌 자로부터 제출된 답변서를 송달하여 청구인으로 하여금 답변서에 대하여 반박할 기회를 주었다면, 청구인이 피청구인으로 한 자의 답변서 제출과 그 송달 없이 한 행정심판의 재결에 고유한 위법이 있다고 할 수 없다.

**08** 행정행위의 부관에 대한 기술로 옳은 것은? (단, 다툼이 있는 경우 판례에 의함)

① 허가에 붙은 기한이 부당하게 짧은 경우에는 허가기간의 연장신청이 없는 상태에서 허가기간이 만료하였더라도 그 후에 허가기간 연장신청을 하였다면 허가의 효력은 상실되지 않는다.
② 부관은 주된 행정행위에 부가된 종된 규율로서 독자적인 존재를 인정할 수 없으므로 사정변경으로 인해 당초 부담을 부가한 목적을 달성할 수 없게 된 경우라도 부담의 사후 변경은 허용될 수 없다.
③ 무효인 부담이 붙은 행정행위의 상대방이 그 부담의 이행으로 사법상 법률행위를 한 경우에 그 사법상 법률행위 자체가 당연무효로 되는 것은 아니다.
④ 행정행위에 부가된 허가기간은 그 자체로서 항고소송의 대상이 될 수 없을 뿐만 아니라 그 기간의 연장신청의 거부에 대하여도 항고소송을 청구할 수 없다.

**09** 행정입법에 대한 판례의 입장으로 옳은 것은?

① 법원이 법률 하위의 법규명령, 규칙, 조례, 행정규칙 등이 위헌·위법인지를 심사하기 위한 요건으로서 '재판의 전제성'의 의미 및 법원이 구체적 규범통제를 통해 위헌·위법으로 선언할 심판대상은 해당 규정 중 재판의 전제성이 인정되는 조항에 한정되는 것은 아니다.
② 일반적으로 법률의 위임에 따라 효력을 갖는 법규명령의 경우에 위임의 근거가 없어 무효였더라도 나중에 법 개정으로 위임의 근거가 부여되면 그때부터는 유효한 법규명령으로 볼 수 있으므로 법규명령이 개정된 법률에 규정된 내용을 유추·확장하는 내용의 해석규정이라도 무효라 할 수 없다.
③ 법령의 위임관계는 반드시 하위 법령의 개별조항에서 위임의 근거가 되는 상위 법령의 해당 조항을 구체적으로 명시하고 있어야만 하는 것은 아니다.
④ '법령'은 일반적인 의미에서 법률과 법규명령으로서의 대통령령만을 의미하고, 이와 달리 상급행정기관이 하급행정기관에 대하여 업무처리나 법령의 해석·적용에 관한 기준을 정하여 발하는 이른바 행정규칙은 일반적으로 행정조직 내부에서만 효력을 가질 뿐 대외적인 구속력을 갖는 것이 아니므로 이에 해당하지 않는다.

**10** 법률상 이익에 대한 설명으로 옳은 것은? (다툼이 있는 경우 판례에 의함)

① 취임승인이 취소된 학교법인의 정식이사들에 대해 원래 정해져 있던 임기가 만료되면 그 임원취임승인취소처분의 취소를 구할 소의 이익이 없다.
② 교육부장관이 사학분쟁조정위원회의 심의를 거쳐 갑 대학교를 설치·운영하는 을 학교법인의 이사 8인과 임시이사 1인을 선임한 데 대하여 갑 대학교 교수협의회와 총학생회 등은 이사선임처분을 다툴 법률상 이익이 없지만, 전국대학노동조합 갑 대학교지부는 법률상 이익이 있다
③ 구 임대주택법 제21조에 따른 분양전환승인 중 분양전환가격을 승인하는 부분이 강학상 '인가'에 해당하여 임차인에게 항고소송을 통하여 분양전환승인의 효력을 다툴 법률상 이익이 없다.
④ 소송 중 효과가 소멸하여 원상회복이 불가능인 경우에도, 그 처분과 동일한 위법의 처분이 반복될 위험성 등으로 예외적으로 그 처분의 취소를 구할 소의 이익을 인정할 수 있고 '위법한 처분이 반복될 위험성이 있는 경우'란 예시일 뿐이며, 반드시 '해당 사건의 동일한 소송 당사자 사이에서' 반복될 위험이 있는 경우만을 의미하는 것은 아니다.

**11** 갑(甲)은 영업허가를 받아 영업을 하던 중 자신의 영업을 을(乙)에게 양도하고자 을과 사업양도양수계약을 체결하고 관련법령에 따라 관할 행정청 A에게 지위승계신고를 하였다. 이에 대한 설명으로 가장 옳지 않은 것은?

① 갑과 을 사이의 사업양도양수계약이 무효이더라도 A가 지위승계신고를 수리하였다면 그 수리는 취소되기 전까지 유효하다.
② A가 지위승계신고의 수리를 거부한 경우 갑은 수리거부에 대해 취소소송으로 다툴 수 있다.
③ 갑과 을이 사업양도양수계약을 체결하였으나 지위승계신고 이전에 갑에 대해 영업허가가 취소되었다면, 을은 이를 다툴 법률상 이익이 있다.
④ 갑과 을이 관련법령상 요건을 갖춘 적법한 신고를 하였더라도 A가 이를 수리하지 않았다면 지위승계의 효력이 발생하지 않는다.

**12** 다음의 질서위반행위규제법상의 내용 중 ( )에 들어가야 할 말이 순서대로 옳게 된 것은?

(가) 질서위반행위의 성립과 과태료 처분은 ( ) 법률에 따른다.
(나) 과태료부과에 이의제기를 받은 행정청은 이의제기를 받은 날부터 ( ) 이내에 이에 대한 의견 및 증빙서류를 첨부하여 관할 법원에 통보하여야 한다.
(다) 당사자와 검사는 과태료 재판에 대하여 즉시항고를 할 수 있다. 이 경우 항고는 ( )의 효력이 있다.

① 과태료부과시 - 10일 - 효력상실
② 행위시 - 14일 - 집행정지
③ 과태료부과시 - 10일 - 집행부정지
④ 행위시 - 14일 - 효력상실

**13** 행정재량에 관한 설명으로 옳지 않은 것은?(다툼이 있는 경우에는 판례에 의함)

① 토지의 형질변경행위를 수반하는 건축허가는 「건축법」에 의한 건축허가와 「국토의 계획 및 이용에 관한 법률」에 의한 개발행위허가의 성질을 아울러 갖게 되므로 재량행위에 해당한다.
② 개발제한구역 내에서는 구역지정의 목적상 건축물의 건축 및 공작물의 설치 등 개발행위가 원칙적으로 금지되고 예외적으로 허가에 의하여 그러한 행위를 할 수 있게 되어 있으므로 그 허가는 재량행위에 속한다.
③ 「국토의 계획 및 이용에 관한 법률」의 규정에 의한 토지의 형질변경허가는 그 금지요건이 불확정개념으로 규정되어 있어 그 금지요건에 해당하는지 여부를 판단함에 있어서 행정청에게 재량권이 부여되어 있다고 할 것이므로 재량행위에 속한다.
④ 건축허가권자는 건축허가신청이 「건축법」등 관계 법규에서 정하는 어떠한 제한에 배치되지 않는 이상 중대한 공익상의 필요가 있더라도 관계 법령에서 정하는 제한사유 이외의 사유를 들어 요건을 갖춘자에 대한 허가를 거부할 수는 없다.

**14** 행정절차법에 대한 설명으로 옳지 않은 것은?(다툼이 있는 경우에 판례에 의함)

① 행정청은 당사자등이 제출한 의견을 반영하지 아니하고 처분을 한 경우 당사자등이 처분이 있음을 안 날부터 30일 이내에 그 이유의 설명을 요청하면 서면으로 그 이유를 알려야 한다.
② 청문 주재자는 당사자등의 전부 또는 일부가 정당한 사유로 청문기일에 출석하지 못하거나 의견서를 제출하지 못한 경우에는 10일 이상의 기간을 정하여 이들에게 의견진술 및 증거제출을 요구하여야 하며, 해당 기간이 지났을 때에 청문을 마칠 수 있다.
③ 행정입법에 대한 예고를 함에 있어서 법령의 입법안을 입법예고하는 경우에는 관보 및 법제처장이 구축·제공하는 정보시스템을 통한 공고방법으로, 자치법규의 입법안을 입법예고하는 경우에는 공보를 통한 공고방법으로 한다.
④ 국민생활에 큰 영향을 미치는 처분으로서 대통령령으로 정하는 처분에 대하여 대통령령으로 정하는 수 이상의 당사자등이 공청회 개최를 요구하는 경우에는 공청회를 개최한다.

**15** 행정법상 시효제도에 대한 설명으로 옳은 것은? (다툼이 있는 경우 판례에 의함)

① 「국유재산법」상 일반재산은 취득시효의 대상이 될 수 없다.
② 「국가재정법」상 5년의 소멸시효가 적용되는 '금전의 급부를 목적으로 하는 국가의 권리'에는 국가의 사법(私法)상 행위에서 발생한 국가에 대한 금전채무도 포함된다.
③ 조세에 관한 소멸시효가 완성된 후에 부과된 조세부과처분은 위법한 처분이지만 당연무효라고 볼 수는 없다.
④ 납입고지에 의한 소멸시효의 중단은 그 납입고지에 의한 부과처분이 추후 취소되면 효력이 상실된다.

**16** 행정상 손실보상에 대한 설명으로 옳지 않은 것은?(다툼이 있는 경우 판례에 의함)

① 토지수용위원회는 손실보상의 신청범위와 관계없이 손실보상의 증액재결을 할 수 없다.
② 공공용물에 관하여 적법한 개발행위 등이 이루어짐으로 말미암아 이에 대한 일정 범위의 사람들의 일반사용이 종전에 비하여 제한받게 되었다 하더라도 특별한 사정이 없는 한 그로 인한 불이익은 손실보상의 대상이 되는 특별한 손실에 해당한다고 할 수 없다.
③ 손실보상청구권의 성질에 관하여 대법원은 전통적으로 사권설의 입장에서 민사소송으로 다루어 왔으나, 최근에는 당사자소송으로 보는 판례도 나타나고 있다.
④ 헌법재판소는 재산권의 제한이 특별한 희생에 해당하는 경우에 보상규정을 두지 않는 것은 위헌이라고 하면서도 단순위헌이 아닌 헌법불합치결정을 하였다.

**17** 국가배상제도에 대한 설명으로 옳은 것은? (단, 다툼이 있는 경우 판례에 의함)

① 경찰공무원인 피해자가 구 공무원연금법에 따라 공무상 요양비를 지급받는 것이 국가배상법 제2조 제1항 단서에서 정한 '다른 법령의 규정'에 따라 보상을 지급받는 것에 해당한다.
② 우리나라와 외국 사이에 국가배상청구권의 발생요건이 현저히 균형을 상실하지 아니하고 외국에서 정한 요건이 우리나라에서 정한 그것보다 전체로서 과중하지 아니하여 중요한 점에서 실질적으로 거의 차이가 없는 정도라면 국가배상법 제7조가 정하는 상호보증의 요건을 구비하였다고 봄이 타당하다.
③ 공무원의 부작위로 인한 국가배상책임을 인정하기 위해서는 공무원의 작위로 인한 국가배상책임을 인정하는 경우와 달리 '공무원이 직무를 집행하면서 고의 또는 과실로 법령을 위반하여 타인에게 손해를 입힌 때'라는 국가배상법 제2조 제1항의 요건이 충족될 필요는 없다.
④ 국가배상법 제2조 제1항 소정의 '직무를 집행함에 당하여'라 함은 직접 공무원의 직무집행행위이거나 그와 밀접한 관계에 있는 행위를 포함하고, 이에 대한 판단은 행위 자체의 외관을 객관적으로 공무원의 직무행위로 보여지더라도 비록 그것이 실질적으로 직무행위에 속하지 않는다면 그 행위는 공무원이 '직무를 집행함에 당하여' 한 것으로 볼 수 없다.

**18** 행정의 실효성 확보수단에 대한 설명으로 옳지 않은 것은?(다툼이 있는 경우 판례에 의함)

① 관할 행정청이 여객자동차운송사업자의 여러 가지 위반행위를 인지한 경우, 인지한 여러 가지 위반행위 중 일부에 대해서만 우선 과징금 부과처분을 하고 나머지에 대해서는 차후에 별도의 과징금 부과처분을 하는 것은 원칙적으로 허용할 수 없다.
② 공정거래위원회가 위반행위에 대한 과징금을 부과하면서 여러 개의 위반행위에 대하여 외형상 하나의 과징금 납부명령을 하였으나 여러 개의 위반행위 중 일부 위반행위에 대한 과징금 부과만 위법하고 소송상 그 일부 위반행위를 기초로 한 과징금액을 산정할 수 있는 자료가 있는 경우, 그 일부 위반행위에 대한 과징금액에 해당하는 부분만 취소하여야 한다.
③ 세법상 가산세는 정당한 이유 없이 법에 규정된 신고·납세의무 등을 이행하지 않은 경우에 부과하는 행정상 제재로서 고의·과실 또한 중요한 고려요소가 된다.
④ 행정재산의 사용·수익 허가에 따른 사용료에 대하여는 「국세징수법」에 따라 가산금과 중가산금을 징수할 수 있고, 이는 미납분에 관한 지연이자의 의미로 부과되는 부대세의 일종이다.

**19** 공공기관의 정보공개에 관한 법률 상 정보공개에 대한 설명으로 옳지 않은 것은? (다툼이 있는 경우 판례에 의함)

① 정보공개제도는 공공기관이 보유·관리하는 정보를 그 상태대로 공개하는 제도라는 점 등에 비추어 보면, 정보공개를 구하는 자가 공개를 구하는 정보를 행정기관이 보유·관리하고 있을 상당한 개연성이 있다는 점을 입증함으로써 족하다 할 것이지만, 공공기관이 그 정보를 보유·관리하고 있지 아니한 경우에도 특별한 사정이 없는 한 정보공개거부처분의 취소를 구할 법률상의 이익이 있다.
② 청구인이 청구대상정보를 기재할 때에는 사회일반인의 관점에서 청구대상정보의 내용과 범위를 확정할 수 있을 정도로 특정하여야 한다.
③ 검찰보존사무규칙이 검찰청법 제11조 에 기하여 제정된 법무부령이기는 하지만, 그 사실만으로 같은 규칙 내의 모든 같은 규칙 제22조 는 법률상의 위임근거가 없어 행정기관 내부의 사무처리준칙으로서 행정규칙에 불과하므로, 위 규칙상의 열람·등사의 제한을 공공기관의 정보공개에 관한 법률 제9조 제1항 제1호 의 '다른 법률 또는 법률에 의한 명령에 의하여 비공개사항으로 규정된 경우'에 해당한다고 볼 수 없다.
④ 행정소송의 재판기록 일부의 정보공개청구에 대한 비공개결정은 전자문서로 통지할 수 있다.

**20** 다음의 판례내용으로 바르게 기술되지 않은 것은?(다툼이 있는 경우에는 판례에 의함)

① 납세의무자가 무자력이거나 그 소재가 불명하여 압류의 집행에도 착수할 수 없는 등 특별한 사정이 있는 경우에는 조세징수권의 소멸시효 중단을 위하여 납세의무자를 상대로 조세채권 존재확인의 소를 제기할 수 있다.
② 과세주체가 소멸시효 중단을 위하여 납세의무자를 상대로 제기한 조세채권확인의 소가 공법상 당사자소송에 해당한다.
③ 비형벌조항에 대한 적용중지 헌법불합치결정이 선고되었으나 위헌성이 제거된 개선입법이 이루어지지 않은 채 개정시한이 지난 때에는 헌법불합치결정 시점과 법률조항의 효력이 상실되는 시점 사이에 아무런 규율도 존재하지 않는 법적 공백을 방지할 필요가 있으므로, 그 법률조항은 헌법불합치결정이 있었던 때로 소급하여 효력을 상실한다.
④ 어떠한 처분에 법령상 근거가 있는지, 행정절차법에서 정한 처분절차를 준수하였는지가 소송요건 심사단계에서 고려할 요소에 해당한다.

**21** 신뢰보호의 원칙에 대한 설명으로 옳은 것은? (다툼이 있는 경우 판례에 의함)

① 처분청이 착오로 행정서사업 허가처분을 한 후 20년이 다 되어서야 취소사유를 알고 행정서사업 허가를 취소한 경우, 그 허가취소처분은 실권의 법리에 저촉되는 것으로 보아야 한다.
② 법령이나 비권력적 사실행위인 행정지도 등은 신뢰의 대상이 되는 선행조치에 포함되지 않는다.
③ 신뢰보호원칙의 적용에 있어서 귀책사유의 유무는 상대방을 기준으로 판단하여야 하며, 상대방으로부터 신청행위를 위임받은 수임인 등 관계자까지 포함시켜 판단할 것은 아니다.
④ 당초 정구장시설을 설치한다는 도시계획결정을 하였다가 정구장 대신 청소년 수련시설을 설치한다는 도시계획 변경결정 및 지적 승인을 한 경우 당초의 도시계획결정만으로는 도시계획사업의 시행자 지정을 받게 된다는 공적 견해를 표명했다고 할 수 없다.

**22** 행정청의 과세처분 이후 조세부과의 근거가 되었던 법률에 대해 헌법재판소의 위헌결정이 있었고 위헌결정 이후에, 그 조세채권의 집행을 위해 행정청은 재산에 대해 압류처분이 있었다. 이에 대한 설명으로 옳은 것은? (다툼이 있는 경우 판례에 의함)

① 행정청의 압류처분에 대해 무효확인소송을 제기하였다가 취소소송으로 소의 종류를 변경하는 경우, 제소기간의 준수 여부는 취소소송으로 변경되는 때를 기준으로 한다.
② 압류처분에 대해 무효확인소송을 제기하였다가 압류처분에 대한 취소소송을 추가로 병합하는 경우, 무효확인의 소가 취소소송 제소기간 내에 제기됐더라도 취소청구의 소의 추가 병합이 제소기간을 도과했다면 병합된 취소청구의 소는 부적법하다.
③ 위헌결정 당시 이미 과세처분에 불가쟁력이 발생하여 조세채권이 확정된 경우에도 행정청의 재산에 대한 압류처분은 무효이다.
④ 처분의 상대방이 압류처분에 대해 무효확인소송을 제기하려면 무효확인심판을 거쳐야 한다.

**23** 권한의 위임에 대한 설명으로 가장 옳지 않은 것은?(다툼이 있는 경우 판례에 따름)

① 행정권한의 위임은 행정관청이 법률에 따라 특정한 권한을 다른 행정관청에 이전하여 수임관청의 권한을 행사하도록 하는 것이어서 권한의 법적인 귀속을 변경하는 것이므로 법률의 위임을 허용하고 있는 경우에 한하여 인정된다.
② 권한의 내부위임에 있어서는 권한이 내부적으로만 이전되며 법률에서 정한 권한분배에 변경이 가해지는 것이 아니므로 법률의 근거가 없어도 가능하다.
③ 권한의 위임의 경우에는 수임자 자가기의 명의로 권한을 행사할수 있으나, 내부위임의 경우에는 수임자는 위임관청의 명의로 이를 할수 있을 뿐이다.
④ 국가사무로서 지방자치단체의 장에게 위임된 기관위임사무의 경우에는 지방자치단체의 조례에 의하여 구청장등에게 재위임할 수 있다.

**24** 행정처분 이외의 행정작용형식에 대한 내용으로 옳지 않은 것은

① 甲 주식회사 등으로 구성된 컨소시엄과 한국에너지기술평가원의 산업기술혁신 촉진법 제11조 제4항에 따른 산업기술개발사업에 관한 협약은 공법상 계약에 해당한다.
② 「국가를 당사자로 하는 계약에 관한 법률」에 따른 계약서를 따로 작성하는 등 그 요건과 절차를 거치지 않고 체결된 계약이라고 해서 무효가 되는 것은 아니다.
③ 공법상계약의 무효확인을 구하는 당사자소송의 청구는 당해 소송에서 추구하는 권리구제를 위한 다른 직접적인 구제방법이 있는 이상 소송요건을 구비하지 못한 위법한 청구이다.
④ 구「도시계획법」상 도시기본계획은 도시의 기본적인 공간구조와 장기발전방향을 제시하는 종합계획으로서 도시계획입안의 지침이 되므로 일반 국민에 대한 직접적인 구속력은 없다.

**25** 재무행정에 대한 설명으로 옳지 않은 것은? (다툼이 있는 경우 판례에 의함)

① 「지방세기본법」에 따르면, 지방자치단체의 장은 적절하고 공평한 과세의 실현을 위하여 필요한 최소한의 범위에서 세무조사를 하여야 하며, 다른 목적 등을 위하여 조사권을 남용해서는 아니 된다.
② 특별한 사정이 없는 한, 과세관청이 과세처분에 앞서 필수적으로 행하여야 할 과세예고 통지를 하지 아니함으로써 납세자에게 과세전적부심사의 기회를 부여하지 아니한 채 과세처분을 하였다면, 그 과세처분은 위법하다.
③ 하나의 납세고지서에 의하여 복수의 과세처분을 함께 하는 경우에는 과세처분별로 그 세액과 산출근거 등을 구분하여 기재함으로써 납세의무자가 각 과세처분의 내용을 알 수 있도록 해야 한다.
④ 지방국세청장이 조세범칙행위에 대하여 형사고발을 한 후에 동일한 조세범칙행위에 대하여한 통고처분은 특별한 사정이 없는 한 위법하지만 무효는 아니다.

## 제3과목 행정학

**01** 롤스(Rawls)의 정의론에 대한 설명 중 옳은 것은 모두 몇 개인가?

가. 자유와 평등의 조화를 추구하는 중도적 입장보다는 자유방임주의에 의거한 전통적 자유주의 입장을 취하고 있다.
나. 이념적·가설적 상황으로서 원초적 상태를 설정하였고 사회계약론의 입장에서 정의의 원리를 도출한다.
다. 정의의 두 가지 기본원리 중 제1원리는 기본적 자유의 평등원리이며, 제2원리는 차등조정의 원리이다. 제2원리 내에서 충돌이 생길 때에는 차등의 원리가 기회균등의 원리에 우선한다.
라. 기회균등의 원리는 결과의 공평을 중시하며 차등의 원리는 기회의 공평을 중시한다.

① 1개   ② 2개
③ 3개   ④ 4개

**02** 행정가치에 대한 설명으로 틀린 것은?
① 쾌락주의, 마르크스주의, 공리주의는 법칙론적 윤리설에 해당한다.
② 경제성장정책은 국부를 증가시켜 주므로 분배에 우선하는 것이 옳다고 보는 것은 목적론적 윤리설에 해당한다.
③ 의무론적(법칙론적) 윤리설을 전개한 J. Kant는 동기가 선하면 결과는 선하게 될 수밖에 없으며, 비록 결과가 악으로 나타난 경우라도 이미 출발점이 내적인 동기가 선한 경우 정의롭다고 보았다.
④ 모든 인간은 최소한의 인간다운 삶을 누릴 권리가 있으므로 가난한 이들을 지원해 주는 것이 옳다고 보는 것은 법칙론적 윤리설에 해당한다.

**03** 보수주의 이념에 기초한 정부관으로 볼 수 있는 것은?
① 합리적·경제적 인간관을 부정한다.
② 소극적 자유보다 적극적 자유를 중시한다.
③ 이상적 정의는 배분적 정의이지 교환적 정의가 아니다.
④ 시장 지향적이며, 경제적 규제 완화와 기업에 대한 조세 감면과 같은 정책을 선호한다.

**04** 다음에서 제시하는 정책결정모형에 대한 설명으로 옳은 것은?

- 정책의 본질이 미래지향적 문제 해결에 있고, 정책결정에서 가치비판적 발전관에 기초한 가치지향적 행동 추구의 중요성을 고려할 때 매우 중요한 의의가 있다.
- 대안을 선택할 수 있는 기준이 명확해야 한다.
- 기존 정책이나 사업의 매몰 비용으로 인해 현실 적합성이 떨어지는 한계가 있다.

① 시간의 흐름에 따라 환류되는 정보를 분석하여 잘못된 점이 있으면 수정·보완하는 방식이다.
② 문제가 있는 선호, 불명확한 기술, 일시적 참여자가 전제조건이다.
③ 갈등을 완전히 해결하지 못하고, 타협을 통한 봉합을 모색한다.
④ 같은 비용으로 최대의 목표산출을 얻을 수 있는 대안을 선택하는 행위를 의미한다.

**05** 정책의제설정에 관한 설명으로 틀린 것은?
① 공식의제는 어떤 사회문제가 사회적으로 이슈화되어 정부의 정책적 고려의 대상이 되어야 할 단계에 이른 문제를 의미한다.
② Cobb, Ross & Ross 등에 따르면, 공식의제가 성립되는 단계는 외부주도모형의 경우에는 진입 단계, 동원모형과 내부접근모형의 경우에는 주도 단계이다.
③ 외부주도모형의 경우 심볼 활용이나 매스 미디어 등을 통해 쟁점(issue)이 확산된다.
④ 동원모형의 경우 정부의 힘이 강하고 이익집단의 역할이 취약한 후진국에서 일반적으로 많이 나타난다.

**06** 행정의 수단적 가치에 대한 설명으로 가장 옳지 않은 것은?
① 사이먼(Simon)은 합리성을 목표와 연결하는 기술적, 과정적 개념으로 이해하면서, 실질적 합리성과 절차적 합리성으로 구분하였다.
② 합리성을 포괄적 개념으로 이해할 경우, 경제성, 능률성, 효과성, 과학성 등을 포함하는 것으로 이해할 수 있다.
③ 민주성의 핵심요소로서 참여성, 대응성, 공개성 등을 들 수 있다.
④ 능률성과 효과성을 비교할 경우, 합목적성에 해당하는 개념은 능률성이다.

**07** 계획예산제도(PPBS)에 대한 비판적 입장에서 목표관리제(MBO)가 등장하였다. 양자를 비교할 때 목표관리제에 대한 설명으로 옳은 것은?

① 종합적이고 장기적인 자원배분 중시
② 외적이고 비용편익분석 중시
③ 분권적이고 계선기관의 참여 중시
④ 분석적 관리기술 중시

**08** 거시조직이론에 관한 설명으로 가장 적절하지 않은 것은?

① 거래비용이론은 거래비용이 높아지면 기업 내 위계조직 설립이 줄어든다고 설명한다.
② 구조적 상황이론에서는 조직이 처해있는 상황이 다르면, 효과적인 조직설계 및 관리방법도 달라져야 한다고 주장한다.
③ 자원의존이론은 조직이 주도적·능동적으로 환경에 대처하며 그 환경을 조직에 유리하도록 관리하려는 존재로 본다.
④ 대리인이론에서는 대리인 문제를 완화하기 위하여 엄격한 평가에 바탕을 둔 인센티브 제도를 강조한다.

**09** 부정청탁 및 금품 등 수수의 금지에 관한 법률에서 규정하고 있는 부정청탁의 신고 및 처리에 관한 내용 중 잘못된 것은?

① 공직자 등은 부정청탁을 받았을 때에는 지체 없이 이를 소속기관장에게 서면으로 신고하여야 한다.
② 소속기관장은 부정청탁이 있었던 사실을 알게 된 경우 해당공직자 등에 대하여 직무참여 일시중지, 직무대리자의 지정, 전보 등의 조치를 할 수 있다.
③ 공직자 등은 신고를 감독기관·감사원·수사기관 또는 국민권익위원회에도 할 수 있다.
④ 소속기관장은 다른 법령에 위반되지 아니하는 범위에서 부정청탁의 내용 및 조치사항을 해당 공공기관의 인터넷 홈페이지 등에 공개할 수 있다.

**10** 지방자치단체에서 기관통합형의 장점이 아닌 것은?

① 행정부처 간 분파주의 방지
② 책임행정의 구현
③ 소규모 자치단체에 적합
④ 지방행정의 안정성 추구

**11** 다음 정부규제에 관한 서술 중 옳지 않은 것은?

① 사회적 규제의 경우, '기업가적 정치(entrepreneurial politics)' 상황에서 생성될 가능성이 높으며, 규제기관이 피규제산업에 포획되면서 규제가 완화될 수도 있다.
② 타르 베이비 효과(tar baby effect)는 잘못 이루어진 정부규제가 다른 정부규제를 불러오는 현상을 말한다.
③ 생산자에 의한 광고가 정보를 제공하는 것이 아니라 소비자를 설득하기 위한 것이라는 관점에서 보면, 소비자주권론(consumer sovereignty)적 관점보다 소비자보호론(consumer protection)적 관점이 타당성을 갖는다.
④ 독과점 및 불공정거래 규제는 정부가 시장경쟁을 억제하는 경우로서, 경제적 규제완화의 우선적인 초점이 되고 있다.

**12** 다음 중 대리인이론에서 합리적 선택을 제약하는 요인에 대한 설명으로 가장 옳지 않은 것은?

① 인간의 인지적 한계와 정보부족 등 상황적 제약 때문에 합리성은 제약되며 따라서 불확실성을 통제하기 어렵다.
② 대리인이 자기 자질이나 업무수행에 관한 정보를 위임자보다 더 많이 가지고 있다는 정보불균형 때문에 위임자는 대리인의 재량에 의존할 수 밖에 없다.
③ 이기적인 대리인이 노력을 최소화하고 이익을 극대화하려는 기회주의적 행동을 하는 경우 위임자의 불리한 선택이 발생할 수 있다.
④ 조직이 투자한 자산이 유동적이어서 자산특정성이 낮으면, 조직 내의 여러 관계나 외부공급자들과의 관계가 고착되어 대리인 관계가 비효율적이라도 이를 바꾸기 어렵다.

**13** 행정학의 발달에서 학자와 주장 내용이 잘못 연결된 것은?

① 가우스(J. Gaus) – 행정이론은 동시에 정치이론을 의미한다.
② 규릭((L. H. Gulick) – 조직의 최고관리층은 기획, 조직, 인사, 지휘, 조정, 보고, 예산 기능을 담당한다.
③ 디목(M. E. Dimock,) – 정치와 행정의 관계는 연속적이기 때문에 양자를 구별하는 것은 적절하지 않다.
④ 파킨슨(C. N. Parkinson) – 원리주의의 원리들은 과학적인 실험을 거치지 않은 격언(proverb)에 불과하다.

**14** 선발시험의 타당성과 신뢰성에 대한 설명으로 옳은 것은?

① 시험의 신뢰성은 시험과 기준의 관계이며, 재시험법은 시험의 횡적 일관성을 조사하는 것이다.
② 동시적 타당성 검증에서는 시험합격자를 대상으로 시험성적과 일정 기간을 기다려야 나타나는 근무실적을 시차를 두고 수집하여 비교하는 것이다.
③ 내용타당성은 직무에 정통한 전문가 집단이 시험의 구체적 내용이나 항목이 직무의 성공적 임무 수행에 얼마나 적합한지를 판단하여 검증하게 된다.
④ 현재 근무하고 있는 재직자에게 시험을 실시한 결과 근무실적이 좋은 재직자가 시험성적도 좋았다면, 그 시험은 구성적 타당성을 갖추었다고 인정할 수 있다.

**15** 정책집행이론에 대한 설명으로 옳은 것은?

① 정책지지연합모형은 정책문제나 쟁점에 적극적으로 관심을 가지는 공공 및 민간조직의 행위자들로 구성되는 정책상위 체계라는 개념을 활용한다.
② 나카무라와 스몰우드(R. T. Nakamura & F. Smallwood)의 정책집행자 유형에서 정책집행자가 자신의 정책목표 달성에 필요한 수단들을 확보하기 위해 정책결정자와 협상하는 것은 협상형에 해당한다.
③ 일선집행관료이론을 주장한 립스키(M. Lipsky)는 일선의 문제성 있는 업무환경으로 자원의 부족, 권위에 대한 도전, 정책 담당자의 보수성 등 세 가지를 제시하였다.
④ 버먼(P. Berman)의 상황론적 집행모형에 따르면 실질적인 집행이 가능하고 의도한 효과가 발생되도록 프로그램을 어느 정도 구체화하는 것은 거시적 집행구조에 해당한다.

**16** 합리모형에 대한 설명으로 틀린 것은?

① 이상적 모형 또는 규범적 모형에 해당한다.
② 정책결정을 연역적으로 분석하는 것이 아니라 귀납적으로 분석한다.
③ 선형계획(LP)이나 비용편익분석과 같은 계량적 분석 기법을 중시한다.
④ 목표 설정 및 수단 선택의 순차적으로 이루어진다.

**17** 지방재정과 중앙재정을 비교·설명한 것으로 가장 옳은 것은?

① 지방재정은 자원배분 기능, 소득재분배 기능, 경제안정화 기능 등 포괄적인 기능을 수행하는 반면, 중앙재정은 주로 자원배분 기능을 중점적으로 수행한다.
② 재원 조달 방식에 있어 중앙정부는 지방정부에 비해 조세 이외의 보다 다양한 세입원에 의존하고 있다.
③ 일반적으로 중앙재정은 응능주의가 지배하는 데 비해 지방재정은 응익주의가 지배한다.
④ 중앙재정은 지방재정과 비교할 때 공평성보다는 자원배분의 효율성을 상대적으로 더 중시한다.

**18** 행정학 주요 접근방법 중 이념적 접근방법에 대한 설명으로 틀린 것은?

① 대표적인 학자로서 왈도(D. Waldo)를 들 수 있다.
② 규범적 또는 가치판단적 측면에 초점을 둔다.
③ 행정을 외부로부터 주어진 목표를 달성하기 위해 자원을 관리하는 활동으로 본다.
④ 실증적 검증을 필요로 하지 않기 때문에 주로 기존 문헌 분석을 활용한다.

**19** 중앙정부의 정책과정 참여자 중 공식적 참여자로만 가장 적절하게 나열된 것은?

① 입법부(의회), 행정부처, 사법부, 지방정부, 대통령
② 대통령, 사법부, 언론, 지방정부, NGO(비정부기구)
③ 대통령, 지방정부, 정당, 사법부, 행정부처
④ 국회의원, 부처장관, 언론, 이익집단, 사법부

**20** 조직경제학에 대한 설명으로 맞는 것은?

① 체제구조적 관점에 속하는 이론으로서 결정론의 입장을 취한다.
② 방법론적으로 총체주의의 관점을 취한다.
③ 기능별 조직인 U형 구조보다 사업별 조직인 M형 구조가 효율적이라고 주장한다.
④ 인간의 제한된 합리성과 환경의 불확실성이 높아질 때에는 조직보다 시장이 효율적이라고 본다.

**21** 신성과주의 예산(New Performance Budgeting)의 특징으로 가장 옳지 않은 것은?

① 투입요소 중심이 아니라 산출 또는 성과를 중심으로 예산을 운용하는 제도이다.
② 과거의 성과주의 예산과 비교하여 프로그램 구조와 회계제도에 비치는 영향이 훨씬 광범위하고 포괄적이다.
③ 책임성 확보를 위해 시행되고 있는 성과관리를 예산과 연계시킨 제도이다.
④ 예산집행에서의 자율성을 부여하되, 성과평가와의 연계를 통해 책임성을 확보하고자 한다.

**22** 다음 중 정부팽창의 이유를 설명한 내용으로 틀린 것은?

① 이익과 손해의 분리는 이익을 보는 사람들이 비용(손해)을 부담하지 않기 때문에 초과수요를 나타내며, 이로 인해 정부가 팽창되는 현상을 지적한 개념이다.
② 비용과 수익(수입 또는 산출)의 절연[괴리, 분리, 유리(遊離)]은 비용 대비 수익의 비율을 고려하지 못하게 하기 때문에 비능률성을 유발하며, 이로 인해 정부가 팽창된다.
③ 조세와 소비의 분리는 조세를 부담하는 사람들이 소비하지 못하는 현상을 의미하며, 조세저항을 회피하게 하여 정부팽창을 유발한다.
④ 납세자와 실제 부담자가 상이한 조세를 간접세라고 하는데, 이러한 경우 납세자나 실제 부담자 모두 조세 부담에 대한 인식이 약해지면서 조세저항이 나타나지 않기 때문에 정부팽창이 용이해진다.

**23** 뉴거버넌스(New Governance)에 대한 다음 설명 중 옳지 않은 것은?

① 행정관리 차원에서 교환관계, 임무 수행의 비개인화(impersonality), 권력구조의 이원화 및 공급자 중심적 접근을 중시한다.
② 국가에 대한 국내외 신뢰뿐만 아니라 정책, 기업, 대통령, 정당, 시민단체, 제3섹터, 민간 등에 대한 종합적인 신뢰의 확립이 중요한 과제로 등장하고 있다.
③ 시민단체, 제3섹터 또는 민간 등도 정부와 더불어 정책네트워크형 거버넌스의 주체로서 역할을 수행한다.
④ 공공부문이 하지 않아도 될 영역과 공공부문이 새로 해야 할 영역에 대해 전면적으로 재검토하는 국가재창조의 개념을 포함한다.

**24** 국가재정법 및 시행령상 중앙정부 통합재정제도에 대한 다음 설명 중 가장 옳지 않은 것은?

① 종합적인 재정 운용 상황을 파악하기 위해 자본적 지출과 경상적 지출을 구분하여 작성한다.
② 내부거래와 보전거래를 차감하지 않으므로 순수한 재정활동 규모를 파악하는 데 한계가 있다.
③ 금융성기금과 외국환 평형기금을 제외한 각종 기금도 통합예산의 범위에 포함된다.
④ 재정이 국민소득과 통화, 그리고 국제수지에 미치는 효과의 파악에 도움을 준다.

**25** 정부업무평가기본법 주요 내용에 대한 설명으로 틀린 것은?

① 공공기관의 경우 기관의 특수성과 전문성을 고려하고 평가의 객관성 및 공정성을 확보하기 위하여 공공기관 외부의 기관이 평가하여야 한다.
② 특정평가는 국무총리가 중앙행정기관을 대상으로 국정을 통합적으로 관리하기 위하여 필요한 정책 등을 평가하는 것을 말한다.
③ 정부업무평가위원회는 위원장 1명을 포함한 15명 이내의 위원으로 구성하되, 기획재정부장관, 행정안전부장관, 국무조정실장 등은 정부업무평가위원회의 당연직 위원이 된다.
④ 중앙행정기관의 장은 자체평가위원회를 구성·운영할 때, 평가의 공정성과 객관성을 확보하기 위하여 자체평가위원의 3분의 2 이상은 민간위원으로 하여야 한다.

# 군무원 일반직 FINAL 실전동형 봉투모의고사
# 제3회 모의고사

## 일반직

| 제1과목 |  | 제2과목 | 행정법 |
|---|---|---|---|
| 제3과목 | 행정학 | 제4과목 |  |

| 응시번호 |  | 성 명 |  |
|---|---|---|---|

### 〈 안내 사항 〉

1. 답안지의 모든 기재 및 표기사항은 반드시 『컴퓨터용 흑색사인펜』으로만 작성하여야 합니다.
   (사인펜에 "컴퓨터용"으로 표시되어 있음) (사인펜 본인 지참)
   * 매년 지정된 펜을 사용하지 않아 답안지가 무효처리 되는 상황이 빈발하고 있으므로, 답안지는 반드시 『컴퓨터용 흑색사인펜』으로만 표기하시기 바랍니다.

2. 답안은 매 문항마다 반드시 하나의 답만 골라 그 숫자에 "●"로 표기해야 하며, 표기한 내용은 수정테이프를 이용하여 정정할 수 있습니다. 단, 시험시행본부에서 수정테이프를 제공하지 않습니다.
   (표기한 부분을 긁는 경우 오답처리 될 수 있으며, 수정스티커 또는 수정액은 사용 불가)
   * 답안지는 훼손·오염되거나 구겨지지 않도록 주의해야 하며, 특히 답안지 상단의 타이밍마크 (▮▮▮▮▮)를 절대로 훼손해서는 안 됩니다.

3. 필기시험 문제 관련 의견제시 기간: 시험 당일을 포함한 5일간
   * 국방부 군무원채용관리홈페이지(http://recruit.mnd.go.kr) - 시험안내 - 시험묻고답하기

# 제3회 모의고사

## 제2과목 행정법

**01** 다음 「공공기관의 정보공개에 관한 법률」에 관한 설명 중 옳은 것은?

① 공개 청구한 정보가 비공개에 해당하는 부분과 공개 가능한 부분이 혼합되어 있는 경우로서 공개 청구의 취지에 어긋나지 아니하는 범위에서 두 부분을 분리할 수 있는 경우에는 비공개에 해당하는 부분을 제외하고 공개할 수 있다.
② 전자적 형태로 보유·관리하는 정보에 대하여 청구인이 전자적 형태로 공개하여 줄 것을 요청하는 경우에는 그 정보의 성질상 현저히 곤란한 경우를 제외하고는 청구인의 요청에 따라야 한다.
③ 모든 국민은 정보공개청구권을 가지며 본인임을 확인하는 것과 무관하게 정보공개청구서에 청구인의 성명·주민등록번호·주소 및 연락처를 기재하여 정보공개를 청구하거나 담당공무원 등의 앞에서 말로써 정보의 공개를 청구할 수 있다.
④ 공개 청구의 내용이 진정·질의 등으로 이 법에 따른 정보공개 청구로 보기 어려운 경우에는 사정 등을 종합적으로 고려하여 해당 청구를 종결 처리할 수 있다. 이 경우 종결 처리 사실을 청구인에게 알려야 한다.

**02** 법률유보원칙에 대한 판례의 입장으로 가장 옳지 않은 것은?

① 교육감의 학생인권조례의 규정들이 교사나 학생의 권리를 새롭게 제한하는 것이라고 볼 수 없다고 해도, 국민의 기본권이나 주민의 권리 제한에서 요구되는 법률유보원칙에 위배되고 내용이 법령의 규정과 모순·저촉되어 법률우위원칙에 어긋난다.
② 법률의 시행령은 모법인 법률에 의하여 위임받은 사항이나 법률이 규정한 범위 내에서 법률을 현실적으로 집행하는 데 필요한 세부적인 사항만을 규정할 수 있을 뿐, 법률에 의한 위임이 없는 한 법률이 규정한 개인의 권리·의무에 관한 내용을 변경·보충하거나 법률에 규정되지 아니한 새로운 내용을 규정할 수는 없다.
③ 구 주차장법 제19조의4 제1항 단서 및 구 주차장법 시행령 제12조 제1항 제3호가 일정한 경우 주차수요를 유발하는 시설 부설주차장의 용도변경을 허용하면서 그에 관하여 조례에 위임하지 않고 있음에도, 순천시 주차장 조례 제13조 제2항이 당해 시설물이 소멸될 때까지 부설주차장의 용도를 변경할 수 없도록 규정한 사안에서, 위 조례 규정은 법률유보의 원칙에 위배되어 효력이 없다.
④ 국가가 사인과 계약을 체결할 때에는 국가계약법령에 따른 계약서를 따로 작성하는 등 요건과 절차를 이행하여야 할 것이고, 설령 국가와 사인 사이에 계약이 체결되었더라도 이러한 법령상 요건과 절차를 거치지 아니한 계약은 효력이 없다.

**03** 기속행위와 재량행위에 관한 설명으로 옳지 않은 것은? (다툼이 있는 경우 판례에 의함)

① 재량행위에 대한 사법심사의 경우 법원은 행정청의 재량에 기한 공익판단의 여지를 감안하여 독자의 결론을 도출함이 없이 당해 행위에 재량권의 일탈·남용이 있는지 여부만을 심사한다.
② 행정청이 처분서에 불확정개념으로 규정된 법령상의 허가 기준 등을 충족하지 못하였다는 취지만 간략히 기재하여 폐기물처리사업계획서 부적합 통보를 한 경우, 부적합 통보에 대한 취소소송절차에서 행정청은 구체적 불허가사유를 분명히 하여야 하고, 원고는 행정청이 제시한 구체적인 불허가사유에 관한 판단과 근거에 재량권 일탈·남용의 위법이 있음을 밝히기 위해 추가적인 주장 및 자료를 제출할 필요가 있다.
③ 주택재건축사업시행의 인가는 상대방에게 권리나 이익을 부여하는 효과를 가진 이른바 수익적 행정처분으로서 법령에 행정처분의 요건에 관하여 일의적으로 규정되어 있지 아니한 이상 행정청의 재량행위에 속한다.
④ "경찰공무원의 채용시험 또는 경찰간부후보생공개경쟁선발시험에서 부정행위를 한 응시자에 대하여는 당해 시험을 정지 또는 무효로 하고, 그로부터 5년간 이 영에 의한 시험에 응시할 수 없게 한다."라고 규정한 경찰공무원임용령 제46조 제1항은 그 수권형식과 내용에 비추어 이는 행정청 내부의 사무처리기준을 정한 재량준칙에 해당한다.

**04** 〈보기〉에서 행정행위의 부관에 관한 설명으로 옳은 것은?(다툼이 있으면 판례에 의함)

〈보기〉
(가) 행정처분에 붙인 부담인 부관이 무효인 경우에도 그 부담의 이행으로 한 사법상 법률행위가 당연히 무효가 되는 것은 아니다.
(나) 행정처분에 붙인 부담인 부관이 제소기간의 도래로 불가쟁력이 발생한 경우에도 그 부담의 이행으로 한 사법상 법률행위의 효력은 다툴 수 있다.
(다) 행정청이 종교단체에 대하여 기본재산전환인가를 함에 있어 인가조건을 부가하고 그 불이행시 인가를 취소할 수 있도록 한 경우, 그 부관은 철회권의 유보라고 볼 수 있다.
(라) 수익적 처분의 있어서는 법령에 특별한 근거규정이 없다고 하더라도 부관으로서 부담을 붙일 수 있다.

① (가), (나), (다)
② (가), (다), (라)
③ (나), (다), (라)
④ (가), (나), (다), (라)

**05** 행정벌에 대한 설명으로 옳지 않은 것은?(다툼이 있으면 판례에 의함)

① 통고처분없이 즉시고발하였다고 해도 소추여건은 충족되며, 법원으로서는 즉시고발에 대한 심리를 할 필요는 없다.
② 행정질서벌은 형사벌과 그 성격을 달리 하므로 행정질서벌을 받고 난 후 형사처벌을 하는 것은 일사부재리의 원칙에 반하지 않는다.
③ 지방자치단체는 그 고유의 자치사무를 처리하는 경우 양벌규정에 의한 처벌대상이 되는 법인에 해당한다.
④ 헌법재판소에 의하면 행정형벌과 행정질서벌의 과벌은 기본적으로 행정청이 결정하여야 할 재량으로 본다.

**06** 거부처분의 취소에 관한 설명으로 옳지 않은 것은?(다툼이 있는 경우에 판례에 의함)

① 사립대학교 총장이 소속 대학교 교원의 임용권을 위임받아 전임강사 갑에게 재임용기간 경과를 이유로 당연면직 통지를 하여 교원소청심사위원회가 재임용 거부처분을 취소한다는 결정처분을 한 경우에 대학교 총장은 결정처분의 취소를 구하는 행정소송을 제기할 당사자능력 및 당사자적격이 있다
② 신청에 의하여 인·허가 또는 면허 등 이익을 주거나 그 신청을 거부하는 처분을 하는 것을 내용으로 하는 이른바 신청에 의한 처분의 경우에는 신청에 대하여 일단 거부처분이 행해지면 그 거부처분이 적법한 절차에 의하여 취소되지 않는 한, 사유를 추가하여 거부처분을 반복하는 것은 존재하지도 않는 신청에 대한 거부처분으로서 당연무효이다.
③ 거부처분 취소의 확정판결을 받은 행정청이 사실심 변론 종결 이후 발생한 새로운 사유를 내세워 다시 이전의 신청에 대하여 거부처분을 한 경우, 행정소송법 제30조 제2항 소정의 재처분이라 할 수 없다.
④ 행정처분에 대하여 무효확인 판결이 내려진 경우에는 그 행정처분이 거부처분인 경우에도 행정청에 판결의 취지에 따른 재처분의무가 인정될 뿐 그에 대하여 간접강제까지 허용되는 것은 아니다.

**07** 「행정절차법」에 규정된 내용으로 옳고, 그렇지 않은 것에 대한 표시가 순서대로 바르게 된 것은?

(가) 행정청의 관할이 분명하지 아니한 경우에는 해당 행정청을 공통으로 감독하는 상급 행정청이 그 관할을 결정하며, 공통으로 감독하는 상급 행정청이 없는 경우에는 각각의 행정청이 협의하여 그 관할을 결정한다.
(나) 행정청이 정당한 처리기간 내에 처리하지 아니하였을 때에는 신청인은 해당 행정청 또는 그 감독 행정청에 신속한 처리를 요청할 수 있다.
(다) 당사자 등은 처분 전에 그 처분의 관할행정청에 서면·구술로 또는 정보통신망을 이용하여 의견을 제출할 수 있다.
(라) 청문은 당사자의 공개신청이 있거나 청문주재자가 필요하다고 인정하는 경우 이를 공개할 수 있지만 공익 또는 제3자의 정당한 이익을 현저히 해할 우려가 있는 경우에는 공개하여서는 아니 된다.

① X - O - O - O
② X - X - O - O
③ O - O - O - X
④ O - X - O - X

**08** 다음의 행정행위의 내용에 대한 설명으로 옳게 된 설명은?(다툼이 있는 경우에는 판례에 의함)

① 건축주가 적법한 용도변경 절차를 거치지 않고 허가받은 용도 이외의 다른 용도로 사용하는 경우 건축허가는 소급하여 위법이 된다.
② 주택건설촉진법상 기본행위였던 조합설립행위가 무효여서 그에 대한 인가처분이 무효인 경우에 그 후 도시 및 주거환경정비법의 시행 등으로 인하여 그 인가처분이 설권적 처분으로 의제된다 하더라도 여전히 무효가 되는 것은 아니다.
③ 구 중소기업창업 지원법에 따른 사업계획승인의 경우, 의제된 인허가만 취소 내지 철회함으로써 사업계획에 대한 승인의 효력은 유지하면서 해당 의제된 인허가의 효력만을 소멸시킬 수는 없다.
④ 국유재산 등의 관리청이 하는 행정재산의 사용·수익에 대한 허가는 순전히 사경제주체로서 행하는 사법상의 행위가 아니라 관리청이 공권력을 가진 우월적 지위에서 행하는 행정처분으로서 특정인에게 행정재산을 사용할 수 있는 권리를 설정하여 주는 강학상 특허에 해당한다.

**09** 「행정심판법」상 심판절차에 대한 설명으로 옳은 것은?

① 취소심판이 제기된 경우, 행정청이 처분시에 심판청구 기간을 알리지 아니하였다 할지라도 당사자가 처분이 있음을 알게 된 날부터 90일이 경과하면 행정심판위원회는 부적법 각하재결을 하여야 한다.
② 행정심판위원회는 당사자가 주장하지 아니한 사실에 대하여 심리할 수 없다.
③ 당사자의 신청을 거부하거나 부작위로 방치한 처분의 이행을 명하는 재결이 있으면 행정청은 지체 없이 이전의 신청에 대하여 재결의 취지에 따라 처분을 하여야 한다.
④ 시·도 행정심판위원회의 기각 재결이 내려진 경우 청구인은 중앙행정심판위원회에 그 재결에 대하여 다시 행정심판을 청구할 수 있다.

**10** 공법상 계약에 대한 판례의 입장으로 옳지 않은 것은?

① 지방자치단체인 피고가 사인인 원고 등에게 지방자치단체 시설의 운영을 위탁하고 그 위탁운영비용을 지급하는 것을 내용으로 하는 용역계약으로서, 상호 대등한 입장에서 당사자의 합의에 따라 체결한 공법상 계약에 해당한다.
② 채용계약상 특별한 약정이 없는 한 지방계약직공무원에 대하여 「지방공무원법」, 「지방공무원 징계 및 소청 규정」에 정한 징계절차에 의하지 않고서는 보수를 삭감할 수 없다.
③ 지방전문직공무원 채용계약에서 정한 채용기간이 만료한 경우 채용계약을 갱신하거나 채용기간을 연장할 것인지 여부는 지방자치단체장의 재량에 맡겨져 있다.
④ 산업단지관리공단이 구 산업집적활성화 및 공장설립에 관한 법률 제38조 제2항에 따른 변경계약의 취소가 항고소송의 대상이 되는 행정처분에 해당한다.

**11** 공무원의 직무상 불법행위에 대한 책임과 영조물의 설치·관리상 하자책임에 대한 설명으로 옳지 않은 것은?(다툼이 있는 경우 판례에 의함)

① 토석채취공사 도중 경사지를 굴러 내린 암석이 가스저장시설을 충격하여 화재가 발생한 경우, 토지형질변경허가권자에게 허가 당시 사업자로 하여금 위해방지시설을 설치하게 할 의무가 있다.
② 국가 또는 지방자치단체가 법령이 정하는 상수원수 수질기준 유지의무를 다하지 못하고, 법령이 정하는 고도의 정수처리방법이 아닌 일반적 정수처리방법으로 수돗물을 생산·공급하였다는 사유만으로 그 수돗물을 마신 개인에 대하여 손해배상책임을 부담하지 않는다.
③ 고속도로의 관리상 하자가 인정되더라도 고속도로의 관리상 하자를 판단할 때 고속도로의 점유관리자가 손해의 방지에 필요한 주의의무를 해태하였다는 주장·입증책임은 피해자에게 있다.
④ 소음 등의 공해로 인한 법적 쟁송이 제기되거나 그 피해에 대한 보상이 실시되는 등 피해지역임이 구체적으로 드러나고 이러한 사실이 그 지역에 널리 알려진 이후에 이주하여 오는 경우에는 위와 같은 위험에의 접근에 따른 가해자의 면책 여부를 보다 적극적으로 인정할 여지가 있다.

**12** 행정입법에 대한 설명 중 가장 옳지 않은 것은?(다툼이 있는 경우에 판례에 의함)

① 법령의 규정이 특정 행정기관에게 법령 내용의 구체적 사항을 정할 수 있는 권한을 부여하면서 권한행사의 절차나 방법을 특정하지 아니한 경우에는 수임 행정기관은 행정규칙이나 규정 형식으로 법령 내용이 될 사항을 구체적으로 정할 수 있고 이 경우 행정규칙 등은 당해 법령의 위임 한계를 벗어나지 않는 한 대외적 구속력이 있는 법규명령으로서 효력을 갖는다.
② 구 여신전문금융업법 시행령 제7조의3 제2항의 위임에 따라 신용카드업자의 금지행위 세부유형에 관하여 규정한 구 여신전문금융업감독규정 제25조 제1항 제2호는 법규명령으로서의 대외적 구속력을 가진다.
③ 시외버스운송사업의 사업계획변경 기준 등에 관한 구 여객자동차 운수사업법 시행규칙 제31조 제2항 제1호, 제2호, 제6호의 법적 성질은 대외적 구속력이 있는 법규명령이다.
④ 농림부고시인 농산물원산지 표시요령 제4조 제2항의 규정 내용이 근거 법령인 구 농수산물품질관리법 시행규칙에 의해 고시로써 정하도록 위임된 사항에 해당한다고 할 수 없어 법규명령으로서 대외적 구속력을 가질 수 없다.

**13** 신고에 대한 설명으로 옳지 않은 것은?(다툼이 있는 경우 판례에 의함)

① 행정청이 구 관광진흥법 또는 구 체육시설법의 규정에 의하여 유원시설업자 또는 체육시설업자 지위승계신고를 수리하는 처분은 종전 유원시설업자 또는 체육시설업자의 권익을 제한하는 처분이고, 종전 유원시설업자 또는 체육시설업자는 그 처분에 대하여 직접 그 상대가 되는 자에 해당한다고 보는 것이 타당하므로, 행정청이 그 신고를 수리하는 처분을 할 때에는 행정절차법 규정에서 정한 당사자에 해당하는 종전 유원시설업자 또는 체육시설업자에 대하여 위 규정에서 정한 행정절차를 실시하고 처분을 하여야 한다.
② 정신과의원을 개설하려는 자가 법령에 규정되어 있는 요건을 갖추어 개설신고를 한 때에, 행정청은 원칙적으로 이를 수리하여 신고필증을 교부하여야 하고, 법령에서 정한 요건 이외의 사유를 들어 의원급 의료기관 개설신고의 수리를 거부할 수는 없다.
③ 자기완결적 신고를 규정한 법률상의 요건 외에 타법상의 요건도 충족하여야 하는 경우, 타법상의 요건을 충족시키지 못하는 한 적법한 신고를 할 수 없다.
④ 인·허가의제 효과를 수반하는 건축신고는 수리를 요하는 신고로서 형식적 요건심사에 그쳐야 하며, 실체적 요건심사를 통한 수리를 거부할 수 없다.

**14** 법률상 이익에 대한 판례의 입장으로 옳은 것은?

① 주택건설사업이 양도되었으나 그 변경승인을 받기 이전에 행정청이 양수인에 대하여 양도인에 대한 사업계획승인을 취소하였다는 사실을 통지한 경우 이러한 통지는 양수인의 법률상 지위에 변동을 일으키므로 행정처분이다.
② 소극적 방어권인 헌법상의 자유권적 기본권은 법률의 규정이 없다고 하더라도 직접 공권이 성립될 수도 있다.
③ 인·허가 등 수익적 처분을 신청한 여러 사람이 상호 경쟁관계에 있다면, 그 처분이 타방에 대한 불허가 등으로 될 수 밖에 없는 때에도 수익적 처분을 받지 못한 사람은 처분의 직접 상대방이 아니므로 원칙적으로 당해 수익적 처분의 취소를 구할 수 없다.
④ 「환경정책기본법」 제6조의 규정 내용 등에 비추어 국민에게 구체적인 권리를 부여한 것으로 볼 수 없더라도 환경영향평가 대상지역 밖에 거주하는 주민에게 헌법상의 환경권 또는 「환경정책기본법」에 근거하여 공유수면매립면허처분과 농지개량사업 시행인가처분의 무효확인을 구할 원고적격이 있다.

**15** 토지소유자 갑(甲)은 최근 공익사업을 명목으로 사업시행자을(乙)로부터 토지수용에 대한 통지를 받고, 토지수용협의를 위한 의견을 나누었으나 서로의 이견만을 확인하였다. 이에 갑은 을에게 토지수용협의가 곤란하니 재결신청을 하라는 청구를 하였다. 이에 대한 관련된 설명으로 바르게 된 것은?(다툼이 있으면 판례에 의함)

① 갑과 을의 토지수용협의의 법적 성질은 사인과 사인간의 공법상 계약이다.
② 을이 갑의 청구를 받고서도 이에 응하지 않았다면 갑은 을(乙)을 상대로 당사자소송을 청구할 수 있다.
③ 이에 대한 소송에서 사업시행자 을이 재결신청을 하여야 할 의무가 있는지 여부는 소송의 요건단계에서 심사할 내용이다.
④ 토지수용위원회가 재결을 함에 있어서 보상항목에 해당하는 내용을 착오로 보상대상에서 제외하는 재결을 한 경우, 소송은 보상금증감청구소송이다.

**16** 행정소송과 그 피고에 대한 연결이 옳은 것만을 모두 고르면?

ㄱ. 대통령의 검사임용처분에 대한 취소소송 – 법무부장관
ㄴ. 국토교통부장관으로부터 권한을 내부위임받은 국토교통부차관이 처분을 한 경우에 그에 대한 취소소송 – 국토교통부차관
ㄷ. 중앙노동위원회의 결정 – 중앙노동위원회
ㄹ. 환경부장관의 권한을 위임받은 서울특별시장이 내린 처분에 대한 취소소송 – 서울특별시장

① ㄱ, ㄴ  ② ㄷ, ㄹ
③ ㄱ, ㄹ  ④ ㄱ, ㄴ, ㄷ, ㄹ

**17** 행정소송의 대상에 관한 설명 중 옳지 않은 것은?(다툼이 있는 경우 판례에 의함)

① 병무청장이 하는 병역의무 기피자의 인적사항 등 공개는, 특정인을 병역의무 판단하는 단계에서 고려할 요소이며, 병무청장이 그러한 행정결정을 공개 대상자에게 미리 통보하지 않았다거나 처분서를 작성·교부하지 않았으므로 항고소송의 대상적격을 인정할 수 없다.
② 사립학교 교원에 대한 학교법인의 해임처분은 행정소송의 대상이 되는 행정처분에 해당한다고 볼 수 없다.
③ '약제급여·비급여목록 및 급여상한 금액표'와 같이 어떤 고시가 다른 집행행위의 매개 없이 그 자체로 직접 국민의 권리의무나 권리관계를 규율하는 성격을 가지는 경우에는 행정처분에 해당한다.
④ 행정소송법상 항고소송으로 제기하여야 할 사건을 민사소송으로 잘못 제기한 경우에 수소법원이 항고소송에 대한 관할도 동시에 가지고 있다면, 항고소송으로서의 소송요건을 갖추지 못했음이 명백하여 항고소송으로 제기되었더라도 어차피 부적법하게 되는 경우가 아닌 이상, 원고로 하여금 항고소송으로 소 변경을 하도록 석명권을 행사하여 행정소송법이 정하는 절차에 따라 심리·판단하여야 한다.

**18** 행정행위의 하자의 승계에 관한 설명으로 옳지 않은 것은? (다툼이 있으면 판례에 따름)

① 대집행계고처분과 대집행영장발부통보처분 사이에는 하자의 승계가 인정된다.
② 광고물에 대한 자진철거명령과 대집행영장발부통보처분 사이에는 하자의 승계가 부정된다.
③ 선행정행위와 후행정행위가 결합되어 하나의 동일한 법효과를 가져오는 경우에는 후행처분의 하자를 이유로 선행처분에 대한 소송을 청구할 수 있다.
④ 하자의 승계가 인정되기 위해서는 선행행위와 후행행위가 모두 항고소송의 대상이 되는 처분이어야 하며, 선행처분에는 불가쟁력이 발생하여야 한다.

**19** 다음 중 행정주체에 대한 설명으로 바르지 못한 것은?

① 소득세원천징수의무자는 공무수탁사인은 아니나 행정청이 소득세원천징수의무자에 대한 소득금액변동통지는 항고소송대상인 처분이다.
② 불법 주차에 대한 견인을 담당하는 견인업체는 행정주체는 아니나 행정청에 해당한다.
③ 서울지하철공사는 행정주체에 해당하나, 서울지하철공사의 직원에 대한 징계는 항고소송대상인 처분이 아니고 사법관계이다.
④ 항고소송의 피고는 원칙적으로 행정청이나, 당사자소송의 피고는 국가나 공공단체 등의 행정주체 등이 해당한다.

**20** 갑(甲)광역시장은 1년 이내에 주택사업계획을 신청해오면 주택사업계획을 승인하겠다는 내용의 공보를 발표했다. 이에 주택사업을 계획하던 A는 이를 신뢰하고 주택사업계획승인을 신청하고자 한다. 다음의 설명 중 옳은 것은?(다툼이 있으면 판례에 의함)

① 해당 내용의 행정작용에 대한 행정기본법 규정에 의하면 시장의 이러한 내용의 발표는 문서가 아닌 방식으로도 가능하다.
② 갑(甲)시장의 발표가 있은 후 사실적·법률적 상태가 변경되었고 미리 변경될 것을 알았다면 발표하지 않았을 것이라는 것이 인정되어도, 계획승인에 대한 신뢰보호법리에 의해 별도의 취소행위가 있어야만 구속력이 배제된다.
③ 법령 등에서 당사자가 신청할 수 있는 처분을 규정하고 있는 경우 행정청은 당사자의 신청에 따라 장래에 어떤 처분을 하거나 하지 아니할 것을 내용으로 하는 의사표시를 할 수 없다.
④ 1년이 경과되면 시장의 주택사업계획승인에 대한 내용의 약속은 별도의 행위없이 실효된다.

**21** 개인정보보호법의 내용으로 옳지 않은 것은?

① 개인정보처리자의 고의 또는 중대한 과실로 인하여 개인정보가 분실·도난·유출·위조·변조 또는 훼손된 경우로서 정보주체에게 손해가 발생한 때에는 법원은 위반행위의 기간·횟수 등을 고려하여 그 손해액의 5배를 넘지 아니하는 범위에서 손해배상액을 정할 수 있다
② 정보주체는 「행정기본법」 제20조에 따른 행정청의 자동적 처분이 자신의 권리 또는 의무에 중대한 영향을 미치는 경우에는 해당 개인정보처리자에 대하여 해당 결정을 거부할 수 있는 권리를 가진다.
③ 불특정 다수가 이용하는 목욕실, 화장실 등 개인의 사생활을 현저히 침해할 우려가 있는 장소의 내부를 볼 수 있는 곳에서라도 소방공무원이 화재 발생시 인명의 구조·구급을 위하여 필요한 경우에는 이동형 영상정보처리기기로 개인정보에 해당하는 사람 또는 그 사람과 관련된 사물의 영상 을 촬영할 수 있다.
④ 공중위생 등 공공의 안전과 안녕을 위하여 긴급히 필요한 경우는 개인정보처리자는 정보주체의 동의가 없더라도 개인정보를 수집 또는 이용할 수 있다.

**22** 다음의 판례의 내용으로 옳지 않은 것은?

① 주한 미군측에서 군무원을 고용해제하자 그 통보를 받은 국방부장관이 위 군무원에 대하여 직권면직의 인사발령을 하였다면, 군무원의 신분을 상실시키는 새로운 형성적 행위이므로 직권면직 인사발령은 항고소송의 대상이 되는 행정처분이다.
② 군무원이 운행이 연기된 전용열차 대신 일반열차를 타고 숙소로 귀대하던 중 열차 승강구에서 추락하여 사망한 것은 공무상재해로 인정할 수 있다.
③ 군무원의 사직의 의사표시는 그에 터잡은 의원면직처분이 있을 때까지는 원칙적으로 이를 철회할 수 있는 것이지만, 다만 의원면직처분이 있기 전이라도 사직의 의사표시를 철회하는 것이 신의칙에 반한다고 인정되는 특별한 사정이 있는 경우에는 그 철회는 허용되지 아니한다.
④ 군인·군무원·경찰공무원 또는 향토예비군대원이 전투·훈련 등 직무집행과 관련하여 공상을 입는 등의 이유로 보훈보상자법이 정한 보훈보상대상자 요건에 해당하여 보상금 등 보훈급여금을 지급받을 수 있을 때에는 국가배상법 제2조 제1항 단서에 따라 국가를 상대로 국가배상을 청구할 수 없다.

**23** 공물에 대한 설명으로 옳은 것만을 모두 고르면? (다툼이 있는 경우 판례에 의함)

> ㄱ. 「국유재산법」에 따르면, 기획재정부장관은 국유재산에 관한 사무의 총괄청으로서 「국가재정법」제4조에 따라 설치된 특별회계 및 같은 법 제5조에 따라 설치된 기금에 속하는 국유재산을 관리·처분할 권한을 갖는다.
> ㄴ. 「공유수면 관리 및 매립에 관한 법률」상 공유수면에 대한 점용·사용허가에 의하여 부여되는 특별사용권은 행정주체에 대하여 공공용물의 배타적, 독점적인 사용을 청구할 수 있는 권리에 해당한다.
> ㄷ. 국유재산의 무단점유자에 대하여 「국유재산법」에 의한 변상금 부과·징수권의 행사와 별도로 민사상 부당이득반환청구의 소를 제기할 수 있다.
> ㄹ. 도로와 같은 인공적 공공용 재산은 법령에 의하여 지정되거나 행정처분으로 공공용으로 사용하기로 결정한 경우에만 행정재산이 되는 것이고 행정재산으로 실제 사용하는 것만으로 행정재산이 되는 것은 아니다.

① ㄱ, ㄴ  ② ㄱ, ㄹ
③ ㄴ, ㄷ  ④ ㄷ, ㄹ

**24** 「공익사업을 위한 토지 등의 취득 및 보상에 관한 법률」상 잔여지 수용에 대한 설명으로 가장 옳은 것은?

① 잔여지에 현실적 이용상황 변경 또는 사용가치 및 교환가치의 하락 등이 발생하였더라도 그 손실이 토지가 공익사업에 취득·사용됨으로써 발생한 것이 아닌 경우에는 손실보상의 대상이 되지 않는다.
② 잔여지 수용의 청구는 사업시행자가 관할 토지수용위원회에 하여야 하고, 토지소유자는 사업시행자에게 잔여지 수용을 청구해 줄 것을 요청할 수 있다.
③ 잔여지 수용 청구가 있으면 그 잔여지에 있는 물건에 대한 권리를 가진 자는 사업시행자에게 그 권리의 존속을 주장할 수 없게 된다.
④ 토지소유자는 사업시행자에게 잔여지 매수 청구를 할 수 있는데, 이 매수 청구는 토지수용위원회의 잔여지 수용재결 전 또는 후에 할 수 있다.

**25** 지방자치단체의 조례에 대한 설명으로 옳지 않은 것은? (다툼이 있는 경우 판례에 의함)

① 지방자치단체장의 권한으로 정하고 있는 자체평가업무에 대한 사항에 대하여 지방의회가 견제의 범위 내에서 소극적·사후적으로 개입한 정도가 아니라 사전에 적극적으로 개입하는 내용을 지방자치단체의 조례로 정하는 것은 허용되지 않는다.
② 「지방자치법」상 주민투표의 실시 여부는 지방자치단체장의 재량에 맡겨져 있다 하더라도, 지방의회가 특정한 사항에 대하여 일정한 기간 내에 반드시 주민투표를 실시하도록 규정한 조례안은 지방자치단체장의 고유권한을 침해하는 것이 아니다.
③ 지방의회가 선임한 검사위원이 결산에 대한 검사 결과, 필요한 경우 검사의견서에 지방자치단체장에 대한 추징, 환수, 변상 등의 시정조치에 관한 의견을 담을 수 있는 등의 개정조례안은 지방의회가 법령에 의해 주어진 권한의 범위를 넘어서 집행기관의 고유권한을 침해하는 것으로 허용될 수 없다.
④ 지방자치단체가 조례를 제정함에 있어 그 내용이 주민의 권리제한 또는 의무부과에 관한 사항이나 벌칙인 경우에는 법률의 위임이 있어야 하므로, 법률의 위임 없이 주민의 권리제한 또는 의무부과에 관한 사항을 정한 조례는 효력이 없다.

# 제3과목 행정학

**01** R. T. Nakamura와 F. Smallwood의 정책집행자 유형에 관한 설명 중 협상형에 대한 설명으로 옳은 것은?

① 집행자는 목표를 달성하기 위해서 기술적, 행정적, 그리고 협상을 할 수 있는 능력을 소유하고 있다.
② 공식적 결정자는 추상적이고 일반적인 목표를 지지하지만, 지식이나 다른 확실성의 결여로 인해서 이를 확실하게 표현할 수가 없다.
③ 집행자는 자신들의 정책목표를 달성하는 데 필요한 수단을 확보하기 위해서 정책결정자와 협상한다.
④ 결정자는 정책목표를 제시하나 결정자와 집행자 사이에 이 목표의 바람직성에 대해 필연적으로 합의하지는 않는다.

**02** 「지방자치법」상 특별지방자치단체에 대한 설명으로 옳은 것은?

① 2개 이상의 지방자치단체가 하나 또는 둘 이상의 사무를 공동으로 처리할 필요가 있을 때에는 규약을 정하여 지방의회의 의결을 거쳐 시·도는 행정안전부장관의 승인, 시·군 및 자치구는 시·도지사의 승인을 받아 특별지방자치단체를 설립할 수 있다.
② 특별지방자치단체와 지방자치단체조합은 모두 법인격을 갖는다.
③ 행정안전부장관은 공익상 필요하다고 인정할 때에는 관계 지방자치단체에 대하여 특별지방자치단체의 설치, 해산 또는 규약 변경을 명할 수 있다.
④ 특별지방자치단체의 장은 규약으로 정하는 바에 따라 특별지방자치단체의 의회에서 선출하며, 구성 지방자치단체의 장은 특별지방자치단체의 장을 겸할 수 없다.

**03** 합리적 선택 신제도주의에 설명으로 틀린 것은?

① 사회구성원 개개인이 제도적 제약 하에서 일련의 선호 체계를 가지며, 자신의 선호를 극대화하기 위해 광범위한 계산 속에서 고도의 전략적 행동을 한다고 본다.
② 완벽한 정보와 합리성을 가정하는 전통적 합리적 선택이론과 달리 제약된 정보와 규칙, 규범 등을 고려하여 개인의 행동이 이루어진다고 본다.
③ 개인은 단순히 제도의 제약에 의해 기계적으로 움직이는 존재가 아니라 제도를 선택하고 형성하면서 사회변화를 도모하는 주체로 파악한다.
④ 제도는 일단 형성되면 방향성과 안정성을 유지하면서 일정한 경로를 유지하는 경로의존성을 갖게 된다.

**04** 매 회계연도 세입세출의 결산상 잉여금 중 이월액을 공제한 세계잉여금의 사용에 대한 설명으로 틀린 것은?

① 지방교부세의 정산 및 지방교육재정교부금의 정산에 사용한 금액을 제외한 세계잉여금은 100분의 30 이상을 공적자금상환기금에 우선적으로 출연하여야 한다.
② ①의 규정에 따라 사용한 금액을 제외한 세계잉여금은 100분의 30 이상을 국채 또는 차입금의 원리금, 국가배상금 등의 채무를 상환하는데 사용하여야 한다.
③ ①과 ②의 규정에 따른 세계잉여금의 사용 또는 출연은 그 세계잉여금이 발생한 다음 연도까지 그 회계의 세출예산에 관계없이 이를 하되, 국무회의의 심의를 거쳐 대통령의 승인을 얻어야 한다.
④ ①과 ②의 규정에 따른 세계잉여금의 사용 또는 출연은 회계연도가 끝난 이후 바로 할 수 있다.

**05** 형평성에 대한 설명으로 옳은 것은?

① 수평적 형평성을 확보하기 위한 장치로서 소득재분배정책이나 대표관료제를 들 수 있다.
② 1970년대에 신행정론은 약자보호를 위한 사회적 능률성을 중시하였다.
③ 생활보호, 공적부조, 실업수당, 연금 등의 제도는 욕구이론에 기반한 제도이다.
④ 자유주의자들은 욕구이론, 사회주의자들은 실적이론을 지지한다.

**06** 국가공무원법이나 지방공무원법은 공무원이 선거에서 특정 정당 또는 특정인을 지지하거나 반대하기 위한 특정 행위는 금지하고 있다. 다음 중 금지하고 있는 내용이 아닌 것은?

① 타인에게 정치단체에 가입하게 하거나 가입하지 아니하도록 권유
② 특정 후보에 대한 자신의 지지 또는 반대의사를 나타냄.
③ 서명운동을 기획(또는 기도)·주재하거나 권유하는 것
④ 투표를 하거나 하지 아니하도록 권유운동을 하는 것

**07** 다음 중 전자적 행정서비스를 제공받는 집단에 대한 설명으로 가장 옳지 않은 것은?

① G2G(Government, Government)에서는 그룹웨어시스템을 통한 원격지 연결, 업무의 공동처리, 업무 유연성 등으로 행정의 생산성이 향상된다.
② G2C(Government, Citizen)의 관계변화를 통해 시민요구에 부응하는 질 높은 행정서비스를 촉진시켜 행정의 대응성을 높여준다.
③ G2G(Government, Government)에서는 정부 부처간, 중앙과 지방정부간에 정보를 공동 활용하여 행정업무의 정확성과 효율성이 증대되고, 거래비용도 증가한다.
④ G2B(Government, Business)의 관계변화로 정부의 정책수행을 위한 권고 등을 위한 정보 교류비용 및 조달행정비용을 감소시킨다.

**08** 동기이론에 대한 설명으로 옳지 않은 것은?

① 오우치(Ouchi)의 Z이론은 장기고용, 다기능적 경력경로, 집단적 의사결정, 집단적 책임 등을 중시한다.
② 앨더퍼(C. P. Alderfer)는 ERG이론에서 두 가지 이상의 욕구가 동시에 작용되기도 한다고 주장한다.
③ 아기리스(Argyris)는 사람은 자기 규제적이며, 적절히 동기를 유발시켜 주면 임무수행에서 창의적일 수 있으므로 Y이론에 입각한 관리가 이루어져야 한다고 주장한다.
④ 맥클리랜드(D. McClelland)의 성취동기이론은 개인의 욕구를 성취 욕구, 친교 욕구, 권력 욕구로 분류하고, 성취욕구가 높을수록 생산성이 높아진다고 주장한다.

**09** 행정개혁에 대한 접근 방법에 대한 설명으로 틀린 것은?

① 구조적 접근법 중 원리접근법은 기능중복의 제거, 책임의 재규정, 통솔 범위의 축소, 통제절차의 개선, 절차의 간소화 등을 목적으로 한다.
② 미국 후버위원회의 개혁안이나 우리나라의 기존의 정부개혁은 주로 구조적 접근 방법을 취하였다.
③ OR(Operational Research), OD(Organizational Development), EDPS(Electronic Data Processing System) 등은 기술적 접근 방법에 해당한다.
④ 실험실 훈련, 팀개발, 과정상담 등은 행태적 접근 방법에 해당한다.

**10** 직무평가 방법에 대한 설명으로 옳은 것은?

① 서열법은 직무와 직무를 직접 비교하기 때문에 주관성 배제에는 유리하지만 비용이 많이 든다는 단점이 있다.
② 점수법은 직무평가표에 따라 구성요소별 점수를 매기고, 이를 합계해 총점을 계산하므로 시간과 노력이 적게 든다는 장점이 있다.
③ 요소비교법은 점수법과 같이 시행의 단순성과 편의성으로 인해 가장 광범위하게 사용되고 있다.
④ 분류법에서는 등급기준표가 완성되기까지 직무평가가 이루어져서는 안 된다.

**11** 예산결정상의 점증주의의 장점과 단점에 대한 설명으로 틀린 것은?

① 예산의 재정정책 도구적 기능을 강화시키며, 예산적자를 예방하는 데 도움을 준다.
② 지출대안의 탐색과 분석에 드는 비용을 줄일 수 있어 예산결정에 소요되는 비용을 절감할 수 있다.
③ 예산결정을 간결하게 하고 정치적 가치를 고려할 수 있으며, 품목별 예산제도와 결합되면서 책임성을 확보하는 데 기여한다.
④ 협상과 타협의 과정을 통해 이해관계의 대립과 갈등을 조정하고, 합의를 형성하는 데 유리하다.

**12** 조직발전(OD)에 대한 설명으로 틀린 것은?

① 조직 전체의 변화를 추구하는 계획적·의도적인 개입 방법이다.
② 감수성훈련은 동료 간·동료와 상사 간의 상호작용을 진작시키기 위한 실제 근무상황에서 실시하는 기법이다.
③ 블레이크와 머튼(Blake & Mouton)은 관리유형도(managerial grid)에서 생산(과업)에 대한 관심과 인간에 대한 관심이 모두 높은 유형인 팀형성형(단합형) 리더가 가장 이상적이라고 보았다.
④ 조직발전이 조직에 의미 있는 개혁을 가져오려면 협동적 노력을 지속적·장기적으로 경주하여야 한다.

**13** 예산과정에 대한 설명으로 옳지 않은 것은?

① 단원제에서의 예산심의는 양원제의 경우보다 심의를 신속하게 할 수 있으나 신중한 심의가 어렵다.
② 과거 중앙예산기관과 결산관리기관을 분리하기도 했다.
③ 예산의 배정은 국가예산을 회계체계에 따라 질서 있게 집행하도록 하기 위한 내부통제의 기능을 수행한다.
④ 상향식 예산관리모형인 총액배분 자율편성 예산제도는 전략적 재원배분을 촉진한다.

**14** 기능구조(U형)와 사업구조(M형)의 화학적 결합을 시도하는 매트릭스 조직에 대한 설명으로 틀린 것은?

① 조직의 표준화와 규칙화 정도가 낮아진다.
② 조직 외부의 변화하는 환경에 탄력적으로 적응한다.
③ 조직 내부의 복잡하고 상호 의존적인 문제를 해결하는 데는 큰 도움이 안 된다.
④ 조직에 필요한 인적·물적 자원을 유기적으로 확보·배분·이용한다.

**15** 발생주의 회계제도에 관한 설명으로 가장 적절한 것은?

① 정부가 채권을 발행할 시 자산의 증가는 기록하되 비용이나 부채는 기록하지 않는다.
② 산출물에 대한 원가 산정이 가능하므로 분권화된 조직의 자율과 책임을 구현할 수 있는 중요한 수단이다.
③ 자의적 회계처리가 불가능하여 통제에 용이하다.
④ 거래가 발생한 시점에 인식하는 것으로 자산·부채·수입·지출을 정확하게 측정하기 위한 회계기법이다.

**16** 행정개혁의 저항을 줄이는 방법으로 틀린 것은?

① 포괄적·급진적 개혁 추진
② 개혁안의 명확화와 공공성의 강조
③ 의식적인 긴장 조성
④ 내부(정부) 주도형 개혁

**17** 「국가경찰과 자치경찰의 조직 및 운영에 관한 법률」상 자치경찰위원회 및 지방경찰청에 대한 설명으로 옳은 것은?

① 자치경찰사무를 관장하게하기 위하여 시·도지사 소속으로 시·도경찰청을 둔다.
② 시·도자치경찰위원회는 합의제 행정기관으로서 그 권한에 속하는 업무를 독립적으로 수행한다.
③ 시·도자치경찰위원회 위원은 시·도의회의 동의를 받아 시·도지사가 임명한다.
④ 시·도자치경찰위원회는 위원장 1명을 포함한 7명의 위원으로 구성하되, 위원장과 위원은 상임으로 하고, 임기는 3년으로 하며, 연임할 수 없다.

**18** 성과주의 예산제도에 대한 설명으로 옳은 것은 몇 개인가?

⊙ 1930년대 뉴딜정책 시대에 정부의 역할에 대한 인식이 달라지면서 관심의 대상이 되기 시작하였다.
ⓒ 예산관리를 포함한 행정관리작용의 능률화를 지향하는 모형으로서, 예산관리 기능의 분권화를 추구한다.
ⓒ 행정부 내부의 자율적 통제보다 외부통제를 강화시킴으로써 효과성 지향의 행정을 촉진시킨다.
ⓔ 객관적인 측정기준을 마련함으로써 주관적인 판단을 줄일 수 있다.
ⓜ 일반 국민이 정부 각 기관의 사업이나 목적을 이해하는 데 도움이 된다.
ⓑ 사업성과가 명확하게 명시될 수 있는 영역으로 한정되어야 하기 때문에 적용 영역이 제한적이다.

① 3개 ② 4개
③ 5개 ④ 6개

**19** 제도화 이론에 대한 설명으로 틀린 것은?

① 정당성(legitimacy)이란 환경의 규범과 가치, 신념체계에 비추어볼 때 조직의 활동이 바람직하고 적절하다는 사회 전반의 인식이다.
② 동형화(isomorphism)는 조직군 안에 있는 한 단위 개체가 유사한 환경 조건에 속해 있는 다른 개체를 닮아가는 과정을 가리킨다.
③ 모방적 동형화는 동형화의 원인을 조직의 다른 조직에 대한 의존성에서 찾는다.
④ 규범적 동형화는 전문적인 기준을 수용하거나 전문가 단체에서 가장 효과적이고 최선의 방법이라고 규정한 방식을 수용하는 것을 말한다.

**20** 탈관료제 모형에 대한 설명으로 틀린 것은?

① 견인이론(pull theory)은 기능의 동질성과 일의 흐름을 중시한다.
② 이음매 없는 조직은 전통적 조직에 비하여 조직 내 역할 구분이 비교적 명확하지 않다.
③ 계서제 없는 조직은 모호하고 유동적인 집단과 조직의 경계를 특성으로 한다.
④ 태스크 포스는 행정의 일관성을 저해할 수 있다는 단점이 있다.

**21** 버먼(Berman)의 '적응적 집행'에 대한 설명으로 옳은 것은?

① '채택'은 지방정부가 채택한 사업을 실행사업으로 변화시키는 것을 의미한다.
② '행정'은 행정을 통해 구체화된 정부프로그램이 집행을 담당하는 지방정부의 사업으로 받아들여지는 것을 의미한다.
③ 거시적 집행구조는 동원, 전달자의 집행, 제도화의 세 단계로 구분된다.
④ 미시집행 국면에서 발생하는 정책과 집행조직 사이의 상호적응이 이루어질 때 성공적으로 집행된다.

**22** 공무원의 구분에 대한 설명으로 옳은 것은?

① 일반직공무원은 경력직과 특수경력직으로 구분된다.
② 교육감 소속의 교육전문직원은 특정직공무원에 해당된다.
③ 행정부 국가공무원 중에서는 일반직공무원의 수가 가장 많다.
④ 국가정보원 7급 직원은 특수경력직공무원에 해당된다.

**23** 정책결정 참여자로서의 관료의 역할에 대한 설명으로 옳지 않은 것은?

① 조합주의는 관료의 적극적 역할을 옹호한다.
② 이슈네트워크에서는 이슈에 따라 관료가 방관자가 되거나 주도적 역할을 하기도 한다.
③ 철의 삼각에서 관료는 특수 이익집단의 이익에 종속되는 경향이 있다.
④ 다원주의에서는 지배계층보다 관료의 역할을 더욱 중요시한다.

**24** 지방자치단체의 재정에 대한 설명으로 가장 옳은 것은?

① 지방세, 세외수입, 지방채를 자주재원이라고 한다.
② 지방교부세는 자주재원으로서, 지방자치단체의 재정운영의 자율성을 제고해준다.
③ 재정자립도는 지방자치단체의 재정력을 가장 잘 표현해주는 지표이다.
④ 국고보조금은 특정재원으로서, 지방자치단체의 재정운영의 자율성을 저해한다.

**25** Salamon은 행정 수단을 정부가 직접적으로 개입하는 정도에 따라 직접성이 낮음(손해책임법, 보조금, 대출보증, 정부출자기업, 바우처 등), 중간(조세지출, 계약, 사회적 규제, 벌금 등), 높음(정부소비, 공기업, 경제적 규제, 직접대출, 정보제공, 정부보험 등) 등으로 나누었다. 직접성의 정도가 높은 경우와 낮은 경우의 효과를 비교할 설명으로 틀린 것은?

① 효과성: 직접성의 정도가 높은 경우 높음
② 형평성: 직접성의 정도가 낮은 경우 높음
③ 관리가능성: 직접성의 정도가 높은 경우 높음
④ 정당성(정치적지지): 직접성의 정도가 낮은 경우 높음

# 군무원 일반직 FINAL 실전동형 봉투모의고사
# 제4회 모의고사

## 일반직

| 제1과목 | | 제2과목 | 행정법 |
|---|---|---|---|
| 제3과목 | 행정학 | 제4과목 | |

| 응시번호 | | 성 명 | |
|---|---|---|---|

### 〈 안내 사항 〉

1. 답안지의 모든 기재 및 표기사항은 반드시 『컴퓨터용 흑색사인펜』으로만 작성하여야 합니다.
   (사인펜에 "컴퓨터용"으로 표시되어 있음) (사인펜 본인 지참)
   * 매년 지정된 펜을 사용하지 않아 답안지가 무효처리 되는 상황이 빈발하고 있으므로, 답안지는 반드시 『컴퓨터용 흑색사인펜』으로만 표기하시기 바랍니다.

2. 답안은 매 문항마다 반드시 하나의 답만 골라 그 숫자에 "●"로 표기해야 하며, 표기한 내용은 수정테이프를 이용하여 정정할 수 있습니다. 단, 시험시행본부에서 수정테이프를 제공하지 않습니다. (표기한 부분을 긁는 경우 오답처리 될 수 있으며, 수정스티커 또는 수정액은 사용 불가)
   * 답안지는 훼손·오염되거나 구겨지지 않도록 주의해야 하며, 특히 답안지 상단의 타이밍마크 (▮▮▮▮▮)를 절대로 훼손해서는 안 됩니다.

3. 필기시험 문제 관련 의견제시 기간: 시험 당일을 포함한 5일간
   * 국방부 군무원채용관리홈페이지(http://recruit.mnd.go.kr) - 시험안내 - 시험묻고답하기

## 제2과목 행정법

**01** 행정의 행위형식에 관한 설명으로 옳지 않은 것은?

(가) 급부행정유보설에 따르면 국민의 자유와 재산에 대한 침해행정에 대해서는 법률의 근거가 필요하지 않다고 한다.
(나) 구 「국토이용관리법」상 국토이용계획이 확정된 후 일정한 사정의 변동이 있다면 지역주민에게 일반적으로 계획의 변경 또는 폐지를 청구할 권리가 있다.
(다) 「국가를 당사자로 하는 계약에 관한 법률」에 따르면 계약은 상호 대등한 입장에서 당사자의 합의에 따라 체결되어야 하며, 당사자는 계약의 내용을 신의성실의원칙에 따라 이를 이행하여야 한다.
(라) 판례는 단수처분에 대해 「행정소송법」상 처분에 해당하는 것으로 인정하고 있다.

① (가), (나)  ② (나), (라)
③ (가), (다)  ④ (다), (라)

**02** 행정기본법상의 내용으로 옳지 않은 것은?

(가) 법령등을 위반한 행위의 성립과 이에 대한 제재처분은 법령등에 특별한 규정이 있는 경우를 제외하고는 위반한 행위의 처분 당시 법령 등에 따른다.
(나) 자격이나 신분 등을 취득 또는 부여할 수 없거나 인가, 허가, 지정, 승인, 영업등록, 신고 수리 등(이하 "인허가"라 한다)을 필요로 하는 영업 또는 사업 등을 할 수 없는 사유(이하 이 조에서 "결격사유"라 한다)는 법률로 정한다.
(댜) 법령등 또는 처분에서 국민의 권익을 제한하거나 의무를 부과하는 경우 권익이 제한되거나 의무가 지속되는 기간의 계산은 기간을 일, 주, 월 또는 연으로 정한 경우에 기간의 첫날을 산입하지 않는다.
(라) 행정청은 처분에 재량이 없는 경우에는 법률에 근거가 있는 경우에 부관을 붙일 수 있다.

① (나), (라)  ② (가), (다)
③ (가), (나), (다)  ④ (다), (라)

**03** 행정법의 일반원칙에 관한 판례의 태도로 옳지 않은 것은?

① 재량준칙이 공표된 것만으로는 행정의 자기구속의 원칙이 적용될 수 없고, 재량준칙이 되풀이 시행되어 행정관행이 성립한 경우에 행정의 자기구속의 원칙이 적용될 수 있다.
② 지방자치단체장이 사업자에게 주택사업계획승인을 하면서 그 주택사업과는 아무런 관련이 없는 토지를 기부채납하도록 하는 부관을 주택사업계획승인에 붙인 경우, 그 부관은 부당결부금지의 원칙에 위반되어 위법이다.
③ 위법한 행정처분이 수차례에 걸쳐 반복적으로 행하여진 경우 행정의 자기구속의 원칙이 적용된다.
④ 건축물에 인접한 도로의 개설을 위한 도시계획사업시행허가 처분은 건축물에 대한 건축허가처분과는 별개의 행정처분이므로 사업시행허가를 함에 있어 조건으로 내세운 기부채납의무를 이행하지 않았음을 이유로 한 건축물에 대한 준공 거부처분은 「건축법」에 의거 없이 이루어진 것으로서 위법하다.

**04** 다음 중 옳지 않은 것은?(다툼이 있는 경우에는 판례에 의함)

① 지방자치단체의 장이 다른 지방자치단체로부터 건축협의를 거부하고 취소한 행위는 항고소송대상인 처분이 된다.
② 법인세 과세표준과 관련하여 과세관청이 법인의 소득처분 상대방에 대한 소득처분을 경정하면서 증액과 감액을 동시에 한 결과 전체로서 소득처분금액이 감소된 경우, 법인이 소득금액변동통지의 취소를 구할 소의 이익이 없다.
③ '처분이 있음을 안 날'은 처분이 있었다는 사실을 현실적으로 안 날을 의미하므로, 처분서를 송달받기 전 정보공개청구를 통하여 처분을 하는 내용의 일체의 서류를 교부받았다면 그 서류를 교부받은 날부터 제소기간이 기산된다.
④ 재결에 의하여 취소되거나 무효 또는 부존재로 확인되는 처분이 당사자의 신청을 거부하는 것을 내용으로 하는 경우에는 그 처분을 한 행정청은 재결의 취지에 따라 다시 이전의 신청에 대한 처분을 하여야 한다.

**05** 행정행위의 부관에 대한 설명으로 옳지 않은 것은? (다툼이 있는 경우 판례에 의함)

① 도로점용허가의 점용기간을 정함에 있어 위법사유가 있다면 도로점용허가처분 전부가 위법하게 된다.
② 공유수면매립준공인가에 붙은 일부를 국가에 귀속하여야 한다는 부관은 독립된 소송대상이 될 수 없다.
③ 행정처분에 부담인 부관을 붙인 경우, 부관이 무효라면 부담의 이행으로 이루어진 사법상 매매행위도 당연히 무효가 된다.
④ 사정변경으로 당초에 부담을 부가한 목적을 달성할 수 없게 된 경우에도 그 목적달성에 필요한 범위 내에서 예외적으로 부담의 사후변경이 허용된다.

**06** 정보공개의무를 부담하는 공공기관에 대한 설명으로 옳지 않은 것은? (다툼이 있는 경우 판례에 의함)

① 사립대학교는 「공공기관의 정보공개에 관한 법률 시행령」에 따른 공공기관에 해당하나, 국비의 지원을 받는 범위 내에서만 공공기관의 성격을 가진다.
② 정보공개를 청구하는 자가 공공기관에 대해 정보의 사본 또는 출력물의 교부의 방법으로 공개방법을 선택하여 정보공개청구를 한 경우, 공개청구를 받은 공공기관은 그 공개방법을 선택할 재량권이 없다.
③ 한국증권업협회는 「공공기관의 정보공개에 관한 법률 시행령」 제2조제4호에 규정된 '특별법에 따라 설립된 특수법인'에 해당하지 아니한다.
④ 사립학교에 대하여 「교육관련기관의 정보공개에 관한 특례법」이 적용되는 경우에도 「공공기관의 정보공개에 관한 법률」을 적용할 수 없는 것은 아니다.

**07** 다음 중 대집행에 대한 판례의 설명으로 옳은 것은?

(가) 구 공공용지의 취득 및 손실보상에 관한 특례법에 따른 토지 등의 협의취득시 건물소유자가 매매 대상 건물에 대한 철거의무를 부담하겠다는 취지의 약정을 하였다고 해도 철거의무는 행정대집행법에 의한 대집행의 대상이 되지 않는다.
(나) 무허가로 불법건축되어 철거할 의무가 있는 건축물의 경우라도 도시미관, 주거환경, 교통소통에 지장이 없는 경우에는 공익을 해칠 우려가 없다.
(다) 불법 시설물을 방치하는 것이 시설물을 단속하는 행정관청의 권능을 무력화하여 행정의 원활한 수행을 위태롭게 하고 관련 법규가 정하는 제한 규정의 회피를 사전에 예방할 수 없도록 하는 경우에는 그 불이행을 방치하는 것이 심히 공익을 해치는 경우라고 볼 수 있다
(라) 공유재산 대부계약의 해지에 따라 원상회복을 위하여 실시하는 지상물철거의무는 행정대집행법에 의한 대집행의 대상이다.

① (가), (다), (라)  ② (나), (다)
③ (가), (나), (라)  ④ (나), (라)

**08** 취소소송에서 협의의 소의 이익에 대한 설명으로 옳지 않은 것은? (다툼이 있는 경우 판례에 의함)

① 현역입영대상자가 현역병입영통지처분에 따라 현실적으로 입영을 한 후에는 처분의 집행이 종료되었고 입영으로 처분의 목적이 달성되어 실효되었으므로 입영통지처분을 다툴 법률상 이익이 인정되지 않는다.
② 가중요건이 법령에 규정되어 있는 경우, 업무정지처분을 받은 후 새로운 제재처분을 받음이 없이 법률이 정한 기간이 경과하여 실제로 가중된 제재처분을 받을 우려가 없어졌다면 특별한 사정이 없는 한 업무정지처분의 취소를 구할 법률상 이익이 인정되지 않는다.
③ 공장등록이 취소된 후 그 공장시설물이 철거되었고 다시 복구를 통하여 공장을 운영할 수 없는 상태라 하더라도 대도시 안의 공장을 지방으로 이전할 경우 조세감면 688:1및 우선입주 등의 혜택이 관계법률에 보장되어 있다면, 공장등록취소처분의 취소를 구할 법률상 이익이 인정된다.
④ 지방의회 의원에 대한 제명의결 취소소송 계속 중 의원의 임기가 만료된 경우에도 여전히 제명의결의 취소를 구할 법률상 이익이 인정된다.

**09** 「행정심판법」에 따른 행정심판에 관한 설명으로 가장 옳은 것은? (다툼이 있는 경우 판례에 의함)

① 취소심판의 인용재결시에는 위원회는 취소재결을 통해 직접 처분의 효력을 소멸시킬 수 있고, 취소명령재결을 통해 피청구인인 행정청으로 하여금 취소하게 할 수 있으며 이 경우 피청구인이 이를 이행하지 않는 경우에는 직접강제나 간접강제가 가능하다.
② 거부처분은 취소심판의 대상이므로 거부처분의 상대방은 이에 대하여 취소심판만 청구할 수 있다.
③ 행정심판위원회가 처분을 취소하거나 변경하는 재결을 하면, 행정청은 재결의 기속력에 따라 처분을 취소 또는 변경하는 처분을 하여야 하고, 이를 통하여 당해 처분은 처분 시에 소급하여 소멸되거나 변경된다.
④ 거부처분취소재결이 있는 경우에는 행정청은 그 재결의 취지에 따라 이전의 신청에 대한 처분을 하여야 하는 것이므로 행정청이 그 재결의 취지에 따른 처분을 하지 아니하고 그 처분과는 양립할 수 없는 다른 처분을 하는 것은 재결의 기속력에 반하여 위법하다.

**10** 최근 세계적인 감염병사태에 대하여 A지방자치단체는 관할구역 내 유흥주점에 대한 영업금지행정명령과 밀집시설의 일종인 각종 학원에 대하여 휴원권고조치를 하였다. 이에 관한 설명 중 옳은 것은?

① 유흥주점에 대한 영업금지행정명령은 법에 근거하여야 행할 수 있는 행정작용이지만, 휴원권고조치는 법령상의 규정이 없어도 가능한 행정작용이다.
② 원칙적으로 행정명령과 휴원권고조치는 문서에 의한 요식행위로서 이에 반하는 행위는 위법하여 당연무효이다.
③ 휴원권고조치에 대하여 갑(甲)학원을 운영하고 있는 학원장은 불복조치로서 항고소송을 청구할 수는 없으나, 상당한 피해가 발생한 경우 국가배상을 통해 구제를 받는데는 별다른 지장이 없다.
④ 을(乙)유흥주점은 행정명령을 위반하고 영업을 한 경우에 제재나 강제대상이 되며, 위반한 영업행위는 무효에 해당한다.

**11** 다음의 손실보상에 대한 제시글에 옳고(O), 그름(X)을 바르게 나열한 것은?(다툼이 있으면 판례에 의함)

(가) 손실보상은 적법한 공행정작용의 비전형적이고 비의도적인 부수적 효과로서 발생한 개인의 재산권에 대한 손해를 전보하는 것을 말한다.
(나) 편입토지 보상, 지장물 보상, 영업·농업 보상에 관하여 토지소유자나 관계인이 사업시행자에게 재결신청을 청구했음에도 사업시행자가 재결신청을 하지 않을 경우, 사업시행자에게 재결신청을 할 의무가 있는지는 소송요건 심사단계에서 고려할 요소에 해당한다.
(다) 보상액을 산정할 경우에 해당 공익사업으로 인하여 토지 등의 가격이 변동되었을 때에는 이를 고려하여야 한다.
(라) 어떤 보상항목이 공익사업을 위한 토지 등의 취득 및 보상에 관한 법령상 손실보상대상에 해당함에도 관할 토지수용위원회가 사실을 오인하거나 법리를 오해함으로써 손실보상대상에 해당하지 않는다고 잘못된 내용의 재결을 한 경우, 피보상자가 제기할 소송은 항고소송이다.

① X - X - O - O
② X - O - X - O
③ O - O - X - X
④ X - X - X - X

**12** 행정소송에서의 주장과 증명책임에 대한 내용으로 옳지 않은 것은?(다툼이 있는 경우에는 판례에 의함)

① 행정처분의 무효 확인을 구하는 소에서 해당 행정처분의 취소를 구할 수 있는 경우, 무효사유가 증명되지 아니한 때에 법원은 취소사유에 해당하는 위법이 있는지도 심리하여야 하는 것은 아니다
② 항고소송에서 처분의 적법성에 대한 증명책임의 소재는 피고에게 있으나 행정처분의 무효 확인을 구하는 행정소송에서 행정처분의 무효 사유에 대한 증명책임의 소재는 원고에게 있다. 이는 무효 확인을 구하는 뜻에서 행정처분의 취소를 구하는 소송에 있어서도 마찬가지이다
③ 무효확인소송에서 원고가 당초의 처분사유에 대하여 무효사유를 증명한 경우, 과세관청이 교환·변경된 처분사유를 근거로 하는 처분의 적법성에 대한 증명책임을 부담한다.
④ 과세처분의 위법을 다투는 조세행정소송의 형식이 취소소송인지 아니면 무효확인소송인지에 따라 증명책임이 달리 분배되는 것이라기보다는 위법사유로 취소사유와 무효사유 중 무엇을 주장하는지 또는 무효사유의 주장에 취소사유를 주장하는 취지가 포함되어 있는지 여부에 따라 증명책임이 분배된다.

**13** 다음 서술 중 타당하지 않은 것은?(다툼이 있는 경우 판례에 의함)

① 행정청이 건축신고수리 거부처분의 근거로 삼은 당초 처분사유인 해당 토지가 건축법상 도로에 해당하여 건축을 허용할 수 없음과 소송에서 추가한 해당 토지가 사실상 도로에 해당하여 건축이 공익에 부합하지 않아 허용할 수 없음의 사이에 기본적 사실관계의 동일성이 인정된다.
② 문서를 송달받을 자 또는 그 사무원등이 정당한 사유 없이 송달받기를 거부하는 때에는 그 사실을 수령확인서에 적고, 문서를 송달할 장소에 놓아둘 수 있다.
③ 과세처분에 관한 이의신청 절차에서 과세관청이 이의신청 사유가 옳다고 인정하여 과세처분을 직권을 취소한 후도 과세관청은 이를 다시 번복하여 종전처분과 동일한 내용의 처분을 할 수 있다.
④ 구 군인연금법 제8조 제1항 에서 정한 급여를 받을 권리에 대한 소멸시효는 민법 제166조 제1항 에 따라 권리를 행사할 수 있는 때부터 진행하고 권리를 행사할 수 없는 동안에는 진행하지 않는다.

**14** 질서위반행위와 과태료처분에 관한 설명으로 옳은 것은?

① 과태료의 부과·징수, 재판 및 집행 등의 절차에 관하여 · 질서위반행위규제법」과 타 법률이 달리 규정하고 있는 경우에는 후자를 따른다.
② 하나의 행위가 2 이상의 질서위반행위에 해당하는 경우에는 각 질서위반행위에 대하여 정한 과태료 중 가장 중한 과태료를 부과하는 것이 원칙이다.
③ 과태료는 행정질서유지를 위한 의무 위반이라는 객관적 사실에 대하여 과하는 제재이므로 과태료 부과에는 고의, 과실을 요하지 않는다.
④ 과태료에는 소멸시효가 없으므로 행정청의 과태료처분이나 법원의 과태료재판이 확정된 이상 일정한 시간이 지나더라도 그 처벌을 면할 수는 없다.

**15** 「행정절차법」상 행정절차에 관한 설명 중 바른 것(O)과 바르지 않은 것(X)이 순서대로 된 것은?(다툼이 있는 경우에 판례에 의함)

> ㉠ 당사자등은 의견제출의 경우에는 처분의 사전 통지가 있는 날부터 의견제출기한까지, 청문의 경우에는 청문의 통지가 있는 날부터 청문이 끝날 때까지 행정청에 해당 사안의 조사결과에 관한 문서와 그 밖에 해당 처분과 관련되는 문서의 열람 또는 복사를 요청할 수 있다
> ㉡ 고시 등 불특정다수인을 상대로 의무를 부과하거나 권익을 제한하는 처분의 경우, 그 상대방에게 의견제출의 기회를 주어야 하는 것은 아니다.
> ㉢ 다른 법령등에서 공청회를 개최하도록 규정하고 있는 경우에 행정청이 널리 의견을 수렴하기 위하여 온라인공청회를 단독으로 개최할 필요가 있다고 인정하는 때에는 온라인공청회를 단독으로 개최할 수 있다
> ㉣ 처분기준은 행정규칙적 성질을 갖고 있어 공표의 의무가 없으나 성질상 현저히 곤란하거나 공공의 안전 또는 복리를 현저히 해치는 것으로 인정될 만한 상당한 이유가 있는 경우에는 처분기준을 공표하여야 한다

① O - O - O - O
② X - O - X - O
③ O - X - O - X
④ O - O - X - X

**16** 행정입법에 대한 사법적 통제에 관한 다음 설명 중 가장 적절한 것은?(다툼이 있는 경우 판례에 의함)

① 추상적 법령 제정의 여부 등은 그 자체로서 국민의 구체적인 권리의무에 직접적인 변동을 초래하는 것이 아니어서 부작위위법확인소송이라는 행정소송의 대상이 될 수 없다.
② 행정입법에 대해서 헌법재판소는 헌법소원을 통하여 통제할 수 있으나 시행명령을 제정할 의무가 있음에도 명령제정을 거부하거나 입법부작위가 있는 경우에는 헌법소원의 대상이 되지 않는다.
③ 헌법이나 법률에 반하는 시행령 규정이 대법원에 의해 위헌 또는 위법하여 무효라고 선언하는 판결이 나오기 전이라도 하자의 중대성으로 인하여 그 시행령에 근거한 행정처분의 하자는 무효사유에 해당하는 것으로 취급된다.
④ 고시가 다른 집행행위의 매개 없이 그 자체로서 직접 국민의 구체적인 권리의무나 법률관계를 규율하는 성격을 가질 때에도 항고소송의 대상이 되는 행정처분에 해당되지 않는다.

**17** 「행정소송법」상 제소기간에 대한 판례의 입장으로 옳은 것은?

① 청구취지를 변경하여 종전의 소가 취하되고 새로운 소가 제기된 것으로 변경되었다면 새로운 소에 대한 제소기간 준수여부는 원칙적으로 소의 변경이 있은 때를 기준으로 한다.
② 납세자의 이의신청에 의한 재조사결정에 따른 행정소송의 제소기간은 이의신청인 등이 재결청으로부터 재조사결정의 통지를 받은 날부터 기산한다.
③ 처분의 불가쟁력이 발생하였고 그 이후에 행정청이 당해 처분에 대해 행정심판청구를 할 수 있다고 잘못 알렸다면, 그 처분의 취소소송의 제소기간은 행정심판의 재결서를 받은 날부터 기산한다.
④ 「산업재해보상보험법」상 보험급여의 부당이득 징수결정의 하자를 이유로 징수금을 감액하는 경우 감액처분으로도 아직 취소되지 않고 남아 있는 부분이 위법하다 하여 다툴 때에는, 제소기간의 준수 여부는 감액처분을 기준으로 판단해야 한다.

**18** 행정상 법률관계와 관련한 판례의 입장으로 옳은 것은?

① 「도시 및 주거환경정비법」상 조합설립인가처분에서 조합설립결의에 하자가 있는 경우, 조합설립결의 부분만을 따로 떼어내어 그 효력 유무를 다투는 확인의 소를 제기하는 것은 원고의 권리 또는 법률상의 지위에 현존하는 불안·위험을 제거하는 데 가장 유효·적절한 수단이라 할 수 없어 특별한 사정이 없는 한 확인의 이익은 인정되지 아니한다.
② 개정된 독점규제 및 공정거래에 관한 법률이 시행되기 이전에 위반행위가 종료되었다면 시행 당시 구 독점규제 및 공정거래에 관한 법률의 처분시효가 경과하지 않은 사건에 대하여, 부칙에 따라 구법보다 처분시효를 연장한 현행법을 적용하는 것이 헌법상 법률불소급의 원칙에 반하며 이 경우 신뢰보호원칙에 따라 현행법의 적용이 제한된다.
③ 조세법령이 폐지 또는 개정되면 그 전에 이미 완성된 과세요건사실에 대하여는 별도의 규정이 없는 한 종전의 법령이 적용될 수 없고 새로 제정되거나 개정된 법령을 적용하여야 한다.
④ 과징금부과처분이 재량행위라고 하더라도 법이 정한 한도액을 초과하여 위법한 경우에는 부과 처분의 전부를 취소할 것이 아니라 한도액을 초과한 부분만 취소하여야 한다.

**19** 다음 중 집행벌(이행강제금)에 대한 설명으로 바르게 기술되지 않은 것은?(다툼이 있는 경우에는 판례에 의함)

① 개발제한구역의 지정 및 관리에 관한 특별조치법상 이행강제금을 부과·징수할 때마다 그에 앞서 시정명령 절차를 다시 거쳐야 하는 것은 아니다.
② 무허가건축행위에 대한 형사처벌과 시정명령 위반에 대한 이행강제금의 부과는 그 처벌 내지 제재 대상이 되는 기본적 사실관계로서의 행위를 달리하며, 또한 그 보호법익과 목적에서도 차이가 있으므로 이중처벌에 해당한다고 할 수 없다
③ 구 건축법상 이행강제금의 법적 성질 및 건축주 등이 장기간 시정명령을 이행하지 않았으나, 그 기간 중 행정청이 시정명령의 이행 기회를 제공하지 않다가 뒤늦게 시정명령의 이행 기회를 부여하였다면, 그 이행 기회 제공을 전제로 한 1회분 이행강제금 외에 시정명령의 이행 기회가 제공되지 아니한 과거의 기간에 대한 이행강제금 부과는 그 하자가 중대·명백하여 무효이다.
④ 농지법상의 이행강제금부과는 행정법원의 관할로서 항고소송대상인 처분이다.

**20** 국가배상법 제5조의 영조물의 설치·관리의 하자에 의한 손해배상책임에 관한 설명으로 타당하지 않은 것은?

① 이 규정의 "영조물"에는 자연공물도 포함되므로 민법 제758조의 공작물보다 범위가 넓다.
② 인공의 영조물과 자연영조물의 하자는 동일한 기준으로 판단한다.
③ 객관적 안정성을 확보하고 있는 이상 불가항력에 의해 발생한 손해는 면책된다.
④ 설치·관리의 하자와 타자행위가 경합하여 손해가 발생된 경우 그 원인 범위 내에서 책임이 된다.

**21** 개인정보보호에 대한 내용으로 옳지 않은 것은?(다툼이 있는 경우에는 판례에 의함)

① 개인정보처리자는 개인정보를 익명 또는 가명으로 처리하여도 개인정보 수집목적을 달성할 수 있는 경우 익명처리가 가능한 경우에는 익명에 의하여, 익명처리로 목적을 달성할 수 없는 경우에는 가명에 의하여 처리될 수 있도록 하여야 한다.
② 자신의 개인정보를 열람한 정보주체는 개인정보처리자에게 그 개인정보의 정정 또는 삭제를 요구할 수 있다. 다만, 다른 법령에서 그 개인정보가 수집 대상으로 명시되어 있는 경우에는 그 삭제를 요구할 수 없다.
③ 개인정보자기결정권의 보호대상이 되는 개인정보는 개인의 신체, 신념, 사회적 지위, 신분등과 같이 개인의 인격주체성을 특징짓는 사항으로서 그 개인의 동일성을 식별할 수 있는 일체의 정보이고, 이미 공개된 개인정보는 포함하지 않는다.
④ 개인정보와 관련된 단체소송의 소는 피고의 주된 사무소 또는 영업소가 있는 곳, 주된 사무소나 영업소가 없는 경우에는 주된 업무담당자의 주소가 있는 곳의 지방법원 본원 합의부의 관할에 전속한다.

**22** 다음의 문장 중 옳은 것은? (다툼이 있는 경우 판례에 따름)

① 공무원의 직위해제처분은 공무원의 지위에 변동을 가져오는 처분이고 징계에 이르는 전단계에 해당되어 사전통지 등의 행정절차를 거치지 않은 경우에는 취소사유가 된다.
② 행정심판의 재결이 있었다고 하여 처분의 기초가 된 사실관계나 법률적 판단이 확정되는 것은 아니어서 당사자나 법원은 이에 기속되어 모순되는 주장이나 판단을 할 수 없는 것은 아니다.
③ 별정직 공무원은 일반 공무원의 행정절차법의 적용배제 논리가 동일하게 적용되지 않는다.
④ 처분의 불가쟁력이 발생하였고 그 이후에 행정청이 당해 처분에 대하여 행정심판청구를 할 수 있다고 잘못 알렸다면, 그 처분의 취소소송의 제소기간은 행정심판의 재결서를 받은 날로부터 기산한다.

**23** 행정청의 권한의 위임에 관한 설명으로 가장 옳지 않은 것은?

① 위임기관은 수임기관의 수임사무처리에 대하여 지휘·감독하고, 그 처리가 위법 또는 부당하다고 인정되는 때에는 이를 취소하거나 정지시킬 수 있다.
② 행정권한의 위임이 있는 경우에는 수임관청이 자기의 이름으로 그 권한행사를 할 수 있다.
③ 행정권한의 위임을 받은 자는 특히 필요한 때, 법령이 정하는 바에 의하여 위임받은 사무의 일부를 보조 기관 또는 하급행정기관 등에 재위임할 수 있다.
④ 행정권한의 위임 또는 위탁이 있을 때 취소소송에서의 피고는 위임청이 된다.

**24** 다음 설명의 ㉠~㉣에 해당하는 행정기관을 바르게 연결한 것은?

㉠ 행정주체의 의사를 결정하는 권한만을 가지고 이를 외부에 표시할 권한은 가지지 못하는 기관
㉡ 행정청의 명을 받아 행정청이 발한 의사를 집행하여 행정상 필요한 상태를 실현하는 기관
㉢ 행정주체의 의사를 자기의 이름으로 외부에 표시하는 권한을 가진 기관
㉣ 행정청이 소속되어 행정청의 의사결정을 보조하거나 그 명을 받아 사무에 종사하는 기관

① ㉠ 「국가공무원법」상 징계위원회, ㉡ 국가기록원, ㉢ 대전지방경찰청, ㉣ 행정각부의 차관보
② ㉠ 서울특별시장, ㉡ 감사원, ㉢ 중앙행정심판위원회, ㉣ 행정각부의 차관보
③ ㉠ 「국가공무원법」상 징계위원회, ㉡ 소방공무원, ㉢ 중앙행정심판위원회, ㉣ 행정각부의 실장
④ ㉠ 과천시장, ㉡ 국립병원, ㉢ 경찰공무원, ㉣ 행정각부의 과장

**25** 위헌법률에 근거한 처분의 효력에 대한 설명으로 옳지 않은 것은?(다툼이 있는 경우 판례에 의함)

㉠ 위헌인 법률에 근거한 행정처분이 당연무효인지의 여부는 위헌결정의 소급효와는 별개의 문제로서 취소소송의 제기 기간을 경과하여 확정력이 발생한 행정처분에는 위헌결정의 소급효가 미치지 않는다.
㉡ 근거법률의 위헌결정 이전에 이미 부담금 부과처분과 압류처분 및 이에 기한 압류등기가 이루어지고 각 처분이 확정된 경우에는 기존의 압류등기나 교부청구로도 다른 사람에 의하여 개시된 경매절차에서 배당을 받을 수 있다.
㉢ 어느 행정처분에 대하여 그 행정처분의 근거가 된 법률이 위헌이라는 이유로 무효확인청구의 소가 제기된 경우, 다른 특별한사정이 없는 한 법원으로서는 그 법률이 위헌인지 여부에 대하여는 판단할 필요 없이 그 무효확인청구를 기각하여야 한다.
㉣ 행정처분 자체의 효력이 쟁송기간 경과 후에도 존속 중인 경우, 그 행정처분이 위헌인 법률에 근거하여 내려졌고 그 목적달성을 위해 필요한 후행 행정처분이 아직 이루어지지 않았다 하여도 그 하자가 중대하여 그 구제가 필요한 경우에 해당된다는 사유가 쟁송기간 경과 후에 무효확인을 구할 수 있도록 하는 것은 아니다.

① ㉠ ㉢
② ㉡ ㉣
③ ㉡ ㉢
④ ㉢ ㉣

# 제3과목 행정학

**01** 정책평가의 내적 타당성 저해요인에 대한 설명 중 옳지 않은 것은?

① 역사요인 – 시간의 흐름에 따라 자연스럽게 나타나는 실험 전과 실험 후의 상태의 차이를 정책효과로 잘못 평가하는 경우에 발생한다.
② 회귀요인 – 실험집단의 구성에 있어 극단치가 포함되는 경우 그 효과는 재실험을 통해 감소되는 경향이 있다.
③ 도구요인 – 실험집단과 비교집단의 측정수단을 달리하거나, 정책실시 전과 후의 정책효과 측정수단이 다른 경우
④ 상실요인 – 정책집행 기간 중 대상 집단의 일부가 탈락해서 남아 있는 대상이 처음과 다른 경우

**02** 국회 인사청문회 제도에 관한 설명으로 옳은 것은?

① 대법원장·헌법재판소장·국무총리·감사원장·대법관·헌법재판소 재판관·중앙선거관리위원회 위원은 모두 인사청문특별위원회의 인사청문 대상이다.
② 방송통신위원회 위원장, 공정거래위원회 위원장, 금융위원회 위원장, 국가인권위원회 위원장, 국민권익위원회 위원장은 소관 상임위원회의 인사청문 대상이다.
③ 소관상임위원회 인사청문에서 상임위원회가 경과 보고서를 채택하지 않는 경우에, 대통령이 후보자를 임명하는 것을 현행법으로 막을 수 있다.
④ 위원회는 임명동의안 등이 회부된 날부터 15일 이내에 인사청문회를 마치되, 인사청문회의 기간은 3일 이내로 한다.

**03** 2022년 1월 시행된 지방자치법에 새롭게 추가된 내용이 아닌 것은?

① 지방자치단체의 기관구성 형태의 특례
② 의원의 정책지원 전문인력
③ 주민의 의무 및 주민소환
④ 지방자치단체의 장의 직 인수위원회

**04** 리더십이론에 대한 설명으로 옳지 않은 것은?

① Fiedler는 리더십 유형을 권위주의형, 민주형, 자유방임형의 세 가지 유형으로 구분하였다.
② 행태이론은 리더의 자질보다 리더의 행태적 특성이 조직성과에 영향을 미친다고 본다.
③ 허시(Hersey)와 블랜차드(Blanchard)는 부하의 성숙도에 따라 리더의 역할이 달라져야 한다고 주장한다.
④ 하우스(House)의 경로 – 목표이론에 의하면 참여적 리더십은 부하들이 구조화되지 않은 과업을 수행할 때 필요하다.

**05** 우리나라의 예산제도에 대한 설명으로 틀린 것은?

① 특별회계는 특정한 사업을 운영하거나 특정한 세입으로 특정한 세출에 충당함으로써 일반회계와 구분하여 계리할 필요가 있을 경우에 법률로 설치하되, 입법예고하기 전에 기획재정부장관의 심사를 받아야 한다.
② 국가가 사업 운영상 필요할 때 법률로써 정하는 경우에 한하여 특별한 기금을 설치할 수 있도록 하고, 이렇게 설치된 기금은 세입세출예산에 의하지 아니하고 운용할 수 있다.
③ 국가재정법 및 시행령상 통합재정의 포괄 범위는 비금융공공부문으로서, 「공공기관의 운영에 관한 법률」 적용 대상 기관(공기업, 준정부기관, 기타공공기관)을 포함한다.
④ 기획재정부장관은 조세감면·비과세·소득공제·세액공제·우대세율적용 또는 과세이연 등 조세지출 내역을 기능별·세목별로 분석한 조세지출예산서를 작성하여 국회에 제출하여야 한다.

**06** 공정성(형평성) 이론에서 자신(A)과 준거인물(B)을 비교하여 보상이 불공정하다고 느낄 때, 이를 해소하기 위한 자신(A)의 전략적 대응에 대한 추론으로 가장 옳지 않은 것은?

① 일을 열심히 하지 않는다.
② 준거인물(B)의 업무 방식을 참고하여 배울 점을 찾는다.
③ 준거인물(B)이 자신(A)보다 훨씬 더 많은 시간을 일했을 것이라고 생각을 바꾼다.
④ 다른 비교대상을 찾는다.

**07** 불확실성에 대한 대처 방안 중 적극적 방법으로 볼 수 없는 것은?

① 불확실성과 관련된 정보를 수집하는 방법
② 불확실성의 근원인 환경을 통제 가능한 내생 변수화 시키는 방법
③ 보험에 가입하여 위험에 대비하는 방법
④ 가외성 장치를 두는 방법

**08** 공무원연금은 재원의 형성방식에 따라 부과방식과 적립방식으로 나눌 수 있다. 부과방식과 비교한 적립방식의 장점이 아닌 것은?

① 인구구조의 변화나 경기 변동에 영향을 덜 받는다.
② 인플레이션이 심하더라도 연금급여의 실질가치를 유지할 수 있다.
③ 연금재정 및 급여의 안정성을 꾀할 수 있다.
④ 기금 수익을 통해 장기 비용부담을 덜어 제도의 안정적인 운영이 가능하다.

**09** 조직의 원리에 대한 설명으로 옳지 않은 것은?

① 부성화(部省化)의 원리는 조정에 관한 원리에 해당한다.
② 통솔범위를 좁게 잡으면 계층의 수가 늘어난다.
③ 계선과 참모를 구분하는 것은 분업의 한 형태로 볼 수 있다.
④ 매트릭스 조직은 명령통일의 원리를 위반한 것이다.

**10** 정책평가의 방법을 논리모형(논리 매트릭스)과 목표모형으로 구분할 경우, 논리모형에 대한 설명으로 옳지 않은 것은?

① 정책 프로그램이 특정 성과를 산출하기 위해 어떤 논리적 인과구조를 가지고 있는지를 명시적으로 보여준다.
② 프로그램이 해결하려는 정책문제 및 정책의 결과물이 무엇인지를 명확히 해주기 때문에 정책형성 과정의 인과관계에 대한 가정의 오류와 정책집행의 실패를 구분할 수 있도록 한다.
③ 정책이 달성하려는 장기 목표와 중단기 목표들을 잘 달성했는지에 초점을 맞춘 평가모형이다.
④ 프로그램 논리의 분석 및 정리 과정이 이해관계자의 정책 프로그램에 대한 이해를 높인다.

**11** 공무원고충처리에 대한 설명으로 옳지 않은 것은?

① 5급 이상 공무원 및 고위공무원단에 속하는 일반직공무원의 고충을 다루는 중앙고충심사위원회의 기능은 소청심사위원회가 관장한다.
② 고충처리대상은 인사·조직·처우 등의 직무조건과 성폭력범죄, 성희롱 등으로 인한 신상문제에 대하여 광범위하게 인정된다.
③ 소청심사위원회의 결정은 처분청에 대한 법적 기속력이 있지만, 고충심사위원회의 결정은 처분청에 대한 법적 기속력이 없다.
④ 고충심사위원회가 청구서를 접수한 때에는 30일 이내에 고충심사에 대한 결정을 해야 하고 그 결정은 위원 과반수의 출석과 과반수의 합의에 의한다.

**12** 행정지도에 관한 설명으로 옳지 않은 것은?

① 행정지도는 공무원의 각종 권력을 배경으로 하는 활동이다.
② 행정지도는 불분명한 행정책임 및 구제수단의 미비 등의 폐단을 나타낸다.
③ 행정지도는 비권력적·비강제적 사실행위로서 법적 구속력이 없다.
④ 행정지도는 지도 형식에 대한 엄격한 제한을 통해 국민의 권리를 보장하고 있다.

**13** 우리나라의 규제개혁 프로그램에 대한 설명으로 가장 적절하지 않은 것은?

① 규제 샌드박스(regulatory sandbox)란 일정한 조건 하에서 기존 규제의 한시적 면제 또는 유예를 통해 새로운 제품이나 서비스를 출시하고 테스트해볼 수 있도록 허용하는 제도이다.
② 규제등록제란 중앙행정기관의 장이 소관 규제의 명칭, 내용, 근거, 처리기간 등을 국무총리 소속의 규제개혁위원회에 등록하여야 하는 제도이다.
③ 「행정규제기본법」에 따른 규제일몰제는 규제의 존속기한을 규제 목적을 달성하기 위해 필요한 최소한의 기간 내에서 설정하도록 하고 있으며, 그 기간은 원칙적으로 5년을 초과할 수 없다.
④ 규제영향분석(regulatory impact analysis)은 규제를 신설 또는 강화하는 경우 그 규제에 따른 비용과 편익을 비교 분석하도록 하는 제도이다.

**14** 신공공관리론에 대한 다음 설명 중 가장 옳은 것은?

① 신공공관리론은 정부의 역할(steering)을 시장에 맡겨야 한다는 이론이다.
② 신공공관리론의 고객 중심 논리는 국민을 능동적인 존재로 만들 수 있다.
③ 신공공관리론은 행정 효율성을 향상시키기 위해 기업가적 재량권을 선호하므로 공공책임성의 문제를 야기할 수 있다.
④ 신공공관리론은 수익자 부담원칙 강화, 경쟁원리 강화, 민영화 확대, 규제 강화 등을 제시한다.

**15** 행정조직의 집권화를 촉진하는 조건이라 할 수 있는 것은?

① 조직이 동원·배분하는 자원 규모의 팽창
② 기술과 환경 변화의 격동성 증가
③ 조직 구성원의 기술 수준의 고도화 및 전문화
④ 민주성과 평등성의 지향

**16** 조직이론에 대한 설명으로 옳은 것은?

① 거래비용이론에 따르면, 시장의 자발적인 교환행위에서 발생하는 거래비용이 관료제의 조정비용보다 클 경우 거래를 외부화하는 것이 효율적이다.
② 자원의존이론은 조직이 생존과 발전에 필요한 자원을 환경에 의존하기 때문에 조직을 환경과의 관계에서 피동적 존재로 본다.
③ 조직군 생태론은 조직변화는 횡단적 분석에 의해서만 검증 가능하다고 전제한다.
④ 공동체 생태학론은 관리자들의 능동적 상호작용을 중시한다.

**17** 정부의 정책수단(policy tool)에 대한 설명으로 틀린 것은?

① 경제적 규제는 정부의 직접수단에 해당한다.
② 조세지출은 재정적 인센티브를 부여하는 수단에 해당한다.
③ 바우처는 역사가 길고 가장 광범위하게 사용되는 수단이다.
④ 전통적 삼분법에 근거하여 정책수단을 규제, 인센티브, 설득으로 분류할 수 있다.

**18** 현재 우리나라 공공기관에 대한 설명으로 틀린 것은?

① 공기업 및 준정부기관은 정원 300명 이상, 수입 200억 원 이상, 자산 30억 원 이상인 공공기관 중에서 지정한다.
② 시장형 공기업에는 인천국제공항공사, 한국수력원자력(주) 부산항만공사, 인천항만공사 등이 지정되어 있다.
③ 준시장형 공기업에는 한국마사회, 한국철도공사, 한국조폐공사, 한국수자원공사, 한국도로공사 등이 지정되어 있다.
④ 위탁집행형 준정부기관에는 한국관광공사, 한국농어촌공사, 국민건강보험공단, 한국소비자원, 도로교통공단 등이 지정되어 있다.

**19** 지방자치의 역사에 대한 설명으로 옳은 것은?

① 1949년 지방자치법이 제정되면서 시와 군 자치제가 규정되었다.
② 지방자치단체의 장이 지방의회에 의해 불신임될 수 있는 규정이 존재하기도 하였다.
③ 제2공화국은 의원내각제 정부 형태였으므로 지방자치단체의 기관구성 형태도 기관통합형을 취하였다.
④ 지방자치에 관한 임시조치법이 시행되면서 지방의회는 구성되지 않았지만 주민직선의 단체장은 선출되었다.

**20** 통솔 범위를 넓히는 저층구조의 장점에 대한 설명으로 틀린 것은?

① 분권화를 촉진한다.
② 수직적 의사전달이 신속하게 이루어진다.
③ 계층 간의 역할 모호성을 줄일 수 있다.
④ 직근 상관과 부하 사이의 긴밀한 접촉이 용이해진다.

**21** 우리나라 감사원에 대한 설명으로 옳은 것은?

① 주요 기능은 결산확인, 회계검사 및 직무감찰 등이다.
② 직무상 독립성을 지닌 헌법상 독립기관이다.
③ 감사원장을 포함한 9명의 감사위원으로 구성된 합의제기관이다.
④ 감사원장은 국회의 동의를 얻어 대통령이 임명하며, 감사위원은 감사원장이 임명한다.

**22** 목표관리제에 대한 설명으로 옳은 것은?

① 목표관리제에서 구체적인 목표는 대부분 사업 자체로 나타나며, 목표 달성 이후에 얻어지는 기대효과를 평가할 수 있다.
② 목표관리제는 업무환경이 가변적이고 불확실성이 클 때 그 효용이 커진다.
③ 목표관리제는 Y이론적 인간관에 입각한 관리 방법이다.
④ 목표관리제(MBO)의 관심은 외향적이어서 고객의 필요에 따라 목표를 설정하는 것을 강조한다.

**23** 지방의회에 대한 설명으로 옳은 것은?

① 지방의회는 매년 2회 그 지방자치단체의 사무에 대하여 시·도에서는 14일의 범위에서, 시·군 및 자치구에서는 9일의 범위에서 감사를 실시한다.
② 행정사무조사를 발의할 때에는 조사를 발의할 때에는 이유를 밝힌 서면으로 하여야 하며, 재적의원 4분의 1 이상의 찬성이 있어야 한다.
③ 지방의회의원의 윤리강령과 윤리실천규범 준수 여부 및 징계에 관한 사항을 심사하기 위하여 윤리특별위원회를 둔다.
④ 지방의회의원의 의정활동을 지원하기 위하여 지방의회의원 정수의 2분의 1 범위에서 해당 지방자치단체의 조례로 정하는 바에 따라 지방의회에 정책지원 전문인력을 둘 수 있으며, 정책지원 전문인력은 별정직 지방공무원으로 보한다.

**24** 우리나라 고위공무원제도에 대한 설명으로 틀린 것은?

① 고위공무원단에 대해서는 현행 1급에서 3급 국장급의 계급을 폐지하고 직무와 직위에 따라 관리한다. 이에 따라 계급에 구애되지 않는 폭넓은 인사로 적격자를 임용할 수 있게 된다.
② 우리나라 고위공무원단과 관련된 정부의 인재육성 방향은 '공(工)'자 형에 해당하며, 개방과 경쟁, 성과와 책임을 핵심적 요소로 한다.
③ 고위공무원의 근무성적평정은 「공무원 성과평가 등에 관한 규정」의 성과계약 등 평가에 따르며, 성과계약 등 평가는 절대평가의 방법에 따라 매우우수·우수·보통·미흡 또는 매우미흡 중 하나의 등급으로 평가한다.
④ 고위공무원단에 속하는 일반직공무원이 근무성적평정에서 최하위 등급의 평정을 총 2년 이상 받은 때에는 적격심사를 통해 부적격자를 결정하여 직권면직이 가능하다.

**25** 예측의 세 가지 기법 중 이론적 예측의 방법으로 볼 수 있는 것은?

① 경로분석
② 시계열분석
③ 델파이 기법
④ 교차영향분석

# 군무원 일반직 FINAL 실전동형 봉투모의고사
# 제5회 모의고사

## 일반직

| 제1과목 | | 제2과목 | 행정법 |
|---|---|---|---|
| 제3과목 | 행정학 | 제4과목 | |

| 응시번호 | | 성 명 | |
|---|---|---|---|

### 〈 안내 사항 〉

1. 답안지의 모든 기재 및 표기사항은 반드시 『컴퓨터용 흑색사인펜』으로만 작성하여야 합니다.
   (사인펜에 "컴퓨터용"으로 표시되어 있음) (사인펜 본인 지참)
   * 매년 지정된 펜을 사용하지 않아 답안지가 무효처리 되는 상황이 빈발하고 있으므로, 답안지는 반드시 『컴퓨터용 흑색사인펜』으로만 표기하시기 바랍니다.

2. 답안은 매 문항마다 반드시 하나의 답만 골라 그 숫자에 "●"로 표기해야 하며, 표기한 내용은 수정테이프를 이용하여 정정할 수 있습니다. 단, 시험시행본부에서 수정테이프를 제공하지 않습니다.
   (표기한 부분을 긁는 경우 오답처리 될 수 있으며, 수정스티커 또는 수정액은 사용 불가)
   * 답안지는 훼손·오염되거나 구겨지지 않도록 주의해야 하며, 특히 답안지 상단의 타이밍마크
   ( ▮▮▮▮▮ )를 절대로 훼손해서는 안 됩니다.

3. 필기시험 문제 관련 의견제시 기간: 시험 당일을 포함한 5일간
   * 국방부 군무원채용관리홈페이지(http://recruit.mnd.go.kr) - 시험안내 - 시험문고답하기

# 제5회 모의고사

## 제2과목 행정법

**01** 행정절차상의 내용에 관한 설명으로 옳지 않은 것은? (다툼이 있는 경우 판례에 의함)

① 개별 법률에서 청문에 관한 규정을 두고 있지 않은 경우에도 침해적 행정처분을 함에 있어 청문을 실시하지 아니한 경우에는 무효로 보는 것이 판례의 입장이다.
② 상대방이 행정청의 사무실을 방문하여 소속 공무원에게 '처분을 좀 연기해 달라'는 내용의 서류를 제출한 것을 들어 여객자동차 운수사업법이 필요적으로 실시하도록 규정한 청문을 실시한 것으로 볼 수 없다.
③ 공정거래위원회의 시정조치 및 과징금납부명령에 행정절차법 소정의 의견청취절차 생략사유가 존재한다고 하더라도, 공정거래위원회는 행정절차법을 적용하여 의견청취절차를 생략할 수는 없다.
④ 행정절차법에는 절차상 하자있는 행정행위의 효력에 관한 별도의 규정을 두고 있지 않다.

**02** 공무원의 직무상 불법행위로 인하여 발생하는 국가배상책임에 관한 다음 설명 중 옳지 않은 것은?(다툼이 있으면 판례에 의함)

① 군인·군무원·경찰공무원 또는 예비군대원이 전투·훈련 등 직무 집행과 관련하여 전사(戰死)·순직(殉職)등으로 본인이나 그 유족이 다른 법령에 따라 재해보상금·유족연금·상이연금 등의 보상을 지급받을 수 있을 때에는 국가배상법 및 「민법」에 따른 손해배상을 청구할 수 없으나 유족은 자신의 정신적 고통에 대한 위자료를 청구할 수 있다.
② 경찰공무원인 피해자가 구 공무원연금법에 따라 공무상 요양비를 지급받는 것이 국가배상법 제2조 제1항 단서에서 정한 '다른 법령의 규정'에 따라 보상을 지급받는 것에 해당하지 않는다.
③ 국회가 법률로 행정청에 특정한 사항을 위임했음에도 불구하고 행정청이 정당한 이유 없이 이를 이행하지 않는다면 권력분립의 원칙과 법치국가 또는 법치행정의 원칙에 위배되는 것으로서 위법함과 동시에 위헌인 것이 되고 이는 행정청이 법률에서 대통령령으로 정하도록 위임받은 사항을 전혀 입법하지 않은 경우는 물론 그 법률이 위임한 사항을 불충분하게 규정함으로써 법률이 위임한 행정입법의무를 제대로 이행하지 않은 경우도 마찬가지이다.
④ 국가 또는 공공단체가 당해 공무원의 선임, 감독에 대해 주의를 게을리 하지 않았다는 것을 입증하는 경우에는 배상책임이 없다.

**03** 처분사유의 추가·변경에 대한 설명이다. 옳은 것은? (다툼이 있으면 판례에 의함)

① 처분상대방이 추가·변경된 처분사유의 실체적 당부에 관하여 해당 소송 과정에서 심리·판단하는 것에 명시적으로 동의하는 경우에도 법원으로서는 그 처분사유가 기존의 처분사유와 기본적 사실관계가 동일한지와 상관없이 이를 허용할 수 없다.
② 추가·변경된 거부처분사유도 실체적으로 위법하여 처분을 취소하는 판결이 선고·확정되는 경우 추가·변경된 거부처분사유에 관한 법원의 판단에 대해서까지 취소판결의 기속력이 미친다고 볼 수 없다.
③ 사회적 사실관계의 기본적 동일성이 인정되는 경우라고 하더라도 그에 대한 규범적 평가와 처분의 근거 법령의 변경으로, 예를 들어 기속행위가 재량행위로 변경되는 경우와 같이, 당초 처분의 내용을 변경할 필요성이 제기되는 경우에는 해당 처분을 취소한 후 다시 새로운 처분을 하여야 하며 당초 처분의 내용을 그대로 유지한 채 근거 법령만 추가·변경하는 것은 허용될 수 없다.
④ 처분의 사실관계의 동일성여부를 판단하는 기준은 사회적 관점에서가 아니라 법률적 관점에서 평가하여 동일한지 여부를 판단하여야 한다.

**04** 다음은 대집행에 대한 판례이다. 대집행에 대한 설명으로 거리가 먼 것은?

> 개발제한구역 및 도시공원에 속하는 임야상에 신축된 위법건축물인 대형 교회건물의 합법화가 불가능할 경우, 교회건물의 건축으로 공원미관조성이나 공원관리 측면에서 유리하고 철거될 경우 막대한 금전적 손해를 입게 되며 신자들이 예배할 장소를 잃게 된다는 사정을 고려하더라도 위 교회건물의 불이행을 방치함은 심히 공익을 해한다고 보아야 한다(대판 2000.6.23, 98두3112)

① 대집행의 요건으로는 대체적 작위의무의 불이행, 다른 방법에 의한 의무이행의 곤란, 불이행을 방치함이 심히 공익을 해칠 경우에 가능하고 이에 대한 입증책임은 행정청에 있는 것은 아니라는 것이 판례의 입장이다.
② 작위의무를 과하는 행정행위 자체는 적법·타당하더라도 대집행의 계고나 영장통지에 고유한 위법·부당이 있는 경우는 대집행의 계고나 영장통지에 대해서만 당연히 행정쟁송을 제기할 수 있다.
③ 불이행을 방치함이 심히 공익을 해하는지 여부는 사법심사의 대상이 된다.
④ 근거규범이 개발제한구역에 위법한 건축물을 설치하지 못하도록 한 금지규정인 경우에는 해당 금지규정과 이에 대한 벌칙규정이 있다는 것만으로는 행정대집행이 곤란한다.

**05** 행정행위의 부관에 대한 설명으로 옳은 것은? (다툼이 있는 경우 판례에 의함)

① 일반적으로 보조금 교부결정은 법령과 예산에서 정하는 바에 엄격히 기속되므로, 행정청은 보조금 교부결정을 할 때 조건을 붙일 수 없다.
② 수익적 행정처분에 있어서는 행정청이 행정처분을 하면서 부담을 일방적으로 부가할 수 있을 뿐, 부담을 부가하기 이전에 상대방과 협의하여 부담의 내용을 협약의 형식으로 미리 정한 다음 부가할 수는 없다.
③ 토지소유자가 토지형질변경행위허가에 붙인 기부채납의 부관에 따라 토지를 국가나 지방자치단체에 기부채납한 경우, 기부채납의 부관이 당연무효이거나 취소되지 아니한 이상 토지소유자는 위 부관으로 인하여 증여계약의 중요 부분에 착오가 있음을 이유로 증여계약을 취소할 수 없다.
④ 부담이 처분 당시 법령을 기준으로 적법하더라도, 처분 후 부담의 전제가 된 주된 행정처분의 근거 법령이 개정됨으로써 행정청이 더 이상 부관을 붙일 수 없게 되었다면 그 부담은 곧바로 위법하게 되거나 그 효력이 소멸한 것으로 보아야 한다.

**06** 「공익사업을 위한 토지 등의 취득 및 보상에 관한 법률」 (이하 '토지보상법'이라 함)상 행정상 손실보상에 대한 설명으로 옳지 않은 것은?

① 사업시행자, 토지소유자 또는 관계인은 토지수용위원회의 재결에 불복할 때에는 재결서를 받은 날부터 90일 이내에, 이의신청을 거쳤을 때에는 이의신청에 대한 재결서를 받은 날부터 60일 이내에 각각 행정소송을 제기할 수 있으며, 이 경우 행정소송의 제기는 사업의 진행 및 토지의 수용 또는 사용을 정지시키지 아니한다.
② 동일한 소유자에게 속하는 일단의 토지의 일부가 협의에 의하여 매수되거나 수용됨으로 인하여 잔여지를 종래의 목적에 사용하는 것이 현저히 곤란할 때에는 해당 토지소유자는 사업시행자에게 잔여지를 매수하여 줄 것을 청구할 수 있으며, 사업인정 이후에는 관할 토지수용위원회에 수용을 청구할 수 있고, 이 경우 수용의 청구는 매수에 관한 협의가 성립되지 아니한 경우에만 할 수 있으며 사업완료일까지 하여야 한다.
③ 토지보상법에 의한 보상금증감청구소송은 보상금의 증액 또는 감액 청구에 관한 소송이므로 잔여지 수용청구를 거절한 재결에 불복하는 소송은 '보상금의 증감에 관한 소송'에 해당되지 아니한다.
④ 하나의 재결에서 피보상자별로 여러 가지의 토지, 물건, 권리 또는 영업의 손실에 관하여 심리·판단이 이루어졌을 때, 피보상자 또는 사업시행자가 여러 보상항목들 중 일부에 관해서만 불복하는 경우 반드시 재결 전부에 관하여 불복하여야 하는 것은 아니다.

**07** 「행정소송법」상 행정소송에 대한 설명으로 옳지 않은 것은? (다툼이 있는 경우 판례에 의함)

① 교도소장이 수형자를 '접견내용 녹음·녹화 및 접견 시 교도관 참여대상자'로 지정한 행위는 수형자의 구체적 권리의무에 직접적 변동을 가져오는 행정청의 공법상 행위로서 항고소송의 대상이 되는 처분에 해당한다.
② 어느 하나의 처분의 취소를 구하는 소에 당해 처분과 관련되는 처분의 취소를 구하는 청구를 추가적으로 병합한 경우, 추가적으로 병합된 소의 소제기 기간의 준수 여부는 그 청구취지의 추가신청이 있은 때를 기준으로 한다.
③ 일정한 납부기한을 정한 과징금부과처분에 대하여 집행정지결정이 내려졌다면 과징금부과처분에서 정한 과징금의 납부기간은 더 이상 진행되지 아니하고 집행정지결정의 주문에 표시된 종기의 도래로 인하여 집행정지가 실효된 때부터 다시 진행된다.
④ 법원이 어느 하나의 사유에 의한 과징금부과처분에 대하여 그 사유와 기본적 사실관계의 동일성이 인정되지 아니하는 다른 처분사유가 존재한다는 이유로 적법하다고 판단하는 것은 특별한 사정이 없는 한 직권심사주의의 한계를 넘는 것이 아니다.

**08** 선결문제에 대한 설명으로 옳지 않은 것은?

① 계고처분이 위법한 경우 행정대집행이 완료되면 그 처분의 취소를 구할 소의 이익은 없다 하더라도, 미리 그 행정처분의 취소판결이 있어야만 그 행정처분의 위법임을 이유로 한 손해배상 청구를 할 수 있는 것은 아니다.
② 민사소송에서 어느 행정처분의 당연무효 여부가 선결문제로 되는 경우 취소소송의 행정심판기록 제출명령은 준용되지 않는다.
③ 과세처분의 하자가 단지 취소할 수 있는 정도에 불과할 때에는 과세관청이 이를 스스로 취소하거나 항고쟁송절차에 의하여 취소되지 않는 한, 그로 인한 조세의 납부가 부당이득이 된다고 할 수 없다.
④ 소방시설 등의 설치 또는 유지·관리에 대한 명령이 행정처분으로서 하자가 있어 무효인 경우, 위 명령 위반을 이유로 행정형벌을 부과할 수 없다.

**09** 행정행위의 하자의 승계에 관한 다음 서술 중 타당하지 않은 것은? (다툼이 있을 경우 판례에 의함)

① 선행처분과 후행처분이 서로 독립하여 별개의 효과를 목적으로 하는 경우에도 선행처분의 불가쟁력이나 구속력이 그로 인하여 불이익을 입게 되는 자에게 수인한도를 넘는 가혹함을 가져오며, 그 결과가 당사자에게 예측가능한 것이 아닌 경우에는 선행처분의 후행처분에 대한 구속력은 인정될 수 없다.
② 과세처분(양도소득세부과처분)의 취소를 구하는 소송에서 선행처분인 개별공시지가결정의 위법을 독립된 위법사유로 주장할 수 있다.
③ 개별공시지가결정에 대하여 한 재조사청구에 따른 조정결정을 통지받고서도 더 이상 다투지 않은 경우 개별공시지가결정의 위법을 과세처분의 위법사유로 주장할 수 있다.
④ 수용보상금의 증액을 구하는 소송에서 수용대상 토지 가격산정의 기초가 된 비교표준지공시지가결정의 위법을 독립한 사유로 주장할 수 있다.

**10** 「행정조사기본법」에 관한 설명으로 타당하지 않은 것은?

① "행정조사"란 행정기관이 정책을 결정하거나 직무를 수행하는 데 필요한 정보나 자료를 수집하기 위하여 현장조사·문서열람·시료채취 등을 하거나 조사대상자에게 보고요구·자료제출요구 및 출석·진술요구를 행하는 활동을 말한다.
② 행정조사는 법령등의 위반에 대한 처벌보다는 법령등을 준수하도록 유도하는 데 중점을 두어야 한다.
③ 행정기관은 법령등에서 행정조사를 규정하고 있는 경우에 한하여 행정조사를 실시할 수 있다. 다만, 조사대상자의 자발적인 협조를 얻어 실시하는 행정조사의 경우에는 그러하지 아니하다.
④ 행정조사는 법령등 또는 행정조사운영계획으로 정하는 바에 따라 수시조사를 원칙으로 한다.

**11** 사인의 공법행위에 대한 설명으로 바르지 못한 것은?

① 정신과의원을 개설하려는 자가 법령에 규정되어 있는 요건을 갖추어 개설신고를 한 경우, 행정청이 법령에서 정한 요건 이외의 사유를 들어 의원급 의료기관 개설신고의 수리를 거부할 수 없다.
② 국제표준무도를 교습하는 학원을 신고하거나 또는 평생직업교육학원으로 등록하려고 할 때, 관할 행정청이 소관 법령에 따른 신고 또는 등록의 요건을 갖춘 학원의 신고나 등록의 수리를 거부할 수 있다.
③ 사업의 양도행위가 무효라고 주장하는 양도자는 민사쟁송으로 양도·양수행위의 무효를 구함이 없이 막바로 허가관청을 상대로 하여 행정소송으로 위 신고수리처분의 무효확인을 구할 법률상 이익이 있다.
④ 사인의 공법행위에는 민법상 비진의의사표시의 무효규정이 적용되지 않는다.

**12** 취소소송에 관한 설명으로 바르지 못한 것은?(다툼이 있는 경우에는 판례에 의함)

① 중앙행정기관의 장이 피고인 경우의 관할은 대법원소재지 행정법원으로 한다.
② 취소소송은 다른 법률에 특별한 규정이 없는 한 그 처분 등을 행한 행정청을 피고로 한다. 다만, 처분등이 있은 뒤에 그 처분등에 관계되는 권한이 다른 행정청에 승계된 때에는 이를 승계한 행정청을 피고로 한다.
③ 원고가 피고를 잘못 지정한 때에는 법원은 원고의 신청에 의하여 결정으로써 피고의 경정을 허가할 수 있다.
④ 법원은 소송의 결과에 따라 권리 또는 이익의 침해를 받을 제3자가 있는 경우에는 당사자 또는 제3자의 신청 또는 직권에 의하여 결정으로써 그 제3자를 소송에 참가시킬 수 있다

**13** 행정행위의 취소와 철회에 대한 설명으로 옳지 않은 것은?

① 행정청이 의료법인의 이사에 대한 이사취임승인취소처분(제1처분)을 직권으로 취소(제2처분)한 경우, 제1처분과 제2처분 사이에 법원에 의하여 선임결정된 임시이사들의 지위는 법원의 해임결정이 있어야 소멸된다.
② 행정행위를 한 처분청은 비록 그 처분 당시에 별다른 하자가 없었고, 또 그 처분 후에 이를 철회할 별도의 법적 근거가 없다 하더라도 원래의 처분을 존속시킬 필요가 없게 된 사정변경이 생겼거나 또는 중대한 공익상의 필요가 발생한 경우에는 그 효력을 상실케 하는 별개의 행정행위로 이를 철회할 수 있다.
③ 조세부과처분이 취소되면 그 조세부과처분은 확정적으로 효력이 상실되므로 나중에 취소처분이 취소되어도 원 조세부과처분의 효력이 회복되지 않는다.
④ 행정청은 당사자의 신뢰를 보호할 가치가 있는 등 정당한 사유가 있는 경우에는 위법 또는 부당한 처분의 전부나 일부를 장래를 향하여 취소할 수 있다.

**14** 행정규칙 형식의 법규명령에 관한 설명으로 옳지 않은 것은?(다툼이 있는 경우에 판례에 의함)

① 재산제세사무처리규정, 석유판매업허가기준고시, 식품영업허가기준고시 등이 그 예이다.
② 법령보충적 행정규칙의 경우 상위법령과 결합하지 않더라도 그 자체로서 직접적인 대외적 구속력을 갖게 된다.
③ 법령의 규정이 지방자치단체장에게 그 법령내용의 구체적 사항을 정할 수 있는 권한을 부여하면서 그 권한행사의 절차나 방법을 정하지 아니하고 있는 경우, 그 법령의 내용이 될 사항을 구체적으로 규정한 지방자치단체장의 고시는 당해 법령의 위임한계를 벗어나지 않는 한 법규명령으로서의 효력이 있다.
④ 판례는 "주유소의 진출입로는 도로상의 횡단보도로부터 10m 이상 이격되게 설치하여야 한다."고 규정한 '전라남도 주유소 등록요건에 관한 고시' 제2조 제2항 [별표1]에 대하여 법규명령으로서의 효력을 긍정하였다.

**15** 적용법규나 기간에 대한 설명으로 옳지 않은 것은?(다툼이 있으면 판례에 의함)

① 유예기간없이 개인택시운송사업면허 기준을 변경하고 그에 기하여 한 행정청의 면허신청 접수거부처분은 위법하다고 볼 수 없다.
② 과징금을 부과하는 경우 구체적인 부과기준이 처분시의 법령이 행위시의 법령보다 불리하게 개정되었고, 특별한 규정이 없다면 행위시의 법령을 적용하여야 한다.
③ 행정기본법상 법령등을 공포한 날부터 일정 기간이 경과한 날부터 시행하는 경우 법령등을 공포한 날을 첫날에 산입한다.
④ 경과규정 등의 특별한 규정이 없이 법령이 개정된 경우, 그 변경 전에 발생한 사항에 대하여 적용할 법은 구 법령이다.

**16** 행정청이 체결하는 계약에 대한 설명으로 옳은 것만을 모두 고르면?

> ㄱ. 행정청은 법령등을 위반하지 아니하는 범위에서 행정목적을 달성하기 위하여 필요한 경우에는 공법상 법률관계에 관한 계약을 체결할 수 있다.
> ㄴ. 「행정기본법」에 따르면 신속히 처리할 필요가 있거나 사안이 경미한 경우에는 말 또는 서면으로 공법상 계약을 체결할 수 있다.
> ㄷ. 중소기업기술정보진흥원장이 甲 주식회사와 체결한 중소기업 정보화지원사업 지원대상인 사업의 지원에 관한 협약의 해지는 상대방의 권리·의무를 변경시키는 처분에 해당하므로 항고소송의 대상이 된다.
> ㄹ. 「국가를 당사자로 하는 계약에 관한 법률」에 따라 국가가 당사자가 되는 이른바 공공계약은 그에 관한 법령에 특별한 정함이 없는 한 사법상 계약에 해당한다.

① ㄱ, ㄴ   ② ㄱ, ㄹ
③ ㄴ, ㄷ   ④ ㄷ, ㄹ

**17** 갑(甲)주식회사와 을(乙)주식회사가 공동으로 건축용 판유리 제품가격을 인상한 후 甲회사가 1순위로 부당한 공동행위 자진신고자 등에 대한 시정조치 등 감면신청을 하고, 乙회사가 2순위로 감면신청은 하였으나 공정거래위원회가 甲회사는 감면요건을 충족하지 못했다는 이유로 '구 부당한 공동행위 자진신고자 등에 대한 시정조치 등 감면제도 운영고시' 제14호에 따라 감면불인정 통지를 하고 乙회사에 1순위로 지위확인을 했다. 다음 중 옳지 못한 것은?

① 행정규칙에 근거한 처분이라도 상대방의 권리·의무에 직접 영향을 미치는 경우 항고소송대상인 처분에 해당한다.
② '구 부당한 공동행위 자진신고자 등에 대한 시정조치 등 감면제도 운영고시' 제14호에 따라 감면불인정 통지는 처분에 해당된다.
③ 공정거래위원회가 부당한 공동행위를 한 사업자에게 과징금 부과처분(선행처분)을 한 뒤, 다시 자진신고 등을 이유로 과징금 감면처분(후행처분)을 한 경우, 선행처분의 취소를 구하는 소는 적법하다.
④ 부당공동행위에 대한 공정거래위원회의 과징금부과는 재량이다.

**18** 정보공개에 관한 설명이다. 옳지 못한 것은?(다툼이 있는 경우에 판례에 의함)

① 정보공개청구자가 특정한 것과 같은 정보를 공공기관이 보유·관리하고 있지 않은 경우, 해당 정보에 대한 공개거부처분에 대하여 취소를 구할 법률상 이익이 원칙적으로 인정될 수 없다.
② '한국증권업협회'는 공공기관의 정보공개에 관한 법률 시행령 제2조 제4호의 '특별법에 의하여 설립된 특수법인'에 해당한다고 보기 어렵다.
③ 알 권리에서 파생되는 정부의 공개의무는 특별한 사정이 없는 한 특정의 정보에 대한 공개청구가 있어야 하는 것은 아니어서, 정보공개청구가 없었다고 하여도 대한민국과 중화인민공화국이 양국간 마늘교역에 관한 합의서 및 한국의 민간기업이 자유롭게 마늘을 수입할 수 있다'는 부분을 사전에 마늘재배농가들에게 공개할 정부의 의무가 있다.
④ 고속철도 역의 유치위원회에 지방자치단체로부터 지급받은 보조금의 사용 내용에 관한 서류 일체 등의 공개를 청구한 경우 공개청구한 정보 중 개인의 성명은 비공개에 의하여 보호되는 개인의 사생활 등의 이익이 국정운영의 투명성 확보 등의 공익보다 더 중요하여 비공개대상정보에 해당한다.

**19** 행정행위의 내용에 관한 다음의 설명 중 맞는 것은?

① 확인은 의문이나 다툼이 없는 사실에 대한 행정청의 인식의 표시로서 의료유사업자자격증 발급 등이 이에 해당한다.
② 당해 법률상의 허가를 받게 되면 특별한 규정이 없는 한 관련된 타법상의 금지도 해제된다.
③ 허가와 인가는 신청한 것과 다른 허가나 인가가 가능하다는 점에서 같다.
④ 법외노조 통보는 이미 법률에 의하여 법외노조가 된 것을 사후적으로 고지하거나 확인하는 행위가 아니라 그 통보로써 비로소 법외노조가 되도록 하는 형성적 행정처분이다.

**20** 「행정소송법」상 취소소송에 관한 설명으로 옳은 것은? (다툼이 있을 경우 판례에 의함)

① 법원은 소의 변경의 필요가 있다고 판단될 때에는 원고의 신청이 없더라도 사실심의 변론종결시까지 직권으로 소를 변경할 수 있다.
② 형성소송설에 따를 경우 취소판결이 확정되면 당해 처분의 효력은 행정청이 취소하지 않더라도 소급하여 효력을 상실한다.
③ 재결취소소송의 경우 재결자체에 고유한 위법이 없더라도 원처분의 당부에 따라 기각여부의 판결을 하여야 한다.
④ 행정청의 재량행위에 속하는 처분은 취소소송의 대상이 되지 않는다.

**21** 법치행정에 대한 설명으로 옳지 않은 것은? (다툼이 있으면 판례에 의함)

① 순천시 주차장 조례의 당해 시설물이 소멸될 때까지 부설주차장의 용도를 변경할 수 없도록 한 규정은 상위법률을 위반하여 효력이 없다.
② 지방의회가 의결한 학생인권조례안은 법률유보원칙에 위반되지 않는다.
③ 사업시행자인 조합이 사업시행인가 신청시의 토지 등 소유자의 동의요건은 법률에 의해 규정되어야 한다는 것이 대법원의 입장이다.
④ 노동조합 및 노동관계조정법 시행령 제9조 제2항이 법률의 위임 없이 법률이 정하지 아니한 법외노조 통보에 관하여 규정함으로써 헌법상 노동3권을 본질적으로 제한하여 법률유보등에 반하여 그 자체로 무효이다.

**22** 공물에 대한 설명으로 옳지 않은 것은? (다툼이 있는 경우 판례에 의함)

① 자연 공공용물은 자연의 상태 그대로 일반 공중의 사용에 제공될 수 있는 실체를 갖추고 공용개시행위가 있으면 공물로 성립하며, 그 후 본래의 용도로 사용하지 않게 되면 별도의 폐지행위 없이 일반재산이 된다.
② 국가가 통제보호구역으로 지정된 사유지 위에 군사시설 등을 설치하여 그 부지 등으로 지속적·배타적으로 점유·사용하는 경우에 국가는 그 토지로 인하여 차임 상당의 이익을 얻고 이로 인하여 그 토지소유자에게 동액 상당의 손해를 주고 있다고 봄이 타당하므로 국가는 차임 상당의 이득을 부당이득금으로 반환하여야 할 의무가 있다.
③ 도로, 공원과 같은 인공적 공공용재산은 법령에 의하여 지정되거나 행정처분으로써 공공용으로 사용하기로 결정한 경우, 또는 행정재산으로 실제로 사용하는 경우의 어느 하나에 해당하면 행정재산이 된다.
④ 도로를 구성하는 부지, 옹벽, 그 밖의 시설물에 대해서는 사권(私權)을 행사할 수 없으나, 소유권을 이전하거나 저당권을 설정하는 경우에는 사권을 행사할 수 있다.

**23** 조례의 통제에 관한 설명으로 가장 옳지 않은 것은?

① 지방자치단체의 장이 제기하는 조례안의 재의결에 대한 무효확인소송은 조례가 공포된 경우에도 소의 이익이 있으므로 제소기간 내이면 제기될 수 있다.
② 지방자치단체의 장에 의해 제기되는 위법한 조례안의 재의결에 대한 무효확인소송은 대법원에 제기된다.
③ 조례가 처분성을 갖는 경우 항고소송의 대상이 되며 이 경우 피고는 조례를 의결한 지방의회가 된다.
④ 조례 자체에 의해 직접 기본권을 침해받은 자는 조례 자체에 대하여 헌법소원을 제기할 수 있다.

**24** 공무원관계의 변동에 대한 설명으로 옳은 것은? (다툼이 있는 경우 판례에 의함)

① 「국가공무원법」상 직위해제처분에 대해서는 처분의 사전통지 및 의견청취 등에 관한 「행정절차법」규정이 적용된다.
② 공무원임용결격사유가 있는지의 여부는 채용후보자 명부에 등록한 때의 법률을 기준으로 하여 판단하여야 한다.
③ 지방자치단체의 장이 소속 공무원을 다른 지방자치단체로 전출하는 것은 임명권자를 달리하는 지방자치단체로의 이동인 점에 비추어 이 경우에는 반드시 당해 공무원의 동의를 전제로 하므로, 당해 공무원의 동의 없는 전출명령은 무효이다.
④ 「지방공무원법」에 따르면, 임용권자는 직제와 정원이 개정되거나 폐지되어 과원이 됨에 따라 소속 공무원을 면직시킬 때에는 임용형태, 업무실적, 직무수행능력, 징계처분 사실 등을 고려하여 면직기준을 정하여야 하며, 이 경우 미리 해당 인사위원회의 의결을 거쳐야 한다.

**25** 인가에 관한 설명으로 거리가 먼 것은?(다툼이 있는 경우에는 판례에 의함)

① 사회복지법인의 정관변경을 허가할 것인지의 여부는 주무관청의 정책적 판단에 따른 재량에 맡겨져 있다고 할 것이고, 주무관청이 정관변경허가를 함에 있어서는 비례의 원칙 및 평등의 원칙에 적합하고 행정처분의 본질적 효력을 해하지 않는 한도 내에서 부관을 붙일 수 있다.
② 주택재개발정비사업을 위한 관리처분계획이 조합원 총회에서 승인되었으나 아직 관할 행정청의 인가 전이라면 조합원은 해당총회의결의에 대해서 당사자소송으로 다툴 수 있다.
③ 구 「수도권 대기환경개선에 관한 특별법」상 대기오염물질 총량관리사업장 설치의 허가는 강학상 보충행위로서 인가에 해당한다.
④ 기본행위인 하천공사에 관한 권리·의무 양수계약이 무효인 때에는 그 보충행위인 인가처분도 별도의 취소조치를 기다릴 필요 없이 당연무효이다.

# 제3과목 행정학

**01** 생태론적 접근 방법에 대한 설명으로 옳은 것은?

① 행정생태론은 행정과 환경의 상호작용을 연구함으로써 환경이 행정에 미치는 영향을 파악할 수 있게 하였다.
② Gaus는 행정의 특성을 결정짓는 환경적 요인으로, 주민, 인물, 장소, 사상, 재난, 기술, 문화 등을 제시하였다.
③ 생태론은 행정학의 이론 정립과 같은 과학성보다 실제 적용과 같은 기술성(art)을 중시하였다.
④ 생태론은 공식적인 구조를 중심으로 연구하였기 때문에 실제 기능에 대한 연구는 등한시되었다.

**02** 다음 중 우리나라 행정규제기본법에 대한 내용으로 옳은 것은?

① 정부의 규제정책을 심의·조정하고 규제의 심사·정비 등에 관한 사항을 종합적으로 추진하기 위하여 국무총리 소속으로 규제개혁위원회를 둔다.
② 행정규제기본법은 규제법정주의, 규제일몰법, 규제예산법, 규제의 총량규제 등을 규정하고 있다.
③ 규제개혁위원회는 중요규제라고 결정한 규제에 대하여는 중앙행정기관장의 심사 요청을 받은 날부터 15일 이내에 심사를 끝내야 한다.
④ 규제의 총량규제는 일본의 Scrap and Build 제도와 유사하다.

**03** 정책변동모형에 대한 설명으로 틀린 것은?

① Sabatier의 정책지지연합모형은 핵심 신념에 기초한 지지연합의 상호작용과 시간의 흐름에 따른 정책지향적 학습, 그리고 사회경제적 변동과 정치체제구조의 변화로 정책변동이 일어난다고 본다.
② Hall의 정책패러다임변동모형은 규범적 신념의 변화로 인한 정책의 근본적 변동은 쉽지 않다고 본다.
③ Mucciaroni의 이익집단위상변동모형은 기존의 점증모형과 쓰레기통 모형의 한계를 지적하면서, 이익집단의 위상이 변동되면 정책의 내용도 변동될 수 있다고 본다.
④ Kingdon의 정책흐름모형은 서로 관계없이 자신의 규칙에 따라 흘러다니는 정책문제의 흐름, 정치의 흐름, 정책대안의 흐름 등 세 가지 흐름이 결합하여 정책의제설정이 이루어진다.

**04** 오스본과 게블러(Osborne & Gaebler)가 정부재창조론에서 제시한 '기업가적 정부 운영의 10대 원리'가 아닌 것은

① 수입 확보 위주의 정부 운영 방식에서 탈피하여 지출 통제의 개념을 활성화하는 것이 필요하다.
② 법규나 규정에 의한 관리보다는 목표와 임무를 중심으로 조직을 운영하고 결과를 중시해야 한다.
③ 사후적으로 대책을 수립하기보다는 사전에 문제예방에 주력하는 것이 효과적이다.
④ 지역주민과 지역공동체를 서비스 공급 주체의 일원으로 참여시키는 것이 바람직하다.

**05** 엽관주의(spoils system)에 대한 설명으로 가장 옳은 것은?

① 엽관주의는 실적 이외의 요인을 고려하여 임용하는 방식으로 정치적 요인, 혈연, 지연 등이 포함된다.
② 엽관주의는 정실임용에 기초하고 있기 때문에 초기부터 민주주의의 실천원리와는 거리가 멀었다.
③ 엽관주의는 정치지도자의 국정지도력을 강화함으로써 공공정책의 실현을 용이하게 해 준다.
④ 엽관주의는 국민에 대한 관료의 대응성을 저해하는 문제점이 있다.

**06** 정책결정모형에 대한 설명으로 틀린 것은?

① Cyert & March가 주장한 회사모형은 느슨하게 연결된 조직의 결정을 다루는 연합모형으로, 갈등의 준해결, 불확실성의 회피, 문제 중심의 탐색, 조직의 학습을 특징으로 한다.
② 사이버네틱스(cybernetics) 모형은 한정된 범위와 변수에만 관심을 집중함으로써 불확실성을 통제하려는 모형이다.
③ 정책딜레마(policy dilemma)는 상호 갈등적인 정책대안들이 구체적이고 명료하지 못할 때 나타나는 경향이 있다.
④ 하이예스(M. Hayes)의 모형에 따르면, 목표와 수단에 대한 합의가 이루어진 경우 비교적 기술적이고 행정적인 문제가 포함되어 큰 변화가 일어날 수 있다.

**07** 공공서비스의 공급방식에 대한 설명으로 옳은 것은?

① 계약공급(contracting-out)과 면허(허가, franchise) 방식 모두 정부가 비용을 부담한다.
② 바우처 방식의 대표적인 예로 교육부의 '방과 후 수업', 보건복지부의 '기초노령연금사업' 등을 들 수 있다.
③ 규제 및 조세유인 방식은 보조금 지급과 같은 효과를 창출하지만, 직접 비용이 상대적으로 많이 소요되는 방식이다.
④ 보조금 방식은 공공서비스에 대한 요건을 구체적으로 명시하기 곤란하거나 서비스가 기술적으로 복잡한 경우에 적합하다.

**08** 재정준칙(Fiscal Rule)에 대한 설명으로 가장 적절하지 않은 것은?

① 재정준칙의 유형에는 채무준칙, 재정수지준칙, 지출준칙, 수입준칙 등이 있다.
② 재정에 대한 행정부의 재량권을 확대하고 재정규율을 확립하여 재정건전화를 도모할 수 있다.
③ 총량적인 재정지표에 대해 구체적인 목표수치를 포함한 국가의 재정운용 목표를 법제화한 재정운용정책을 의미한다.
④ 미국의 페이고(PAYGO: pay-as-you-go)제도는 의무지출의 증가를 내용으로 하는 신규 입법 시 이에 상응하는 세입 증가나 다른 의무지출 감소 등과 같은 재원조달 방안을 동시에 입법하도록 의무화하는 것이다.

**09** 예산의 분류 방식에 대한 설명으로 틀린 것은?

① 조직별 분류는 국회의 예산심의를 용이하게 하며, 회계책임을 확보하는 데 도움을 준다.
② 기능별 분류는 총괄계정에 가장 적합한 분류 방식으로서, 일반 납세자가 정부의 예산 내용을 쉽게 이해할 수 있게 해주기 때문에 '시민을 위한 분류'라고 한다.
③ 품목별 분류는 예산집행기관의 재량을 제한하고, 회계책임을 명확히 하는 데 도움이 된다.
④ 경제성질별 분류는 구체적인 사업을 실제로 집행하는 실무자들에게 도움이 되는 분류 방식이다.

**10** 국가권력 이론에 관한 설명으로 가장 적절하지 않은 것은?

① 베버주의(Weberism)는 국가나 정부 관료제의 독자성(절대적 자율성)과 지도적·개입적 역할을 강조한다.
② 조합주의는 이익집단 간 경쟁을 통해 정책이 결정된다고 본다.
③ 마르크스주의(Marxism)는 사회를 지배계급과 피지배계급으로 나누는데 경제적 부를 소유한 지배계급(자본가계급)이 정치엘리트로 변하게 되어 결국 정부 또는 정책의 기능은 지배계급(자본가 계급)을 위한 봉사수단이라고 본다.
④ 엘리트주의는 정책은 동질적이고 폐쇄적인 엘리트들의 자율적인 가치배분에 의해 결정된다고 본다.

**11** 우리나라의 예산제도와 그 목적을 연결한 것으로 옳은 것은?

① 주민참여예산제도 – 재정사업의 성과 관리
② 예산의 배정과 재배정 – 예산집행의 신축성 확보
③ 준예산제도 – 국가의 재정 활동의 단절 방지
④ 특별회계제도 – 특별회계 운영 주체에 대한 통제 강화

**12** 정책의 유형과 분류에 대한 설명으로 가장 옳은 것은?

① 로위(Lowi)의 정책 분류는 다원주의와 엘리트주의를 통합하려는 노력의 일환으로 볼 수 있다.
② 알몬드와 파우얼(Almond & Powell)에 따르면, 조세 및 부담금은 재분배정책으로 볼 수 있다.
③ 로위(Lowi)는 군인연금에 관한 정책을 분배정책으로 분류한다.
④ 로위(Lowi)의 정책 분류에 따라 정책에 대한 조작적 정의(operationalization)가 용이해졌다.

**13** 정책집행상의 특징에 대한 다음 설명 중 옳지 않은 것은?

① 규제정책은 분배정책보다 논쟁과 갈등의 정도가 높은 편이다.
② 분배정책은 규제정책보다 안정적인 절차의 확립이 용이한 편이다.
③ 분배정책은 규제정책보다 관련자들의 관계가 안정적인 편이다.
④ 규제정책은 분배정책보다 정책집행의 성공 가능성이 높은 편이다.

**14** 단체자치와 주민자치에 관한 설명 중 옳은 것은?

① 단체자치는 주민의 참여와 지방정부와 주민의 관계를, 그리고 주민자치는 중앙정부로부터의 독립을 강조한다.
② 단체자치는 자치권을 국가로부터 부여받은 권리로, 그리고 주민자치는 자치권을 국가 이전의 고유권으로 인식한다.
③ 주민자치는 프랑스, 독일 등을 중심으로 하는 대륙형 지방자치, 그리고 단체자치는 영미형 지방자치이다.
④ 주민자치에서의 중앙정부의 통제는 주로 행정적 통제이고, 단체자치에서의 중앙정부의 통제는 주로 입법적 통제이다.

**15** 포스트모더니티 행정이론에 대한 다음 설명 중 옳은 것은?

① 사물을 이해하는 데 있어 감성보다 차가운 이성을 선호하며, 인간 중심적 관점에서의 행정을 강조하였다.
② 상상, 해체, 영역파괴, 타자성 등의 개념을 중심으로 한 거시이론, 거시정치 등을 통하여 행정현상을 설명하고자 한다.
③ 진리의 기준은 맥락 의존적이기 때문에 인간이 지닌 이성을 통해서만 진리의 기준을 객관적으로 이해할 수 있다고 주장한다.
④ 포스트모더니티 사회는 인위적 구조에 의한 통제를 싫어하고 상이성을 중시하는 개인들로 구성되는 원자적·분권적 사회이다.

**16** 우리나라의 행정정보공개제도에 대한 설명으로 가장 적절하지 않은 것은?

① 우리나라의 행정정보공개제도는 중앙행정기관의 법률보다 먼저 지방자치단체의 조례로 제도화되었다.
② 행정정보공개제도는 국민의 알권리 보장, 국정에 대한 국민의 참여 및 국정운영의 투명성 확보를 목적으로 한다.
③ 모든 국민은 정보의 공개를 청구할 권리를 가지며, 외국인도 대통령령이 정하는 일정한 조건 하에 정보의 공개를 청구할 수 있다.
④ 정보공개의 대상이 되는 공공기관에 국회, 법원, 헌법재판소, 중앙선거관리위원회는 포함되지 않는다.

**17** 행정학 제반 이론에 대한 설명으로 틀린 것은?

① 체제론은 현상유지적 성향으로 인해 정치·사회적 변화를 설명하지 못한다.
② 비교행정론은 행정을 지나치게 과소평가함으로써 행정의 독자성을 무시하고 행정의 종속성을 강조하고 있다.
③ 공공선택론은 역사적으로 누적 및 형성된 개인의 기득권을 타파하기 위한 접근이다.
④ 행위이론을 주장한 하몬(M. Harmon)은 해석사회학, 현상학, 상징적 상호주의 및 반실증주의의 입장에서 행정을 다루었다.

**18** 계급제에 대한 설명으로 옳지 않은 것은?

① 계급 간 승진이 어려워 한정된 계급 범위에서만 승진이 가능하다.
② 공무원 간의 협력이 원활하게 이루어지기 어렵다.
③ 해당 직무에 적임자의 임용이 보장되지 않는다.
④ 공무원의 신분보장과 경력발전이 강조된다.

**19** 행정책임 유형 중 Friedrich가 강조한 책임은?

① 상급자와 부하 등 계층구조에 대한 책임
② 국민정서에 응답하는 자발적 책임
③ 법률이나 규칙에 대한 책임
④ 의회에 대한 책임

**20** 홉스테드(Hofstede)의 문화 차원에 대한 설명으로 옳은 것은?

① 불확실성 회피 정도가 약한 경우 공식적 규정을 많이 만들어 불확실한 요소를 최대한 통제하려 한다.
② 권력거리가 큰 경우 제도나 조직 내에 내재되어 있는 상당한 권력의 차이를 인정하지 않으려 한다.
③ 남성성이 강한 문화는 여성성이 강한 문화보다 상대적으로 남성과 여성의 역할에 대한 분명한 차이를 인정하려고 한다.
④ 단기성향이 강한 사회는 과거의 전통을 중시하고 현실적 응적이며 변화지향적인 성향이 강한 편이다.

**21** 행정각부와 소속 청의 연결이 옳은 것은?

① 기획재정부: 국세청, 관세청, 조달청, 특허청
② 행정안전부: 경찰청, 소방방재청
③ 산업통상자원부: 중소기업청, 통계청
④ 환경부: 기상청

**22** 피터스(B. Guy Peters)가 제시한 정부개혁모형에 대한 설명으로 틀린 것은?

① 시장모형(market model)에서는 조직의 분권화를 처방한다.
② 참여정부모형(participatory model)에서는 조직 하층부 구성원이나 고객들의 의사결정 참여 기회가 확대될수록 조직이 효과적으로 기능한다고 본다.
③ 신축적 정부모형(flexible government)에서는 비정규직 공무원의 확대를 통하여 비용을 절감할 수 있다고 본다.
④ 탈규제적 정부모형(deregulated government)에서는 경제적 규제 완화를 통한 시장 활성화를 추구하기 위하여 정부의 권한을 축소해야 한다고 본다.

**23** 불확실성에 대한 대처 방안을 설명한 다음 내용 중 틀린 것은?

① 가외성 장치의 설치
② 표준화
③ 집권화
④ 한정적 합리성 확보

**24** 비용편익분석에서의 비용에 관한 설명으로 옳은 것은?

① 과거에 발생한 비용뿐만 아니라 미래에 발생할 비용까지 모두 포함한다.
② 비용편익분석은 부익부 빈익빈을 초래할 가능성이 크다.
③ 매몰비용은 점증주의적 결정을 어렵게 하는 요인이다.
④ 자원 한 단위가 가지고 있는 진정한 가치를 현재가치라 한다.

**25** 지방자치단체의 세외수입을 경상적 세외수입과 임시적 세외수입으로 구분할 경우에 경상적 세외수입에 해당하는 것은?

① 이월금
② 부담금
③ 이자수입
④ 잡수입

# 군무원 일반직 FINAL 실전동형 봉투모의고사
# 제1~5회 국어

## 일반직

| 제1과목 | 국어(비매품) | 제2과목 | |
|---|---|---|---|
| 제3과목 | | 제4과목 | |

| 응시번호 | | 성 명 | |
|---|---|---|---|

### 〈 안내 사항 〉

1. 답안지의 모든 기재 및 표기사항은 반드시 『컴퓨터용 흑색사인펜』으로만 작성하여야 합니다.
   (사인펜에 "컴퓨터용"으로 표시되어 있음) (사인펜 본인 지참)
   * 매년 지정된 펜을 사용하지 않아 답안지가 무효처리 되는 상황이 빈발하고 있으므로, 답안지는 반드시 『컴퓨터용 흑색사인펜』으로만 표기하시기 바랍니다.

2. 답안은 매 문항마다 반드시 하나의 답만 골라 그 숫자에 "●"로 표기해야 하며, 표기한 내용은 수정 테이프를 이용하여 정정할 수 있습니다. 단, 시험시행본부에서 수정테이프를 제공하지 않습니다.
   (표기한 부분을 긁는 경우 오답처리 될 수 있으며, 수정스티커 또는 수정액은 사용 불가)
   * 답안지는 훼손·오염되거나 구겨지지 않도록 주의해야 하며, 특히 답안지 상단의 타이밍마크 (▮▮▮▮▮)를 절대로 훼손해서는 안 됩니다.

3. 필기시험 문제 관련 의견제시 기간: 시험 당일을 포함한 5일간
   * 국방부 군무원채용관리홈페이지(http://recruit.mnd.go.kr) - 시험안내 - 시험묻고답하기

# 제1회 모의고사

## 제1과목 국어

**01** 〈보기〉를 참고할 때, '단어'에 대한 설명으로 적절하지 않은 것은?

〈보기〉

단어를 직접 구성 요소로 분석하면 단일어와 합성어, 파생어로 나뉜다. 우선 실질 형태소로만 이루어진 단어를 단일어, ㉠실질 형태소에 접사가 결합하여 하나의 단어가 된 말을 파생어, ㉡둘 이상의 실질 형태소가 결합하여 하나의 단어가 된 말을 합성어라 한다. 그런데 단어에 따라서는 ㉢실질 형태소가 없이 접사와 접사가 결합하여 하나의 단어가 된 말도 있다.

① '들끓다'는 접사 '들'과 어근 '끓다'가 결합된 단어로 ㉠에 해당한다.
② '공부하다'는 어근 '공부'와 접사 '-하다'가 결합된 단어로 ㉠에 해당한다.
③ '날고기'는 어근 '날'과 어근 '고기'가 결합된 단어로 ㉡에 해당한다.
④ '풋내기'는 접사 '풋'과 접사 '-내기'가 결합된 단어로 ㉢에 해당한다.

**02** 다음은 중세 국어 용언의 활용에 관한 자료이다. 윗글을 참고하여 이에 대해 탐구한 내용으로 적절한 것은?

[가] 어간 끝소리 'ㅂ'의 교체 현상
  곱다[麗] : 곱고 / 고바
  엷다[薄] : 엷고 / 열버버
[나] 어간 끝음절 '-ᅀ(스)-'의 교체 현상
  ᄇᅀ다[碎] : ᄇᅀ며 / ᄇᅀ아
  그ᅀ다[牽] : 그ᅀ고 / 그ᅀ어
[다] 어간 끝음절 '-ᄅ-'의 교체 현상
  다ᄅ다[異] : 다ᄅ며 / 달아
  모ᄅ다[不知] : 모ᄅ며 / 몰라

① 중세 국어에서 어간 끝소리가 'ㅂ'일 때 모음으로 시작되는 어미가 오면 어미가 변하는 불규칙 활용을 한다.
② 중세 국어에서 활용할 때 어간 끝소리 ㅂ이 ㅸ으로 바뀌는 용언 중에는 현대 국어에서 규칙적으로 활용하는 것도 있다.
③ 중세 국어 'ᄇᅀ다', '그ᅀ다'는 모음인 어미가 오면 어간과 어미가 함께 변하는 불규칙 활용을 한다.
④ 중세 국어 '다ᄅ다'와 '모ᄅ다'는 활용 방식이 같지만 현대 국어의 '다르다'와 '모르다'는 활용 방식이 다르다.

**03** 국어의 로마자 표기와 그에 대한 설명으로 가장 적절하지 않은 것은?

① 낙동강-Nakdonggang: 된소리되기는 표기에 반영하지 않는다.
② 중앙-Jung-ang: 발음상 혼동의 우려가 있을 때에는 음절 사이에 붙임표(-)를 쓸 수 있다.
③ 부산-Busan: 고유 명사는 첫 글자를 대문자로 적는다.
④ 묵호-Muko: 'ㄱ, ㄷ, ㅂ, ㅈ'이 'ㅎ'과 합하여 거센소리로 소리 나는 경우 거센소리로 적는다.

**04** 다음 중 띄어쓰기가 옳지 않은 것은?

① 나는 세 번 만에 그 시험에 합격했다.
② 한번은 네거리에서 큰 사고를 낼 뻔했다.
③ 어찌나 비싼 지 차마 그 물건을 살 수 없었다.
④ 나는 결혼한 지 오 년 만에 첫째 아이를 가졌다.

**05** (가)~(라)에 대한 설명으로 적절하지 않은 것은?

(가) 백설(白雪)이 ᄌᆞ자진 골에 구루미 머흐레라.
    반가온 매화(梅花)는 어닉 곳에 픠엿는고.
    석양(夕陽)에 홀로 셔 이셔 갈 곳 몰라 ᄒᆞ노라.
                                    - 이색

(나) 오백 년(五百年) 도읍지(都邑地)를 필마(匹馬)로 도라드니,
    산천(山川)은 의구(依舊)ᄒᆞ되 인걸(人傑)은 간 듸 업다.
    어즈버, 태평연월(太平烟月)이 ᄭᅮᆷ이런가 ᄒᆞ노라
                                    - 길재

(다) 이 몸이 주거 주거 일백 번(一百番) 고쳐 주거,
    백골(白骨)이 진토(塵土)되여 넉시라도 잇고 업고,
    님 향(向)ᄒᆞᆫ 일편단심(一片丹心)이야 가싈 줄이 이시랴.
                                    - 정몽주

(라) 눈 마ᄌᆞ 휘어진 대를 뉘라셔 굽다튼고.
    구블 절(節)이면 눈 속에 프를소냐.
    아마도 세한 고절(歲寒孤節)은 너ᄲᅮᆫ인가 ᄒᆞ노라.
                                    - 원천석

① (가)의 화자는 기울어져 가는 나라를 보며 안타까워하고 있다.
② (나)는 망국의 한을 회고적 정서 속에 담고 있다.
③ (다)는 화자의 의지를 직접적으로 나타내고 있다.
④ (라)는 세속적 욕망의 덧없음을 강조하며 은둔자의 모습을 보여주고 있다.

## 06 다음 시를 〈보기〉와 같이 구조화할 때, 감상한 내용으로 적절하지 않은 것은?

견우직녀도 이 날만은 만나게 하는 칠석날
나는 당신을 땅에 묻고 돌아오네.
안개꽃 몇 송이 땅에 묻고 돌아오네.
살아 평생 당신께 옷 한 벌 못 해 주고
당신 죽어 처음으로 베옷 한 벌 해 입혔네.
당신 손수 베틀로 짠 옷가지 몇 벌 이웃에 나눠 주고
옥수수밭 옆에 당신을 묻고 돌아오네.
은하 건너 구름 건너 한 해 한 번 만나게 하는 이 밤
은핫물 동쪽 서쪽 그 멀고 먼 거리가
하늘과 땅의 거리인 걸 알게 하네.
당신 나중 흙이 되고 내가 훗날 바람 되어
다시 만나지는 길임을 알게 하네.
내 남아 밭 갈고 씨 뿌리고 땀 흘리며 살아야
한 해 한 번 당신 만나는 길임을 알게 하네.
　　　　　　　　- 도종환, '옥수수밭 옆에 당신을 묻고'

〈보기〉

| [A] 1 ~ 7행 | [B] 8 ~ 14행 |

① [A]에서 '당신'은 '안개꽃 몇 송이'의 이미지로 형상화되고 있다.
② [B]에서 '다시 만나지는'을 통해 '나'의 소망이 직접적으로 드러나고 있다.
③ [A]에서 '돌아오네'를 통해 드러나는 상실감이, [B]에서 '알게 하네'를 통해 좌절감으로 심화되고 있음을 엿볼 수 있다.
④ [A]에서 제시된 '칠석날'이라는 시간적 배경은, [B]에서 시적 화자의 현실 인식과 관련되고 있다.

## 07 다음 작품의 서술자에 대한 설명으로 적절한 것은?

　말이 났으니 말이지 그 옷차림은 형제슈퍼의 심부름꾼 복장으로 딱 걸맞았다. 종일 의자에서 빈둥거리기도 지겨운지라 우리는 곧잘 가게 일도 마다않고 거들었다. 우리 둘이서 머리를 짜내어 하는 일이란 기껏 고무 호스로 가게 앞에 물을 뿌려 주는 정도였다. 포장이 덜된 가게 앞길의 먼지 제거를 위해서나 여름 땡볕을 좀 무디게 하는 방법으로는 그 이상도 없어서 김 반장도 우리의 일을 기꺼이 바라봐 주곤, 일이 끝나면 기분이란 듯 요구르트 한 개씩을 던져 주기도 하였다.
　그러다 차츰차츰 몽달 씨 몫의 일이 하나 둘 늘어 갔는데 가게 앞 청소나 빈 박스를 지하실 창고에 쟁이는 일 혹은 막걸리 손님 심부름 따위가 그것으로, 몽달 씨가 거드는 일이 많으면 많을수록 김 반장은 더욱 의젓해지고 몽달 씨는 자꾸 초라하게 비치는 게 나에겐 참으로 이상한 일이었다. 김 반장도 그걸 모르지는 않았을 것이다. 그래서 언젠가는 아주 정색을 하고서 몽달 씨 어깨를 꽉 껴안더니 이렇게 말하기도 하였다.
　"자네 같은 시인에게 이런 일만 시키려니 미안하이. 자네는 확실히 시인은 시인이야. 언제 바쁘지 않을 때는 정말이지 자네 시를 찬찬히 읽어 봄세. 이래봬도 학교 다닐 때 위문 편지는 내가 도맡아 써 주곤 했던 실력이니까."
　그러면 몽달 씨는 더욱 신이 나서 생선 잘라 주는 통나무 도마까지 깔끔히 씻어 내고 널부러져 있는 채소들을 다듬고 하면서 분주히 설치는 것이다.
　　　　　　　　- 양귀자, '원미동 시인'

① 작품 안에 위치한 서술자가 자신의 이야기를 들려주고 있다.
② 작품 밖에 위치한 서술자가 작품 속 인물들의 행위를 그려내고 있다.
③ 작품 안에 위치한 서술자가 등장 인물의 행위와 사건을 관찰하여 서술하고 있다.
④ 작품 안에 위치한 서술자가 의식의 흐름에 따라 자신의 내면 세계를 보여주고 있다.

**08** 다음 글을 통해 짐작할 수 있는 당시의 사회상으로 적절하지 않은 것은?

> "이것도 어렵다, 저것도 어렵다 하면 도대체 무슨 일을 하겠느냐? 가장 쉬운 일이 있는데, 네가 능히 할 수 있겠느냐?"
> "말씀을 듣고자 하옵니다."
> "무릇, 천하에 대의(大義)를 외치려면 먼저 천하의 호걸들과 접촉하여 결탁하지 않고는 안 되고, 남의 나라를 치려면 먼저 첩자를 보내지 않고는 성공할 수 없는 법이다. 지금 만주 정부가 갑자기 천하의 주인이 되어서 중국 민족과는 친근해지지 못하는 판에, 조선이 다른 나라보다 먼저 섬기게 되어 저들이 우리를 가장 믿는 터이다. 진실로 당(唐)나라, 원(元)나라 때처럼 우리 자제들이 유학 가서 벼슬까지 하도록 허용해 줄 것과, 상인의 출입을 금하지 말도록 할 것을 간청하면, 저들도 반드시 자기네에게 친근해지려 함을 보고 기뻐 승낙할 것이다. 국중의 자제들을 가려 뽑아 머리를 깎고 되놈의 옷을 입혀서, 그중 선비는 가서 빈공과(賓貢科)에 응시하고, 또 서민은 멀리 강남(江南)에 건너가서 장사를 하면서, 저 나라의 실정을 정탐하는 한편, 저 땅의 호걸들과 결탁한다면 한번 천하를 뒤집고 국치(國恥)를 씻을 수 있을 것이다. 그리고 만약 명나라 황족에서 구해도 사람을 얻지 못할 경우, 천하의 제후(諸侯)를 거느리고 적당한 사람을 하늘에 천거한다면, 잘되면 대국(大國)의 스승이 될 것이고, 못 되어도 백구지국(伯舅之國)의 지위를 잃지 않을 것이다."
> 이 대장은 힘없이 말했다.
> "사대부들이 모두 조심스럽게 예법(禮法)을 지키는데, 누가 변발(辮髮)을 하고 호복(胡服)을 입으려 하겠습니까?"
> 허생은 크게 꾸짖어 말했다.
> "소위 사대부란 것들이 무엇이란 말이냐? 오랑캐 땅에서 태어나 자칭 사대부라 뽐내다니 이런 어리석을 데가 있느냐? 의복은 흰옷을 입으니 그것이야말로 상인(喪人)이나 입는 것이고, 머리털을 한데 묶어 송곳같이 만드는 것은 남쪽 오랑캐의 습속에 지나지 못한데, 대체 무엇을 가지고 예법이라 한단 말인가? 번오기(樊於期)는 원수를 갚기 위해서 자신의 머리를 아끼지 않았고, 무령왕(武靈王)은 나라를 강성하게 만들기 위해서 되놈의 옷을 부끄럽게 여기지 않았다. 이제 대명(大明)을 위해 원수를 갚겠다 하면서, 그까짓 머리털 하나를 아끼고, 또 장차 말을 달리고 칼을 쓰고 창을 던지며 활을 당기고 돌을 던져야 할 판국에 넓은 소매의 옷을 고쳐 입지 않고 딴에 예법이라고 한단 말이냐? 내가 세 가지를 들어 말하였는데, 너는 한 가지도 행하지 못한다면서 그래도 신임받는 신하라 하겠는가? 신임받는 신하라는 게 참으로 이렇단 말이냐? 너 같은 자는 칼로 목을 잘라야 할 것이다."
> 하고 좌우를 돌아보며 칼을 찾아서 찌르려 했다. 이 대장은 놀라서 일어나 급히 뒷문으로 뛰쳐나가 도망쳐서 돌아갔다.
> 이튿날, 다시 찾아가 보았더니, 집이 텅 비어 있고, 허생은 간 곳이 없었다.
>                                           — 박지원, '허생전'

① 사대부들은 명분과 예법에 집착하였다.
② 청나라와 실질적인 경제 교류가 없었다.
③ 당시 조정에서는 치밀하게 북벌 정책을 추진하였다.
④ 당(唐)나라와 원(元)나라 때에는 교류가 활발하였다.

**09** 다음은 우리말 문장에 대해 탐구한 것이다. 탐구 내용으로 적절한 것은?

① 그녀가 회원임이 밝혀졌다.
   ⇨ '그녀가'가 문장 전체의 주어로 쓰였군.
② 비가 소리도 없이 내린다.
   ⇨ '소리도 없다'라는 문장이 조사와 결합하여 주어로 쓰였군.
③ 나는 도둑을 잡은 경찰을 만났다.
   ⇨ 관형사형 어미 '-은'으로 실현된 관형절에 주어가 생략되어 있군.
④ 내가 수험생이 되었다.
   ⇨ '수험생이 되었다'가 서술절로 문장 전체의 서술어의 기능을 하는군.

**10** 다음의 한글 맞춤법 조항에 따라 '준말'을 만든 것으로 적절하지 않은 것은?

> 제32항 단어의 끝모음이 줄어지고 자음만 남은 것은 그 앞의 음절에 받침으로 적는다.
> 제37항 'ㅏ, ㅕ, ㅗ, ㅜ, ㅡ'로 끝난 어간에 '-이-'가 와서 각각 'ㅐ, ㅖ, ㅚ, ㅟ, ㅢ'로 줄 적에는 준 대로 적는다.
> 제38항 'ㅏ, ㅗ, ㅜ, ㅡ' 뒤에 '-이어'가 어울려 줄어질 적에는 준 대로 적는다.
> 제39항 어미 '-지' 뒤에 '않-'이 어울려 '-잖-'이 될 적과 '-하지' 뒤에 '않-'이 어울려 '-찮-'이 될 적에는 준 대로 적는다.
> 제40항 어간의 끝음절 '하'의 'ㅏ'가 줄고 'ㅎ'이 다음 음절의 첫소리와 어울려 거센소리로 될 적에는 거센소리로 적는다.

① 보이다 → 뵈다
   보이다 → 뵈다
② 트이어 → 틔어
   쓰이어 → 씌어
③ 가지고 → 갖고
   어제저녁 → 엊저녁
④ 그렇지 않은 → 그렇찮은
   남부럽지 않다 → 남부럽잖다

## 11 다음 음운의 변동에 대한 설명으로 적절하지 않은 것은?

㉠ 좋고[조코], 닿지[다치]
㉡ 쌓은[싸은], 않아[아나]
㉢ 놓는[논는], 쌓네[싼네]
㉣ 닿소[다쏘], 싫소[실쏘]

① ㉠: 'ㅎ' 뒤에 'ㄱ, ㅈ'이 결합되는 경우에는 축약이 일어난다.
② ㉡: 'ㅎ' 뒤에 모음으로 시작된 어미가 결합된 경우에는 탈락이 일어난다.
③ ㉢: 'ㅎ' 뒤에 'ㄴ'이 결합되는 경우에는 탈락과 첨가가 일어난다.
④ ㉣: 'ㅎ' 뒤에 'ㅅ'이 결합되는 경우에는 탈락과 교체가 일어난다.

## 12 다음 글의 내용과 일치하지 않는 진술은?

산업 혁명 이후, 선진 공업국들의 경쟁적인 산업화와 20세기에 일어난 눈부신 과학 기술의 발달은 인류에게 물질 문명의 편리함과 풍요로움을 선사하였다. 그러나 과다한 화석 에너지의 사용과 폭발적인 도시 인구의 증가로 말미암아 자연의 자정 능력을 훨씬 초과하는 대량의 대기 오염 물질과 산업 폐수 및 각종 쓰레기를 배출해 전 지구적인 '환경 파괴' 위기를 초래하고 있다.

인류는 그 동안 물질의 풍요로움과 생활의 편리함을 추구하여 살아 왔으며, 20세기의 과학 기술은 이러한 보편적인 인류의 욕구를 충족하기 위한 물질 문명의 발달에만 그 목표를 두고 발전해 왔다. 따라서, 과학 기술자는 물질 문명의 발달에 기여한 바도 크지만, 그에 못지않게 환경 오염 문제를 유발한 책임도 있다고 하겠다. 그러나 오존층의 파괴, 지구 온난화 문제 등 환경 오염의 구체적인 실상을 밝혀 낸 것도, 그리고 이에 대한 구체적인 해결 방안을 제시할 수 있는 것도 과학 기술자이다. 만약, 현대 과학의 연구 개발 능력을 쾌적한 환경 만들기에 집중하면, 환경 문제의 해결은 결코 어렵지 않을 것이다.

① 과학 기술의 힘으로는 환경 문제를 해결하기 어렵다.
② 과학 기술은 인류에게 물질적 풍요와 편리한 삶을 제공하였다.
③ 환경 오염의 실상은 과학 기술자들에 의해 밝혀지기 시작하였다.
④ 지금까지 과학 기술은 보편적 인류의 욕구 충족에 목표를 두었다.

## 13 다음 글에서 언급된 내용이 아닌 것은?

미래주의는 20세기 초 이탈리아 시인 마리네티의 '미래주의 선언'을 시작으로, 화가 발라, 조각가 보치오니, 건축가 상텔리아, 음악가 루솔로 등이 참여한 전위예술* 운동이다. 당시 산업화에 뒤처진 이탈리아는 산업화에 대한 열망과 민족적 자존감을 고양시킬 수 있는 새로운 예술을 필요로 하였다. 이에 산업화의 특성인 속도와 운동에 주목하고 이를 예술적으로 표현하려는 미래주의가 등장하게 되었다.

특히 미래주의 화가들은 질주하는 자동차, 사람들로 북적이는 기차역, 광란의 댄스홀, 노동자들이 일하는 공장 등 활기찬 움직임을 보여 주는 모습을 주요 소재로 삼아 산업 사회의 역동적인 모습을 표현하였다. 그들은 대상의 움직임의 추이를 화폭에 담아냄으로써 대상을 생동감 있게 형상화하려 하였다. 이를 위해 미래주의 화가들은, 시간의 흐름에 따른 대상의 움직임을 하나의 화면에 표현하는 분할주의 기법을 사용하였다. '질주하고 있는 말의 다리는 4개가 아니라 20개다.'라는 미래주의 선언의 내용은, 분할주의 기법을 통해 대상의 역동성을 지향하고자 했던 미래주의 화가들의 생각을 잘 드러내고 있다.

분할주의 기법은 19세기 사진작가 머레이의 연속 사진 촬영 기법에 영향을 받은 것으로, 이미지의 겹침, 역선(力線), 상호 침투를 통해 대상의 연속적인 움직임을 효과적으로 표현하였다. 먼저 이미지의 겹침은 화면에 하나의 대상을 여러 개의 이미지로 중첩시켜서 표현하는 방법이다. 마치 연속 사진처럼 화가는 움직이는 대상의 잔상을 바탕으로 시간의 흐름에 따른 대상의 움직임을 겹쳐서 나타내었다. 다음으로 힘의 선을 나타내는 역선은, 대상의 움직임의 궤적을 여러 개의 선으로 구현하는 방법이다. 미래주의 화가들은 사물이 각기 특징적인 움직임을 갖고 있다고 보고, 이를 역선을 통해 표현함으로써 사물에 대한 화가의 느낌을 드러내었다. 마지막으로 상호 침투는 대상과 대상이 겹쳐서 보이게 하는 방법이다. 역선을 사용하여 대상의 모습을 나타내면 대상이 다른 대상이나 배경과 구분이 모호해지는 상호 침투가 발생해 대상이 사실적인 형태보다는 왜곡된 형태로 표현된다. 이러한 방식으로 미래주의 화가들은 움직이는 대상의 속도와 운동을 효과적으로 나타낼 수 있었다.

기존의 전통적인 서양 회화가 대상의 고정적인 모습에 주목하여 비례, 통일, 조화 등을 아름다움의 요소로 보았다면, 미래주의 회화는 움직이는 대상의 속도와 운동이라는 미적 가치에 주목하여 새로운 미의식을 제시했다는 점에서 의의를 찾을 수 있다. 이러한 미래주의 회화는 이후 모빌과 같이 나무나 금속으로 만들어 입체적 조형물의 운동을 보여 주는 키네틱 아트가 등장하는 데 영감을 제공한 것으로 평가되고 있다.

*전위예술: 기존의 표현 예술 형식을 부정하고 새로운 표현을 추구하는 예술 경향.

① 미래주의에 참여한 예술가들
② 미래주의가 등장하게 된 배경
③ 미래주의 화가들이 사용한 기법
④ 미래주의 회화가 발전해 온 과정

**14** 다음 글을 바탕으로 이해한 내용 중 적절하지 않은 것은?

> 선어말 어미는 그 자체만으로는 단어를 완성하지 못하고 뒤에 다른 어미들을 필요로 한다. 대표적인 것으로는 '높임 선어말 어미'와 '시제 선어말 어미' 등이 있고, 이외에도 서법*이나 동작상 등과 관련된 선어말 어미가 있다.
> 높임 선어말 어미에는 '-시-'가 있고 시제를 나타내는 선어말 어미에는 '-는-', '-었(았)-', '-겠-', '-더-' 등이 있다. '-는-'은 현재 시제를, '-었-', '-더-'는 과거 시제를, 그리고 '-겠-'은 미래 시제를 나타낸다. 과거 선어말 어미 '-었-'의 경우는 때로 '겨울이 가고 봄이 왔다.'처럼 완료상을 나타내기도 한다. 시제 선어말 어미 중에는 음운적 조건이나 형태적 조건에 따라 이형태가 나타나기도 한다. 이형태란 문법적 기능은 완전히 일치하지만 그 형태가 달리 나타나는 형태소를 일컫는다. 그리고 서법과 관련된 선어말 어미에는 추측을 나타내는 '-겠-'이나 '-리-', 그리고 확인을 나타내는 '-것-' 등이 있다.
> 하나의 어간에 어말 어미는 하나만 결합할 수 있지만, 선어말 어미는 여러 개가 결합할 수 있다. 이 경우 선어말 어미는 일정한 순서를 따라 나타나는데 '하시었겠다'에서 보듯이 높임, 과거 시제, 추측을 나타내는 선어말 어미 등의 순서로 나타난다.
> 중세 국어의 선어말 어미는 현대 국어보다 더 복잡하였다. 현대 국어처럼 높임이나 시제를 나타내는 경우 외에 의도법 등에도 사용되었다. 높임의 경우 주체 높임에는 '-시-'가 사용되었고, 객체 높임의 경우에는 '-ᅀᆞᆸ-'이 사용되었다. 특히 '-ᅀᆞᆸ-'의 경우는 앞뒤의 음운 환경에 따라 여러 가지 형태로 변형되어 나타났다. 그리고 회상 시제의 경우는 '-더-'나 '-다-'의 형태로 나타났다. 의도법 선어말 어미는 사실의 객관적 진술에는 사용되지 않았고, 주관적 의도가 나타난 경우에 사용되었는데, 어간이 자음으로 끝난 경우 '-오-/-우-'가 사용되었고, 어간이 'ㅏ'나 'ㅓ'로 끝난 경우는 생략되었다. 또 선어말 어미가 여러 개 올 경우 그 순서도 현대 국어와 달랐다.
> 
> *서법(敍法): 문장의 내용에 대한 화자의 심적 태도를 나타내는 동사의 어형 변화.

① '꽃들이 예쁘게도 피었다.'에서 '피었다'의 '-었-'은 완료상을 나타내 준다.
② '어머니가 할머님께 선물을 보내 드리셨다.'의 '드리셨다'에는 2개의 선어말 어미가 포함되어 있다.
③ '공부를 하였다.'의 '하였다'에 사용된 선어말 어미 '-였-'은 '-었-'의 이형태라고 할 수 있다.
④ '그런 것은 삼척동자도 알겠다.'의 '알겠다'에는 미래 시제를 나타내는 선어말 어미가 사용되었다.

**15** 외래어 표기가 옳은 것만을 모두 고른 것은?

> ㄱ. glove 글러브
> ㄴ. navigation 네비게이션
> ㄷ. doughnut 도너츠
> ㄹ. recreation 레크레이션
> ㅁ. repertory 레퍼토리

① ㄱ, ㄴ
② ㄱ, ㅁ
③ ㄴ, ㄹ
④ ㄷ, ㄹ

**16** 〈보기〉의 ㉠, ㉡에 해당하는 예로 적절한 것은?

> ─────〈보기〉─────
> (1) 어제 선물로 받은 초콜릿 맛이 무척 달다.
> (2) 중간고사를 마치고 낮잠을 달게 잤다.
> 
> (1)의 '달다'는 '꿀이나 설탕의 맛과 같다'라는 뜻이고, (2)의 '달다'는 '흡족하여 기분이 좋다'라는 뜻이다. 이는 본래 ㉠감각과 관련된 중심적 의미를 지니던 것이 ㉡추상화되어 주변적 의미를 지니게 된 것이라고 할 수 있다.

① ㉠ 영수가 저녁을 너무 짜게 먹었는지 자꾸 물을 켠다.
  ㉡ 그 선생님은 수행평가 점수를 짜게 준다.
② ㉠ 산새들의 고운 노랫소리에 마음이 편안해졌다.
  ㉡ 가을이 되니 단풍이 곱게 물들었다.
③ ㉠ 실패의 쓴 경험을 통해 그는 의지가 강한 인물로 거듭났다.
  ㉡ 할머니께서 끓여주신 나물국이 몹시 쓰다.
④ ㉠ 마음이 그렇게 물러서야 어떻게 이 힘든 세상을 살겠느냐?
  ㉡ 비 온 뒤라 땅이 무르니 발을 디딜 때 주의해라.

**17** 다음에 제시된 '산송'에 대한 이해로 적절하지 않은 것은?

산송은 묘지, 곧 분묘와 관련한 송사를 뜻한다. 산송에는 여러 가지 유형이 있는데, 먼저 암장은 공식적으로 묘지로 사용할 수 없는 땅에, 땅의 소유주 몰래 매장하는 것으로, 주로 왕릉에서 100보 이내나 금장 구역에 묘를 쓰는 경우를 말한다. 투장은 타인의 묘지를 교활하게 침탈하는 것을 말한다. 대표적인 행위로 명당의 좋은 묏자리를 선정하여 흰 옹기에 '아무개가 아무 날 이곳을 점하였다'라는 글을 적어 땅속에 묻었다가, 이것을 파내어 이 땅이 자기의 소유였다고 주장하는 것이다. 이를 '매표점산'이라 한다. 그 밖에 암장 후 봉토를 하지 않고 평지인 것처럼 위장하는 평장, 암장한 후 봉토를 한 곳에 허수아비 등을 묻어 두는 공장의 경우도 있다. 늑장은 권세를 이용하여 땅 주인의 의사와 관계없이 묘지로 쓸 땅을 빼앗는 것을 말한다. 이것은 주로 사대부와 관리들이 행했는데, 조선 후기에는 많은 부를 축적한 서민 재력가도 이런 행위를 하였다.

*봉토: 흙을 쌓아 올림. 또는 그 흙.

① 평장은 봉토를 한 곳에 허수아비 등이 매장되어 있다.
② 암장과 공장 모두 금장 구역에 시신을 매장하는 행위이다.
③ 투장은 늑장과 달리 증거물을 조작하여 묘지를 빼앗는 행위이다.
④ 평장은 늑장과 달리 토지의 주인이 묘지를 빼앗겼다는 사실을 인식하기 어렵다.

**18** 괄호 안에 들어갈 단어를 순서대로 바르게 나열한 것은?

잘못된 점을 지적하여 부정적으로 말하는 것을 ( ㉠ )이라고 하고, 어떤 대상에 대하여, 미추(美醜), 선악, 장단, 시비, 우열 등을 평가하여 논하는 것을 ( ㉡ )이라고 한다.

| | ㉠ | ㉡ |
|---|---|---|
| ① | 批判 | 批評 |
| ② | 批判 | 批准 |
| ③ | 碑版 | 批評 |
| ④ | 碑版 | 批准 |

**19** 밑줄 친 어휘 중 표준어가 아닌 것은?

① <u>햇님</u>이 방긋 웃는다.
② 난 저 디자인이 <u>이쁘니</u> 저걸로 주세요.
③ 그녀는 웃을 때마다 <u>콧방울</u>이 벌름벌름했다.
④ <u>잎새</u>마다 빗방울이 하나씩 달려 있다.

**20** ㉮의 상황을 나타내는 한자성어로 적절한 것은?

길동이 상을 받고 먹다가 모래를 슬그머니 입에 넣고 깨무니, 소리가 크게 났다. 중들이 듣고 놀라 사과를 했지만, 길동은 일부러 화를 내어 꾸짖었다.
"너희들이 음식을 어찌 이다지 깨끗하지 않게 했느냐? 이는 반드시 나를 깔보고 업신여기는 짓이다."
하고 부하들을 시켜 모든 중을 한 줄에 결박하여 앉히니 모두가 겁이 나서 어쩔 줄을 몰랐다. 이윽고 수백 명이 일시에 달려들어 모든 재물을 제 것 가져가듯 하니, ㉮<u>중들이 보고 다만 입으로 소리만 지를 따름이었다.</u> 외출했던 불목한*이 마침 그때 돌아오다가 이 일을 보고 관가에 알리니, 합천 원이 관군을 뽑아 그 도적을 잡게 했다. 장교 수백 명이 도적을 쫓다가 문득 보니 송낙을 쓰고 장삼을 입은 중이 산에 올라가 외쳤다.
— 허균, '홍길동전'

* 불목한: 절에서 밥을 짓고 물을 긷는 일을 맡아서 하는 사람.

① 赤手空拳
② 束手無策
③ 守株待兎
④ 臥薪嘗膽

**21** ㉠과 ㉡을 이해한 내용으로 적절하지 않은 것은?

> 조선의 현종 대에 효종과 효종비가 승하하자, 인조의 계비*이던 자의 대비의 복상* 기간을 어떻게 할 것인가가 문제로 떠올랐다. 이때 조정에서는 두 차례에 걸쳐 남인과 서인 간에 격렬한 논쟁이 벌어졌는데 이를 예송 또는 예송 논쟁이라고 한다.
> 먼저 1659년에 효종이 죽자, 효종의 모후*인 자의 대비의 복상 기간을 3년으로 할 것인가 기년*으로 할 것인가에 대한 논쟁이 일어났는데, 이 논쟁을 ㉠1차 예송인 기해 예송이라고 한다. 복제*가 문제가 된 것은 효종이 집안의 사적인 관계로 보면 대비의 둘째 아들인 셈이고, 왕위 계승이라는 면에서 보면 적자가 되므로 어느 쪽으로 보는가에 따라 상복을 입는 기간이 달라졌기 때문이다. 당시 일반 사대부들은 주자가례의 사례를 따르고, 왕가에서는 국조오례의를 따르고 있었는데, 국조오례의에 바로 이러한 사례가 없는 것이 문제였다. 또 하나의 문제는 자의 대비가 인조의 맏아들인 소현 세자의 상을 당하여 이미 삼년상의 상복을 입은 상태였다는 것이다.
> 주자가례는 장자와 다른 아들을 차별하여 복상 기간을 정하였다. 따라서 부모가 아들을 위해 상복을 입는 경우, 장자가 죽었을 때는 삼년상이고 둘째 이하의 아들일 경우에는 기년상이었다. 송시열을 중심으로 한 서인은 "효종이 자의 대비에게는 둘째 아들인데다 비록 왕위를 계승하였다고는 하여도 적자이면서 장자가 아닌 경우에 해당되어 기년상을 해야 한다."라고 주장하였다. 이에 비하여 허목 등 남인들은 "효종이 왕위를 계승하였으므로 장자로 대우하여 삼년상을 해야 한다."라고 주장하였다. 1차 예송은 기년복으로 일단락되었다.
> 그 뒤 현종 15년(1673) 효종비인 인선 왕후가 죽자 자의 대비의 복상 기간이 다시 문제가 되었다. 서인은 효종비를 둘째 며느리로 다루어 대공 9개월을 주장하고, 남인은 맏며느리로 예우하여 기년을 주장하여 ㉡2차 예송인 갑인 예송이 일어나게 되었다. 2차 예송에서 복제는 기년상으로 정해졌다. 뒤이어 숙종이 즉위하여 남인에게 정권을 맡기자 서인들이 송시열의 구명 운동을 벌이는 가운데 남인의 허적과 윤휴 등을 역모로 몰아 이들 세력을 제거하는 경신대출척[숙종 6년(1680)]이 일어나면서 예송은 일단락되었다.
>
> *계비: 임금이 다시 장가를 가서 맞은 아내.
> *복상(服喪): 상을 당하여 상복을 입음.
> *모후(母后): 임금의 어머니
> *복제(服制): 상복을 입는 다섯 단계의 제도.
> *기년: 만 일 년이 되는 날.

① ㉠에서는 서인의 주장이 관철된 반면, ㉡에서는 남인의 주장이 관철되었다.
② ㉠과 ㉡에서 남인은 서인과 달리 주자가례에 근거하여 주장을 전개하였다.
③ ㉠에서 서인이 주장한 복상 기간과 ㉡에서 남인이 주장한 복상 기간은 같다.
④ ㉠과 ㉡ 모두 동일한 인물이 상복을 입는 기간에 대한 의견 차이로 인해 발생하였다.

**22** 지역 신문에 실을 도서관 관련 기사의 표제·부제를 정할 때, 〈보기〉의 조건을 모두 충족한 것은?

〈보기〉
• 비유를 활용한다.
• 대구법을 사용한다.
• 도서관 이용의 불편함에 대한 내용을 담는다.

① 주말마다 도서관은 몸살 중!
  - 이용자 수 많고, 좌석 수 부족하고
② 책을 조금 더 오래 보고 싶어요.
  - 개방 시간과 대출 기간의 연장 필요
③ 외관은 알록달록, 내부는 얼룩덜룩
  - 도서관 내부 시설의 개선 시급해
④ 얇은 동화책부터, 두꺼운 사전까지
  - 모두들 당신을 기다리고 있습니다.

**23** 다음 글의 전개 순서로 가장 자연스러운 것은?

(가) 우선 광고가 독점적 경쟁 시장의 판매자 간 경쟁을 촉진할 수 있다. 이러한 효과는 광고를 통해 상품 정보에 노출된 구매자가 상품의 품질이나 가격에 예민해질 때 발생한다.
(나) 또한 경쟁은 신규 판매자가 광고를 통해 신상품을 쉽게 홍보하고 시장에 진입할 수 있게 됨으로써 촉진된다.
(다) 특히 구매자가 가격에 민감하게 수요량을 바꾼다면, 판매자는 경쟁 상품의 가격을 더욱 고려하게 되어 가격 경쟁에 돌입하게 된다.
(라) 더 많은 판매자가 시장에서 경쟁하게 되면 각 판매자의 독점적 지위는 약화되고, 구매자는 더 다양한 상품을 높지 않은 가격에 구매할 수 있게 된다.
(마) 광고는 광고주인 판매자의 이윤 추구 수단으로 기획되지만, 그러한 광고가 광고주의 의도와 상관없이 시장에 영향을 끼치기도 한다.

① (마) - (가) - (다) - (라) - (나)
② (마) - (가) - (다) - (나) - (라)
③ (마) - (라) - (가) - (나) - (다)
④ (마) - (라) - (나) - (가) - (다)

**24** 다음 대담을 진행하는 사회자의 태도에 대한 설명으로 적절한 것은?

> 사회자: 김 선생님, 선생님께서는 요즘 폭력배가 주인공이 되어 코믹한 액션을 펼치는 소위 '조폭' 영화들은 흥행에 성공하고, 평론가들이 좋다고 평한 영화는 흥행에 실패하는 현상에 대해 어떻게 생각하십니까?
> 평론가: 그런 현상의 근본 원인은, 사람들이 복잡하고 힘겨운 세상살이를 하고 있다는 데 있습니다. 그래서인지 영화를 고를 때 스트레스를 해소할 수 있는 것을 고르게 되는 것이죠. 진지하게 삶의 의미를 성찰하기보다 그저 한두 시간이라도 단순히 즐길 수 있기를 바라는 거예요. 그래서 '조폭' 영화의 흥행 성공이 전 바람직한 현상이 아니라고 봅니다.
> 사회자: 그렇군요. 그런데 '조폭' 영화가 흥행에 성공한 것은 그만큼 우리 영화가 발전한 증거라는 견해도 있습니다. 그리고 영화는 본질적으로 예술이라기보다 오락이 아닌가요?
> 평론가: 사회자도 제가 걱정하는 관객 중 한 분이시네요. 영화란 인간의 삶을 소재로 삶이란 무엇인가, 나의 삶은 가치로운가 등을 성찰하게 만드는 그런 예술입니다. 그런데 요즘 대중들은 영화를 오락으로만 즐기려 해요. 그리고 영화계 사람들이 이를 적극 이용하고 있구요. 이걸 우리 영화가 발전하는 모습이라고 하긴 곤란하죠. 전 '조폭' 영화들은 영화가 아니라고 생각합니다.
> 사회자: 하지만 대중들은 심각한 영화를 보기 싫어합니다. 현실도 괴로운데 영화까지 그 괴로움을 새삼 일깨워준다면 그런 영화를 누가 보러 가겠습니까?
> 평론가: 전 '조폭' 영화가 흥행에 성공하는 것을 보면서 인터넷에 음란물이 넘쳐나는 현상을 떠올립니다. 인터넷은 대중들의 삶의 질을 높일 수 있는 훌륭한 도구라고 봐요. 그런데 대중들은 인터넷을 오락의 도구로만 이해하려 해요. 영화도 마찬가지입니다. 이제는 대중들도 삶을 성찰하는, 진지한 메시지가 담긴 좋은 영화를 외면해서는 안 됩니다.

① 개인적인 경험을 들어 상대방의 입장을 옹호하고 있다.
② 자신에 대한 상대방의 비판에 감정적으로 대응하고 있다.
③ 상대방의 견해에 의문을 제기하여 답변을 유도하고 있다.
④ 상대방의 모호한 태도를 지적하며 명확한 답변을 요구하고 있다.

**25** 다음 '이어진 문장'에 대한 설명으로 적절하지 않은 것은?

> ㄱ. 나는 공부를 좋아하지만 동생은 공부를 싫어한다.
>    (나는 공부를 좋아한다. / 동생은 공부를 싫어한다.)
> ㄴ. 영희는 얼굴이 아름다우나 성격이 좋지 않다.
>    (영희는 얼굴이 아름답다. / 영희는 성격이 좋지 않다.)
> ㄷ. 인생은 짧지만 예술은 길다.
>    (인생은 짧다. / 예술은 길다.)
> ㄹ. 눈이 내리니까 세상이 하얗다.
>    (눈이 내린다. / 세상이 하얗다.)
> ㅁ. 나는 갑자기 잠이 몰려 와서 그만 잠이 들었다.
>    (나는 갑자기 잠이 몰려 왔다. / 나는 그만 잠이 들었다.)

① ㄱ은 앞 절과 뒤 절이 대조의 의미 관계로 이어진 문장이라 할 수 있군.
② ㄴ의 '-으나'는 앞 절과 뒤 절을 대등하게 ㄷ의 '-지만'은 종속적으로 이어 주는 연결 어미로군.
③ ㄴ, ㅁ을 보니, 앞 절과 뒤 절을 연결할 때 반복되는 성분은 생략할 수 있겠군.
④ ㄹ에서 앞 절과 뒤 절의 순서를 바꾸면 의미가 달라지게 되는군.

# 제2회 모의고사

## 제1과목 국어

**01** '국어의 로마자 표기법'을 적용하여 단어의 표기를 수정했다고 할 때, 수정 근거로 적절하지 않은 것은?

| 단어 | 수정 전 | 수정 후 | 수정 근거 |
|---|---|---|---|
| 같이<br>[가치] | gati | gachi | 음운 변화가 일어날 때에는 변화의 결과에 따라 적는다. … ㉠ |
| 해운대 | Haeundae | Hae-undae | 발음상 혼동의 우려가 있을 때에는 음절 사이에 붙임표(-)를 쓸 수 있다. … ㉡ |
| 울산<br>[울싼] | ulsan | Ulsan | 음운 변화의 된소리되기는 표기에 반영하지 않는다. … ㉢ |
| 경희궁<br>[경히궁] | Gyeonghigung | Gyeonghuigung | 'ㅢ'는 'ㅣ'로 소리 나더라도 'ui'로 적는다. … ㉣ |

① ㉠
② ㉡
③ ㉢
④ ㉣

**02** 외래어 표기가 맞는 것을 〈보기〉에서 있는 대로 고른 것은?

〈보기〉
ㄱ. 쇼핑(shopping)　　ㄴ. 비젼(vision)
ㄷ. 스윗치(switch)　　ㄹ. 브리지(bridge)
ㅁ. 차트(chart)　　　　ㅂ. 스팀(steam)

① ㄱ, ㄴ, ㅁ
② ㄱ, ㄹ, ㅁ, ㅂ
③ ㄱ, ㄴ, ㄷ, ㄹ
④ ㄱ, ㄴ, ㄷ, ㄹ, ㅁ

**03** 다음 중 표준 발음이 아닌 것은?

① 책 넣는다[챙넌는다]
② 줄넘기[줄럼끼]
③ 공권력[공꿜력]
④ 되어[되어/되여]

**04** 밑줄 친 어휘 중 표준어가 아닌 것은?

① 큰언니는 깔끔한 편이지만, 그렇게 <u>까탈스럽지도</u> 않다.
② 어젯밤 아버지께서 <u>숫돼지</u> 한 마리를 사 오셨다.
③ <u>잎새</u>마다 빗방울이 하나씩 달려 있다.
④ 오늘은 하늘이 유독 <u>푸르르지</u> 않아?

**05** 띄어쓰기가 잘못된 문장은?

① 한글이야말로 세계에서 가장 우수한 문자다.
② 입사 3년 차인 김 대리는 일에 찌들어 목석 같아 보였다.
③ 그는 걱정하는 나를 보고 "괜찮아."라고 말을 해 주었다.
④ 사업가로서 실력과 언변을 겸비한다면, 이야말로 금상첨화이다.

**06** 〈보기〉 참고했을 때 적절하지 않은 것은?

―〈보기〉―
〈한글 맞춤법〉
제5항 한 단어 안에서 뚜렷한 까닭 없이 나는 된소리는 다음 음절의 첫소리를 된소리로 적는다.
1. 두 모음 사이에서 나는 된소리
2. 'ㄴ, ㄹ, ㅁ, ㅇ' 받침 뒤에서 나는 된소리
다만, 'ㄱ, ㅂ' 받침 뒤에서 나는 된소리는, 같은 음절이나 비슷한 음절이 겹쳐 나는 경우가 아니면 된소리로 적지 아니한다.

① 잔득 / 잔뜩: 'ㄴ' 받침 뒤에서 된소리가 나므로 '잔뜩'으로 적는다.
② 깍두기 / 깍뚜기: 'ㄱ' 받침 뒤에서 된소리가 나므로 '깍두기'로 적는다.
③ 갑자기 / 갑짜기: 두 모음 사이에서 된소리가 나므로 '갑짜기'로 적는다.
④ 씁슬하다 / 씁쓸하다: 'ㅂ' 받침 뒤에서 된소리가 나는 경우이지만 비슷한 음절이므로 '씁쓸하다'로 적는다.

**07** 〈보기〉는 성조의 변화 양상에 대한 설명이다. 적절하지 않은 것은?

―〈보기〉―
중세 국어 시기 방점 표기를 통해 저조(평성)와 고조(거성), 그리고 이 둘이 복합된 저고조(상성)의 성조 체계가 존재했던 것으로 보인다. 근대 국어 시기에 성조는 사라졌으나 상성이 장음으로 남게 된 양상도 관찰된다.

① 방점 표기를 통해 중세 국어 시기의 정연한 성조 체계를 보여 주었다.
② 중세 국어의 상성은 복합조로 처음이 낮고 나중이 높은 소리이다.
③ 중세 국어와 근대 국어를 구별하는 가장 큰 특징 중 하나가 성조 체계이다.
④ 현대 국어에서 길고 짧은 소리로 단어의 의미를 변별하는 것은 성조와는 무관하다.

**08** 다음 중 문맥상 반의 관계로 적절하지 않은 것은?

① 그녀는 마당에 <u>서서</u> 밤하늘을 바라보았다.
지친 그녀가 소파에 쓰러지듯 <u>앉았다</u>.
② 집이 <u>넓다</u>.
<u>좁은</u> 길에 차를 세워 놓아 통행이 불편하다.
③ 그녀는 아주 <u>큰</u> 집에서 혼자 살고 있다.
키가 <u>작다</u>.
④ 그는 지조가 <u>높은</u> 선비였다.
주위에는 <u>낮고</u> 완만한 산들이 계속 이어졌다.

**09** 〈보기〉에 대한 설명으로 적절한 것은?

〈보기〉
㉠ 컵에 물을 가득 채웠다.
㉡ 누군가에게 잊혀진다는 것은 슬픈 일이다.
㉢ 진실이 그에 의해 밝혀졌다.
㉣ 이 일을 친구들에게 알리게 하여라.

① ㉠에서는 사동 접미사 '-이-'와 '-우-'가 중첩되어 있는데 이러한 표현은 삼가야 한다.
② ㉡에서는 동사 어간에 피동 접사가 중복되어 나타나지만 자연스러운 표현이므로 논란의 여지가 없다.
③ ㉢에서는 파생적 피동과 통사적 피동이 이중으로 나타나고 있다.
④ ㉣에서는 '-리-'와 '-게 하다'가 함께 사용되었지만 각각 한 가지만 사용했을 때와 의미가 다르다.

**10** 다음 문장을 분류했을 때, 그 종류가 다른 하나는?

① 너는 눈부시지만 나는 눈물겹다.
② 음악이 흐르면 난 당신을 생각해요.
③ 밥을 먹든지 빵을 먹든지 한 가지만 하여라.
④ 그녀는 어머니의 손등이 부르튼 것을 보았다.

**11** 다음 중 중의성이 없는 문장은?

① 학생들 모두가 오지 않았다.
② 선생님이 보고 싶은 학생이 많다.
③ 그는 철수보다 영희를 더 좋아한다.
④ 아름다운 그녀의 목소리를 듣고 싶다.

**12** 다음에서 설명하는 언어의 특성과 같은 사례가 아닌 것은?

대표적으로 '냉장고', '리모컨', '비행기', '선풍기', '자동차', '전화기', '휴대폰' 같은 단어는 근대 국어까지는 존재하지 않는 말이었지만, 시간이 흘러 기술이 발달하고 외국 문화와 교류하여 새로운 개념이 생기고, 이를 표현하는 말이 필요하게 되자 탄생하게 되었다.

① 영감(令監)은 정삼품과 종이품의 관리를 높여 이르던 말이었다.
② '붉으락푸르락'은 '푸르락붉으락'할 수는 없다고 보아 '푸르락붉으락'은 잘못된 표현으로 보았다.
③ '개발새발'은 본래 '괴발개발'의 비표준어였으나 '괴발개발'과 뜻에 차이가 있는 것으로 판단하여 표준어로 인정하였다.
④ '맨날'은 본래 '만날(萬-)'의 비표준어였으나 '만날'과 동일한 뜻으로 널리 쓰이는 것으로 판단하여 복수 표준어로 인정하였다.

**13** ⟨보기⟩를 참고할 때, 제시된 합성어에 대한 설명으로 적절하지 않은 것은?

─── ⟨보기⟩ ───
합성어는 단어 배열법에 따라 국어의 정상적인 단어 배열법을 따르고 있는 '통사적 합성어'와 그렇지 않은 '비통사적 합성어'로 나눌 수 있다. 또한 의미 관계에 따라 앞 성분이 뒤 성분을 수식하는 형태를 띠는 '종속 합성어', 앞 성분과 뒤 성분이 대등한 관계를 띠는 '대등 합성어', 앞 성분과 뒤 성분이 원래의 의미를 잃어버리고 새로운 의미로 사용되는 '융합 합성어'로 나눌 수 있다.

① 쌀밥: '명사+명사'의 구성이면서 단어를 구성하는 성분들이 대등한 관계를 이루고 있으므로, 통사적 합성어이자 대등 합성어이다.
② 덮밥: '용언의 어간+명사'의 구성이면서 앞의 성분이 뒤의 성분을 수식하는 형태를 띠므로, 비통사적 합성어이자 종속 합성어이다.
③ 춘추(春秋): '명사+명사'의 구성이면서 합성어가 만들어지며 '나이'라는 새로운 의미로 사용되므로, 통사적 합성어이자 융합 합성어이다.
④ 검푸르다: '용언의 어간+용언'의 구성이면서 단어를 구성하는 성분들이 대등한 관계를 이루고 있으므로, 비통사적 합성어이면서 대등 합성어이다.

**14** ⓐ~ⓒ에 대한 설명으로 가장 적절한 것은?

길동이 대희하여 채문 안에 들어가니 비단 병풍을 치고 영웅호걸 수백이 앉았는지라. 그중에 상좌(上座)의 사람을 보니, 청포운삼에 자금관을 쓰고 팔을 가볍게 들며 용력을 자랑하니, 길동이 거만하게 들어가 길게 읍만 하고 절하지 않으며, 좌우 중인을 하찮게 여기고 윗자리에 앉으니, 청포 입은 사람이 먼저 문왈,
"소년은 어디로 오며, 성명은 뉘라 하느뇨?"
길동이 대왈,
"나는 다른 사람이 아니요, 서울 장안에 있는 홍 정승의 아들이러니, 들은즉 활빈당에 천하 역사(力士) 모여 용맹을 자랑한다 하기로 내 한번 찾아와 힘을 자랑코자 왔나니, 그대 등은 무슨 재주와 용력이 있으며, 나와 ⓐ시험할쏘냐?"
그 사람들이 길동의 말을 듣고 서로 바라볼 뿐 답을 못하더니, 상석에 앉은 사람이 방목(榜目)을 지어 가지고 쓴 ⓑ글을 내어 왈,
"그대는 이 세 가지를 행할쏘냐?"
하거늘 길동이 받아 보니,
"제일은 이 앞에 초부석(樵夫石)이란 돌이 있으되 무게 천 근이라, 능히 그 돌을 들면 우리 우두머리를 삼을 것이요, 제이는 무쇠로 철관을 만들었으니 무게 오백 근이라, 그 철관을 쓰고 이 앞 돌문 삼백 단을 세웠으니 그 돌문을 뛰어넘으면 가히 그 용맹을 알 것이요, 또한 해인사라 하는 절이 있으되 재물이 누거만(累巨萬)이요, 그 절 중의 용맹이 과인하기로 우리 등이 마음대로 못하는 고로, 우두머리에게 지략과 술법을 배우고 이후에 ⓒ상장군 자리에 모시려 하나이다."
길동이 한 번 보고 대소 왈,
"이 세 가지를 어렵다 하니, 어찌 가소롭지 아니하리오?"
하고, 모든 역사를 데리고 초부석 있는 곳에 나아가 흔연히 소매를 걷고 그 돌을 잡아 공중에 던지니, 그 돌이 미처 땅에 떨어지기 전에 발로 돌을 차니 수십 보 밖에 내려지는지라. 중인이 대경하여 또 돌문 앞에 나아가니, 길동이 또한 철관 오백 근을 쓰고 돌문 삼백 단을 넘어가니, 모든 무리 일시에 고함하여 왈,
"천하장사로다!"
하고 용력을 칭찬하고, 길동을 장군 자리로 모신 후에 여러 도적 천여 명이 일시에 자리 아래 엎드려 군례(軍禮)를 마친 후에 그 용맹을 치하하더라.
— 작자 미상, '홍길동전'

① ⓐ는 길동이 활빈당 무리와 한편이 될 수 없음을 보여 준다.
② ⓑ는 길동에게 활빈당이 세워진 이유가 무엇인지를 알려 준다.
③ ⓒ는 길동이 활빈당에서 ⓑ에 제시된 과제를 통과하면 차지할 지위이다.
④ ⓐ는 길동이 활빈당에서 무리들과 갈등하게 되는 계기가 되고, ⓑ와 ⓒ는 이를 심화하는 역할을 한다.

## 15 (가)~(다)에 대한 설명으로 옳은 것은?

(가)
내 님믈 그리ᄉᆞ와 우니다니
山(산) 졉동새 난 이슷ᄒᆞ요이다.
아니시며 거츠르신 ᄃᆞᆯ 아으
殘月曉星(잔월 효성)이 아ᄅᆞ시리이다.
넉시라도 님은 ᄒᆞᆫᄃᆡ 녀져라 아으
벼기더시니 뉘러시니잇가.
過(과)도 허믈도 千萬(천만) 업소이다.
ᄆᆞᆯ힛마리신뎌
ᄉᆞ웃븐뎌 아으
니미 나ᄅᆞᆯ ᄒᆞ마 니ᄌᆞ시니잇가.
아소 님하, 도람 드르샤 괴오쇼셔
ㅡ 정서, 정과정 ㅡ

(나)
梨花雨(이화우) 흣ᄲᅳ릴 제 울며 잡고 離別(이별)ᄒᆞᆫ 님
秋風落葉(추풍 낙엽)에 저도 날 ᄉᆡᆼ각ᄂᆞᆫ가.
千里(천 리)에 외로운 ᄭᅮᆷ만 오락가락 ᄒᆞ노매.
ㅡ 계랑의 시조 ㅡ

(다)
님다히 消쇼息식을 아므려나 아쟈 ᄒᆞ니 오ᄂᆞᆯ도 거의로다. ᄂᆡ 일이나 사ᄅᆞᆷ 올가. ᄂᆡ ᄆᆞᄋᆞᆷ 둘 ᄃᆡ 업다 어드러로 가쟛 말고. 잡거니 밀거니 놉픈 뫼헤 올라가니 구롬은ᄏᆞ니와 안개ᄂᆞᆫ 므ᄉᆞ 일고. 山산川쳔이 어둡거니 日일月월을 엇디 보며 咫지尺쳑을 모ᄅᆞ거든 千쳔里리ᄅᆞᆯ 바라보랴. ᄎᆞ라리 믈ᄀᆞ의 가 ᄇᆡ길히나 보쟈 ᄒᆞ니 ᄇᆞ람이야 믈결이야 어둥졍 된뎌이고. 샤공은 어ᄃᆡ 가고 븬 ᄇᆡ만 걸렷ᄂᆞ니. 江강天텬의 혼자 셔셔 디ᄂᆞᆫ ᄒᆡᄅᆞᆯ 구버보니 님다히 消쇼息식이 더옥 아득ᄒᆞᆫ뎌이고. 茅모簷쳠 찬 자리의 밤듕만 도라오니 半반壁벽靑쳥燈등은 눌 위ᄒᆞ야 ᄇᆞᆰ갓ᄂᆞᆫ고. 오ᄅᆞ며 ᄂᆞ리며 헤ᄯᅳ며 바니니 져근덧 力녁盡진ᄒᆞ야 풋ᄌᆞᆷ을 잠간 드니 精졍誠셩이 지극ᄒᆞ야 ᄭᅮᆷ의 님을 보니 玉옥 ᄀᆞᄐᆞᆫ 얼굴이 半반이나마 늘거셰라. ᄆᆞᄋᆞᆷ의 머근 말ᄉᆞᆷ 슬ᄏᆞ장 ᄉᆞᆲ쟈 ᄒᆞ니 눈믈이 바라 나니 말인들 어이ᄒᆞ며 情졍을 못다ᄒᆞ야 목이조차 몌여ᄒᆞ니 오뎐된 鷄계聲셩의 ᄌᆞᆷ은 엇디 ᄭᆡ돗던고.
ㅡ 정철, 속미인곡 ㅡ

① (가), (나)는 대조적인 이미지로 이별의 정서를 드러내고 있다.
② (가), (다)는 시간의 흐름에 따라 시상을 전개하고 있다.
③ (가), (나), (다)의 화자는 모두 임과의 재회를 소망하고 있다.
④ (나), (다)에는 (가)에 비해 계절감이 두드러지게 드러나고 있다.

## 16 ⓐ~ⓓ 중, 이질적인 성격을 지닌 것은?

내가 일곱 살 나 천자문을 떼고 책씻이도 마친 어느 여름날 해설핀 석양으로 잊지 않고 있지만, 나는 갯가 제방 둑까지 할아버지를 모시고 나와 온 마을을 쓸어 삼킬 듯이 쳐들어오던 바다 밀물을 구경한 적이 있었다. 댕기물떼새와 갈매기들의 울음소리가 석양 놀에 가득 떠 있던 눈부신 바다를 구경했던 것이다. 방파제 곁으로 장항선 철로가 끝 간 데 없고, 철로와 나란히 자갈마다 뽀얀 ⓐ신작로는 모퉁이를 돌았는데, 왕소나무는 ⓑ철로와 신작로가 가장 가까이로 다가선, 잡목 한 그루 없이 잔디만 펼쳐진 펑퍼짐한 버덩 위에서 사백여년이나 버티어 왔던 것이다.

그날 할아버지는 장정 두 팔로 꼭 네 아름이라던 왕소나무 밑둥을 조심스레 어루만지면서,

"이 애야, 이 ⓒ왕솔은 토정(土亭) 할아버지께서 짚고 가시던 지팽이를 꽂아 놓았는디 이냥 자란 게란다. 그쩍에 그 할아버지 말씀은, 요 지팽이 앞으루 ⓓ철마가 지나가거들랑 우리 한산 이씨 자손들은 이 고을에서 뜨야 허리라구 허셨다는 게여……. 그 말씀을 새겨들어 진작 타관살이를 했더라면 요로큼 모진 시상은 안 만났지두 모르는 것을……."

하던 말을 나는 여태껏 기억하고 있는 것이다.
ㅡ 이문구, '관촌수필' ㅡ

① ⓐ
② ⓑ
③ ⓒ
④ ⓓ

## 17  이 시에 대한 설명으로 옳지 않은 것은?

> 흙이 풀리는 내음새
> 강바람은
> 산짐승의 우는 소릴 불러
> 다 녹지 않은 얼음장 울멍울멍 떠나려간다.
>
> 진종일
> 나룻가에 서성거리다
> 행인의 손을 쥐면 따듯하리라.
>
> 고향 가차운 주막에 들러
> 누구와 함께 지난날의 꿈을 이야기하랴.
> 양구비 끓여다 놓고
> 주인집 늙은이는 공연히 눈물지운다.
>
> 간간이 잰내비 우는 산기슭에는
> 아직도 무덤 속에 조상이 잠자고
> 설레는 바람이 가랑잎을 휩쓸어 간다.
>
> 예제로 떠도는 장꾼들이여!
> 상고(商賈)하며 오가는 길에
> 혹여나 보셨나이까.
>
> 전나무 우거진 마을
> 집집마다 누룩을 디디는 소리, 누룩이 뜨는 내음새…….
> — 오장환, '고향 앞에서'

① 공감각적 심상을 활용하여 정서를 드러내고 있다.
② 현재 시제의 사용을 통해 그리움을 표현하고 있다.
③ 다양한 감각적 이미지를 활용하여 정서를 드러내고 있다.
④ 화자는 고향을 눈앞에 두고도 갈 수 없는 상황에 처해 있다.

## 18  다음 글의 내용과 일치하지 않는 것은?

> 지시 표현들은 화자와 청자가 대화를 나누는 시간적·공간적 장면이 없으면 그 의미를 정확히 이해할 수 없다. 예를 들어 '이것, 그것, 저것'과 같은 지시 대명사들은 어떤 장면에서 사용되는지에 따라 달리 선택된다. '이것'은 화자에게 좀 더 가까운 대상을, '그것'은 화자에게서는 멀지만 청자에게는 가까운 대상을, 그리고 '저것'은 화자와 청자 모두에게서 멀리 떨어져 있는 대상을 가리킬 때 각각 사용한다.
>  담화에서 앞에 나온 어휘나 발화 전체를 다시 가리키는 것을 대용 표현이라고 한다. 대용 표현에는 지시 표현에 사용되는 대명사 가운데 주로 '이'와 '그' 계통의 것들이 사용되기 때문에 형식상으로 잘 구별되지 않는다. 그러나 대용은 화자 또는 청자의 말에서 언급된 것을 다시 가리킬 때 쓰인다는 점에서 화자와 청자로부터의 멀고 가까움에 따라 특정한 대상을 가리키는 지시 표현과 구별된다.
>  응집성을 갖춘 담화를 구성하는 데에는 지시 표현이나 대용 표현 이외에 접속 표현이 특히 중요한 기능을 한다. 예를 들어 아래에 제시된 담화에서 '영화가 정말 재미있다'는 발화와 '야구 중계를 보겠다'는 발화는 서로 관련이 없어 보이지만, '그래도'와 같은 접속 표현에 의해 응집성 있는 담화로 묶일 수 있다.
>
> 지원: 승연아, 영화 보러 가자.
> 승연: 오후에는 야구 중계를 볼 거야.
> 지원: 에이, 같이 가자. 그 영화 정말 재미있대.
> 승연: <u>그래도</u> 난 집에서 야구 중계 볼래.
>
>  접속 표현에는 '그리고, 그러나' 등의 접속 부사를 비롯하여 '먼저, 다음으로'나 '첫째, 둘째'와 같이 시간적 혹은 논리적 순서를 나타내는 어휘들이 있다.

① 지시 표현은 시·공간적 장면이 있어야 의미가 분명해진다.
② 지시 표현은 화자와의 거리에 따라 '이것', '저것', '그것' 등으로 분류된다.
③ 대용 표현은 형식적으로 보았을 때 지시 표현과 구별하기가 쉽지 않다.
④ 접속 표현을 사용하면 서로 무관해 보이는 발화들을 응집성 있는 담화로 만들 수 있다.

**19** 다음 글의 관점을 뒷받침하는 예로 적절하지 않은 것은?

> 언어와 사고가 밀접한 관계를 유지할 뿐만 아니라, 언어는 인간이 세계를 인식하는 방법, 즉 세계관까지도 결정한다는 견해도 있다. 독일의 철학자이며 언어학자인 훔볼트는 '한 민족의 언어는 곧 그 민족의 정신'이라고 했는데, 이는 언어와 그 언어를 사용하는 사람들의 사고방식 사이에 깊은 관계가 있다는 뜻이다. 이런 관점으로 보면, 언어는 그 언어를 사용하는 사람들의 사고, 정신 활동, 공동체의 얼을 담고 있다고 할 수 있다.

① 친족 관계를 중시하는 한민족은 친족어가 발달해 있다.
② 영아의 경우 말을 배우기 이전에 울음으로 의사를 표현한다.
③ 욕설을 꾸준히 사용하면 점차 그 사람의 성격이 난폭해진다.
④ 높임 표현의 교육을 하다 보니 학생들의 존대 의식이 발달한다.

**20** 다음 글의 주제로 가장 적절한 것은?

> 어린 시절 책을 읽을 때는 뜻을 모르는 낱말이 나오는 것이 가장 골치 아픈 일이었다. 모르는 낱말이 나오면, 이런저런 뜻을 혼자서 생각해 보며 문맥을 통해 뜻을 헤아려 보기도 하였다. 그러다가 뜻이 통하면 그 다음 문장을 읽어 나갔다. 물론 어른들에게 여쭈어서 낱말과 문장의 뜻을 해결하기도 하였다. 그러면서도 그 모르는 구절의 뜻을 요모조모로 되씹어보고, 그 말이 나타내는 의미를 내 경험 속에서 발견해 보려고 하였다. 누가 시키지 않아도 내 안에서 사고 활동이 자연스럽게 이루어지는 것이다.
> 한번은 '왕자와 거지'를 읽다가 '옥쇄'라는 낱말이 나왔다. 물론 모르는 말이다. 아버지께서 설명을 해 주셨으나 내게는 쉬 익숙해지지 않았다. 나는 '왕자와 거지'에서 이 말이 쓰이는 장면이 나올 때마다, 가능한 한 온갖 생각의 날개를 펼쳤다. 마침내 옥쇄란 말과 관련하여 그 뜻을 구체적으로 알 수 있게 되었다. 무언가를 읽고 있는 동안에는 동시에 왕성한 사고가 일어나고, 그 사고를 통하여 인간의 앎과 의식이 깊어지는 것이다. 이렇게 보면 독서는 사고 그 자체라는 말을 실감할 수 있다.

① 독서의 사고 과정
② 새로운 앎과 상상의 기쁨
③ 사실적 독해의 사고 원리
④ 어린 시절 겪은 독서의 어려움

**21** 다음을 통해 파악할 수 있는 한국 문화의 특성을 각각 바르게 연결한 것은?

> (가) 우리말에서는 '미곡(米穀)'을 나타내는 말에 '벼', '쌀', '밥'의 세 가지 말이 있는데, 이는 각각 '식물', '곡물', '먹거리'의 단계를 나타내고 있다. 그런데, 영어에서는 이러한 구별이 없어 논에 심어져 있는 벼와, 낱알이 된 쌀, 그리고 먹도록 조리된 상태인 밥을 모두 'rice'란 하나의 단어로 표현한다고 한다.
> (나) 미국에서는 '나'와 '우리'라는 표현을 엄연히 구별하여 사용하는 반면에, 우리말에서는 '나'와 '우리'라는 표현을 구별하지 않고 사용하는 경우가 많다. 우리는 '나의 엄마'보다는 '우리 엄마', '나의 집'보다는 '우리 집'이라는 표현을 더 자연스럽게 여기지만, 미국에서는 'our mother'이나 'our house'라는 표현을 잘 사용하지 않는다.

| | (가) | (나) |
|---|---|---|
| ① | 농경 문화 | 유교 문화 |
| ② | 농경 문화 | 공동체 문화 |
| ③ | 복식 문화 | 불교 문화 |
| ④ | 복식 문화 | 제도권 문화 |

**22** 다음 글의 전개 순서로 가장 자연스러운 것은?

> (가) PCR는 주형 DNA, 프라이머, DNA 중합 효소, 4종의 뉴클레오타이드가 필요하다.
> (나) 프라이머는 표적 DNA의 일부분과 동일한 염기 서열로 이루어진 짧은 단일 가닥 DNA로, 2종의 프라이머가 표적 DNA의 시작과 끝에 각각 결합한다.
> (다) 1993년 노벨 화학상은 중합 효소 연쇄 반응(PCR)을 개발한 멀리스에게 수여된다. 염기 서열을 아는 DNA가 한 분자라도 있으면 이를 다량으로 증폭할 수 있는 길을 열었기 때문이다.
> (라) 주형 DNA란 시료로부터 추출하여 PCR에서 DNA 증폭의 바탕이 되는 이중 가닥 DNA를 말하며, 주형 DNA에서 증폭하고자 하는 부위를 표적 DNA라 한다.
> (마) DNA 중합 효소는 DNA를 복제하는데, 단일 가닥 DNA의 각 염기 서열에 대응하는 뉴클레오타이드를 순서대로 결합시켜 이중 가닥 DNA를 생성한다.

① (가) - (다) - (나) - (라) - (마)
② (가) - (나) - (다) - (라) - (마)
③ (다) - (가) - (라) - (나) - (마)
④ (다) - (가) - (마) - (라) - (나)

**23** 다음의 상황에 어울리는 한자성어로 가장 적절한 것은?

> 환경에 따라 사람이나 사물의 성질이 변함을 이르는 말.

① 橘化爲枳
② 牽强附會
③ 巧言令色
④ 靑出於藍

**24** 다음 토론에서 '반대 측' 발언자에 대한 평가로 적절한 것은?

> 사회자: 찬성 측의 입론 잘 들었습니다. 다음은 반대 측의 반대 신문을 시작하겠습니다. 시간은 2분을 드리겠으며, 30초 남았을 때 종을 쳐 알려드리겠습니다. 반대 측 반대 신문 시작해 주세요.
> 반대 측: 찬성 측에서는 청소년기의 미용 목적의 성형 수술을 금지해야 한다고 말씀하셨는데요, 이는 인간에게 주어진 행복 추구권을 침해하는 것이 아닌가요? 이에 대해 어떻게 생각하시는지요.
> 찬성 측: 물론 인간의 행복 추구권은 침해되어서는 안 됩니다. 그러나 청소년기는 아직 신체적, 정신적 성장이 이루어지는 시기이며, 성형 수술은 돌이킬 수 없는 결과를 가져올 수 있어 오히려 행복 추구권을 해할 가능성이 있습니다. 그래서…
> 반대 측: 네, 여기까지 듣겠습니다. 청소년이 신체적, 정신적 성장이 이루어지는 시기라고 하셨는데요, 그럼 신체적, 정신적 성장이 마무리된 청소년이라면 미용 목적의 성형 수술이 가능하다는 말씀이신가요?
> 찬성 측: 아니요, 그런 뜻이 아닙니다. 저희 의견은…
> 반대 측: 시간 관계상 여기까지만 듣겠습니다.
> 사회자: (종을 친다.)
> 반대 측: 결국 찬성 측은 청소년을 미성숙한 존재로만 인식하고 행복을 추구할 수 없다고 주장하시는 것이군요. 맞나요?
> 찬성 측: 저희는 그런 말을 한 적이…
> 반대 측: 됐습니다. 다음 질문 하겠습니다.
> 사회자: 반대 신문 시간 종료되었습니다.
> 찬성 측: 찬성 측 숙의 시간 요청합니다.
> 사회자: 알겠습니다. 숙의 시간 2분 드리겠습니다.

① 입증의 부담을 해결하기 위해 논증하고 있다.
② 지나치게 말을 끊어 역효과를 불러일으키고 있다.
③ 토론의 전략을 잘 사용하여 능숙함이 돋보인다.
④ 논리적인 질문 사용으로 찬성 측을 논박하고 있다.

**25** 다음 중 반의어가 적절히 연결되지 않은 것은?

① 나는 인권 존중을 주창하는 단체에 加入했다. ↔ 脫退
② 나의 제안은 그에 의해 보기 좋게 拒絶을 당했다. ↔ 承諾
③ 그는 공직자로서 儉約이 몸에 밴 생활을 했다. ↔ 浪費
④ 사진 속의 아이들은 영양 缺乏으로 빼빼 말라 있었다. ↔ 缺如

# 제3회 모의고사

## 제1과목 국어

**01** 다음 중 음운변동에 대한 올바른 진술은?

① '낡는'에서는 음운의 '교체' 현상만 일어난다.
② '핥아'에서는 음운의 '탈락' 현상만 일어난다.
③ '훗일'에서는 음운의 '축약', '탈락' 현상이 일어난다.
④ '닫혀'에서는 음운의 '축약', '첨가' 현상이 일어난다.

**02** 다음 밑줄 친 단어 중 수사가 아닌 것은?

① 이 더하기 <u>삼</u>은 오이다.
② <u>첫째</u>, 친구들을 아끼고 사랑하자.
③ 아버지에게는 위로 누나가 <u>셋</u>이나 있다.
④ 그 집안의 <u>둘째</u>는 성실하기로 이름이 난 사람이다.

**03** 다음 문장에 사용된 단어의 개수로 알맞은 것은?

> 공무원이 깨끗해야 나라가 깨끗하다.

① 5개
② 6개
③ 7개
④ 8개

**04** 밑줄 친 부분의 예에 해당되지 않는 것은?

> 문제 의식은 허위 의식을 폭로하는 행위로 연결된다. <u>허위 의식이란 복잡한 현실을 짐짓 단순화시키고, 더럽고 잘못된 현실을 짐짓 아름답게 꾸며서 그럴듯하게 정리해 놓은 거짓된 현실 인식을 말한다.</u> 허위 의식은 대체로 아름다운 수사(修辭)의 낱말들로 꾸며져 있어서 사람을 홀리거나 속인다. 속이 더럽고 부끄러울수록 허위 의식은 깨끗하고 떳떳한 낱말들을 동원한다. 자유, 발전, 행복, 정의, 평화 등을 앞세워 자유를 제한하고, 전체적 발전을 늦추며, 행복을 깨뜨리고, 정의를 흐리며, 평화를 파괴한다. 이럴 때 문제 의식이 요청된다. 문제 의식을 갖춘 사람은 정직이라는 말로 단장된 허위 의식의 거짓된 속셈을 꿰뚫어 본다. 문제 의식에 투철한 사람은 자유를 앞세우는 억압의 행태를 알아차린다. 그는 정의를 큰 소리로 외치는 불의를 투시할 줄 안다. 그는 평화를 강조하는 폭력을 누구보다도 날카롭게 관찰하고 있다.

① 남성들이 전통을 내세우며 여성들을 차별한다.
② 강대국이 세계화를 내세우며 자기 잇속을 챙긴다.
③ 독재자가 사회 안정을 명분으로 비판자들을 탄압한다.
④ 교통 경찰이 안전을 강조하며 법규 위반자를 단속한다.

## 05  뉴스를 전하는 기자의 태도로 가장 적절한 것은?

앵커: 한 설문 조사 결과 여성 10명 가운데 7명이 외모가 인생의 성패를 좌우할 수 있다고 답한 것으로 나타났습니다. 이철수 기자의 보도입니다.
기자: 찍어 바르고, 칠하고, 다듬고, 끼고, 쓰고, 여성들의 외모 가꾸기는 끝이 없습니다. 열세 살에서 마흔세 살의 여성 2백 명을 대상으로 한 한 설문 조사에서 응답자의 68%가 외모가 인생의 성패를 좌우할 정도로 중요하다고 답했습니다. 또 10명 가운데 8명은 외모 가꾸기를 멋이 아니라 생활의 필수 조건으로 꼽았습니다.
인터뷰1(20대 여성): "외모가 인생에서 100 가운데 80정도는 되는 것 같아요. 또 얼굴이 잘 생겼으면 실수해도 봐주고… 취직도 쉽잖아요."
기자: 일상 생활에서도 외모가 큰 영향을 미치는 것으로 나타났습니다. 10명 가운데 7명이 외모에 신경을 쓰면 다른 사람들이 더 친절하게 대해 준다고 답했고, 과반수 이상이 또래 여성을 보면 우선 외모부터 비교하게 된다고 응답했습니다. 또 하루 평균 외모 가꾸기에 투자하는 시간은 53분, 거울 보는 횟수는 8.3회로 조사됐습니다. 최근 미국 시사주간지 타임마저 한국 성인의 10%가 성형 수술을 받을 정도라며 외모 지상주의로 치닫는 우리 사회의 단면을 표지 기사로 다룰 정도입니다.
인터뷰2(의사): "더 이상 고칠 부분이 없는데도 특정 부위를 고쳐달라고 우리 병원을 찾아오는 환자들이 많습니다."
기자: 외모가 인생을 좌우할 정도로 중요하다고 말하는 여성들, 어쩌면 겉모습만 중시하는 비뚤어진 인식이 만들어낸 우리들의 일그러진 자화상인지도 모릅니다.

① 문제 상황을 해결할 수 있는 구체적 대안을 모색하고 있다.
② 사회 현상에 대해 우려를 표하면서 경각심을 불러일으키고 있다.
③ 사회 현상의 다양한 측면을 제시하여 시청자의 이해를 돕고 있다.
④ 상반된 주장 중에서 한 쪽의 주장만을 집중적으로 부각시키고 있다.

## 06  다음 시에 대한 감상으로 적절하지 않은 것은?

어머님,
제 예닐곱 살 적 겨울은
목조 적산 가옥 이층 다다미방의
벌거숭이 유리창 깨질 듯 울어 대던 외풍 탓으로
한없이 추웠지요, 밤마다 나는 벌벌 떨면서
아버지 가랭이 사이로 시린 발을 밀어 넣고
그 가슴팍에 벌레처럼 파고들어 얼굴을 묻은 채
겨우 잠이 들곤 했었지요.

요즈음도 추운 밤이면
곁에서 잠든 아이들 이불깃을 덮어 주며
늘 그런 추억으로 마음이 아프고,
나를 품어 주던 그 가슴이 이제는 한 줌 뼛가루로 삭아
붉은 흙에 자취 없이 뒤섞여 있음을 생각하면
옛날처럼 나는 다시 아버지 곁에 눕고 싶습니다.

그런데 어머님,
오늘은 영하(零下)의 한강교를 지나면서 문득
나를 품에 안고 추위를 막아 주던
예닐곱 살 적 그 겨울밤의 아버지가
이승의 물로 화신(化身)해 있음을 보았습니다.
품 안에 부드럽고 여린 물살은 무사히 흘러
바다로 가라고,
꽝 꽝 얼어붙은 잔등으로 혹한을 막으며
하얗게 얼음으로 엎드려 있던 아버지,
아버지, 아버지……
— 이수익, '결빙(結氷)의 아버지'

① 어머니를 청자로 한 대화체를 사용하여 친근감을 느끼게 하고 있다.
② '아버지'와 '나'의 관계를 '얼음'과 '물'의 관계에 빗대어 표현하고 있다.
③ 과거와 현재의 대비를 통해 상황에 대한 문제 의식을 드러내고 있다.
④ 성인이 된 화자가 유년기의 기억을 떠올리며 고백하듯이 이야기하고 있다.

**07** 〈보기〉의 조건에 맞게 광고문을 작성하려고 한다. 가장 적절한 것은?

─〈보기〉─
• 조건
 ─ 대조적인 이미지를 사용하여 선명한 인상을 남긴다.
 ─ 구매 행동을 촉구하는 내용은 직접 드러내지 않는다.

① 들꽃처럼 피어오르는 그리움, 눈앞에 아른거리는 고향길 그저 하얀 안개일 뿐이었습니다. △△ 디지털 카메라! 그리움이 색을 찾았습니다. △△ 디지털 카메라!
② 고객의 불편함이 사라집니다. 과학과 의학의 만남, 친절하고 정확한 의사 진단, 첨단 과학이 만든 렌즈, 안경점의 신개념 서비스가 시작됩니다.
 ○○ 안경점! ▽▽ 은행 옆 ○○ 안경점!
③ V! 승리는 하나, ◇◇ 컴퓨터! 인터넷 선이 필요 없습니다. 기다릴 필요가 없습니다. 편리함, 속도의 정복자, ◇◇ 컴퓨터! 당신을 정복자로 만듭니다.
④ 마른 잎처럼 건조한 봄 햇살 이슬비 같은 촉촉한 피부! 외출이 두려운 당신에게 드리는 ♡♡ 화장품! 메마른 봄, 촉촉한 당신의 피부, 당신의 외출이 당당해집니다.

**08** 〈보기〉의 밑줄 친 내용을 설명하기 위해 활용할 수 있는 사례로 가장 적절한 것은?

─〈보기〉─
동음이의(同音異義) 관계에 있는 용언들은, 그 기본형은 같지만 다양한 어미를 결합시켜 활용을 해 보면 하나는 규칙, 다른 하나는 불규칙 활용을 함으로써 두 용언의 활용 형태가 서로 달라지는 경우가 있다. 이를 통해 동음이의 관계의 두 용언이 각각 서로 다른 단어임을 좀 더 명확하게 확인할 수 있다.

① 친구가 병이 낫다.
 형이 동생보다 인물이 낫다.
② 아기가 배가 고파 울다.
 벽에 바른 벽지가 울다.
③ 어머니가 생선을 굽다.
 할머니가 허리가 굽다.
④ 아이가 떼를 쓰다.
 고운 말을 쓰다.

**09** 외래어 표기가 옳은 것만을 모두 고른 것은?

─〈보기〉─
ㄱ. coffee shop: 커피숍
ㄴ. supermarket: 슈퍼마켙
ㄷ. jazz: 째즈
ㄹ. mania: 마니아
ㅁ. flute: 플루트

① ㄱ, ㄴ
② ㄷ, ㄹ
③ ㄱ, ㅁ
④ ㄹ, ㅁ

**10** 띄어쓰기가 옳은 것은?

① 행복했던 그 때를 생각하면 지금도 가슴이 뛴다.
② 파가 한손 정도가 남았으니 부침개를 부쳐 먹자.
③ 박 씨는 아동 문학가겸 수필가로 많은 저서를 남겼다.
④ 그 선수는 두 시간 육 분 십오 초로 마라톤 대회 신기록을 수립했다.

**11** 다음 작품에 대한 설명으로 적절하지 않은 것은?

> 우는 거시 벅구기가 프른 거시 버들숲가
>   이어라 이어라
> 漁어村촌 두어 집이 닛 속의 나락들락
>   至지匊국悤총 至지匊국悤총 於어思사臥와
> 말가훈 기픈 소희 온갇 고기 뛰노ᄂ다
>
> 년닙희 밥 싸두고 반찬으란 쟝만 마라
>   닫 드러라 닫 드러라
> 靑청蒻약笠립은 써 잇노라, 綠녹蓑사衣의 가져오냐
>   至지匊국悤총 至지匊국悤총 於어思사臥와
> 無무心심훈 白백鷗구는 내 좃는가 제 좃는가
>
> 物믈外외예 조훈 일이 漁어父부 生生涯애 아니러냐
>   빈 떠라 빈 떠라
> 漁어翁옹을 욷디 마라, 그림마다 그렷더라
>   至지匊국悤총 至지匊국悤총 於어思사臥와
> 四ᄉ時시興흥이 훈가지나 秋츄江강이 은듬이라
>
> 간밤의 눈 갠 後후에 景경物믈이 달란고야
>   이어라 이어라
> 압희ᄂ 萬만頃경琉류璃리 되희ᄂ 千천疊텹玉옥山산
>   至지匊국悤총 至지匊국悤총 於어思사臥와
> 仙션界계ㄴ가 佛블界계ㄴ가 人인間간이 아니로다
>   － 윤선도, 어부사시사(漁父四時詞)에서

① 청각과 시각이 조화를 이루고 있다.
② 원경에서 근경으로 시상을 전개하고 있다.
③ 화자는 어옹을 그리며 풍류를 즐기고 있다.
④ 눈 덮인 자연의 아름다움을 선계와 불계에 비유하고 있다.

**12** 다음 글에 대한 설명으로 적절하지 않은 것은?

> 유명한 인류 언어학자인 워프는 "언어는 우리의 행동과 사고의 양식을 결정하고 주조(鑄造)한다."고 하였다. 그것은 우리가 실세계를 있는 그대로 보고 경험하는 것이 아니라 언어를 통해서 비로소 인식한다는 뜻이다. 예를 들면, 무지개색이 일곱 가지라고 생각하는 것은 우리가 색깔을 분류하는 말이 일곱 가지이기 때문이라는 것이다.
> 우리 국어에서 초록, 청색, 남색을 모두 푸르다고 한다. '푸른 바다', '푸른 하늘' 등의 표현이 그것을 말해 준다. 따라서, 어린이들이 흔히 이 세 가지 색을 혼동하고 구별하지 못하는 일도 있다. 분명히 다른 색인데도 한 가지 말을 쓰기 때문에 그 구별이 잘 안 된다는 것은, 말이 우리의 사고를 지배한다는 뜻이 된다. 이와 같은 이론은 '언어의 상대성 이론'이라고 불리워 왔다.
> 그러나 실제로는 언어가 그만큼 우리의 사고를 철저하게 지배하는 것은 아니다. 앞에서 말한 색깔의 문제만 해도 어떤 색깔에 해당되는 말이 그 언어에 없다고 해서 전혀 그 색깔을 인식할 수 없는 것은 아니다. 진하다느니 연하다느니 하는 수식어를 붙여서 같은 종류의 색깔이라도 여러 가지로 구분하는 것이 그 한 가지 예다. 물론, 해당 어휘가 있는 것이 없는 것보다 인식하기에 빠르고 또 오래 기억할 수 있는 것이지만 해당 어휘가 없다고 해서 인식이 불가능한 것은 아니다.
> 언어 없이 사고가 불가능하다는 이론도 그렇다. 생각은 있으되, 그 생각을 표현할 적당한 말이 없는 경우도 얼마든지 있으며, 생각은 분명히 있지만 말을 잊어서 표현에 곤란을 느끼는 경우도 흔한 것이다. 음악가는 언어라는 매개를 통하지 않고 작곡을 하여 어떤 생각이나 사상을 표현하며, 조각가는 언어 없이 조형을 한다. 또, 우리는 흔히 새로운 물건, 새로운 생각을 이제까지 없던 새말로 만들어 명명하기도 한다.

① 워프는 우리가 언어를 통해서 현실을 인식한다고 본다.
② 음악이나 조각은 언어 없이 사고가 가능함을 보여준다.
③ 어떤 색을 나타내는 해당 어휘가 없다면 그 색을 인식하는 것은 불가능하다.
④ '푸른 바다', '푸른 하늘' 등의 표현은 우리의 사고가 언어의 지배를 받는다는 것을 의미한다.

**13** 다음 글의 내용과 일치하지 않는 것은?

'내일 지진이 일어난다'는 예보는 정보로서의 가치가 높지만, '내일 해가 뜬다'는 예보는 그 가치가 낮다. 쉽게 말해, 무엇이 나올지 뻔한 쪽보다 예측하기 어려운 쪽의 정보가 더 높은 가치를 지닌다는 얘기다. 사건을 예측하기 어려운 불확실성을 엔트로피라 할 때, 사건을 예측하기 어려울수록 엔트로피는 커지고, 그럴수록 정보의 가치도 커진다. 이제 이를 예술에 적용해 보자.

미국의 수학자 버코프는 $M = \dfrac{O}{C}$라는 공식을 제시했다. 여기서 M은 '미의 척도'를, O는 '질서'를, C는 '복잡성'을 가리키는 약자이다. 말하자면 미(美)란 질서와 복잡성의 함수란 얘기다. 다시 말해, 아름다움은 예측 가능성[네그 엔트로피(neg entropy)]과 예측 불가능성[엔트로피]의 함수 관계에 있다는 것이다. 정보 이론에서는 미(美)를 '엔트로피와 네그 엔트로피의 최적의 관계'로 규정한다. 말하자면 일탈과 질서, 예측 불가능성과 예측 가능성이 적절한 비례를 이루고 있을 때 사물은 가장 아름답다는 얘기다.

하지만 정보에는 미적 정보만 있는 것이 아니라, '의미 정보'도 있다. 미적 정보는 앞의 버코프 공식에서 '복잡성'에 해당한다. 반면 의미 정보는 '질서'에 해당한다. 작품이 불확실할 때 우리는 '미적 쾌감'을 느끼고, 작품이 질서 정연하고 예측 가능할 때 우리는 작품의 '의미'를 이해한다. 따라서, 미적 정보는 엔트로피와 일치하고, 의미 정보는 네그 엔트로피와 일치할 수 있다. 가령 당신이 지금 여러 서체로 된 서예 작품을 보고 있다고 하자. 거기엔 인쇄 활자처럼 분명한 작품도 있고, 마구 흘려 써서 무슨 글자인지 알아보기 힘든 것도 있다. 활자처럼 분명한 작품은 무슨 뜻인지 쉽게 알 수 있으나 별로 미적 쾌감은 주지 못한다. 여기에선 의미 정보가 미적 정보보다 우세하다. 반면 마구 흘려 쓴 작품에서는 서체가 주는 쾌감은 있어도 도대체 무슨 글자인지 알아보기가 힘들다. 여기에서는 미적 정보가 의미 정보보다 우세하다. 즉, 글자꼴이 분명할수록 의미 정보가 증가하고, 글자가 자유로이 제 꼴을 벗어날수록 미적 정보가 증가한다.

이렇게 보면 고전 예술과 현대 예술의 차이가 어디에 있는지 드러난다. 의미를 중요시한 고전주의 예술에서는 대상의 형태가 가장 중요했다. 색채는 단지 대상의 형태를 분명히 드러내는 수단일 뿐이다. 하지만 현대 예술에서는 대상의 형태가 사정없이 파괴된다. 형태와 색채는 대상에서 해방되어 자유로운 구성을 이룬다. 결국 고전 예술은 의미 정보를 추구한 반면, 현대 예술은 의미 정보를 단순화하는 가운데 미적 정보를 강화하는 방향으로 나아가고 있다고 할 수 있다.

① 작품에 미적 정보를 늘리면 복잡성이 증가한다.
② 작품이 질서 정연하면 그 의미를 이해하기가 쉽다.
③ 현대 예술의 동향은 의미 정보를 강화하려는 추세이다.
④ 정보 이론에서는 미(美)를 질서와 복잡성의 함수로 본다.

**14** 호칭어와 지칭어가 잘못 사용된 것은?

① 일흔의 고령인 시어머니는 <u>시누이</u>를 업신여겼다.
  → 남편의 누나나 누이동생.
② <u>올케</u>가 죽은 후 오빠는 더욱 말수가 적고 우울한 성격으로 변했다.
  → 아버지의 여자 형제를 가리키거나 부르는 말.
③ <u>동서</u> 시집살이는 오뉴월에도 서릿발 친다
  → 자매의 남편 사이나 형제의 아내 사이에 서로 가리키거나 부르는 말.
④ 영희는 형제가 많은 집으로 시집을 가서 <u>아주버니</u>를 모시느라 오래도록 고생을 했다.
  → 남편과 항렬이 같은 사람 가운데 남편보다 나이가 많은 사람을 가리키거나 부르는 말.

**15** 높임법에 대한 설명으로 알맞지 않은 것은?

① '할아버지께서 책을 읽으신다.'는 서술의 주체를 높이고 있다.
② '어려운 일을 아버지께서 직접 처리하셨습니다.'는 서술의 객체를 높이고 있다.
③ 높임법은 높이는 대상이 누구인가에 따라 상대 높임, 주체 높임, 객체 높임으로 나뉜다.
④ 높임법은 말하는 이가 어떤 대상에 대하여 높임의 태도를 나타내는 문법 기능을 말한다.

**16** 밑줄 친 한자 표기가 잘못된 것은?

① 우리 할아버지는 <u>과거(過去)</u>에 경찰이셨다.
② 그 법률은 <u>공포(恐怖)</u>와 더불어 곧 시행되었다.
③ 감독은 선수 <u>관리(管理)</u>를 위해 개별 면담 시간을 가졌다.
④ 할머니께서는 검정고시로 중학교 <u>과정(課程)</u>을 마치셨다.

**17** 다음 글의 전개 순서로 가장 자연스러운 것은?

(가) 또한 신화는 인류의 보편적 속성에 기반하여 형성(形成)되고 발전되어 왔지만 그 구체적인 내용은 각 민족마다 다르게 나타난다. 즉, 나라마다 각각 다른 지리·기후·풍습 등의 특성이 반영되어 각 민족 특유의 신화가 만들어지는 것이다.
(나) 그래서 인류 역사에서 풍부한 신화적 유산을 계승(繼承)한 민족이 찬란한 문화를 이룬 예를 서양에서는 그리스, 동양에서는 중국에서 찾아볼 수 있다.
(다) 그런데, 신화는 단순한 상상력으로 이루어지는 것이 아니라 창조적 상상력으로 이루어지는 것이며, 이 상상력은 또 생산적 창조력으로 이어졌다. 오늘날 우리 인류의 삶을 풍족하게 만든 모든 문명의 이기(利器)들은, 그것의 근본을 규명(糾明)해 보면 신화적 상상력의 결과임을 알 수 있다.
(라) 신화란 신(神)이나 신 같은 존재에 대한 신비롭고 환상적인 이야기, 우주나 민족의 시작에 대한 초인적(超人的)인 내용, 그리고 많은 사람들이 믿는, 창작(創作)되거나 전해지는 이야기를 의미한다. 다시 말해 모든 신화는 상상력에 바탕한 우주와 자연에 대한 이해이다.

① (라) - (가) - (다) - (나)
② (라) - (가) - (나) - (다)
③ (라) - (나) - (다) - (가)
④ (라) - (다) - (나) - (가)

**18** 다음 글에 대한 설명으로 적절한 것은?

한국인의 행동을 규정지었던 〈소학〉이나 〈내훈〉에서는 '비록 비어 있되 찬 것처럼 하며, 사람이 없되 있는 것처럼 하라.'고 가르쳤다. 방에 들기 전에 반드시 건기침을 하라 했고, 문밖에 신 두 켤레가 있는데 말소리가 없으면 결코 들어가서는 안 된다고 했다. 이것은 예리한 판단력으로 상황을 꿰뚫어 보는 '통찰(洞察)'에 해당된다. 한말(韓末)의 미국인 선교사 게일(J.S. Gale)이 지적했듯이 한국인은 기침으로 백 마디 말을 할 줄 안다.

통찰의 원인으로는 한국인이 정착 농경민이었음을 들 수가 있겠다. 농경은 파란이 없는 규칙적인 작업을 요구하기에 사람끼리 서로 말이 없어도 영위할 수가 있었다. 또한 대지와도 무언의 대화로 안정된 생활을 할 수가 있었다. 그런데 유럽은 정착보다는 이동이, 안정보다는 전쟁이 많았던 생활 환경 때문에 정확한 의사의 교환이 필요했다. 곧 변화가 심하고 위급한 상황에서는 통찰에 의한 의사 소통이 발달되기 어려웠다. 이렇게 해서 생겨난 유럽의 언어는 정확한 의사 전달을 중시하는 면이 있다.

상호간의 조화나 안정을 위해서는 통찰보다 더 좋은 미디어가 없다. 상대를 먼저 배려하고, 거기에 맞는 대화와 행동을 취함으로써 친밀한 인간 관계를 형성할 수가 있다. 하지만 현대인의 생활권이 넓어지면서부터 서구식의 정확한 의사 소통을 필요로 하고 있는데, 전통적인 통찰의 습성은 이에 부합하지 못하고 많은 실수나 손해, 오해를 빚기도 한다. 따라서 우리는 통찰이라는 의사 소통의 문화를 살려 나가되, 때에 따라서는 정확한 의사 전달을 해야 할 필요가 있다.

① 농경 사회에서는 정확한 의사의 교환이 필요했다.
② 통찰은 위급하고 변화가 심한 상황에서는 발달되기 어렵다.
③ 정착보다는 이동이 많은 사회는 통찰의 의사 소통이 필요했다.
④ 우리는 전통적인 통찰의 의사 소통 문화보다는 정확한 의사 전달을 할 필요가 있다.

**19** 속담과 한자 성어가 바르게 연결되지 않은 것은?

① 渴而穿井: 목마른 놈이 우물 판다.
② 見蚊拔劍: 모기 보고 칼 빼기
③ 鯨戰蝦死: 고래 싸움에 새우 등 터진다.
④ 堂狗風月: 쏘아 놓은 화살이요 엎질러진 물이다.

**20** 맞춤법에 어긋난 것은?

① 감기약을 먹은 효과가 <u>금세</u> 나타났다.
② 나는 삼촌에게 빨리 결혼을 하라고 <u>부추기곤</u> 했다.
③ 어머니는 며칠째 몸도 못 <u>추스리고</u> 누워만 계신다.
④ 그는 여러 논문을 <u>짜깁기하여</u> 보고서를 작성하였다.

**21** ㉠에 드러난 문제 해결 방식과 가장 유사한 것은?

> 성악설에 대해서는 많은 오해가 있다. 즉 성악설은 '인간을 멸시하는 이론'이라고 보는 것이다. 그러나 성악설이 모든 인간은 악하다고 주장한다고 해서 모든 사람이 언제나 비합리적이라는 것도 아니고, 그것이 악과 불의를 위한 이론인 것도 아니다. 모든 사람이 언제나 비이성적이라면 이 세상에 남는 것은 무질서와 혼돈뿐이며, 아무런 철학도, 심지어는 성악설 자체도 펼 수 없을 것이다. ㉠<u>성악설은 오히려 이 세상의 악을 물리치기 위해 악의 실체를 정확히 인식하고 대처하자는 데서 나온 것이다.</u>

① 해충이 일으키는 피해를 막으려면 먼저 해충의 습성을 알아야 한다.
② 범죄의 발생을 줄이기 위해서는 소외 계층의 안정된 삶을 보장해야 한다.
③ 상대가 나를 괴롭히더라도 그를 감싸안으면 언젠가는 진심을 알게 될 것이다.
④ 자동차의 증가를 막기 위해서는 세금을 많이 부과해서 자동차 구입 욕구를 억제해야 한다.

**22** 다음 글에서 '동물의 의사 표현 방법'으로 언급되지 않은 것은?

> 동물들은 어떤 방법으로 의사를 표현할까? 먼저 시각적인 방법부터 살펴보자. 남미의 열대 정글에 서식하는 베짱이는 우리나라의 베짱이와는 달리 머리에 뿔도 나 있고 다리에 무척 날카롭고 큰 가시도 있다. 그리고 포식자가 가까이 가도 피하지 않는다. 오히려 가만히 서서 자신을 노리는 포식자에게 당당히 자기의 모습을 보여준다. 이 베짱이는 그런 모습을 취함으로써 자기를 건드리지 말라는 뜻을 전하는 것이다. 또 열대의 호수에 사는 민물고기 시칠리드는 정면에서 보면 마치 귀처럼 보이는 부분이 있는데, 기분 상태에 따라 이 곳에 점이 나타났다 사라졌다 하면서 색깔이 변한다. 이 부분에 점이 생기면 지금 기분이 안 좋다는 의사를 드러내는 것이다.
> 모습이나 색깔을 통해 의사를 표현하는 정적인 방법도 있지만 행동을 통해 자신의 의사를 표현하는 동적인 방법도 있다. 까치와 가까운 새인 유럽산 어치는 머리에 있는 깃털을 얼마나 세우느냐에 따라서 마음 상태가 다르다고 한다. 기분이 아주 좋지 않거나 공격을 하려고 할 때 머리털을 가장 높이 세운다고 한다.
> 소리를 이용하여 자신의 의사를 표현하는 동물들도 있다. 소리를 이용하는 대표적인 방법은 경보음을 이용하는 것이다. 북미산 얼룩다람쥐 무리에는 보초를 서는 개체들이 따로 있다. 이들은 독수리 같은 맹금류를 발견하면 날카로운 소리로 경보음을 내어 동료들의 안전을 책임진다. 그리고 갈고리모양나방 애벌레는 다른 애벌레가 자신의 구역에 침입하면 처음에는 노처럼 생긴 뒷다리로 나뭇잎을 긁어 진동음으로 경고 메시지를 보낸다. 침입자가 더 가까이 접근하면 입으로 나뭇잎을 긁어 짧고 강한 소리를 계속 만들어낸다.
> 냄새를 통해 자신의 의사를 전달하는 방법도 있다. 어떤 동물은 먹이가 있는 장소를 알리거나 자신의 영역에 다른 무리가 들어오는 것을 막기 위한 수단으로 냄새를 이용하기도 한다. 둥근꼬리 여우원숭이는 다른 놈이 자신의 영역에 들어오면 꼬리를 팔에 비빈 후 흔든다. 그러면 팔에 있는 기관에서 분비된 냄새를 풍기는 물질이 꼬리에 묻어 그 침입자에게 전달된다.
> 동물들은 색깔이나 소리, 냄새 등을 통해 자신의 의사를 표현한다. 그러나 동물들이 한 가지 방법만으로 자신의 의사를 표현하지는 않는다. 상황에 따라 우선적으로 선택하는 것도 있지만 대부분의 경우에는 이것들을 혼용한다.

① 행동을 이용하는 방법
② 냄새를 이용하는 방법
③ 보호색을 이용하는 방법
④ 모습이나 색깔을 이용하는 방법

**23** 다음에 나타난 '구보'의 심정과 유사한 정서를 담고 있는 것은?

> 구보는 다시 밖으로 나오며, 자기는 어디 가 행복을 찾을까 생각한다. 발 가는 대로, 그는 어느 틈엔가 안전지대에 가 서서, 자기의 두 손을 내려다보았다. 한 손의 단장과 또 한 손의 공책과 — 물론 구보는 거기에서 행복을 찾을 수는 없다.
> 안전지대 위에, 사람들은 서서 전차를 기다린다. 그들에게, 행복은 알 수 없다. 그러나 그들은 분명히 갈 곳만은 가지고 있었다.
> 전차가 왔다. 사람들은 내리고 또 탔다. 구보는 잠깐 머엉하니 그곳에 서 있었다. 그러나 자기와 더불어 그곳에 있던 온갖 사람들이 모두 저 차에 오르는 것을 보았을 때, 그는 저 혼자 그곳에 남아 있는 것에 외로움과 애달픔을 맛본다.
> — 박태원, '소설가 구보 씨의 일일'

① 혼자는 아니다. / 누구도 혼자는 아니다. / 나도 아니다. / 실상 하늘 아래 외톨이로 서 보는 날도 / 하늘만은 함께 있어 주지 않던가
② 나는 한 마리 어린 짐승. / 젊은 아버지의 서느런 옷자락에 / 열(熱)로 상기한 볼을 말없이 부비는 것이었다.
③ 공허한 군중의 행렬에 섞이어 / 내 어디서 그리 무거운 비애를 지고 왔기에 / 길—게 늘인 그림자 이다지 어두워 // 내 어디로 어떻게 가라는 슬픈 신호기 / 차단—한 등불이 하나 비인 하늘에 걸리어 있다.
④ 버리고 가는 이도 못 잊는 마음 / 쫓겨가는 마음인들 무어 다를거냐. / 돌아다보는 구름에는 바람이 희살짓는다 / 앞 대일 언덕인들 마련이나 있을거냐.

**24** 다음은 '건전한 결혼 문화 조성'을 촉구하는 글의 개요이다. 추가할 내용으로 적절한 것은?

> Ⅰ. 서론: 우리의 결혼 문화 실태
> Ⅱ. 본론:
>   1. 과소비적인 결혼 문화의 원인
>     가. 과소비를 추구하는 개인 심리
>     나. 허례허식을 조장하는 사회적인 분위기
>   2. 과소비적인 결혼 문화의 문제점
>     가. 가정 경제에 부담을 줌
>     나. 결혼 본래의 의미 퇴색
>   3. 과소비적인 결혼 문화의 해결 방안
>     가. 사회지도층 및 공직 사회의 솔선수범
>     나. 사회 단체가 주도하는 건전 혼례 실천 운동 강화
> Ⅲ. 결론: 건전한 결혼 문화 조성을 위한 노력의 필요성 강조

① 서론 부분에서 건전한 결혼 문화 조성을 위한 법률 제정의 필요성을 강조한다.
② 본론 1에서 과소비적인 결혼 문화로 인해 계층간 위화감이 조성됨을 지적한다.
③ 본론 2에서 질 높은 무료 예식장을 제공하는 방안을 제시한다.
④ 본론 3에서 언론 매체를 통한 건전 혼례 실천 운동 방안을 제시한다.

**25** 다음 글의 중심 화제로 적절한 것은?

> 우리말에서는 [흘기, 흥만]이라고 발음이 되는데도 불구하고 '흙이, 흙만'이라고 표기하는데, 이것은 실제 소리와 관계없이 일부러 '흙'이라고 하는 단어의 원래 형태를 고정시켜 표기한 경우에 해당한다. 이렇게 형태를 중시하여 표기하는 것은 단어 사이에 존재하는 의미의 연관성을 명료하게 해 줄 수 있다. 예컨대 '웃어라, 웃더라, 웃는다' 등에서 어간을 '웃-'으로 고정시키는 것은 어간을 실제 소리에 따라 '웃-, 운-, 운-'으로 분화시켜 표기하는 것보다 효율적이다. 특히 우리말과 같이 조사나 어미가 발달한 언어에서는 시각상의 통일을 위한 표기는 우리말의 특질상 거의 필연적인 것이라고 할 수 있다. 이렇게 함으로써 문자는 표음에서 벗어나는 대신 시각상의 통일성이라는 더 큰 이득을 얻을 수 있는 것이다. 이런 관점에서 보면 '소리나는 대로 적되 어법에 맞도록' 쓰는 것을 원칙으로 삼은 우리의 현행 맞춤법은 나름대로 효율적인 문자 정책의 방향을 제시한 것이라고 할 수 있다.
> 시각적 효과의 구현이라는 점에서 볼 때 한글의 음절 단위 표기 방식(소위 '모아 쓰기')도 매우 효율적인 것이라고 할 수 있다. 이 효율성은 우선 글자 모양의 집중성에서 온다. 'ㄲㅗㅊ'이나 'ㄱㅜㄹㅡㅁ'과 같이 음소 단위로 풀어 쓰는 것보다는 '꽃'이나 '구름'처럼 음절 단위로 모아 쓰는 것이 시각적인 집중성을 높여 의미 해독을 쉽게 해 줄 수 있다. 더구나 모아 쓰기 방식은 동음이의어를 분별시켜 주는 일에도 기여한다. '반드시~반듯이', '이미 떠났다~임이 떠났다'와 같은 경우 풀어 쓰기를 통해서는 시각상으로 구분하기 어려운 것도 모아 쓰기를 하면 구분이 가능해진다.
> 음소 문자는 문자 발달 과정으로 보면 최종 단계에 해당하는 것이고 그만큼 많은 장점을 가지고 있는 것이 사실이다. 그러나 그것이 모든 면에서 합리적인 것만은 아니다. 오히려 해당 언어가 가진 특질을 참작하여 적절하게 형태적인 고려를 취하는 것이 문자 표기법이 지향해야 할 이상이기도 하다.

① 한글의 구성상 특질
② 우리말 표기법의 원리
③ 문자 표기법의 이상적인 방향
④ 음소 문자와 음절 문자의 차이

# 제4회 모의고사

## 제1과목 국어

**01** 밑줄 친 말이 어법에 맞는 것은?

① 김치를 <u>담아</u> 먹는 집이 줄고 있다고 하네.
② 작가는 <u>꼬릿말을</u> 달아 책을 쓰게 된 경위를 설명하였다.
③ 어머니가 돌아가셨다는 소식을 들은 그녀는 얼굴이 <u>노래졌다</u>.
④ 종수는 꿈에서 <u>또아리를</u> 서리서리 튼 구렁이를 보았다고 한다.

**02** 다음에 제시된 의미와 가장 가까운 속담은?

> 제격에 맞지 않음을 비유적으로 이르는 말.

① 가게 기둥에 입춘
② 기둥보다 서까래가 더 굵다.
③ 가까운 제 눈썹 못 본다.
④ 가난한 집 족보 자랑하기다.

**03** 띄어쓰기가 바른 것은?

① 우천시에는 행사가 취소됩니다.
② 눈에서 멀어지니 마음 마저 멀어지는 것 같다.
③ 설대로 쉰 밥을 먹었으니 탈이 날 수밖에 없지.
④ 이 절은 지금으로부터 육백 년 전에 지어진 건축물이다.

※ 다음 글을 읽고 물음에 답하시오.

(가) 1970년대 이후부터 세계적으로 '적정기술(Appropriate Technology)'에 대한 활발한 논의가 있어 왔다. 넓은 의미로 적정기술은 인간 사회의 환경, 윤리, 도덕, 문화, 사회, 정치, 경제적인 측면들을 두루 고려하여 인간의 삶의 질을 향상시킬 수 있는 기술이다. 좁은 의미로는 가난한 자들의 삶의 질을 향상시키는 기술이다.

(나) 적정기술이 사용된 대표적 사례는 아바(Abba, M. B.)가 고안한 항아리 냉장고이다. 아프리카 나이지리아의 시골 농장에는 전기, 교통, 물이 부족하다. 이곳에서 가장 중요한 문제 중의 하나가 곡물을 저장할 시설이 없다는 것이다.

(다) 이를 해결하기 위해 그는 항아리 두 개와 모래흙 그리고 물만 있으면 채소나 과일을 장기간 보관할 수 있는 저온조를 만들었다. 이것은 물이 증발할 때 열을 빼앗아 가는 간단한 원리를 이용했다. 한여름에 몸에 물을 뿌리고 시간이 지나면 시원해지는데, 이는 물이 증발하면서 몸의 열을 빼앗아 가기 때문이다. 항아리의 물이 모두 증발하면 다시 보충해서 사용하면 된다.

(라) 적정기술은 새로운 기술이 아니다. 우리가 알고 있는 여러 기술 중의 하나로, 어떤 지역의 직면한 문제를 해결하는 데 적절하게 사용된 기술이다. 1970년 이후 적정기술을 기반으로 많은 제품이 개발되어 현지에 보급되어 왔지만 그 성과에 대해서는 여전히 논란이 있다. 이는 기술의 보급만으로는 특정 지역의 빈곤 탈출과 경제적 자립을 이룰 수 없기 때문이다. 빈곤 지역의 문제 해결을 위해서는 기술 개발 이외에도 지역 문화에 대한 이해와 현지인의 교육까지도 필요하다.

**04** (가)~(라)의 중심 내용으로 적절하지 않은 것은?

① (가): 적정기술의 개념
② (나): 항아리 냉장고가 나오게 된 배경
③ (다): 항아리 냉장고에 적용된 원리
④ (라): 적정기술의 전망

**05** '항아리 냉장고'와 유사한 사례로 가장 적절한 것은?

① 인공위성과 전자 지도를 활용해 모르는 길을 쉽고 정확하게 찾아갈 수 있도록 한 내비게이션
② 엔진과 전기모터를 상황에 따라 사용함으로써 유해 가스를 적게 배출하도록 만든 자동차
③ 가운데가 빈 드럼통에 줄을 매달아 굴려 차량 없이도 많은 물을 옮길 수 있도록 한 물통
④ 발광 다이오드를 사용함으로써 두께를 줄이고 화질을 개선한 텔레비전

※ 다음 글을 읽고 물음에 답하시오.

"아이고 형님 오셔요."
아내의 인사하는 소리가 들리더니 처형이 계집 하인에게 무엇을 들리고 들어온다. 나도 반갑게 인사를 하였다.
"그날 매우 욕을 보셨지요? 못 잡숫는 술을 무슨 짝에 그렇게 잡수셔요."
그는 이런 인사를 하다가 급작스럽게 계집 하인이 든 것을 앗더니 그 속에서 신문지로 싼 것을 끄집어내어 아내를 주며
"내 신 사는데 네 신도 한 켤레 샀다. 그날 청목당혜*를 ······."
말을 하려다가 나를 곁눈으로 흘끗 보고 그만 입을 닫친다.
"그것을 왜 또 사셨어요."
해쓱한 얼굴에 꽃물을 들이며 아내가 치사*하는 것도 들은 체만 체하고 처형은 또 이야기를 시작한다.
"올 적에 사랑양반을 졸라서 돈 백 원을 얻었겠지. 그래서 오늘 종로에 나와서 옷감도 바꾸고 신도 사고······."
그는 자랑과 기쁨의 빛이 얼굴에 퍼지며 싼 보를 끌러
"이런 것이야."
하고 우리 앞에 펼쳐 놓는다.

(중략)

아내도 웃으며 내 말을 받는다. 이때에 처형이 사 준 신이 그의 눈에 띄었는지 (혹은 나를 꺼려, 보고 싶은 것을 참았는지 모르나) 그것을 집어 들고 조심조심 펴 보려다가 말고 머뭇머뭇한다. 그 속에 그를 해롭게 할 무슨 위험품이나 든 것 같이.
"어서 펴보구려."
아내가 하도 머뭇머뭇하기로 보다 못하여 내가 재촉을 하였다. 아내는 이 말을 듣더니
'작히 좋으랴.'
하는 듯이 활발하게 싼 신문지를 헤친다.
"퍽 이쁜걸요."
그는 근일에 드문 기쁜 소리를 치며 방바닥 위에 사뿐 내려놓고 버선을 당기며 곱게 신어 본다.
"어쩌면 이렇게 맞아요!"
연해 연방 감탄사를 부르짖는 그의 얼굴에 흔연한 희색이 넘쳐 흐른다.
"······."
묵묵히 아내의 기뻐하는 양을 보고 있는 나는 또다시
'여자란 할 수 없어.'
하는 생각이 들며
'조심하였을 따름이다.'
하매 밤빛 같은 검은 그림자가 가슴을 어둡게 하였다. 그러면 아까 처형의 옷감을 볼 적에도 물론 마음속으로는 부러워하였을 것이다. 다만 표면에 드러내지 않았을 따름이다. 겨우, '어서 펴 보구려.' 하는 한마디에 가슴에 숨겼던 생각을 속임 없이 나타내는구나 하였다.
내가 무엇을 생각하고 있는지 저는 모르고, 새 신 신은 발을 조금 쳐들며,
"신 모양이 어때요."
"매우 이뻐!"
겉으로는 좋은 듯이 대답을 하였으나 마음은 쓸쓸하였다. 내가 제게 신 한 켤레를 사 주지 못하여 남에게 얻은 것으로 만족하고 기뻐하는도다.
웬일인지 이번에는 그만 불쾌한 생각이 일어나지 아니하였다.
처형이 동서(同壻)를 밉다거니 무엇이니 하면서도 기차를 놓치면 남편이 기다릴까 염려하여 급히 가던 것이 생각난다. 그것을 미루어 아내의 심사도 알 수가 있다. 부득이한 경우라 하릴없이 정신적 행복에만 만족하려고 애를 쓰지마는 기실(其實) 부족한 것이다. 다만 참을 따름이다. 그것은 내가 생각해야 된다. 이런 생각을 하니 전날 아내에게 그런 말을 한 것이 후회가 난다.
'어느 때라도 제 은공을 갚아 줄 날이 있겠지!'
나는 마음을 좀 너그럽게 먹고 이런 생각을 하며 아내를 보았다.
"나도 어서 출세를 하여 비단신 한 켤레쯤은 사주게 되었으면 좋으련만······."
아내가 이런 말을 듣기는 참 처음이다.
"네에?"
아내는 제 귀를 못 미더워하는 듯이 의아한 눈으로 나를 보더니, 얼굴에 살짝 열기가 오르며
"얼마 안 되어 그렇게 될 것이야요!"
라고 힘있게 말하였다.
"정말 그럴 것 같소?"
나는 약간 흥분하여 반문하였다.
"그러면요, 그렇고말고요."
아직 아무도 인정해 주지 않은 무명작가인 나를 다만 저 하나가 깊이깊이 인정해 준다. 그러기에 그 강한 물질에 대한 본능적 요구도 참아 가며, 오늘날까지 몹시 눈살을 찌푸리지 아니하고 나를 도와준 것이다.
'아아, 나에게 위안을 주고 원조를 주는 천사여!'
— 현진건, 「빈처」

\* 청목당혜: 흰 바탕이나 붉은 바탕에 푸른 무늬를 놓은 신.
\* 치사: 다른 사람을 칭찬함

**06** 윗글에 대한 설명으로 적절한 것은?
① 인물들 사이의 대결 구도를 통해 주제를 드러내고 있다.
② 빈번한 장면 전환을 통해 사건을 빠르게 진행하고 있다.
③ 과거와 현재를 교차하여 사건에 입체감을 부여하고 있다.
④ 작품 속 서술자가 인물들을 바라보며 느끼는 감정을 드러내고 있다.

**07** 윗글에서 '신발'의 기능으로 적절하지 않은 것은?
① '나'에게 신발은 '아내'에 대한 안쓰러움과 죄책감을 들게 하는 소재이다.
② '동서'에게 신발은 '처형'에 대한 자신의 사랑을 보여주는 역할을 한다.
③ '아내'에게 신발은 감추어져 있던 물질에 대한 욕망을 나타내는 소재이다.
④ '나'와 '아내'에게 신발은 서로의 사랑을 확인해 주는 매개체이다.

## ※ 다음 글을 읽고 물음에 답하시오.

네가 오기로 한 그 자리에
내가 미리 가 너를 기다리는 동안
다가오는 모든 발자국은
내 가슴에 쿵쿵거린다
바스락거리는 나뭇잎 하나도 다 내게 온다
기다려 본 적이 있는 사람은 안다
세상에서 기다리는 일처럼 가슴 애리는 일 있을까
네가 오기로 한 그 자리, 내가 미리 와 있는 이곳에서
문을 열고 들어오는 모든 사람이
너였다가
너였다가, 너일 것이었다가
다시 문이 닫힌다
사랑하는 이여
오지 않는 너를 기다리며
마침내 나는 너에게 간다
아주 먼 데서 나는 너에게 가고
아주 오랜 세월을 다하여 너는 지금 오고 있다
아주 먼 데서 지금도 천천히 오고 있는 너를
너를 기다리는 동안 나도 가고 있다
남들이 열고 들어오는 문을 통해
내 가슴에 쿵쿵거리는 모든 발자국 따라
너를 기다리는 동안 나는 너에게 가고 있다.

– 황지우, 「너를 기다리는 동안」 –

**08** 윗글을 읽고 감상문을 쓰고자 한다. 화자의 정서를 반영한 제목으로 가장 적절한 것은?

① 사랑과 기다림
  - 기다림 없는 사랑이 있으랴.
② 아낌없이 주는 사랑
  - 진정한 사랑의 길을 찾아서
③ 사랑의 기쁨과 이별의 아픔
  - 사랑은 덧없는 것
④ 젊은 날의 방황
  - 사랑의 아픔은 우리를 성숙하게 만들어

**09** 윗글의 표현상 특징과 그 효과로 적절하지 않은 것은?

① 설의적 표현을 통해 독자의 공감을 유도하고 있다.
② 반복을 통해 화자의 정서와 태도를 강조하고 있다.
③ 대화하는 방식으로 대상과의 친밀감을 보여 주고 있다.
④ 음성 상징어를 활용하여 시의 감정적 울림을 폭넓게 해주고 있다.

**10** 다음 중 표준 발음으로 적절하지 않은 것은?

① 불여우[불려우]
② 색연필[생년필]
③ 상견례[상결례]
④ 늑막염[능망념]

**11** ㉠, ㉡에 들어갈 한자를 순서대로 바르게 나열한 것은?

- 외래문화의 ( ㉠ )을 무조건 반대하는 것은 편협한 생각이다.
- 그 여객선은 ( ㉡ ) 인원을 50명이나 초과했기 때문에 사고 피해가 더욱더 컸다.

|   | ㉠ | ㉡ |
|---|---|---|
| ① | 受容 | 收容 |
| ② | 受容 | 收用 |
| ③ | 收用 | 受容 |
| ④ | 收容 | 受容 |

**12** 밑줄 친 한자성어의 쓰임이 적절하지 않은 것은?

① 나는 그의 잘못을 조목조목 따져 물었으나 그는 <u>言中有骨</u>일 따름이었다.
② 군자는 남과 화목하게 지내되, 결코 남과 <u>附和雷同</u>하지 않는다.
③ 허허벌판이었던 곳에 주택이 빈틈없이 들어섰으니 <u>桑田碧海</u>가 따로 없구나.
④ 날이 갈수록 뛰어난 후배들이 점점 많아져 <u>後生可畏</u>라는 말을 실감하게 된다.

**13** 다음 밑줄 친 부분에 주체 높임법이 사용된 문장은?

① 어서 집으로 <u>가</u>.
② 할머니께 새해 인사를 드리고 <u>오너라</u>.
③ 지난주에 학교에서 <u>선생님</u>을 뵙고 왔어.
④ <u>아버지께서</u> 걱정거리가 있으신 모양이야.

**14** 외래어 표기가 모두 맞는 것은?

① 바베큐, 악센트, 불도그, 마니아
② 플래시, 스위치, 힌트, 스케이트
③ 쥬스, 스케줄, 차트, 시추에이션
④ 화이팅, 가스, 카페, 서비스

**15** 다음 글에 대한 설명으로 적절한 것은?

> 국제유동성[international liquidity]이란, 한 나라가 국제적으로 허용되는 지불수단 가운데 동원할 수 있는 총액을 의미하는데, 대외채무를 결제할 능력을 판단하는 기준이 된다. 국제적 준비금(international reserves)이라고 한다.
> 국제유동성 또는 국제적 준비금은 금 보유고, 달러나 유로 등 외국통화자산, 기타 유동성 대외자산 등으로 구성되는데 IMF에서는 이를 금과 외환, IMF 리저브 포지션, SDR 등으로 구분하고 있다.
> 금은 세계적으로 통용되는 유동자산이지만 경제 규모에 비해 세계적으로 생산량이나 재고 자체가 많지 않아 국제유동성은 대부분 보유 중인 달러화나 달러화 자산의 규모로 결정된다고 할 수 있다.
> 원래는 무역수지 적자나 경상수지 적자 등으로 국제수지표에 적자가 났다면 이를 어떤 식으로든 충당해야 하는데, 이를 감당하려면 각국은 사전에 충분한 정도의 준비금, 다시 말해 외환보유액을 확보하고 있어야 한다.
> 준비금이 수입액이나 대외채무 결제액 등에 필요한 것보다 많다면 국제유동성이 원활하기에, 대외교역 촉진이나 경기부양 등 필요에 따라 경기를 활성화할 여유가 있다.
> 반대로 국제유동성이 부족하면 교역촉진이나 부양책을 쓰기가 어려워 경기가 위축될 소지가 있다.
> 한국이 외환위기 이후 경쟁국에 비해 많다고 할 정도로 보유 외환을 착실히 늘린 것도 이런 이유에서다.
> 대외적자가 이어지면 국제유동성이 계속 줄어들고, 마이너스로 떨어질 수도 있는데, 이를 해결하려고 자국화폐를 평가절하해 외자유입을 촉진시키는 방법을 쓸 수도 있다.
> 미국은 과거 국제수지적자가 심각해지자 1971년에 달러의 금태환을 정지하고 달러를 평가절하한 바 있다.

① 대외적자가 이어지면 자국화폐의 대외 가치를 내린다.
② 금은 생산량이 많아 세계적으로 통용되는 유동자산이다.
③ 국제적 준비금이 많다면 경기부양이 어려워 경기가 위축될 수 있다.
④ 미국이 과거 달러화의 금태환을 정지하자 국제수지적자가 심각해졌다.

※ 다음 글을 읽고, 물음에 답하시오.

> ㉠<u>모음</u>은 공기가 입안에서 장애를 받지 않고 나오는 소리이다. 국어의 모음은 다음과 같이 모두 21개이다.
>
>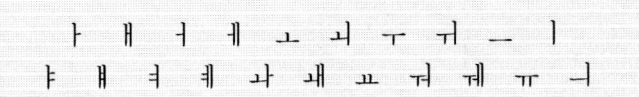
>
> 국어의 모음에는 입술 모양이나 혀의 위치가 발음 도중에 바뀌지 않는 모음과 바뀌는 모음이 있다. 'ㅏ'와 'ㅘ'를 각각 발음해 보자. 'ㅏ'를 발음할 때에는 입술 모양이나 혀의 위치가 바뀌지 않지만, 'ㅘ'를 발음할 때에는 입술 모양과 혀의 위치가 바뀐다. 'ㅏ'처럼 발음할 때 입술 모양이나 혀의 위치가 바뀌지 않는 모음을 단모음, 'ㅘ'처럼 발음할 때 입술 모양이나 혀의 위치가 바뀌는 모음을 이중 모음이라고 한다.
>
>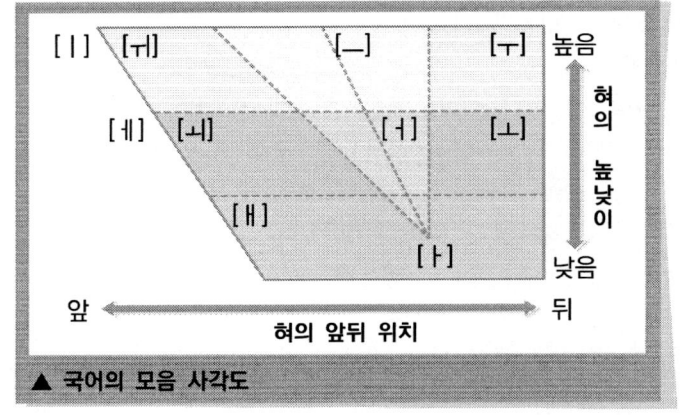
>
> ▲ 국어의 모음 사각도
>
> 단모음은 10개로, 'ㅏ, ㅐ, ㅓ, ㅔ, ㅗ, ㅚ, ㅜ, ㅟ, ㅡ, ㅣ'가 여기에 해당한다. 단모음은 혀의 앞뒤 위치, 혀의 높낮이, 입술 모양에 따라 다시 나뉜다.
> 'ㅣ'와 'ㅡ'를 각각 발음해 보자. 'ㅣ'를 발음할 때에는 혀의 최고점이 앞쪽에 있고, 'ㅡ'를 발음할 때에는 혀의 최고점이 뒤쪽에 있다. 소리 낼 때 입천장의 중간점을 기준으로 'ㅣ'처럼 혀의 최고점의 위치가 앞쪽에 놓이는 모음을 전설 모음(前舌母音), 'ㅡ'처럼 혀의 최고점의 위치가 뒤쪽에 놓이는 모음을 후설 모음(後舌母音)이라고 한다.

**16** ㉠에 대한 설명으로 적절하지 않은 것은?

① 소리마디를 이루는 필수 요소이다.
② 단모음보다 이중 모음의 개수가 많다.
③ 이중 모음이 단모음으로 바뀌어가는 추세이다.
④ 입안에서 장애를 받지 않고 나오는 울림소리다.

**17** 위 글을 아래 표와 같이 정리하였을 때, 이해한 내용으로 적절하지 않은 것은?

| 혀의 앞뒤 | 전설 모음 | | 후설 모음 | |
|---|---|---|---|---|
| 입술 모양<br>혀의 높낮이 | 평순 모음 | 원순 모음 | 평순 모음 | 원순 모음 |
| 고모음 | ㅣ | ㅟ | ㅡ | ㅜ |
| 중모음 | ㅔ | ㅚ | ㅓ | ㅗ |
| 저모음 | ㅐ | | ㅏ | |

① 단모음을 세 가지 기준으로 분류하고 있군.
② 전설 모음은 후설 모음보다 소리가 가볍겠군.
③ 'ㅣ, ㅔ, ㅐ'는 입 벌리는 정도에 차이가 있군.
④ 입술 모양을 둥글게 하여 발음하는 것은 4가지군.

**18** (가)~(다)의 공통점으로 가장 적절한 것은?

(가)
首陽山(수양산) ᄇᆞ라보며 夷薺(이제)를 恨(한)하노라.
주려 주글진들 採薇(채미)도 ᄒᆞᄂᆞᆫ 것가.
아모리 푸새엣 거신들 긔 뉘 짜헤 낫ᄃᆞ니.
– 성삼문

(나)
짚方席(방석) 내지 마라 落葉(낙엽)인들 못 안즈랴.
솔불 혀지 마라 어제 진 달 도다 온다.
아희야 薄酒山菜(박주 산채)ㄹ만정 업다 말고 내여라.
– 한호

(다)
어이 못 오던다 므스 일로 못 오던다.
너 오는 길 우희 무쇠로 城(성)을 ᄡᆞ고 城(성) 안헤 담 ᄡᆞ고 담 안헤란 집을 짓고 집 안헤란 두지 노코 두지 안헤 櫃(궤)를 노코 櫃(궤) 안헤 너를 結縛(결박)ᄒᆞ여 노코 雙(쌍)빈목 외걸새에 龍(용)거북 ᄌᆞ물쇠로 수기수기 ᄌᆞᆷ갓더냐 네 어이 그리 아니 오던다.
ᄒᆞᆫ 둘이 설흔 눌이여니 날 보라 올 홀리 업스랴.
– 작자 미상

① 주어진 삶에 대응하는 화자의 태도가 드러나 있다.
② 유교적 윤리를 주제로 삶의 방향을 보여주고 있다.
③ 자연물을 통해 삶에 대한 깨달음으로 제시하고 있다.
④ 자연 속에서 안빈낙도를 추구하는 삶의 모습을 그리고 있다.

**19** 토끼의 말하기 방식이 지닌 특징과 효과로 적절한 것은?

토끼, 다시 여쭈오되,
"소토의 간을 출입하는 곳의 내력을 말씀하오리니, 대저 하늘이 자시(子時)에 열려 하늘이 되옵고, 땅이 축시(丑時)에 열려 땅이 되옵고, 사람이 인시(寅時)에 생겨 사람이 나옵고, 만물이 묘시(卯時)에 나와 짐승이 되었사오니, '묘(卯)'라 하는 글자는 곧 소토의 별명이니, 날짐승, 길짐승의 근본을 궁구하오면 소토는 곧 금수의 으뜸이 되나니, 생초를 밟지 아니하는 저 기린도 소토의 아래옵고, 주리되 좁쌀을 먹지 아니하는 저 봉황도 소토만 못하옵기로, 특별히 품부(稟賦)*하와 일월성신(日月星辰) 삼광(三光)을 받아 간을 출입하는 곳이 따로 있사오니, 대왕이 만일 이 말씀을 믿으시지 아니하실진대 말으시려니와, 그러지 아니 하오시면 소토의 몸에서 적간(摘奸)**하옵소서."
– 작자 미상, '토끼전'

* 품부(稟賦): 선천적으로 타고남. 품수(稟受).
** 적간(摘奸): 사실 관계를 밝히기 위하여 살펴 봄.

① 다른 사람의 말을 인용하여 주장의 신뢰성을 높이고 있다.
② 자신의 경험으로부터 새로운 사실을 유추하여 설득력을 높이고 있다.
③ 자신이 특별한 인물임을 내세워 상대방의 믿음을 얻으려 하고 있다.
④ 자신이 처한 상황의 절박성을 강조하여 상대방의 판단 유보를 유도하고 있다.

**20** 〈보기〉에 대한 설명으로 적절한 것은?

〈보기〉
㉠ 지금 이 빵을 먹는 사람이 누구니?
㉡ 어제 이 빵을 먹은 사람이 누구니?
㉢ 앞으로 이 빵을 먹을 사람이 누구니?

① ㉠은 말하는 시점 이후에 사건이 일어난 것을 표현하고 있다.
② ㉡에서 현재 시제를 나타내는 문법요소는 '-은'이다.
③ ㉢은 사건시가 발화시보다 앞선 시점임을 나타낸다.
④ ㉠, ㉡, ㉢의 '지금, 어제, 앞으로'는 시간표현의 부사어이다.

**21** 밑줄 친 부분의 예에 해당되지 않는 것은?

> 문제 의식은 허위 의식을 폭로하는 행위로 연결된다. 허위 의식이란 복잡한 현실을 짐짓 단순화시키고, 더럽고 잘못된 현실을 짐짓 아름답게 꾸며서 그럴듯하게 정리해 놓은 거짓된 현실 인식을 말한다. 허위 의식은 대체로 아름다운 수사(修辭)의 낱말들로 꾸며져 있어서 사람을 홀리거나 속인다. 속이 더럽고 부끄러울수록 허위 의식은 깨끗하고 떳떳한 낱말들을 동원한다. 자유, 발전, 행복, 정의, 평화 등을 앞세워 자유를 제한하고, 전체적 발전을 늦추며, 행복을 깨뜨리고, 정의를 흐리며, 평화를 파괴한다. 이럴 때 문제 의식이 요청된다. 문제 의식을 갖춘 사람은 정직이라는 말로 단장된 허위 의식의 거짓된 속셈을 꿰뚫어 본다. 문제 의식에 투철한 사람은 자유를 앞세우는 억압의 행태를 알아차린다. 그는 정의를 큰 소리로 외치는 불의를 투시할 줄 안다. 그는 평화를 강조하는 폭력을 누구보다도 날카롭게 관찰하고 있다.

① 남성들이 전통을 내세우며 여성들을 차별한다.
② 강대국이 세계화를 내세우며 자기 잇속을 챙긴다.
③ 독재자가 사회 안정을 명분으로 비판자들을 탄압한다.
④ 교통 경찰이 안전을 강조하며 법규 위반자를 단속한다.

**22** 다음은 '세대 간의 갈등'을 제재로 쓴 글이다. 이를 고치기 위한 구상으로 적절하지 않은 것은?

> ㉠ 요즘 청소년 세대와 기성 세대 간에는 많은 갈등이 있다. ㉡그러나 사회의 급속한 변화에 따라 이 갈등의 골은 점점 깊어 가는 경향을 보인다. ㉢물론 이러한 갈등은 하루 이틀 사이의 일은 아니다. ㉣세대 갈등은 사회 내의 두 세대 간의 갈등으로 끝나는 문제가 아니라 그렇지 않아도 여러 가지 갈등 요인을 가진 우리 사회 전체의 단결력을 해쳐 사회 발전에 장애물로 작용할 우려까지 있는 심각한 문제인 것이다. 이러한 문제 의식을 바탕으로, 이 글에서는 세대 갈등의 실상과 원인에 대한 분석을 통해 그 극복 방안을 모색해 보기로 한다.

① ㉠ - '닭 쫓던 개 지붕 쳐다본다.'는 속담을 넣어서 문제의 심각성을 강조하도록 하는 것이 좋겠어.
② ㉡ - '그러나'는 문맥상 어울리는 접속어가 아니므로 '게다가'로 고쳐 뒷 문장과의 연결을 자연스럽게 해야겠지.
③ ㉢ - 전체의 통일성을 해치고 있는 문장이므로 없애야겠어.
④ ㉣ - 문장이 너무 기니까 두 문장으로 나누는 것이 좋을 거야.

**23** 다음 대담을 진행하는 사회자의 태도에 대한 설명으로 적절한 것은?

> 사회자: 김 선생님, 선생님께서는 요즘 폭력배가 주인공이 되어 코믹한 액션을 펼치는 소위 '조폭' 영화들은 흥행에 성공하고, 평론가들이 좋다고 평한 영화는 흥행에 실패하는 현상에 대해 어떻게 생각하십니까?
> 평론가: 그런 현상의 근본 원인은, 사람들이 복잡하고 힘겨운 세상살이를 하고 있다는 데 있습니다. 그래서인지 영화를 고를 때 스트레스를 해소할 수 있는 것을 고르게 되는 것이죠. 진지하게 삶의 의미를 성찰하기보다 그저 한두 시간이라도 단순히 즐길 수 있기를 바라는 거예요. 그래서 '조폭' 영화의 흥행 성공이 전 바람직한 현상이 아니라고 봅니다.
> 사회자: 그렇군요. 그런데 '조폭' 영화가 흥행에 성공한 것은 그만큼 우리 영화가 발전한 증거라는 견해도 있습니다. 그리고 영화는 본질적으로 예술이라기보다 오락이 아닌가요?
> 평론가: 사회자도 제가 걱정하는 관객 중 한 분이시네요. 영화란 인간의 삶을 소재로 삶이란 무엇인가, 나의 삶은 가치로운가 등을 성찰하게 만드는 그런 예술입니다. 그런데 요즘 대중들은 영화를 오락으로만 즐기려 해요. 그리고 영화계 사람들이 이를 적극 이용하고 있구요. 이걸 우리 영화가 발전하는 모습이라고 하긴 곤란하죠. 전 '조폭' 영화들은 영화가 아니라고 생각합니다.
> 사회자: 하지만 대중들은 심각한 영화를 보기 싫어합니다. 현실도 괴로운데 영화까지 그 괴로움을 새삼 일깨워준다면 그런 영화를 누가 보러 가겠습니까?
> 평론가: 전 '조폭' 영화가 흥행에 성공하는 것을 보면서 인터넷에 음란물이 넘쳐나는 현상을 떠올립니다. 인터넷은 대중들의 삶의 질을 높일 수 있는 훌륭한 도구라고 봐요. 그런데 대중들은 인터넷을 오락의 도구로만 이해하려 해요. 영화도 마찬가지입니다. 이제는 대중들도 삶을 성찰하는, 진지한 메시지가 담긴 좋은 영화를 외면해서는 안 됩니다.

① 개인적인 경험을 들어 상대방의 입장을 옹호하고 있다.
② 자신에 대한 상대방의 비판에 감정적으로 대응하고 있다.
③ 상대방의 견해에 의문을 제기하여 답변을 유도하고 있다.
④ 상대방의 모호한 태도를 지적하며 명확한 답변을 요구하고 있다.

**24** 다음 문장이 어법에 맞지 않은 이유로 적절하지 않은 것은?

① 문학은 다양한 삶의 체험을 보여 주는 예술의 장르로서 문학을 즐길 예술적 본능을 지닌다.
  → 주어의 부당한 생략
② 인간은 환경을 지배하기도 하고, 때로는 순응하면서 산다.
  → 공통되지 않은 문장 성분의 공유
③ 요즘 같은 때에는 공기를 자주 환기시켜야 감기에 안 걸리는 거야.
  → 잘못된 연결 어미 사용
④ 이 글을 읽는 여러분에게 먼저 당부하고 싶은 것은 만일 여러분이 주변 환경을 탓하고 있다면 그런 생각은 버리시길 바랍니다.
  → 주어와 서술어가 호응하지 않음

**25** 다음 글의 전개 순서로 가장 자연스러운 것은?

(가) 현대 사회의 간접적 의사 소통은 시간과 공간의 제약을 뛰어넘어 수많은 사람에게 메시지를 전달하는 대중 매체를 통해 이루어진다.
(나) 이와 같이 대중 매체는 순기능과 역기능을 함께 가지고 있다. 그렇다면 어떠한 방법으로 대중 매체의 역기능을 줄이고 순기능을 강화(强化)할 수 있을까? 이를 위해서는 무엇보다 대중 매체를 통해 문화를 수용하는 사람들 스스로 대중 매체를 감시해야 한다.
(다) 이런 맥락에서 대중 매체가 과연 사람들의 창의성을 북돋우고 문화를 비판적으로 수용할 수 있는 능력 신장에 도움이 되는지를 의심하는 목소리도 높다.
(라) 대중 매체의 영향은 무엇보다 문화면에서 잘 드러난다. 대중 매체가 널리 보급되자 특정한 계층만 누리던 문화를 대중이 누릴 수 있게 되었다.
(마) 그러나 대중 매체를 통해 얻을 수 있는 정보는 똑같은 것이기 때문에 이를 통해 보급되는 문화는 현대인의 개성과 취미를 획일적으로 만들 가능성이 크다.

① (가) - (라) - (마) - (다) - (나)
② (가) - (다) - (라) - (마) - (나)
③ (가) - (라) - (나) - (마) - (다)
④ (가) - (다) - (라) - (나) - (마)

## 제1과목 국어

**01** 다음의 외래어를 바르게 표기한 것은?

① fighting: 파이팅
② duet: 듀엣
③ talent: 탈렌트
④ pizza: 핏자

**02** 〈보기〉의 한자성어, 속담과 뜻이 상통하는 것은?

― 〈보기〉 ―
숭어가 뛰니까 망둥이도 뛴다

① 羊頭狗肉
② 附和雷同
③ 明若觀火
④ 目不忍見

**03** 다음의 로마자 표기 규정을 참고하여 표기한 것으로 적절하지 않은 것은?

ㄱ. 국어의 로마자 표기는 국어의 표준 발음법에 따라 적는 것을 원칙으로 한다.
ㄴ. 음운 변화가 일어날 때에는 그 결과를 반영해야 한다. 단, 된소리되기는 표기에 반영하지 않는다.
ㄷ. 고유 명사는 첫 글자를 대문자로 적는다.

① 신라 Silla
② 해돋이 haedoji
③ 샛별 saetbyeol
④ 합정 Hapjjeong

**04** 〈보기〉는 표준 발음법 규정에 관한 내용이다. 〈보기〉를 바탕으로 할 때, 밑줄 친 부분의 발음으로 적절하지 않은 것은?

제12항
1. 'ㅎ(ㄶ, ㅀ)' 뒤에 'ㄱ, ㄷ, ㅈ'이 결합되는 경우에는, 뒤 음절 첫소리와 합쳐서 [ㅋ, ㅌ, ㅊ]으로 발음한다.
[붙임 1] 받침 'ㄱ(ㄺ), ㄷ, ㅂ(ㄼ), ㅈ(ㄵ)'이 뒤 음절 첫소리 'ㅎ'과 결합되는 경우에도, 역시 두 음을 합쳐서 [ㅋ, ㅌ, ㅍ, ㅊ]으로 발음한다.
2. 'ㅎ(ㄶ, ㅀ)' 뒤에 'ㅅ'이 결합되는 경우에는, 'ㅅ'을 [ㅆ]으로 발음한다.
3. 'ㅎ' 뒤에 'ㄴ'이 결합되는 경우에는, [ㄴ]으로 발음한다.
[붙임] 'ㄶ, ㅀ' 뒤에 'ㄴ'으로 시작된 어미가 결합되는 경우에는 'ㅎ'은 발음되지 않는데, 다만 'ㅀ' 뒤에서는 'ㄴ'이 [ㄹ]로 발음된다.

① 이번 일에는 참여하기가 싫소[실쏘].
② 물이 끓나[끌나] 부엌에 가 봐야겠다.
③ 잘 먹지 않던[안턴] 음식이 갑자기 맛있다.
④ 저기 있는 줄을 먼저 끊는[끈는] 팀이 이기는 거야.

**05** 밑줄 친 말이 어법에 맞지 않는 것은?

① 역사는 결코 케케묵은 과거의 이야기가 아니다.
② 그녀는 직장에서 돌아오면 으레 부모님을 먼저 찾아뵈었다.
③ 아이는 오뚝이를 이리저리 굴려 보며 재미있다는 듯 까르르 웃었다.
④ 친구는 갑작스러운 집안일로 선배 결혼식에 참석할 수 없다며 내 편에 부조를 전해 주었다.

**06** 다음 〈보기〉를 적용하였을 때, '~이'와 '~히'의 표기가 적절하지 않은 것은?

〈보기〉
'~이'로 적는 경우
• 첩어 명사 뒤
• 부사 뒤
• 'ㅅ' 받침 뒤
• 'ㅂ' 불규칙 용언 어간 뒤
• '~하다'가 붙지 않는 용언 어간 뒤
'~히'로 적는 경우
• '~하다'가 붙는 어근 뒤(단, 'ㅅ' 받침 제외)

① 나날이
② 더욱이
③ 지긋이
④ 솔직이

**07** ㉠에 대한 설명으로 적절하지 않은 것은?

1764년에 발간된 체사레 베카리아의 『범죄와 형벌』은 커다란 반향을 일으켰다. 형벌에 관한 논리 정연하고 새로운 주장들에 유럽의 지식 사회가 매료된 것이다. 자유와 행복을 추구하는 이성적인 인간을 상정하는 당시 계몽주의 사조에 베카리아는 충실히 호응하여, 이익을 저울질할 줄 알고 그에 따라 행동하는 존재로서 인간을 전제하였다. 사람은 대가 없이 공익만을 위하여 자유를 내어놓지는 않는다. 끊임없는 전쟁과 같은 상태에서 벗어나기 위하여 자유의 일부를 떼어 주고 나머지 자유의 몫을 평온하게 누리기로 합의한 것이다. 저마다 할애한 자유의 총합이 주권을 구성하고, 주권자가 이를 위탁받아 관리한다. 따라서 사회의 형성과 지속을 위한 조건이라 할 법은 저마다의 행복을 증진시킬 때 가장 잘 준수되며, 전체 복리를 위해 법 위반자에게 설정된 것이 형벌이다. 이런 논증으로 베카리아는 형벌권의 행사는 양도의 범위를 벗어날 수 없다는 출발점을 세웠다.

베카리아가 볼 때, 형벌은 범죄가 일으킨 결과를 되돌려 놓을 수 없다. 또한 인간을 괴롭히는 것 자체가 그 목적인 것도 아니다. 형벌의 목적은 오로지 범죄자가 또다시 피해를 끼치지 못하도록 억제하고, 다른 사람들이 그 같은 행위를 하지 못하도록 예방하는 데 있을 뿐이다. 이는 범죄로 얻을 이득, 곧 공익이 입게 되는 그만큼의 손실보다 형벌이 가하는 손해가 조금이라도 크기만 하면 달성된다. 그리고 이러한 손익 관계를 누구나 알 수 있도록 처벌 체계는 명확히 성문법으로 규정되어야 하고, 그 집행의 확실성도 갖추어져야 한다. 결국 범죄를 가로막는 방벽으로 형벌을 바라보는 것이다. 이 ㉠울타리의 높이는 살인인지 절도인지 등에 따라 달리해야 한다. 공익을 훼손한 정도에 비례해야 하는 것이다. 그것을 넘어서는 처벌은 폭압이며 불필요하다. 베카리아는 말한다. 상이한 피해를 일으키는 두 범죄에 동일한 형벌을 적용한다면 더 무거운 죄에 대한 억지력이 상실되지 않겠는가.

① 법률로 엮어 뚜렷이 알아볼 수 있도록 해야 한다.
② 범죄가 유발하는 손실에 따라 높낮이를 정해야 한다.
③ 손익을 저울질하는 인간의 이성을 목적 달성에 활용한다.
④ 지키려는 공익보다 높게 설정할수록 방어 효과가 증가한다.

**08** 다음 글의 전개 순서로 가장 자연스러운 것은?

(가) 한대(漢代)의 동중서는 하늘이 덕을 잃은 군주에게 재이를 내려 견책한다는 천견설과, 인간과 하늘에 공통된 음양의 기(氣)를 통해 하늘과 인간이 서로 감응한다는 천인감응론을 결합하여 재이론을 체계화하였다.
(나) 자연 현상과 인간사를 인과 관계로 설명하는 동아시아의 대표적 논의는 재이론(災異論)이다.
(다) 그에 따르면, 군주가 실정(失政)을 저지르면 그로 말미암아 변화된 음양의 기를 통해 감응한 하늘이 가뭄과 홍수, 일식과 월식 등 재이를 통해 경고를 내린다.
(라) 이때 재이는 군주권이 하늘로부터 비롯된 것임을 입증하는 것이자 군주의 실정에 대한 경고였다.

① (가) - (다) - (나) - (라)
② (가) - (나) - (다) - (라)
③ (나) - (다) - (가) - (라)
④ (나) - (가) - (다) - (라)

**09** 위 글의 글쓴이가 구상한 글쓰기 전략으로 적절하지 않은 것은?

　원시 시대의 인류는 자연의 온갖 다채로운 현상과 접하면서 어떤 생각과 느낌을 가졌을까? 인류는 그것들을 자신의 독특한 방식으로 표현해 냈다. 원시 인류는 자연과 함께 호흡하고 자연과 일체된 삶을 살았으므로 자연도 그들처럼 살아 있는 실체로 인식했다. 자연계의 현상 하나하나가 모두 실제로 살아 있는 자연이 움직이고, 말하고 화를 내고, 즐거워하는 모습으로 상상되었다. 거인 반고가 죽어 그의 육신이 자연계의 모든 사물이 되었다는 이야기는 거꾸로 우주 만물이 인간의 살아 있는 몸과 다를 바 없다는 원시 인류의 생각을 보여 준다.
　이처럼 원시 인류는 자연 현상을 의인화하여 살아 있는 존재의 활동으로 파악했는가 하면 자신보다 뛰어난 능력을 지닌 존재의 신으로 섬기고 숭배하기도 하였다. 한편 세계의 모든 인류는 이처럼 자연 현상을 의인화, 신격화한 이야기 곧 자연 신화를 갖고 있다. 자연 신화 가운데 가장 중요한 비중을 차지하는 것은 해와 달, 별, 바람, 구름, 비 등 천체와 기상에 관한 것이다. 아마 이것은 천체와 기상 현상이 인류의 삶에 가장 심각한 영향을 미쳤기 때문일 것이다.
　동방의 신 제준(帝浚)의 아내 희화(羲和)는 중국의 태양신이다. 그녀는 열 개의 태양을 아들로 낳았고, 이들 열 개의 태양은 동방의 끝 양곡이라는 곳에서 매일 교대로 하늘로의 여행을 시작하였다. 양곡은 뜨거운 물이 용솟음치는 계곡이었다. 열 개의 태양은 이곳에서 몸을 씻고 매일 아침 여기에서 자라는 부상(扶桑)이라는 뽕나무 가지에 도착하여 교대로 출발하였다. 즉 뽕나무 위 가지에서 한 개의 태양이 출발하면 아래 가지에서 아홉 개의 태양이 차례로 기다리고 있었다. 뽕나무를 떠난 태양은 하늘을 한 바퀴 돌아 황혼 무렵에 서쪽 끝 우연(虞淵)이라는 연못과 몽곡(蒙谷)이라는 계곡을 거쳐 다시 양곡으로 되돌아 왔다.
　열 개의 태양은 요 임금 때 이 규칙을 어기고 동시에 모두 떠오른 적이 있었다. 그러자 초목과 곡식이 타 죽고 강물이 말라붙는 등 지상 세계는 그야말로 불바다가 되고 말았다. 결국 영웅 예(羿)가 요 임금의 요청에 의해 활로 아홉 개의 태양을 맞추어 떨어뜨리고 나서야 이 소동은 진정되었다.
　해와 달이 여러 개 있어서 인류에게 재앙을 끼쳤다가 결국 하나만 남기고 모두 제거된다는 사일(射日), 일월 조정(日月調整) 신화는 비단 중국에만 있는 것은 아니다. 우리나라, 대만 등 동아시아 여러 지역에 있다. 이를 통해 우리는 가뭄과 같은 고대의 극심한 기상 재해를 극복하고자 하는 인류의 의지를 읽을 수 있다.
　아울러 태양의 아들이 운행의 법도를 어겨 지상에 피해를 주었다가 격추된다는 이야기는 그리스 로마 신화에서도 유사한 형식으로 발견된다. 이를 통해 볼 때 아들의 경거망동으로 인한 죽음은 고대 가부장 사회에서 아들의 부권(父權)에 대한 도전을 경계하는 메시지로 들리기도 한다.

① 자연 현상과 관련된 일이 일어나게 된 이유를 설명하자.
② 화제를 제시할 때 주의 환기 수법을 사용하여 독자의 호기심을 유도하자.
③ 자연 현상에 대한 인류의 태도가 시대별로 어떻게 다른지 구체적으로 보여 주자.
④ 자연 현상에 대한 인식이 개별 민족의 특수한 사례가 아닌 인류의 보편적 사례임을 밝히자.

**10** 다음 글의 내용 전개 방식을 바르게 설명한 것은?

　우리의 전통 가옥인 초가집 지붕의 선과 형태를 생각해 봅시다. 자연스러운 곡선으로 마치 주변의 야산을 옮겨다 놓은 듯한 낯익은 형태감을 지니고 있습니다. 이처럼 우리 주변에서 흔히 볼 수 있는 자연의 선과 형태가 생활 속에서 나타나게 되었고, 자연스럽게 미의식에도 커다란 영향을 미쳐 작품에도 그러한 선과 형태가 나타나게 되는 것이지요.
　우리의 따뜻한 정서가 살아 있는 조선 백자도 마찬가지입니다. 중국의 자기처럼 '대칭과 완벽'의 아름다움을 찾을 수는 없지만, 보름달을 닮았다고 하여 '달 항아리'라는 예쁜 이름을 갖게 된 백자는 넉넉한 곡선과 비대칭의 아름다움, 그러면서도 여유있고 균형 잡힌 형태감으로 우리에게 다가옵니다. 중국의 완벽한 자기(瓷器)나 기교적인 일본의 자기에서는 결코 느낄 수 없는 아름다움입니다.
　이러한 아름다움은 우리의 한복에서도 나타나고, 풍속화의 선이나 산수화의 부드러우면서도 때로는 힘찬 선과 형태감, 수수하면서도 때로는 파격적인 민화 등 다양한 분야에서 나타나는 것이지요. 즉, 우리의 정서가 담겨 있는 선과 형태의 전반적인 특징은 '부드러움'이었으며, 자연과의 조화를 드러내는 아름다움이었던 것입니다.

① 예시를 중심으로 하되, 대조와 묘사가 부분적으로 나타난다.
② 분류를 중심으로 하되, 비교와 대조가 부분적으로 나타난다.
③ 대조를 중심으로 하되, 분석과 유추가 부분적으로 나타난다.
④ 서사를 중심으로 하되, 예시와 묘사가 부분적으로 나타난다.

## 11  띄어쓰기가 바르지 않은 것은?

① 나도 언니만큼 요리를 잘할 수 있다.
② 사죄는커녕 적반하장 격으로 나오다니!
③ 옆집 아주머니가 돌아가신지도 이미 오래되었다.
④ 네가 나에게 베푸는 만큼 나도 너에게 베풀겠다.

## 12  〈보기〉에서 설명하고 있는 훈민정음 글자의 운용법은?

―〈보기〉―

ㅇ을 입술소리(순음)의 아래에 이어쓰면 입술 가벼운 소리(순경음)이 된다고 규정하고 있다. 이 글자들은 만들어진 글자를 응용하여 만든 것이므로 기본자에는 포함되지 않는다.

① 병서법(竝書法)
② 부서법(附書法)
③ 연서법(連書法)
④ 성음법(成音法)

## 13  이 글을 읽은 뒤의 반응으로 적절하지 않은 것은?

광문(廣文)이라는 자는 거지였다. 일찍이 종루(鐘樓)의 저잣거리에서 빌어먹고 다녔는데, 거지 아이들이 광문을 추대하여 패거리의 우두머리로 삼고, 소굴을 지키게 한 적이 있었다.
하루는 날이 몹시 차고 눈이 내리는데, 거지 아이들이 다 함께 빌러 나가고 그중 한 아이만이 병이 들어 따라가지 못했다. 조금 뒤 그 아이가 추위에 떨며 숨을 몰아쉬는데 그 소리가 몹시 처량하였다. 광문이 너무도 불쌍하여 몸소 나가 밥을 빌어 왔는데, 병든 아이를 먹이려고 보니 아이는 벌써 죽어 있었다. 거지 아이들이 돌아와서는 광문이 그 애를 죽였다고 의심하여 다 함께 광문을 두들겨 쫓아내니, 광문이 밤에 엉금엉금 기어서 마을의 어느 집으로 들어가다가 그 집 개를 놀라게 하였다. 집주인이 광문을 잡아다 꽁꽁 묶으니, 광문이 외치며 하는 말이,
"나는 날 죽이려는 사람들을 피해 온 것이지 감히 도적질을 하러 온 것이 아닙니다. 영감님이 믿지 못하신다면 내일 아침에 저자에 나가 알아보십시오."
하는데, 말이 몹시 순박하므로 집주인이 내심 광문이 도적이 아닌 것을 알고서 새벽녘에 풀어 주었다. 광문이 고맙다는 인사를 하고는, 떨어진 거적을 달라 하여가지고 떠났다. 집주인이 끝내 몹시 이상히 여겨 그 뒤를 밟아 멀찍이서 바라보니, 거지 아이들이 시체 하나를 끌고 수표교(水標橋)에 와서 그 시체를 다리 밑으로 던져 버리는데, 광문이 다리 속에 숨어 있다가 떨어진 거적으로 그 시체를 싸서 가만히 짊어지고 가, 서쪽 교외의 공동묘지에다 묻고서 울다가 중얼거리다가 하는 것이었다. / 이에 집주인이 광문을 붙들고 사유를 물으니, 광문이 그제야 그전에 한 일과 어제 그렇게 된 상황을 낱낱이 고하였다. 집주인이 내심 광문을 의롭게 여겨, 데리고 집에 돌아와 의복을 주며 후히 대우하였다.

― 박지원, '광문자전'

① 거지 아이들은 광문을 믿지 않았다.
② 광문은 따뜻한 마음씨를 가진 것 같군.
③ 집주인은 광문의 겉모습만 보고 그를 끝내 믿지 못하였군.
④ 거지 아이들의 오해를 받을 때 광문은 마음이 무거웠겠군.

**14** 다음 유의어의 대응이 적절하지 않은 것은?

유의 관계의 여러 종류 중에서 국어에서는 고유어와 한자어가 '1:多'의 의미 관계를 맺고 있는 경우가 많다.

| | 한 단어 | 대응되는 단어 |
|---|---|---|
| ① | 요리(料理)하다. | 익히다. 삶다. 데치다. 쑤다. |
| ② | 재봉(裁縫)하다. | 꿰매다. 박다. 시치다. 감치다. |
| ③ | 만들다. | 제작(製作)하다. 제정(制定)하다. 조성(造成)하다. 결성(結成)하다. |
| ④ | 머무르다. | 주재(駐在)하다. 체류(滯留)하다. 정박(碇泊)하다. 철회(撤回)하다. |

**15** 다음 글의 제목으로 가장 적절한 것은?

칸트의 도덕 철학을 이해하려면 그가 말하는 자유를 이해해야 한다. 우리는 자유를 아무런 방해도 받지 않고 하고 싶은 일을 할 수 있는 상태라고 생각하는 경향이 있다. 칸트의 생각은 다르다. 그가 생각하는 자유는 좀 더 엄격하고 까다로운 개념이다.

칸트의 논리는 이렇다. 다른 동물처럼 쾌락이나 고통 회피를 추구한다면, 우리는 진정으로 자유롭게 행동하는 것이 아니다. 오직 식욕과 욕구의 노예로 행동하는 것이다. 왜 그럴까? 욕구를 충족하기 위한 행동은 우리에게 주어진 어떤 목적을 위한 것이기 때문이다. 나는 허기를 달래려고 이 길로 가고, 갈증을 해소하려고 저 길로 간다. 예를 들어 아이스크림을 어떤 맛으로 주문할지 결정한다고 치자. 초콜릿? 바닐라? 아니면 에스프레소와 바삭한 과자를 얹은 아이스크림? 이는 언뜻 선택의 자유를 행사하는 듯하지만, 사실은 어떤 맛이 내 기호에 가장 잘 맞는지 파악하는 행위이다. 그런데 여기서 나의 기호는 애초에 내가 선택한 것이 아니다. 칸트는 기호를 충족하는 행위를 문제 삼지 않는다. 다만 이때 우리는 자유롭게 행동하는 것이 아니라 외부에서 이미 결정된 내용에 따라 행동할 뿐이라는 점을 지적한다. 바닐라보다 에스프레소와 과자가 들어간 아이스크림을 먹고 싶다는 욕구는 내가 선택한 게 아니라 이미 갖고 있는 욕구일 뿐이다.

사람들은 흔히 천성과 교육이 행동에 미치는 영향을 두고 논쟁을 벌인다. 바닐라 아이스크림을 먹고 싶다는 것은 유전자에 새겨진 욕구일까, 아니면 광고에 자극받은 욕구일까? 칸트가 생각하기에 이 질문은 문제의 핵심을 벗어난다. 내 행동이 생물학적으로 결정된 것이든 사회적으로 훈련된 것이든 진정으로 자유로운 행동은 아니다. 칸트에 따르면, 자유롭게 행동한다는 것은 천성이나 사회적 관습에 따라서가 아니라 내가 나에게 부여한 법칙에 따라 행동하는 것이다.

칸트가 말하는 자율적 행동의 의미를 이해하는 한 가지 방법은 그 반대 개념과 대조하는 것이다. 칸트는 '타율'이라는 말을 만들어 이를 포착했다. 내가 타율적으로 행동한다는 것은 나의 밖에서 주어진 결정에 따라 행동한다는 뜻이다. 이렇게 설명해 보자. 당구공을 손에서 놓으면, 공은 땅에 떨어진다. 이것은 공의 자유로운 행위가 아니다. 공의 움직임은 자연 법칙, 그러니까 중력의 법칙에 지배받는다. 내가 엠파이어스테이트 빌딩에서 떨어진다고(또는 떠밀렸다고) 가정하자. 땅으로 돌진하는 나를 보고 내가 자유 의지로 행동한다고 말할 사람은 없을 것이다. 내 움직임은 당구공처럼 중력의 법칙에 지배 받는다. 이번에는 내가 다른 사람 머리 위로 떨어져 그 사람이 죽었다고 가정해 보자. 나는 그 불행한 죽음에 도덕적 책임이 없을 것이다. 당구공이 높은 곳에서 누군가의 머리 위로 떨어졌다고 해서 당구공에게 도덕적 책임을 물을 수 없는 것과 마찬가지다. 두 가지 경우에 떨어지는 물체, 즉 나와 당구공은 자유롭게 행동하는 것이 아니다. 둘 다 중력의 법칙에 지배받는다. 여기에는 자율이 작용하지 않았기에 도덕적 책임을 물을 수 없다.

여기서 자율로서의 자유와 칸트가 말하는 도덕의 연관 관계를 볼 수 있다. 자유로운 행동은 주어진 목적에 걸맞은 최선의 방법을 선택하는 것이 아니라 목적 그 자체를 선택하는 것이다. 다시 말해 인간만이 할 수 있고 당구공은(그리고 대부분의 동물은) 할 수 없는 선택이다.

① 칸트가 말하는 자유의 의미
② 진정한 자유를 찾기 위한 노력
③ 칸트의 도덕 철학이 지니는 특성
④ 동물과 인간을 구별하는 자유의 의미

## 16  (가)~(라)에 대한 설명으로 적절하지 않은 것은?

(가)
수양산(首陽山) 부라보며 이제(夷齊)를 한(恨)하노라
주려 주글진들 채미(採薇)도 하는 것가
비록애 푸새엣 거신들 그 뉘 싸헤 낫드니

(나)
이화우(梨花雨) 흣색릴 제 울며 잡고 이별(離別)한 님
추풍낙엽(秋風落葉)에 저도 날 싱각는가
천 리(千里)에 외로온 꿈만 오락가락 하노매

(다)
산수 간(山水間) 바회 아래 뛰집을 짓노라 하니
그 모론 놈들은 웃는다 한다마는
어리고 햐암의 뜻의는 내 분(分)인가 하노라

보리밥 풋나물을 알마초 머근 후(後)에
바횟 긋 믉ᄀᆞ의 슬카지 노니노라
그 나믄 녀나믄 일이야 부룰 줄이 이시랴

누고셔 삼공(三公)도곤 낫다 하더니 만승(萬乘)이 이만하랴
이제로 혜어든 소부(巢父) 허유(許由) l 냑돗더라
아마도 임천한흥(林泉閑興)을 비길 곳이 업세라

(라)
창(窓) 내고쟈 창(窓)을 내고쟈 이내 가슴에 창(窓) 내고쟈
고모장지 세살장지 들장지 열장지 암돌져귀 수돌져귀 비목
걸새 크나큰 쟝도리로 쑹싹 바가 이내 가슴에 창(窓) 내고쟈
잇다감 하 답답할 제면 여다져 볼가 하노라

① (가)는 고사를 인용하여 화자의 굳은 절의를 부각하고 있다.
② (나)는 하강의 이미지를 가진 시어를 통해 이별의 상황을 효과적으로 제시하고 있다.
③ (다)는 영탄적 어조를 통해 대상의 속성을 예찬하고 있다.
④ (라)는 비애와 고통을 웃음을 통해 극복하려는 해학성이 드러난다.

## 17  다음 글을 통해 알 수 있는 내용으로 적절하지 않은 것은?

영감은 아들의 말이 옳다고는 생각하였으나 실상 그 삼사천 원이란 돈이 족보 박는 데에 직접으로 들어간 것이 아니라 ○○조 씨로 무후(無後)한 집의 계통을 이어서 일문일족에 끼려 한즉 군식구가 늘면 양반의 진국이 묽어질까 보아 반대를 하는 축들이 많으니까 그 입들을 씻기기 위하여 쓴 것이다. 하기 때문에 난봉자식이 난봉 핀 돈 액수를 줄이듯이 이 영감도 실상은 한 천원 썼다고 하는 것이다. 중간의 협잡배는 이런 약점을 노리고 우려 쓰는 것이지만 이 영감으로서는 성한 돈 가지고 이런 병신구실 해 보기는 처음이다.
"그야 얼마를 쓰셨던지요, 그런 돈은 좀 유리하게 쓰셨으면 좋겠다는 말씀입니다."
'재하자 유구무언'의 시대는 지났다 하더라도 노친 앞이라 말은 공손했으나 속은 달았다.
"어떻게 유리하게 쓰란 말이냐? 너 같이 오륙천 원씩 학교에 디밀고 제 손으로 가르친 남의 딸자식 유인하는 것이 유리하게 쓰는 방법이냐?"
아까부터 상훈의 말이 화롯가에 앉아서 폭발탄을 만지작거리는 것 같아서 위태위태하더라니 겨우 진정 되려던 영감의 감정에 또 불을 붙여 놓고 말았다. 상훈이는 또 어이가 없어서 얼굴이 벌게진다.

(중략)

"아버님께서는 너무 심한 말씀을 하십니다마는 어쨌든 세상에 좀 할 일이 많습니까. 교육 사업, 도서관 사업, 그 외 지금 조선어 자전 편찬하는데…."
상훈이는 조심도 하려니와 기를 눅이어서 차근차근히 이왕지사 말이 나왔으니 할 말은 다 하겠다는 듯이 말을 이어 나가려니까 또 벼락이 내린다.
"듣기 싫다! 누가 네게 그 따위 설교를 듣자든? 어서 가거라."
"하여간에 말씀입니다. 지난 일은 어쨌든, 지금 이 판에 별안간 치산이란 당한 일입니까. 치산만 한 대도 모르겠습니다마는 서원을 짓고 유생들을 몰아다 놓으시렵니까? 돈도 돈이거니와 지금 시대에 당한 일입니까?"
상훈이는 아가보다 좀 어기를 높여서 반대를 하였다.

- 염상섭, '삼대'

① 조상훈은 조의관과 달리 돈에 대한 집착이 없는 청렴한 인물이다.
② 조의관은 족보를 중시한 것으로 보아 명분과 형식을 중시하는 인물이다.
③ 족보는 조의관과 조상훈의 가치관의 차이를 드러내주는 중요한 소재이다.
④ 조의관이 족보를 돈 주고 산 것으로 보아 조 씨 집안은 경제력은 있으나 양반 가문은 아니다.

**18** 다음 밑줄 친 ㉠~㉣에 대한 설명으로 적절한 것은?

- 선생님: ㉠혜수는 어제 뭐 했어?
- 혜수: ㉡저는 할머니 모시고 병원에 다녀왔어요.
- 선생님: ㉢할머니께서 편찮으시니?
- 혜수: 팔을 다치셔서 옷도 제가 ㉣입혀 드려요.
- 선생님: 우리 혜수 참 착하구나!

① ㉠: 말하는 시점이 동작이 일어난 시점보다 앞에 있다.
② ㉡: 문장의 주체와 청자를 모두 높이고 있다.
③ ㉢: 객체 높임법이 나타난다.
④ ㉣: 사동 접미사 '-히-'가 나타난다.

**19** 다음 시를 읽고 〈보기〉를 참고하여 ㉠~㉣을 이해한 내용으로 적절하지 않은 것은?

복사꽃이 피었다고 일러라. 살구꽃도 피었다고 일러라. 너이 오오래 정들이고 살다 간 집, 함부로 ㉠함부로 짓밟힌 울타리에, 앵도꽃도 오얏꽃도 피었다고 일러라. 낮이면 벌떼와 나비가 날고 밤이면 소쩍새가 울더라고 일러라.

다섯 묻과, 여섯 바다와, 철이야, 아득한 구름 밖 아득한 하늘가에 나는 어디로 향을 해야 너와 마주 서는 게냐.

달 밝으면 으레 뜰에 앉아 부는 ㉡내 피리의 서른 가락도 너는 못 듣고, 골을 헤치며 산에 올라 아침마다, 푸른 봉우리에 올라서면, 어어이 어어이 소리 높여 부르는 나의 음성도 너는 못 듣는다.

어서 너는 오너라. ㉢별들 서로 구슬피 헤어지고, 별들 서로 정답게 모이는 날, 흩어졌던 너이 형 아우 총총 돌아오고, 흩어졌던 네 순이도 누이도 돌아오고, 너와 나와 자라난, 막쇠도 돌이도 복술이도 왔다.

㉣눈물과 피와 푸른 빛 깃발을 날리며 오너라……. 비둘기와 꽃다발과 푸른 빛 깃발을 날리며 너는 오너라…….

복사꽃 피고, 살구꽃 피는 곳, 너와 나와 뛰놀며 자라난 푸른 보리밭에 남풍은 불고, 젖빛 구름 보오얀 구름 속에 종달새는 운다. 기름진 냉이꽃 향기로운 언덕, 여기 푸른 잔디밭에 누워서, 철이야, 너는 늴늴늴 가락 맞춰 풀피리나 불고, 나는, 나는, 두둥싯 두둥실 봉새춤 추며, 막쇠와, 돌이와, 복술이랑 함께, 우리, 우리, 옛날을 옛날을, 딩굴어 보자.
— 박두진, '어서 너는 오너라'

〈보기〉
이 시는 광복 이전에 써 둔 것을 광복 이후에 발표한 작품으로, 일제 강점으로 인해 삶의 터전을 떠나 뿔뿔이 흩어진 동포의 귀환을 소망하면서 평화로운 과거의 삶을 회복할 것을 힘찬 어조로 노래하고 있다.

① ㉠: 일제의 강압적인 통치로 인해 피폐해진 우리나라를 가리키는 말이로군.
② ㉡: 뿔뿔이 흩어진 동포의 귀환을 소망하는 노랫가락이로군.
③ ㉢: 광복 이후에 남한과 북한이 이념 갈등으로 인해 나뉘어진 상황을 형상화하고 있군.
④ ㉣: 삶의 터전을 잃고 방황했던 고통스런 과거와 관련이 있겠군.

**20** 안긴 문장의 종류가 다른 것은?
① 눈물이 비 오듯이 흐른다.
② 그 사람이 범인이었음이 밝혀졌다.
③ 어린이가 그런 일을 하기란 쉽지 않다.
④ 그는 좋은 시절이 다 지나갔음을 알았다.

**21** 다음 중 가장 어법에 맞고 자연스러운 것은?
① 내가 너에게 하고 싶은 이야기는 힘든 일이 있더라도 잘 극복하길 바란다.
② 민수는 영재와 싸운 뒤로 일체 대화를 하지 않는다.
③ 나래는 근거 없는 낭설에 휘말려 곤혹스러웠다.
④ 그 계획은 가능한 한 빨리 실행되어야 한다.

**22** 〈보기〉의 내용을 뒷받침할 수 있는 언어의 특성으로 적절한 것은?

〈보기〉
아버지와 아들은 전혀 다른 개체인데 둘 다 남자라고 표현한다.

① 언어의 자의성
② 언어의 추상성
③ 언어의 사회성
④ 언어의 개방성

## 23  다음 ㉠ '모더니즘적 사고'와 거리가 먼 진술은?

20세기에는 확실히 모더니즘(Modernism)의 시대였다. 모더니즘의 신봉자들은 과학의 진보를 신뢰했고 역사는 발전한다고 믿었다. 또한 미래의 역사는 획일적인 방향성을 갖고 있는 것으로 보았다. ㉠모더니즘적 사고에서는 어느 사회에도 적용되는 유일한 정답이 존재하고, 개인이나 사회의 개별적 특성보다는 전체적 효율이 강조되었다. 그리고 모더니즘적 사고에서는 50평 아파트에 사는 사람이 49평 아파트에 사는 사람보다 조금 더 부유하고 행복한 것으로 인식되었다. 이런 사회에 살고 있는 사람들은 개인들의 삶을 서열화하여 생각하였다. 하지만 이러한 사고는 맹목적인 발전 지향의 동기는 제공해 주지만 목표에 대한 주관적 판단 능력은 제공해 주지 못한다.

① 인류의 미래가 현재보다 나아질 것임은 부인할 수 없는 사실이다.
② 눈부신 과학의 발전 덕분에 인류는 풍요로운 생활을 누리고 있는 것이다.
③ 개인의 발전보다는 사회의 발전이 더 중요하게 취급되어야 한다.
④ 회사 발전을 위해 사원들의 업무 능력보다 인간적 관계가 중시되어야 한다.

## 24  〈보기〉의 ㄱ~ㄹ에 나타난 음운 변동에 대한 설명으로 적절하지 않은 것은?

〈보기〉
ㄱ. 값 → [갑], 옮기다 → [옴기다]
ㄴ. 잎 → [입], 옷 → [옫]
ㄷ. 굳이 → [구지], 같이 → [가치]
ㄹ. 끓이다 → [끄리다], 쌓이다 → [싸이다]

① ㄱ과 같이 음운 탈락이 일어난 예로 '밖 → [박]'을 들 수 있다.
② ㄴ은 음절의 끝에서 음운이 교체된 예이다.
③ ㄷ은 자음이 모음에 동화되어 음운의 교체가 일어난 것이다.
④ ㄹ은 '끓다→[끌타]', '쌓다→[싸타]'와는 음운 변동 양상이 다르다.

## 25  밑줄 친 단어의 품사가 같은 것은?

① 심판은 규칙을 잘못 적용하여 비난을 받았다.
그는 모든 원인을 자기의 잘못으로 돌렸다.
② 그 일은 가급적 빨리할수록 좋다.
실내에서 흡연은 가급적 삼가 주시기 바랍니다.
③ 저는 잘 모르는 일입니다.
저 사람, 우리 오빠 친구야.
④ 그는 웃고만 있을 뿐이다.
우리 민족의 염원은 통일뿐이다.